JOURNAUX I

Du même auteur
dans la même collection

LA DISPUTE. LES ACTEURS DE BONNE FOI. L'ÉPREUVE
LA DOUBLE INCONSTANCE
LA FAUSSE SUIVANTE. L'ÉCOLE DES MÈRES. LA MÈRE CONFIDENTE
LES FAUSSES CONFIDENCES
L'ÎLE DES ESCLAVES
L'ÎLE DES ESCLAVES. LE PRINCE TRAVESTI. LE TRIOMPHE DE L'AMOUR
LE JEU DE L'AMOUR ET DU HASARD
JOURNAUX (2 tomes)
LA VIE DE MARIANNE
LE PAYSAN PARVENU

MARIVAUX

JOURNAUX I

Choix de textes, présentation,
notes, variantes, lexique,
chronologie et bibliographie
par
Marc ESCOLA, Érik LEBORGNE
et Jean-Christophe ABRAMOVICI

GF Flammarion

Professeur à l'Université de Valenciennes, Jean-Christophe Abramovici est l'éditeur de plusieurs des œuvres de Diderot, de Sade (*La Philosophie dans le boudoir* dans la collection GF-Flammarion) et d'Andréa de Nerciat. Avec Patrick Graille, il a proposé en 2009 une édition des *Cinquante lettres de Sade à sa femme* (Flammarion).

Marc Escola est professeur de littérature française à l'Université Paris VIII. Il est l'auteur de plusieurs essais sur les formes brèves de la littérature morale (La Bruyère, La Fontaine, Perrault). Aux éditions Flammarion, il dirige la collection « GF-Corpus/Lettres », il a fait paraître plusieurs éditions de pièces classiques (Corneille, Racine) et une anthologie de *Nouvelles galantes du XVIIe siècle*, ainsi qu'un essai sur *Le Tragique.* Il est par ailleurs l'un des animateurs du site Fabula (www.fabula.org).

Erik Leborgne enseigne la littérature française à l'université de Paris III. Auteur des *Figures de l'imaginaire dans le Cleveland de Prévost* (Desjonquères, 2006), il a également édité plusieurs textes classiques, notamment aux éditions Desjonquères (*Les Malheurs de l'amour* de Mme de Tencin, *Mémoires de Montbrun* de Courtilz de Sandras) et dans la collection GF-Flammarion (*La Jeunesse du Commandeur* de Prévost, les *Rêveries du promeneur solitaire* et les *Dialogues. Rousseau juge de Jean-Jacques* de Rousseau, *Histoire de Gil Blas de Santillane* de Lesage, *Journaux* de Marivaux).

ISBN : 978-2-0812-1963-2

PRÉSENTATION

Il n'est guère de saison théâtrale qui ne fasse une place aux comédies de Marivaux, mais sait-on bien encore que le dramaturge est aussi l'auteur de deux romans, *La Vie de Marianne* et *Le Paysan parvenu*, qui comptent parmi les tout premiers chefs-d'œuvre du roman à la première personne ? Le dramaturge a éclipsé le romancier, mais aussi le « journaliste » : alors que la carrière dramatique de Marivaux occupe vingt-six années, de 1720 à 1746, ses contributions aux périodiques du temps et la rédaction de ses « Feuilles » autonomes s'étalent sur près de quarante ans, des premiers articles donnés au *Mercure galant* en 1717, où l'auteur des *Caractères des habitants de Paris* est salué comme le continuateur de La Bruyère, aux séries de *Réflexions* philosophiques publiées dans les années 1750, qui font de Marivaux l'exact contemporain du jeune Jean-Jacques Rousseau. Les suffrages de la postérité sont parfois bien longs à dépouiller : il aura fallu attendre la toute fin des années 1960, et les patients efforts de Frédéric Deloffre et de Michel Gilot[1], pour voir les périodiques de Marivaux arrachés à l'oubli au terme d'une éclipse de près de deux siècles.

En réunissant dès 1728, en deux volumes, une partie de ses périodiques sous le titre du plus populaire d'entre eux

1. Notamment dans leur édition des *Journaux et œuvres diverses*, Classiques Garnier, 1969, réédition Classiques Garnier/Bordas, 1988, envers laquelle nous confessons une dette générale (édition désormais désignée par l'abréviation *JOD*).

– *Le Spectateur français* –, Marivaux se montrait pourtant assez conscient d'instituer un nouveau genre littéraire. Reprenant le texte révisé de cette première édition collective[1], la présente édition en deux tomes cherche en quelque sorte à redonner au public « l'esprit d'une forme » (Michel Gilot), en reclassant ses titres. Alors que ce premier tome, centré sur *Le Spectateur français*, fait la part belle à l'imagination fictionnelle et à la conjonction entre rédaction périodique et formes épistolaires, *L'Indigent philosophe* et *Le Cabinet du philosophe* prennent place dans le second tome aux côtés de textes plus « philosophiques » comme les *Pensées sur la clarté et le sublime.*

Naissance du public

Qu'appelle-t-on « journalisme » dans les premières années du XVIIIe siècle ? Le journal au sens que nous donnons aujourd'hui à ce terme, comme organe d'information et publication périodique traitant notamment de l'actualité politique, n'apparaît en France que dans le dernier tiers du siècle, et c'est avec la fin de la censure, votée par l'Assemblée en août 1789, qu'il connaît son véritable essor. Il existe toutefois depuis le milieu du XVIIe siècle une importante presse périodique diffusée essentiellement sur abonnement, qui tient à la fois de la revue littéraire, de la simple « gazette » mondaine et du magazine spécialisé : *Le Mercure galant*, fondé en 1672 par Donneau de Visé et devenu mensuel dès 1678, renseigne le public sur les événements notables de la cour et de la ville, en faisant une large place à la chronique mondaine des naissances, mariages, décès et nominations, mais aussi à l'actualité littéraire – parutions, créations théâtrales, querelles et débats ; il joue encore un rôle de

1. Voir ci-après la Note sur l'édition, p. 44.

« librairie » en agrémentant ses pages de pièces inédites : vers, énigmes et « jeux » verbaux, chansons avec leur musique, anecdotes, mais aussi dissertations savantes, relations politiques, militaires et diplomatiques. Moins mondain, le *Journal des savants*, fondé en 1665 à l'instigation de Colbert et racheté par l'État pour la période 1701-1714, s'intéresse non seulement aux sciences – les théories nouvelles comme les découvertes pratiques – mais « à tout ce qui se passe de mémorable dans la République des Lettres » : comptes rendus, notices et nécrologies. Ces deux titres principaux, dont la périodicité est souvent capricieuse, publient en outre des suppléments mensuels ou trimestriels nommés *Extraordinaires*, pour accueillir toujours davantage de textes inédits, parfois alors sans vocation informative. Les périodiques s'engagent volontiers dans les débats du temps, qu'ils soient esthétiques – ainsi du *Mercure galant* en faveur des Modernes dans la « Querelle d'Homère » (1714-1715) à laquelle *Le Spectateur français* fait plus d'une fois écho – ou religieux, le *Journal de Trévoux* constituant depuis 1701 l'organe des jésuites, et les *Nouvelles ecclésiastiques* celui des jansénistes. Les gazettes (« petit[s] imprimé[s] qu'on débite toutes les semaines, qui contien[nen]t des nouvelles de toutes sortes de pays », selon la définition de Furetière) font une part à une actualité plus lointaine, que nous dirions internationale, sous la forme de « relations » de voyages : très prisées du public, elles ne sont pas sans influence sur les fictions du premier XVIIIe siècle. D'autres journaux encore – au sens restreint que donne Furetière à ce terme (« relation de ce qui se trouve de nouveau dans les sciences, des livres qu'on a imprimés ») –, souvent nommés *Bibliothèques* et imprimés à l'étranger pour garantir leur indépendance (ainsi la *Bibliothèque Belgique*, qui suit le modèle des *Nouvelles de la République des Lettres*, périodique fondé par le philosophe Pierre Bayle), offrent à un lectorat parfois éloigné des librairies, ou impatient des « nouveautés », des résumés et extraits des ouvrages tout juste parus ou à paraître, accompagnés le cas échéant de discussions critiques. On peut au demeurant dater de la décennie 1670 les vrais débuts d'une critique littéraire émancipée de la tutelle des « doctes » et des savants, et mieux encore l'émergence d'une nouvelle idée du « public » – un public débordant les seuls cercles lettrés, moins érudit donc, mais aussi plus jeune, en partie féminin, attentif à l'immédiate actualité et pour lequel la littérature est affaire de goût et d'échanges sociaux plutôt que de savoir. Quand la Querelle du *Cid*, soumise pour finir à l'arbitrage de la toute jeune Académie française, était en 1637 restée l'affaire des seuls dramaturges et lettrés parisiens, l'intervention du *Mercure* donne à la Querelle de *La Princesse de Clèves* (1678) l'allure d'un véritable débat public occupant plusieurs livraisons du périodique : une « consultation » où les lecteurs sont invités à se prononcer, anonymement et souvent sous forme collective, sur la valeur de « l'aveu » de la Princesse à son mari [1]. La critique par Marivaux de la tragédie *Iñès de Castro* de Houdar de La Motte (Feuille XX, p. 211) s'inscrit dans cette pratique nouvelle de l'écriture journalistique, en prise directe sur les salons mondains qui fleurissent sous la Régence : « M. de La Motte avec tout son mérite et sa réputation » n'en impose pas au Spectateur français, qui se veut un juge sans préjugé. La pièce étant pour lui un « simple sujet d'observation », il ne procède pas à un examen érudit mais se réfère avant tout à ses impressions naturelles et à son jugement sur le déroulement de l'intrigue.

---

1. Sur cette évolution du public, voir l'ouvrage de H. Merlin, *Public et littérature en France au XVIIe siècle*, Les Belles Lettres, 1994 ; le livre de M. Laugaa, *Lectures de Mme de Lafayette*, Armand Colin, 1971 ; et les notices de l'anthologie des *Nouvelles galantes du XVIIe siècle*, éd. M. Escola, GF-Flammarion, 2004.

L'école du Spectator

Marivaux a pu également s'inspirer d'une autre forme de presse née en Angleterre. De mars 1711 à décembre 1712[1], Richard Steele et Joseph Addison font paraître à raison de six Feuilles par semaine leur *Spectator* londonien. La principale innovation tient dans l'attribution du texte à une instance d'énonciation déterminée : un spectateur anonyme parlant en son nom propre, qui livre dans la première Feuille un bref aperçu sur son « histoire » personnelle, en esquissant donc une sorte d'autobiographie. Ce personnage taciturne qui a « la réputation d'un homme bizarre » se caractérise par un étrange appétit de culture et de savoir sans objet fixe : faits divers, points d'érudition, engouements littéraires. Le sujet déploie toute son activité mentale dans l'observation empathique de ses semblables, dans une sorte d'écoute silencieuse des mœurs et des modes de ses contemporains, assis au café en fumant une pipe (sa position favorite) : « Je vis ainsi dans le monde, plutôt comme un spectateur du genre humain, que comme un individu de la même espèce ; de sorte que je suis devenu par là un politique, un soldat, un marchand et un artisan, du moins pour la théorie, sans m'être mêlé jusqu'ici de la pratique[2]. » La narration du « spectateur » s'apparente ainsi à une sismographie des phénomènes sociaux. Cette attitude critique passablement désabusée sera semblablement cultivée par le Spectateur français.

La seconde originalité du périodique anglais réside dans le contrat passé sous le sceau de la fiction avec le public : le spectateur s'offre à accueillir dans ses Feuilles les « lettres reçues » *via* un « bureau d'adresse ». Or ces missives sont généralement inventées, et dialoguent à

1. Puis de juin à décembre 1714.
2. *The Spectator*, traduit sous le titre *Le Spectateur ou le Socrate moderne*, Papillon, 1716, 1er discours, p. 3-5.

l'occasion avec des lecteurs tout aussi fictifs. Le périodique ainsi conçu ne donne donc pas la première place à l'actualité et ne cherche guère à informer : s'il peut encore accueillir des discussions critiques sur telle ou telle parution, il privilégie la diversité des observations morales, les « choses vues » et la description des comportements contemporains, en refusant toute ambition systématique. Le recours à la première personne et la singularité du regard mis en œuvre constituent une alternative à la fois à l'impersonnalité affichée par les autres organes de presse et, s'agissant de considérations morales, à l'autorité du traité dogmatique. Dans la dixième livraison du *Spectator*, Addison laisse le narrateur revendiquer explicitement ce souci d'une philosophie morale à la fois laïcisée et « socialisée » : « On a dit de Socrate qu'il avait ramené la philosophie du ciel pour la loger parmi les hommes, et j'ai l'ambition que l'on dise de moi que j'ai sorti la philosophie des cabinets et des bibliothèques, des écoles et des collèges, pour l'installer dans les clubs et les assemblées, autour des tables à thé et dans les cafés [1]. »

Le succès du *Spectator* est tel qu'il est imité avant même d'être traduit dans cette capitale de la presse européenne et de l'exil protestant qu'est alors Amsterdam : dès 1711, Juste Van Effen donne un *Misanthrope* qui connaît quatre-vingt-sept livraisons, et Gueudeville un *Censeur ou Caractères des mœurs* (1714), alors qu'il faut attendre 1715 en Hollande, et 1716 à Paris, pour prendre

1. « It was said of Socrates, that he brought Philosophy down from Heaven, to inhabit among Men ; and I shall be ambitious to have it said to me, that I have brought Philosophy out of Closets and Libraries, Schools and Colleges, to dwell in Clubs and Assemblies, at Tea-Tables and in Coffee-Houses » (éd. G. Smith, Londres, Dent, 1969, vol. 1, p. 31-32, trad. J.-P. Sermain, in J.-P. Sermain et C. Wioquet, *Journaux de Marivaux*, Atlante, 2001, p. 34). Même si elle ne figure pas dans l'édition française, cette déclaration justifie le sous-titre *Le Socrate moderne* choisi par les traducteurs en 1716.

connaissance du périodique londonien sous le titre *Le Spectateur ou le Socrate moderne.* Jusqu'à la Révolution française, ce sont près d'un millier de journaux qui, tant en France qu'en Hollande ou en Angleterre, prendront ainsi un titre impliquant un narrateur imaginaire : *Spectateur*, *Misanthrope*, *Censeur*, *Mentor*, *Glaneur* ou encore *Observateur* [1].

En France, cette mode des « spectateurs » devait rencontrer très vite une tradition plus ancienne : celle des « moralistes » à la façon de La Bruyère, d'un discours moral prétendant à l'inventaire des « mœurs du siècle », selon le sous-titre donné dès 1688 aux *Caractères.* Un auteur comme Bordelon, imitateur avoué de La Bruyère, pouvait certes faire paraître, par livraisons échelonnées à partir de 1712, une série de *Diversités curieuses* : il ne s'agissait pas là d'un périodique *stricto sensu*, mais d'une façon de sonder le public avant de donner l'ensemble du recueil, et le polygraphe ne rompait guère avec la forme relativement impersonnelle qui était celle des réflexions morales ou « remarques » de La Bruyère. Il semble bien que Marivaux ait été le premier à mesurer les possibilités de renouvellement offertes au discours moral par la parution périodique du « journal » et par l'adoption d'une instance d'énonciation fictive. La Feuille XII du *Spectateur français* rendra hommage, en décembre 1722, au prédécesseur ou « confrère » anglais, non sans malice toutefois, puisque Marivaux plagie au passage une formule de La Bruyère : « [...] mon Confrère [l'auteur du *Spectator*] vaut mieux que moi, puisqu'il pense mieux, et qu'il est venu le premier » (p. 138) [2].

---

1. Chiffres détaillés par M. Gilot et J. Sgard, dans « Le journaliste masqué, personnages et formes personnelles », in *Le Journalisme d'Ancien Régime*, Presses universitaires de Lyon, « Publication du Centre d'études du XVIIIe siècle », 1982.

2. « Horace ou Despréaux l'a dit avant vous. – Je le crois sur votre parole ; mais je l'ai dit comme mien. Ne puis-je pas penser après eux une chose vraie, et que d'autres encore penseront après moi ? » (*Les Caractères*, chap. I, « Des ouvrages de l'esprit », § 69).

L'engagement du spectateur

Pour Marivaux, les articles puis la publication de ses propres périodiques sont l'occasion de confirmer son engagement idéologique en faveur des Modernes, choix opéré dès ses romans de jeunesse (*Les Effets surprenants de la sympathie* ou *La Voiture embourbée*, 1713) et son *Iliade travestie* (1716), première œuvre signée du nom de Marivaux[1]. De 1717 à 1720, il collabore au *Nouveau Mercure*, organe des jeunes Modernes, dans lequel il publie trois séries d'articles. Sous forme épistolaire d'abord, avec des *Lettres sur les habitants de Paris* (1717-1718) qui mêlent description des réalités quotidiennes et réflexions morales directement suggérées par ces observations ; très vite reconnues comme une continuation des *Caractères* de La Bruyère, au point de se trouver régulièrement désignées comme *Caractères des habitants de Paris* – c'est le titre qu'elles porteront d'ailleurs dans l'édition collective de 1728 –, elles font de leur auteur le « Théophraste moderne » (p. 309).

En 1719, Marivaux livre au même périodique des *Pensées sur différents sujets*, qui rompent avec l'ambition descriptive au profit d'une réflexion plus philosophique sur les notions esthétiques – la « clarté du discours », le « sublime » – alors au cœur de la « Querelle homérique » entre les Anciens et les Modernes. De novembre 1719 à avril 1720 paraissent encore en cinq livraisons les *Lettres contenant une aventure*, rapportant les entretiens de deux dames, qui donnent matière à un petit roman laissé inachevé.

Marivaux a fort bien compris que cette Querelle des Anciens et des Modernes qui occupe tant les « beaux esprits » de la capitale dépassait la seule question de

1. Marivaux fut qualifié de « héros du parti moderne » par le rédacteur des *Mémoires historiques et critiques* (compte rendu des premières Feuilles du *Spectateur*, 1722, reproduit dans *JOD*, p. 686).

l'admiration d'une Antiquité tenue par Perrault en 1687 pour « vénérable » mais non pour « adorable » [1]. Les enjeux de la Querelle portent bien plutôt sur la notion nouvelle de « modernité » en littérature, sur la conception de l'Histoire, et sur l'idée de progrès dans les belles-lettres qui traverse le siècle depuis Fontenelle jusqu'à *De la littérature* de Mme de Staël (1800) [2]. Les Modernes (Perrault, Fontenelle, Houdar de La Motte) rompent avec le dogme de l'imitation et prônent l'invention de formes littéraires neuves, inscrites dans une pratique mondaine de la langue. Leurs genres d'élection ne sont pas la tragédie et l'épopée mais les « petits genres » comme la comédie, le conte, le roman, les lettres, les dialogues. Les pages de critique littéraire du *Spectateur français* seront ainsi consacrées prioritairement aux productions des Modernes : *Romulus* et *Iñès* de Houdar de La Motte (Feuilles III et XX), ou encore un bref compte rendu des *Lettres persanes* de Montesquieu (Feuille VIII), qui précède immédiatement la première insertion d'une « lettre » dans le périodique [3].

Marivaux a adopté très tôt le modernisme de Fontenelle, son grand modèle de pensée et d'écriture. En témoigne l'un de ses tout premiers articles, « Sur la pensée

1. Charles Perrault, « Poème sur le siècle de Louis le Grand » : lu à l'Académie française en 1687, il déclencha les hostilités de Boileau, chef de file des Anciens. Le poème est reproduit dans *La Querelle des Anciens et des Modernes* (anthologie de A.-M. Lecoq et J.-R. Armogathe, Gallimard, « Folio », 2001, p. 257-273).

2. À la toute fin du XVIIe siècle, l'adjectif *moderne* quitte son sens classique de « contemporain » pour désigner une époque historique spécifique et une nouvelle idéologie des belles-lettres, commençant avec la Renaissance et englobant le présent et l'avenir. On lira sur cette question l'article « Anciens et des Modernes (querelle des) » de J. Schlobach dans le *Dictionnaire européen des Lumières* (PUF, 1997, p. 75-79), et, sur l'ouvrage de Mme de Staël, la présentation de G. Gengembre et J. Goldzink (*De la littérature*, GF-Flammarion, 1991, p. 7-47).

3. Les trois « lettres reçues d'une demoiselle » (Feuilles IX à XI) forment au demeurant une sorte de roman épistolaire en miniature.

sublime » (1719), où il se démarque du *Traité du sublime* de Boileau : à l'exigence de grandeur et d'admiration qui obsède les Anciens, il oppose une approche plus empathique du sublime, privilégiant l'esprit de finesse et la sensibilité de l'homme de génie, plutôt que les « efforts de l'esprit auteur » pour s'élever au sublime – effort toujours vain s'il doit donner à « voir la *mécanique* de son ouvrage [1] ». Le bon écrivain selon Marivaux est doté d'une vive imagination qui le rend apte à saisir les nuances du sentiment, et d'un esprit suffisamment inventif pour en donner une traduction exacte dans sa langue.

Telles sont les questions qu'il affronte au cours des années 1720, lorsqu'il se voit accusé de « préciosité ». L'attaque est d'abord portée par Desfontaines, qui publie en 1726 un *Dictionnaire néologique* augmenté d'un *Éloge historique de Pantalon Phœbus* citant abondamment *Le Spectateur français* ; Marivaux y est traité dès la Préface de « bel esprit » féru de néologismes [2] :

> Sans créer des mots, et sans se faire une nouvelle syntaxe, il est un art de se mettre à l'aise en écrivant, et d'enrichir même la langue sans aucun frais. Séparez des mots que votre oreille prévenue croit devoir être nécessairement unis, et unissez-en d'autres qui n'ont point coutume de se voir ensemble [...]. Notre langue peut s'enrichir à l'infini sous la plume délicate d'un bel esprit [...]. Un mot ne s'étonnera plus d'un autre mot, quand une fois l'auteur leur aura fait faire connaissance. D'ailleurs, qu'ils soient étonnés ou non, il

1. *Journaux*, t. II, éd. citée.

2. Voir *JOD*, p. 691 et 701-702 ; et la thèse de F. Deloffre, *Une préciosité nouvelle. Marivaux et le marivaudage. Étude de langue et de style*, Les Belles Lettres, 1955 ; 3e éd. Genève, Slatkine, 1993. Esprit fielleux et caustique, Desfontaines multiplie avec acharnement les attaques contre le style de Marivaux dans les années 1730 (trois articles paraissent en 1734 encore dans *Le Pour et Contre*). Crébillon fils prend le relais en parodiant le style de Marivaux dans son conte oriental *Tanzaï* et *Néadarné* (1734). Voir *Le Paysan parvenu*, éd. É. Leborgne, GF-Flammarion, 2010, annexes, p. 335.

n'importe, pourvu qu'ils composent un beau sens, et qu'ils forment une image saisissante.

Dans le détail des entrées de ce *Dictionnaire néologique*, l'auteur du *Spectateur français* est régulièrement pris à partie ou pastiché ; ainsi, à l'article « Phrase » :

> Pour l'ordinaire, il ne faut qu'un petit travail mécanique dans la *phrase* pour mettre de la délicatesse et de la finesse dans une pensée simple et commune. Si j'avais dit par exemple « Le bonheur des amants consiste dans leurs désirs », je me hâterais aussitôt de tourner et de retourner cette phrase, jusqu'à ce que j'eusse trouvé celle-ci : « Les biens ne sont qu'en désirs dans les cœurs des amants. » Tu remarqueras, mon cher lecteur, l'art qu'il y a d'avoir changé le mot de *bonheur* en celui de *biens* (etc.) [1].

Marivaux se défend en revendiquant le droit de « saisir le langage de la conversation et la tournure des idées familières et variées qui y viennent [2] ». Si ce langage apparaît singulier, explique-t-il, c'est qu'il est pris directement de la nature et non de l'esprit d'un auteur. Marivaux élit un usage mondain de la langue n'excluant ni le plaisir ni la finesse du discours. En engageant ce débat linguistique sur la liberté du créateur littéraire, il élève le niveau de la polémique et se place, à l'instar de Fontenelle, au-dessus des querelles de partis dont il blâme les « petitesses » dans *Le Spectateur français* (Feuille VIII, p. 107). Plus tard, dans *Le Cabinet du philosophe* (1734), il déclare qu'il est vain d'attaquer le style d'un auteur ou de le taxer de préciosité : c'est la *qualité* de ses pensées qui importe, et celui qui pense finement disposera les mots de sa langue dans un ordre inhabituel

---

1. Cité par M. Gilot dans *Les Journaux de Marivaux. Itinéraire moral et accomplissement esthétique*, Lille, Atelier de reproduction des thèses, 1974, t. I, p. 667-668.
2. Avertissement des *Serments indiscrets* (1732), in *Théâtre complet*, éd. F. Deloffre et F. Rubellin, Le Livre de poche, « La Pochothèque », 2000, p. 1067.

ou surprenant à première lecture, mais qui sera compris et accepté par ceux qui sont familiers du « style des conversations[1] ». Qu'on en juge par la fortune de ces syntagmes du *Spectateur français*, alors néologiques : « tomber amoureux », forgé sur le modèle de « tomber malade » (Feuille XIX)[2], ou « bouleverser les traits d'un visage » (Feuille XIX)...

Le succès rencontré par les premiers articles et la difficulté à se plier aux impératifs éditoriaux du *Mercure* (longueur très inégale des « tranches », date de parution soumise aux aléas de l'actualité) décident Marivaux à s'émanciper de cet organe de presse. Soucieux d'inventer une forme dont il soit seul responsable, il profite de la mode initiée par la traduction du *Spectator* anglais pour lancer en 1721 son propre *Spectateur*, entreprise commerciale hardie pour cet actionnaire malheureux ruiné par la banqueroute de Law. Marivaux obtient auprès des autorités un « privilège » (droit d'exclusivité) de cinq ans et s'associe à des « libraires » réputés – Guillaume Cavelier père et fils, les éditeurs du *Mercure*[3]. Si l'Avis au lecteur placé en tête du premier numéro (p. 53) promet au public une « Feuille » par semaine, la livraison suivante annonce une parution bimensuelle (p. 60), mais la périodicité restera le plus souvent mensuelle et assez capricieuse, avec de notables interruptions[4]. Ce périodique d'un nouveau genre connaîtra au total vingt-cinq livraisons échelonnées jusqu'en août 1724, la dernière laissant inachevée la confession d'un « inconnu ».

---

1. *Le Cabinet du philosophe*, Feuille VI, in *Journaux*, t. II, éd. citée.

2. « L'amour est par cette expression présenté comme une apoplexie agréable », raille Desfontaines (*Dictionnaire néologique*, cité par F. Deloffre in *JOD*, p. 614).

3. Rappelons que le terme *libraire* recouvre à l'époque trois fonctions : imprimeur, vendeur et distributeur.

4. *Le Spectateur français* s'interrompt entre avril et août 1722, entre janvier et mars 1723, entre août et octobre de la même année, et encore entre janvier et juillet 1724.

Marivaux n'abandonne pas pour autant la formule : en 1727, il lance *L'Indigent philosophe* (sept Feuilles), relayé en 1734 par *Le Cabinet du philosophe* (onze Feuilles). La rédaction de ces deux nouveaux journaux est parallèle à celle des grands romans laissés eux aussi inachevés : *La Vie de Marianne* (1731-1740) et *Le Paysan parvenu* (1734-1735). Dès 1728, l'auteur réunit cependant en une édition collective ses premières feuilles périodiques ; le premier tome comporte le seul *Spectateur français*, qui donne son titre à l'ensemble, les *Caractères des habitants de Paris* et les *Lettres contenant une aventure* formant alors avec *L'Indigent philosophe* un tome II intitulé *Pièces détachées écrites dans le goût du Spectateur français.*

Feuilles volantes

Le Spectateur français paraît donc d'abord par « Feuilles » périodiques, au risque d'encourir le mépris des lecteurs les plus doctes – tel cet amateur d'*in-folio*, de « gros tomes respectables », que raille la sixième livraison : « Jugez de quel poids peuvent être des idées enfermées dans une Feuille d'impression que vous allez soulever d'un souffle ? » (p. 90). La première Feuille offre une manière de manifeste esthétique : « ce n'est point un Auteur que vous allez lire [...]. Quoi ! donner la torture à son esprit pour en tirer des réflexions qu'on n'aurait point, si l'on ne s'avisait d'y tâcher : cela me passe, je ne sais point créer, je sais seulement surprendre en moi les pensées que le hasard me fait » (p. 54) ; le discours moral est ici sans autorité, tout entier dicté par les circonstances de l'observation. Refuser le titre d'auteur, c'est encore accréditer le principe d'une nécessité intérieure et « sensible », contre « l'arbitraire » de qui réfléchit non « en homme » mais « en auteur » et « choisit » ses pensées ; c'est réhabiliter du même coup la notion controversée d'inspiration : « l'esprit humain, quand le hasard des objets ou l'occasion l'inspire, ne produirait-il pas des idées plus sensibles et moins étrangères à nous, qu'il n'en produit dans cet exercice forcé qu'il se donne en composant ? » (p. 54). En tête de la seconde livraison, un Avis du libraire au lecteur s'efforce de défendre le statut de ce *Spectateur français* qui mérite à peine le nom d'« ouvrage » : « La forme sous laquelle il paraîtra semble n'annoncer que du badinage : en effet, on en trouvera souvent ; mais un badinage de réflexion, que l'on a tâché de rendre aussi instructif que pourrait l'être le sérieux le plus déclaré » (p. 61).

Pour mieux servir la nouveauté de la forme, la présentation matérielle de ces Feuilles *in-octavo* est particulièrement soignée : l'impression recourt à une police raffinée, la première page de chaque livraison reçoit un bandeau différent, les lettres et billets insérés sont donnés le plus souvent en caractères italiques [1]. L'élégance de l'impression, qui justifie un prix relativement élevé (dix sols pour les deux premières livraisons, six sols par la suite) [2], la présence du pronom *je* rehaussé d'une lettrine à l'initiale de la plupart des Feuilles, la permanence du format [3] : tout est fait pour que chaque livraison soit perçue par le lecteur comme possédant une unité d'écriture et de ton. Au fil des parutions, Marivaux semble plus conscient des exigences spécifiques de la « Feuille » détachée : si les deux premières ne comptaient que 2 200 mots environ et moins de onze pages de texte, laissant donc vierges quelques feuillets, la longueur des textes s'allonge ensuite

1. Une description en est donnée par M. Gilot dans « Un esprit et une forme. Le lancement des "Feuilles de *Spectateur*" », in *Cahiers de textologie*, 3, Minard, 1991, p. 35-49.

2. Pour donner un ordre d'idée, rappelons que le salaire moyen d'un ouvrier urbain dans ces années 1720 est de 30 sols par jour.

3. On appelle *forme* la grande feuille de papier imprimée d'un seul tenant et pliée ensuite huit fois pour obtenir seize feuillets recto verso dans le cas d'un in-8°.

jusqu'à plus de 3 000 mots pour remplir tout l'espace disponible (Feuille VII). En 1723, les Cavelier, éditeurs primitifs, s'associent avec F. Flahault et adoptent, à compter de la seizième Feuille, des caractères d'imprimerie qui offrent 3 200 mots pour le même format. Les Feuilles sont ainsi mieux remplies, au point que le texte des dernières semble se trouver à l'étroit : plus de 3 700 mots parfois, et l'équivalent de vingt pages d'impression. Cette extension est aussi le signe d'une inflexion du projet : Marivaux abandonne peu à peu l'allure de la simple chronique pour des récits qui s'étendent sur plusieurs livraisons, au risque de conquérir leur autonomie. Le journaliste entre ainsi dans l'atelier du roman : telle est sans doute la raison qui pousse Marivaux à abandonner son premier périodique à l'automne 1724.

Le spectacle des signes

Les premières Feuilles du *Spectateur français* revendiquent le rôle dévolu à la première personne en même temps qu'au hasard, qui fournit au journaliste ses objets : le monde est un spectacle susceptible de délivrer un enseignement moral tout à la fois inédit et imprévu pour qui sait s'attarder à le déchiffrer en se tenant en marge du jeu social. La fiction d'un observateur désœuvré autorise ainsi à nouer étroitement réflexion morale et description narrativisée ; mais le propos ne gagne sa valeur morale que de procéder à l'interprétation des signes relevés lors de l'observation *in vivo* ; « mon dessein, déclare le Spectateur dans la Feuille inaugurale, n'est de penser ni bien ni mal, mais simplement de recueillir fidèlement ce qui me vient d'après le tour d'imagination que me donnent les choses que je vois ou que j'entends, et c'est de ce tour d'imagination, ou pour mieux dire de ce qu'il produit, que je voudrais que les hommes nous rendissent compte, quand les objets les frappent » (p. 54). Comme l'a souligné Jean-Paul Sermain[1], le mot « imagination » n'est nullement à entendre ici dans son sens moderne : le « tour d'imagination » désigne l'« acte créateur de l'esprit », « la manière dont l'esprit travaille et invente » sur un objet fourni par l'observation ou les simples hasards de la vie, « et par conséquent le point de vue ou la perspective qu'il adopte » ; ce « tour » enveloppe au fond un trajet herméneutique susceptible d'enseigner au lecteur du périodique à lire la réalité des mœurs comme un livre. Toute une série de verbes viennent régulièrement sous la plume du Spectateur pour désigner cette activité de déchiffrement – « démêler », « traduire », « remarquer » au sens de « relever », « deviner », « débrouiller », et plus souvent encore « développer » au sens de « déplier » – assortie d'un lexique apparenté aux arts de la vue : « spectacle », « machines », « coulisses » et « comédie ».

Les Feuilles inaugurales témoignent de ce jeu d'une conscience spectatrice : ainsi, dans la première, du tableau offert par l'honnête homme patientant dans l'antichambre d'un puissant, qui laisse à « supposer », sous un air de « tristesse timide », chagrins et humiliations – quand la « physionomie libre et hardie » des autres fait « deviner » une dureté de cœur « à travers l'air tranquille, et satisfait de leur visage » (p. 55). La Feuille III offre la scène la plus emblématique de ce spectacle des signes et des masques, au sortir d'une représentation d'une pièce à la mode (le *Romulus* de Houdar de La Motte), dans une sorte de théâtre après le théâtre : « J'examinais donc tous ces porteurs de visages, hommes et femmes : je tâchai de démêler ce que chacun pensait de son lot ; [...] je lisais tout l'embarras du visage insulté » (p. 68-69).

1. J.-P. Sermain et C. Wioquet, *Journaux de Marivaux*, *op. cit.*, p. 77-79 et 87-88.

Donner un langage à ce qui ne parle pas, ou faire parler ce qui se dissimule : bien des opérations revendiquées par le narrateur sont ainsi assimilables à la traduction d'un système sémiotique dans une langue lisible ou seulement audible. Sur le même escalier de la Comédie-Française, les jeunes gens se laissent assez aisément interpréter pour que le Spectateur puisse restituer la voix intérieure de l'amour-propre : « Quand on est fait comme je suis, pensait apparemment chacun d'eux, on laisse agir à l'aise le sentiment qu'on a de ses avantages, en marchant superbement [orgueilleusement] : Moi ! je vais mon pas ; ma figure est un fardeau de grâces nobles, imposantes, et qui demande tout le recueillement de celui qui la porte. Qu'en dites-vous, hommes étonnés ? » (Feuille III, p. 70-71). Au lecteur qui s'étonnerait du développement donné à ce monologue silencieux, le journaliste répond : « [...] je ne dis pas qu'ils pensent très distinctement ce que je leur fais penser ; mais tout cela est dans leur tête, et je ne fais que débrouiller le chaos de leurs idées : j'expose en détail, ce qu'ils sentent en gros » (p. 71) [1].

Ce procédé est constant dans les trois périodiques ici réunis, qui offrent une série de variations sur un thème privilégié, celui des coquettes rivales faisant assaut de médisance. Dans la huitième Feuille du *Spectateur français*, le narrateur décode chaque mot prononcé par une femme assez jolie sur une voisine plus aimable encore, afin de révéler le palimpseste de la jalousie sous la conversation mondaine la plus polie : « Une visite qui arriva rompit le cours d'une satire [*i.e.* : d'un discours médisant] qui rendait une femme triste parce qu'elle était modeste, convertissait la vivacité de ses yeux en rudesse, ne lui souffrait un beau teint qu'en conséquence d'une migraine, lui remplissait la tête de fluxions pour lui gâter

1. L'argument se trouve repris à la fin du *Cabinet du philosophe* pour justifier les découvertes du voyageur dans le « Monde Vrai » (*Journaux*, t. II, éd. citée).

les dents, et la faisait infirme pour la vieillir » (p. 110). Ces conjectures seront confirmées dès le lendemain, lors d'une rapide visite chez cette aimable voisine, la conversation fournissant là encore l'occasion d'une contre-épreuve : « [...] voyons à présent comment s'exprime l'amour-propre d'une belle femme sur le compte d'une autre personne qui n'a que des agréments subalternes » (p. 111)…

Le sixième acte du Misanthrope

Que la force du discours moral tenu par le Spectateur tienne ainsi à son aptitude à déchiffrer et traduire les signes les plus discrets de l'amour-propre n'est nullement le fait du hasard. La première Feuille établit la généalogie d'une telle posture, dans une manière de scène traumatisante que le narrateur fait remonter à ses « dix-sept ans » (l'âge des jeunes gens qui font leur entrée dans le monde, selon les romans contemporains). Attaché à une jeune fille qu'il peut croire exempte de toute coquetterie et dont la simplicité semble garantir une parfaite adéquation entre l'être et le paraître, il vient à la surprendre devant son miroir répétant longuement les signes que son admirateur, tout à l'heure encore, interprétait comme l'expression naïve d'un parfait naturel ou d'une complète spontanéité. « Ah ! Mademoiselle, je vous demande pardon, lui dis-je, d'avoir mis jusqu'ici sur le compte de la Nature des appas dont tout l'honneur n'est dû qu'à votre industrie [*i.e.* : votre savoir-faire] » (p. 60). Dans ce moment où les yeux du jeune homme croisent le regard dédoublé par lequel la coquette s'observe comme elle veut être vue, se jouent la découverte d'un *travail artificiel* du signe (non plus inné, mais appris et répété) et une révélation du statut mimétique de l'expression prétendument naturelle : « c'était de petites façons, qu'on aurait pu noter, et qu'une femme aurait pu apprendre comme un air de musique » (p. 59).

Geoffrey Bennington l'a souligné : « Il ne s'agit pas tellement d'une désillusion du jeune homme face à un cas particulier d'insincérité, mais d'une coupure radicale et traumatisante qui transforme irrémédiablement le naïf, qui participait à un jeu qu'il croyait naturel, en spectateur, mais en spectateur qui n'est pas dupe de l'illusion produite par les machines du sens. Pour corriger la duplicité des signes, il faudra opposer au regard dédoublé qui fonde le spectacle un regard oblique, dirigé vers les coulisses du théâtre, et qui déplace la lecture des signes pour en saisir le jeu dans ce qu'il a d'artificiel [1]. » Fait étrange : le jeune homme ne retient rien du plaisir amoureux qu'il a pu d'abord éprouver dans la compagnie de la charmante friponne, en l'absence de tout rival (puisque la belle, croyait-il, ne se soucie pas de plaire). Cet amour – qui ne dépasse pas le stade de la « tendre surprise » – est brusquement annihilé par la découverte des « tours de gibecière » que répète la coquette devant son miroir. Les réflexions sérieuses et les anecdotes qui suivent sont-elles à lire comme un barrage érigé contre le risque d'un engagement trop tendre ? Ce repli narcissique amène le spectateur à cultiver une position quasi lucrétienne de sage, observant de loin la mer agitée des passions et le manège des êtres de désir (*Suave, mari magno…*) [2].

Cette scène originelle est si marquante que d'Alembert n'a pas hésité à l'intégrer à son *Éloge de Marivaux*, prononcé à l'Académie en 1763, comme un épisode réellement arrivé à l'écrivain [3]. À l'ouverture du *Spectateur français*, elle constitue l'acte de naissance d'un « caractère » au sens classique du terme, en même temps qu'elle

---

1. « Les machines de l'opéra : le jeu du signe dans *Le Spectateur français* », *French Studies*, XXXVI, 2, avril 1982 ; voir aussi M. Delon, « La femme au miroir », *Europe*, 881, nov.-déc. 1996.

2. « [Il est doux], lorsque les vents soulèvent la mer immense,/ d'observer du rivage le dur effort d'autrui » (Lucrèce, *De rerum natura*, livre II, v. 1-2, éd et trad. J. Kany-Turpin, GF-Flammarion, 1997, p. 15).

3. Cet *Éloge de Marivaux* par d'Alembert (nommé secrétaire de l'Académie en 1754) ne fut publié qu'en 1785. Il est reproduit notam-

dessine la genèse du texte : « c'est de cette aventure que naquit en moi cette misanthropie qui ne m'a point quitté, et qui m'a fait passer ma vie à examiner les hommes, et à m'amuser de mes réflexions » (p. 60). La première Feuille se referme sur ces mots qui invitent à lire le périodique comme le recueil de toutes ces réflexions hantées par la question obsédante des signes du comportement. Sur ce spectateur misanthrope, le jugement de Jean-Jacques Rousseau réhabilitant l'Alceste de Molière dans sa *Lettre à d'Alembert* (1758) peut porter un éclairage inédit : « Je ne sache guère que *Le Misanthrope* où le héros de la pièce ait fait un mauvais choix. Rendre le Misanthrope amoureux n'était rien, le coup de génie est de l'avoir fait amoureux d'une coquette[1]. » Le risque n'est apparemment plus à craindre pour notre Spectateur – encore que la dix-septième Feuille puisse évoquer une amitié longue de « cinquante ans » avec une coquette repentie pour laquelle le narrateur avoue s'être autrefois « piqué de belle tendresse » (p. 186)… Tout se passe, sur le plan du traitement des caractères, comme si le misanthrope de Marivaux s'était vu éclairé assez tôt sur la vraie nature de Célimène pour ne pas avoir à fuir le monde, ou plus exactement comme s'il avait pu y revenir dans la fleur de son âge, sans avoir rien perdu de son acuité, mais doué désormais d'une forme de compréhension sans indulgence qui doit quelque chose à cette patience de l'« honnête homme » qu'enseigne Philinte dans la pièce de Molière…

Si les premières comédies de Marivaux se situent aux antipodes du modèle moliéresque, ses journaux empruntent bien des types au grand comique : l'avare, le pédant, la femme savante, la précieuse ridicule, la

---

ment dans l'édition citée du *Théâtre complet* de Marivaux, p. 2074-2124.

1. J.-J. Rousseau, *Lettre à d'Alembert sur les spectacles*, éd. M. Buffat, GF-Flammarion, 2003, p. 107.

coquette ingénue – et à l'occasion quelques répliques comme « Le pauvre homme ! », cet écho du *Tartuffe* qui ponctue la quatorzième Feuille. Du caractère de misanthropie, parfois associé à l'humeur mélancolique et souvent teinté d'un peu de misogynie, les Feuilles du périodique portent partout la marque. Le Spectateur se dit régulièrement « philosophe de tempérament » ; ainsi dans la troisième Feuille où il prétend « s'amuser » du « petit spectacle » silencieux que lui donnent lors d'un souper une jeune dame et un cavalier désireux de « se plaire l'un à l'autre » : « moi, qui ne suis plus d'âge à plaire à personne [...]. J'aimerais mieux travailler, toute une journée, comme un Crocheteur, que d'essuyer deux heures seulement la fatigue qu'ils se donnaient pour imaginer un caractère d'action [*i.e.* : une aisance calculée] qui jetât du goût dans les bras, dans les mains, dans la tête, dans les habits même » (p. 72). Ou dans la cinquième Feuille en prise sur une actualité immédiate, lors de l'entrée de l'Infante d'Espagne destinée à épouser le jeune Louis XV pour sceller l'alliance entre les deux royaumes (1721) : « fête délicieuse pour un Misanthrope, que le Spectacle d'un si grand nombre d'hommes assemblés » ; le « spectacle » est ici celui donné par la foule des spectateurs de la cérémonie publique, en marge de laquelle il est pourtant loisible de rencontrer plus « philosophe » que soi en la personne d'un simple savetier, « brute Socrate » qui ne peut s'offrir le luxe d'un jour chômé – « puisque Dieu m'a fait pour raccommoder de vieux souliers, il faut aller mon train, laisser là les autres, et vivre bon serviteur du Roi et des siens ; le reste n'a que faire de moi, ni moi du reste » (p. 83).

Nombre des narrateurs auxquels le Spectateur délègue la parole en rapportant leurs propos de rencontre ou en accueillant leurs lettres et manuscrits au sein de ses Feuilles affichent le même caractère : c'est le cas de l'inconnu d'abord « taciturne », rencontré dans une promenade publique, dont l'esprit et le talent d'observateur démentent la « physionomie massive », et qui se révèle aussi doué que le Spectateur pour la peinture des « caractères » féminins (Feuille X, p. 121 *sq*) ; ou du solitaire Hermocrate mis en scène à la treizième Feuille, professant aussi bien qu'Alceste une « haine [...] pour les hommes » après avoir appris à ses dépens que la vertu n'est d'aucun usage dans le commerce du monde (p. 150 *sq.*) ; ou encore de l'auteur de ce manuscrit espagnol dont la quinzième et la seizième Feuille nous livrent des fragments et qui est régulièrement amené à adopter sur les réalités françaises le regard d'un spectateur indifférent, qui se rit des élégants comme des « philosophes » demi-habiles, et qui sait que « la véritable fierté » est d'être « raisonnable » (p. 176 *sq.*). Les Feuilles XVII à XIX nous offrent même comme une réplique féminine du Spectateur en la personne d'une dame âgée de « soixante et quatorze ans passés », coquette repentie et vieille connaissance du narrateur qui lui dérobe une partie de ses mémoires manuscrits : on y lira la lente déchéance d'une femme galante qu'une série de désillusions et la tragique découverte du cadavre d'une amie ramènent à la solitude et à la dévotion (p. 209).

Le dernier de ces narrateurs secondaires, dont les aventures occupent les Feuilles XXI à XXV, présente avec le Spectateur un semblable air de famille, si bien que cet inconnu peut offrir d'œuvrer de concert avec lui au « progrès » dans la connaissance des hommes : « Dans tout le cours de mes aventures, j'ai été mon propre Spectateur, comme le Spectateur des autres » (p. 223). La séduction exercée sur le Spectateur par les premières pages de ce manuscrit est telle, et l'effet de reconnaissance si puissant, que le journaliste peut envisager de consacrer aux aventures de l'inconnu « dix-huit à vingt de [s]es Feuilles » : « je les regarde comme des Leçons de Morale d'autant plus insinuantes qu'elles auront l'air moins dogmatique » (p. 228). Idéale collaboration entre deux frères en misanthropie, où le Spectateur ne s'interdit pas de suspendre la publication du manuscrit pour revenir à ses

« sujets ordinaires », et moins encore d'interpoler ses propres réflexions dans celles de l'inconnu.

Interruptions et digressions

La première Feuille érige le hasard en principe de composition ; bien des passages jouent à loisir des effets de rupture et de contraste, procédant par « sauts et gambades » selon la leçon de Montaigne dont le Spectateur pastiche parfois la désinvolture dans l'enchaînement des propos ; le développement sur la critique dans la vingt-troisième Feuille en offre quelques exemples : « Cela me fait songer à un enfant... », « j'abrège ici le sermon de la gouvernante, tout le monde peut l'achever, je reviens à la critique ; lors donc... », « Mais puisque je parle de critique, je ne saurais m'empêcher de dire une chose que je trouve en mon chemin... », « La réflexion que je fais là-dessus m'en fournit une autre... » (p. 241 et 242).

Le Spectateur ne cesse de proclamer son goût pour la diversité : il professe « un libertinage d'idées, qui ne peut s'accommoder d'un sujet fixe » (Feuille V, p. 81), il aime à « varier ses sujets », et cela va au point qu'au moment même où il interrompt la publication du « Journal de [s]on Espagnol » par goût pour la diversité, il s'amuse d'un paradoxe que ne désavouerait pas l'auteur des *Essais* : « Comme j'ai pris l'habitude de changer de matière presque à chaque Feuille, quelque jour je pourrai bien demeurer longtemps sur le même sujet, par raison de variété encore, car l'uniformité est chose neuve pour ceux qui n'y sont pas accoutumés » (Feuille XVII, p. 186). Préférant « les idées fortuites que le hasard nous donne, à celles que la recherche la plus ingénieuse pourrait nous fournir dans le travail » (Feuille I, p. 57-58) – entendons : le tracé d'un plan préalable dans le silence du cabinet de l'érudit –, le philosophe cultive le coq-à-l'âne, mais c'est pour mieux montrer une pensée au travail : « c'est ainsi que je pense, et j'ai toujours agi conséquemment ; je suis né, de manière que tout me devient une matière de réflexion ; c'est comme une philosophie de tempérament que j'ai reçue, et que le moindre objet met en exercice » (p. 58). Le lecteur est tacitement invité à observer une telle mise en mouvement de la pensée sur des objets toujours hétérogènes : l'allure décousue et les hiatus les plus évidents dissimulent un savant travail de montage ou d'association qui témoigne que chaque Feuille a été pensée comme une unité.

La chose est explicite dans la huitième Feuille, qui juxtapose une série de réflexions sur la critique littéraire et des considérations sur les langages de l'amour-propre féminin. Le montage est ici conçu comme une longue démonstration analogique, qui invite à comprendre la jalouse fierté des auteurs en regard des ruses de la jalousie féminine – « Eh bien, nos deux femmes, et les *Auteurs* entre eux, c'est tout un ; et pour mieux dire, je crois qu'on peut juger tous les hommes en général sur la même règle » (p. 111) ; cette « règle » a été préalablement énoncée, articulant les deux séries de réflexions en un diptyque rigoureux : il est loisible de ramener solidairement l'attitude des auteurs entre eux et le comportement des femmes jalouses à une commune maxime (« De tous les mensonges, le plus difficile à bien faire, c'est celui par qui nous voulons feindre d'ignorer une vérité glorieuse à nos Rivaux », p. 108). Mais le travail de l'association est partout ailleurs implicite ou silencieux, et il appartient au lecteur du *Spectateur* comme à celui des *Essais* de sonder les effets du discontinu ou de tenter de « reconstituer le processus d'un raisonnement voilé pour découvrir la raison profonde d'un beau désordre [auquel] Marivaux donne le nom de *goût*, écartant donc toute prétention logique au profit d'un accord sensible fondé sur la culture et le plaisir esthétique », selon Jean-Paul

Sermain[1]. La Feuille XV nous offre par exemple un déconcertant défilé de personnages, d'anecdotes et de saynètes, qu'on peut toutefois lire, classiquement, comme un exercice de variations sur l'amour-propre, la vanité et la fausse modestie.

Quoi de commun encore entre les deux lettres reçues séparément et publiées ensemble par le Spectateur dans la Feuille XII, entre ce mari qui se plaint de l'avarice de sa femme, et cette jeune fille de seize ans qui se dit victime de la dévotion de sa mère ? On aurait tort d'y voir le résultat du seul hasard d'une distribution postale de toute façon fictive : ces deux cahiers de doléances s'éclairent de feux réciproques, l'avarice et la dévotion nous sont données à penser l'une par l'autre dans les souffrances qu'elles génèrent dans les deux familles au sein desquelles il nous est ainsi donné de pénétrer ; il y a mieux : que penser du semblable désir manifesté par le mari et la jeune fille de se libérer de leur aliénation, en attentant indirectement à la vie de leur épouse et mère respective ? L'on peut être ultimement tenté de mettre en relation la petite maison destinée à quelque fête galante dont le mari dissimule l'existence à sa femme et le cabinet de dévotion que la jeune fille rêve de faire abattre pour édifier sans doute en sa place quelque boudoir... La simple juxtaposition des deux lettres également fictives offre à la réflexion morale bien mieux qu'un renouvellement de ses formes : le discours du « moraliste » trouve ici d'inédites possibilités structurales qui lui ouvrent un nouveau terrain d'analyse ; le dispositif nous introduit en définitive à une manière de psychopathologie de la vie quotidienne, en entrouvrant le rideau sur le théâtre fantasmatique où se déroulent ces petits meurtres en famille[2]...

1. J.-P. Sermain et C. Wioquet, *Journaux de Marivaux*, *op cit.*, p. 128.

2. Pour une analyse détaillée de cette Feuille XII, voir M. Escola, « Morale et fiction. De La Bruyère à Marivaux », in J. Dagen et Ph. Roger (éds), *Un siècle de deux cents ans ? Les XVIIe et XVIIIe siècles :*

Morale et fiction

Marivaux ne se contente pas d'emprunter aux moralistes classiques (Pascal, La Rochefoucauld, La Bruyère, auxquels il rend plusieurs fois hommage dans ses périodiques) une thématique, une méthode et une allure ; il fait un usage tout personnel du recours à la fiction, déjà pratiqué dans les *Pensées* ou dans les *Caractères* sous forme de fables allégoriques ou de portraits. Sur cette voie, Marivaux a croisé les *Amusements sérieux et comiques* (1698-1707) de Dufresny ; cet épigone de La Bruyère, qui fut un temps journaliste lui-même et directeur du *Mercure*, avait imaginé un Siamois découvrant la capitale. Le procédé sera médité par l'auteur des *Caractères des habitants de Paris*, qui conçoit sa description en termes de relation de voyage, et repris avec le succès que l'on sait par Montesquieu dans ses *Lettres persanes*. Ce personnage de Siamois est conçu comme un artifice (une « figure », un « caprice » de l'auteur) destiné à renouveler une topique épuisée par La Bruyère :

> Si quelqu'un veut voyager avec moi par le monde français, c'est-à-dire parcourir peu à peu tous les états de la vie, qu'il me suive, *je vais faire une relation en style de voyage : cette figure m'est venue naturellement, je la suivrai* [...].
>
> Pour être frappés plus vivement d'une variété que les préjugés de l'usage et de l'habitude nous font paraître presque uniforme, *imaginons-nous* qu'un Siamois entre dans Paris. Quel amusement ne serait-ce point pour lui d'examiner avec des yeux de voyageur toutes les particularités de cette grande ville ? Il me prend envie de faire voyager ce Siamois avec moi ; ses idées bizarres et *figurées* me fourniront sans doute de la nouveauté, et peut-être de l'agrément [1].

---

continuités et discontinuités, Desjonquères, « L'esprit des Lettres », 2004.

1. *Amusements sérieux et comiques*, 2 et 3, éd. J. Chupeau, in J. Lafond (éd.), *Moralistes du XVIIe siècle*, Robert Laffont, 1992, p. 1000 et 1003-1004. Nous soulignons.

Chez La Bruyère, chaque *caractère*, relevant de la tradition rhétorique de l'éthopée (« portrait moral en actes » ou description narrativisée d'un trait de comportement), était déjà conçu comme une figure susceptible d'illustrer la réflexion morale et d'en détailler, fût-ce *a contrario* en l'absence de tout caractère « positif », le champ d'application. Mais chacun des chapitres des *Caractères* restait attribuable à un énonciateur réel, ancré dans le monde social qu'il dépeint : le lecteur n'a aucune difficulté à assimiler le *je* historique du moraliste à l'écrivain La Bruyère. Avec le Siamois de Dufresny, on assiste à une forme de dédoublement de l'énonciation du discours moral, sans que la voix de l'étranger s'autonomise complètement de l'instance qui le suscite comme fiction : « tantôt je ferai parler mon voyageur, tantôt je parlerai moi-même », avertit l'auteur des *Amusements* [1].

Avec l'invention du Spectateur, un degré supplémentaire est franchi ; si l'on tient avec Gérard Genette que la figure et la fiction entretiennent une parenté structurelle – la figure n'étant qu'une fiction minimale, la fiction une figure « prise au pied de la lettre » et autonomisée [2] –, il faut reconnaître que c'est avec les périodiques de Marivaux que s'accomplit le passage de la simple figure au discours pleinement fictif. Par la figure, le discours moral

1. « Je vais donc prendre le génie [le caractère] d'un voyageur siamois qui n'aurait jamais rien vu de semblable à ce qui se passe dans Paris : nous verrons un peu de quelle manière il sera frappé de certaines choses que les préjugés de l'habitude nous font paraître raisonnables et naturelles. Pour diversifier le style de ma relation, tantôt je ferai parler mon voyageur, tantôt je parlerai moi-même : j'entrerai dans les idées abstraites d'un Siamois ; je le ferai entrer dans les nôtres ; enfin, supposant que nous nous entendons tous deux à demi-mot, je donnerai l'essor à mon imagination et à la sienne. [...] Je suppose donc que mon Siamois tombe des nues et qu'il se trouve dans le milieu de cette cité vaste et tumultueuse » (*Amusements sérieux et comiques*, 3, éd. citée, p. 1003-1004).

2. Voir le début de *Métalepse. De la figure à la fiction* de G. Genette, Seuil, « Poétique », 2004.

sollicite *localement* une instance d'énonciation fictive afin de diversifier son regard, ses angles d'attaques, etc. Dans *Le Spectateur français*, le moraliste endosse un caractère de part en part fictionnalisé, quitte à déléguer régulièrement la parole (par des lettres, des mémoires, des propos rapportés) à des narrateurs secondaires, également fictifs. Cette mutation trouve son achèvement dans les *Lettres persanes* : le discours moral est alors situé dans une fiction orientale polyphonique. Marivaux et Montesquieu créent ainsi simultanément un personnage de narrateur moraliste dont le discours est porté par une expérience antérieure (traumatisme, exil), à la différence du Siamois qui n'est qu'un sujet abstrait, ou du « Spectator » d'Addison. De La Bruyère à Montesquieu, l'évolution du discours moral au tournant des XVIIe et XVIIIe siècles permet donc d'envisager la proximité théorique entre figure et fiction comme une mutation pleinement historique.

On mesurera mieux comment Marivaux s'est départi de la tradition du discours moral de l'âge classique pour en renouveler complètement le statut, en observant que chaque Feuille du *Spectateur français* se tient entre deux limites qui définissent trois zones de discours :

– Limite inférieure : l'énoncé impersonnel de la maxime à la manière de La Rochefoucauld (« nous avons beau dissimuler le mérite qui nous blesse ; Nous avons beau l'attaquer, il a cet avantage sur notre malice, qu'elle ne peut se sauver d'en faire l'aveu », Feuille VIII, p. 108) ou de La Bruyère (« [il est des] Écrivains qui, de peur de mériter le reproche de n'être pas naturels, font justement tout ce qu'il faut pour ne pas l'être, [et] d'autres qui se rendent fades de crainte qu'on ne leur dise qu'ils courent après l'esprit », Feuille VII, p. 100). On placera au même rang le caractère comme unité autonome (la coquette à son miroir, Feuille III), fût-il dialogue comme chez La Bruyère encore (l'amateur d'*in-folios*, Feuille VI), saynète (les disputeurs et les beaux esprits,

Feuille XXIII) ou simple recours à une figure d'analogie filée sur quelques lignes (« nous sommes tous des Tableaux les uns pour les autres », Feuille V, p. 85).

– Limite supérieure : le roman autonome, sous la forme d'un récit pseudo-autobiographique accompagné de réflexions morales, délégué tout entier à un narrateur. C'est le cas de l'histoire de la dame âgée (Feuilles XVII à XIX), du journal de l'Espagnol (Feuilles XV-XVI) ou encore des aventures de l'inconnu (Feuilles XXI à XXV), ces dernières ne dépassant pas la période de l'enfance et de l'adolescence. La vingt-cinquième Feuille, au-delà de laquelle Marivaux n'a pas cru bon d'aller, s'interrompt sur une scène d'auberge typique des romans comiques ou picaresques. Le lecteur quitte l'inconnu au seuil d'une nouvelle existence – sur le chemin de Paris, avec pour tout viatique une maigre somme d'argent, quelque lettre de recommandation, et la sagesse parentale au fond du cœur : le journaliste abandonne là son personnage au romancier.

– Enfin, dans une zone intermédiaire, on trouvera une extrapolation personnelle de la prosopopée, l'une des principales figures d'ironie chez Montesquieu[1]. Avant de gagner la limite supérieure du roman, le *Spectateur* s'est essayé à des formules inédites où le narrateur n'intervient que pour « traduire » les pensées de son interlocuteur ou d'un personnage qu'il observe. L'intention polémique est première quand la parole est prêtée à un partisan des Anciens (Feuille VII, p. 102). Le procédé s'apparente plus

1. La prosopopée est une figure de style qui consiste à faire parler une personne absente ou un être imaginaire. Montesquieu l'emploie de manière polémique dans la Lettre CXXIV d'Usbek au sujet des courtisans pensionnés par les Princes : « Je n'entends jamais parler de leurs libéralités, des grâces et des pensions qu'ils accordent, que je ne me livre à mille réflexions : une foule d'idées se présente à mon esprit ; *il me semble que j'entends publier cette ordonnance* : le courage infatigable de quelques-uns de nos sujets à nous demander des pensions… » (la phrase en italique introduit la prosopopée).

subtilement à une forme primitive de monologue intérieur lorsque le narrateur se met à dévider un discours imprononçable, dicté par l'amour-propre des coquettes ou des élégants vaniteux (nous soulignons) : « J'examinais donc tous ces porteurs de visages, hommes et femmes [...] je les interprétais. Quand on est fait comme je suis, *pensait apparemment chacun d'eux*, on laisse agir à l'aise le sentiment qu'on a de ses avantages, en marchant superbement » (Feuille III, p. 68-71). Il s'apparente aussi à l'explicitation ou au décodage des « pensées de derrière » des petits-maîtres, faux dévots et autres cibles des moralistes [1]. Ainsi la femme coquette surprise en négligé (nous soulignons encore) : « du moins par sa façon de faire, *vous dit-elle*, ce n'est pas moi : cela me ressemble en laid ; mais vous ne me voyez pas encore... » (Feuille XVI, p. 178).

Cette traduction des pensées inavouables des personnages connaît plusieurs prolongements dans l'œuvre de Marivaux. Le procédé est récurrent dans les deux autres périodiques, en particulier à la fin du *Cabinet du philosophe* où l'auteur parvient à une forme inédite de narration fantastique : le « Voyageur dans le monde vrai » apprend à décoder le double sens des propos ou des attitudes de son entourage, tout en étant persuadé que ce sont des gens d'un « autre monde [2] ». Quant aux héros-narrateurs des deux grands romans des années 1730, ils se livrent régulièrement à cette activité pour éviter les faux pas dans un monde qui leur est encore inconnu et souvent hostile : « Ce talent de lire dans l'esprit des gens et de

1. « L'orgueil du courtisan, l'impertinence des petits-maîtres, la coquetterie des femmes, la sotte gravité des importants, la fourberie des faux dévots, tout a exercé la plume de ce censeur délicat et éclairé », écrit Lesbros de La Varsane à propos du *Spectateur français* dans son *Esprit de Marivaux*, 1769 (cité par F. Deloffre in *JOD*, p. 723).

2. *Journaux*, t. II, éd. citée. Voir l'ouvrage d'Emmanuelle Sempère, *De la merveille à l'inquiétude : le registre du fantastique dans la fiction narrative au XVIIIe siècle*, Presses universitaires de Bordeaux, 2009.

débrouiller leurs sentiments secrets est un don que j'ai toujours eu et qui m'a quelquefois bien servi », écrit Jacob, cet autre spectateur parisien devenu un paysan parvenu [1].

L'atelier du roman

À l'instar de tout essai à la première personne, la Feuille périodique peut tout recueillir des idées qui se présentent à l'esprit du Spectateur. Très vite cependant, le journaliste privilégie les délégations de parole, et la variété tient surtout à la multiplicité des procédés d'enchâssement auquel recourt le narrateur premier – la première Feuille n'opposait-elle pas au fait de « réfléchir en auteur » l'ambition de « réfléchir en hommes », dans un déconcertant pluriel ? La forme la mieux représentée est celle de la lettre insérée, qui fait entendre une autre voix et ouvre l'espace du périodique à une histoire individuelle selon une logique métonymique : des quelques détails fournis par la missive, le lecteur est invité à reconstituer une histoire plus longue qui déborde la simple Feuille. Tous les artifices sont bons pour diversifier le statut de chacun de ces fragments épistolaires : lettre confiée par un ami supposé l'avoir reçue « d'une jeune dame dont il est éperdument amoureux » et qui esquisse en quelques pages le drame ordinaire d'« une femme du monde, jeune, aimable, aimée, et qui veut être vertueuse » (Feuille II, p. 61 *sq.*) ; plus loin, ce seront trois lettres envoyées en un même « paquet » au Spectateur pour être « rendues publiques » et publiées dans trois Feuilles successives, où on lira tour à tour les mots adressés par une jeune fille au Spectateur lui-même pour faire le récit de son histoire, puis les lettres désespérées et réputées

1. *Le Paysan parvenu*, éd. citée, p. 140.

authentiques adressées à son séducteur et à son propre père (Feuilles IX à XI).

Ailleurs, le périodique s'ouvre à d'autres formes d'expression à la première personne : simples discours rapportés (celui d'une jeune fille qui demande l'aumône, à la Feuille IV, celui d'un simple savetier ou celui d'un « politique » sur la paix dans la Feuille V, celui encore de l'inconnu rencontré dans une promenade publique dans la Feuille X) ; récit d'un « songe » traduit d'un manuscrit espagnol par un personnage de rencontre (engagé à la fin de la Feuille IV, ce récit enchâssé est différé deux fois aux Feuilles IV et V pour prendre place dans la Feuille VI et finalement rester inachevé) ; souvenir d'une « histoire » raconté par un Polonais à l'occasion d'un voyage passé du Spectateur (Feuille XI) ; fragments d'un journal intime d'un visiteur espagnol trouvé par hasard dans un livre acheté dans un inventaire, dont la publication occupe les Feuilles XV et XVI, mais dont le Spectateur promet vainement la suite ; fragments encore de « mémoires » dérobés à une vieille amie au terme d'une brève lutte qui permet au Spectateur d'emporter la moitié seulement du manuscrit (et l'on s'explique mal alors que le périodique puisse nous faire lire un récit continu et pour une fois achevé s'étendant des Feuilles XVII à XIX) ; ou encore « Manuscrit contenant la Vie [d'un] inconnu », accompagné d'une lettre d'introduction, « paquet » directement reçu par le Spectateur et dont la publication devrait occuper « dix-huit à vingt Feuilles », si bien que le journaliste pourrait renoncer à toute parole propre s'il ne se décidait à augmenter les réflexions de l'inconnu des siennes propres (p. 228)…

Au total, ces récits seconds occupent près de la moitié du volume du périodique – encore la plupart demeurent-ils inachevés. On observera que le journaliste, et Marivaux avec lui, ne s'attachent guère à rendre vraisemblables les conditions d'élaboration et de transmission de ces textes seconds, inventés pour les besoins du propos moral ou par simple souci de diversité. « [...] je vais mettre encore ici deux lettres qui me sont arrivées, je ne sais comment » (Feuille XII, p. 138) : l'existence d'un « bureau d'adresse » où les « particuliers » peuvent envoyer des lettres au Spectateur est une fiction commode, forgée comme on l'a rappelé à l'imitation du confrère anglais. D'abord hâtivement caractérisés au point de n'apparaître que comme les masques d'un journaliste quelque peu ventriloque, ces narrateurs secondaires gagnent en identité au fil des livraisons [1] ; le discours-cadre se trouve parfois réduit à une seule ligne par laquelle le Spectateur s'efface (ainsi de la Feuille XVI qui donne la « Suite du Journal espagnol que j'ai traduit », ou de la Feuille XVIII, qui continue « l'Histoire de la Dame âgée ») ; et le dernier narrateur second venu, cet « inconnu » qui livre en un seul « paquet » l'histoire de sa vie, peut légitimement prétendre se substituer à l'auteur supposé du périodique. Le projet même s'en trouve durablement infléchi puisque le Spectateur ne peut désormais qu'interpoler ses propres réflexions dans le récit d'un autre : les deux fonctions jusque-là dévolues au journaliste – mettre en récit des choses vues et les réfléchir – se trouvent de fait dissociées. Mais ces mêmes Feuilles dévolues à l'histoire d'un autre sont aussi celles où Marivaux rencontre la formule du « double registre », pour reprendre les termes de Jean Rousset [2], qui fait la force de tout récit rétrospectif à la première personne : « j'interromps souvent mon histoire, déclare inopinément l'inconnu, mais je l'écris moins pour la donner que pour réfléchir » (Feuille XXV, p. 268) – on est tenté de lire : « pour *la* réfléchir » en suppléant encore *et comprendre comment je suis devenu qui je suis.* Avec ce retour de la conscience sur sa propre histoire,

1. Voir J.-C. Abramovici, « D'un sourire libertin », in J. Berchtold (éd.), *Espaces, objets du roman au XVIIIe siècle, Hommage à Henri Lafon*, Presses de la Sorbonne Nouvelle, 2009, p. 181-189.

2. J. Rousset, *Forme et signification*, José Corti, 1962, p. 45-64.

il n'est décidément plus besoin du discours-cadre et des réflexions autonomes d'un journaliste misanthrope : la double voix du mémorialiste se suffit alors à elle-même, et c'est déjà la formule du roman-mémoires[1].

Par la multiplicité des formes narratives employées et la variété des sujets, le premier périodique de Marivaux a ainsi constitué un véritable atelier de la fiction. Cette dimension expérimentale s'affirme à travers l'insertion, dans les dernières Feuilles, de deux fragments romanesques qui s'écartent du modèle traditionnel des intrigues amoureuses : l'histoire d'une vieille dame, à laquelle le Spectateur dérobe « en badinant » une partie de ses mémoires pour les publier sans son aveu (Feuille XVII), et la lettre autobiographique d'un inconnu qui s'est longuement étudié lui-même avant de porter ses observations sur ses semblables (Feuille XXI) : « Dans tout le cours de mes aventures, j'ai été mon propre Spectateur, comme le Spectateur des autres, je me suis connu autant qu'il est possible de se connaître ; ainsi, c'est du moins un Homme que j'ai développé [*i.e.* mis au jour], et quand j'ai comparé cet Homme aux autres, ou les autres à lui, j'ai cru voir que nous nous ressemblions presque tous » (p. 223). Une telle déclaration anticipe sur la visée anthropologique des *Confessions* de Rousseau[2]. L'histoire de l'inconnu ne dépasse guère la période de l'adolescence. L'accent est mis non seulement sur la période de l'enfance – alors fort peu représentée dans la littérature de fiction –, mais encore sur le point de vue du jeune garçon apportant un réconfort à ses parents ruinés et désespérés par une banqueroute. L'amour des enfants restaure la famille : c'est là l'expérience inverse de celle du père négligé par son fils ingrat (Feuille XIV). Ces deux

1. Voir R. Démoris, *Le Roman à la première personne*, Armand Colin, 1975, p. 332-338.

2. Voir le Préambule de 1764 (*Les Confessions*, éd. A. Grosrichard, GF-Flammarion, 2002, t. II, p. 431-432).

histoires ne présentent ni intrigue amoureuse, ni « roman » au sens classique du terme ; c'est pourtant sur ces bases nouvelles, encore laissées à l'état expérimental, que Marivaux élaborera, dans *La Vie de Marianne*, l'enfance de Marianne et de Tervire.

Si *Le Paysan parvenu* et *La Vie de Marianne* ont été abondamment pillés dès les années 1730, *Le Spectateur français* n'a pas connu beaucoup plus d'imitateurs que *La Dispute*. Certes, les périodiques du siècle continuent à s'inspirer, dans leurs titres mêmes, du narrateur fictif imaginé par Addison et développé par Marivaux [1]. Jugée trop subtile pour s'intégrer aux discours moralisants qui forment l'une des lignes idéologiques des Lumières, son œuvre sera cantonnée par les Encyclopédistes dans le registre de l'écriture mondaine. Marivaux connaît heureusement des admirateurs secrets : l'auteur de *La Religieuse* ou, mieux encore, celui du *Discours sur l'origine de l'inégalité*. Quelque temps après avoir montré sa comédie *Narcisse* à Marivaux [2], Rousseau a projeté de lancer avec Diderot un périodique intitulé *Le Persifleur* [3], fortement inspiré du *Spectateur* marivaudien : « Quelquefois je suis un dur et féroce misanthrope, en d'autres

1. Fréron propose même en 1755 un parallèle entre ces deux « Socrates modernes » anglais et français, concluant sur la singularité irréductible de l'esprit de Marivaux (*JOD*, p. 719-722).

2. « Elle lui plut, et il eut la complaisance de la retoucher », rapporte Rousseau dans *Les Confessions* (livre VII, éd. citée, t. II, p. 23).

3. Ce projet avorté est ainsi rapporté dans *Les Confessions* : « Nous [Condillac et Jean-Jacques] allions dîner ensemble à l'hôtel du Panier-Fleuri. Il fallait que ces petits dîners hebdomadaires plussent extrêmement à Diderot ; car lui, qui manquait presque à tous ses rendez-vous, ne manqua jamais à aucun de ceux-là. Je formai là le projet d'une Feuille périodique, intitulée *Le Persifleur*, que nous devions faire alternativement, Diderot et moi. J'en esquissai la première Feuille, et cela me fit faire connaissance avec d'Alembert, à qui Diderot en avait parlé. Des événements imprévus nous barrèrent, et ce projet en demeura là » (*Les Confessions*, livre VII, éd. citée, t. II, p. 88).

moments, j'entre en extase au milieu des charmes de la société et des délices de l'amour. [...] En un mot, un protée, un caméléon, une femme sont des êtres moins changeants que moi », déclare le rédacteur [1]. Au-delà de l'observateur critique, on voit se profiler le visage de l'enthousiaste extraverti : du Persifleur à Dorval et au Neveu de Rameau, il hantera la production de Rousseau comme celle de Diderot – lesquels ont peut-être été en leur temps les meilleurs lecteurs de Marivaux.

Marc ESCOLA,
Érik LEBORGNE,
Jean-Christophe ABRAMOVICI.

1. J.-J. Rousseau, *Œuvres complètes*, Gallimard, « Bibliothèque de la Pléiade », 1959, t. I, p. 1108.

NOTE SUR L'ÉDITION

Le texte retenu pour la présente édition est, comme pour l'édition des « Classiques Garnier », celui de l'édition de 1728, la seule revue par Marivaux, parue en deux tomes chez le libraire parisien P. Prault sous le titre *Le Spectateur français, par M. de Marivaux, ou Recueil de tout ce qui a paru imprimé sous ce titre. Nouvelle édition, revue, corrigée et augmentée de plusieurs pièces détachées du même auteur*, et qui comprenait, outre *Le Spectateur français* (tome I), les *Le Lettres contenant une aventure*, les *Caractères des habitants de Paris*, *L'Indigent philosophe* et une comédie intitulée *L'Île de raison* (tome II).

Conformément donc à l'édition de 1728, nous plaçons *Le Spectateur français* en tête, suivi des *Pièces détachées dans le goût du Spectateur français* (*Lettre contenant une aventure*, puis *Caractères des habitants de Paris*), le tout indépendamment de la chronologie des premières parutions. Nous indiquons toutefois au début de chaque section sa date de première parution.

L'Indigent philosophe, qui figure dans le second volet de l'édition de 1728, est repris dans le second tome de la présente édition des *Journaux*, qui rassemble d'autres textes de Marivaux d'inspiration plus « philosophique », et pour la plupart plus tardifs : *Pensées sur différents sujets* (1719), *Le Cabinet du philosophe* (1734), *Réflexions – Sur les Romains, Sur les hommes* (1751), *Réflexions sur Thucydide, Le Miroir* (1755), enfin *Réflexions sur l'esprit humain* (1755-1757).

Le Spectateur français

Le Spectateur français est constitué de vingt-cinq Feuilles volantes dont la parution s'échelonna de juin-juillet 1721 à octobre 1724 : on en trouvera la description dans l'appendice bibliographique de l'édition de Frédéric Deloffre et Michel Gilot. Elles furent réunies ultérieurement en recueil : en 1722 pour les douze premières, en 1723 pour les douze suivantes, et en 1727 pour l'ensemble de ces vingt-quatre feuilles, la vingt-cinquième se trouvant réunie avec les autres dans la seule édition de 1728.

On a substitué les deux importants « Avis du libraire au lecteur » qui figuraient en tête de chacune des deux premières Feuilles originales au simple « Avis de l'imprimeur au lecteur » sur lequel s'ouvrait le volume de 1728, qu'on pourra lire en note de fin, et donné également dans le corps du texte une autre annonce propre à l'édition de 1723 en tête de la Feuille XV.

On a encore fait figurer à la suite du texte la « Table des matières contenues au présent livre » qui, dans cette même édition de 1728, suivait la « Table des Feuilles » et précédait le texte de la première Feuille.

Nous indiquons également en notes de fin les variantes les plus remarquables offertes par les seules éditions de 1722 et 1723, que Marivaux avait sous les yeux en préparant l'édition de 1728, ainsi que toutes les précisions ayant trait à l'établissement du texte. L'évolution de la langue est très sensible entre la décennie 1720 et le milieu du siècle : les innovations de Marivaux, sévèrement critiquées par Desfontaines notamment, dont nous citons souvent le *Dictionnaire néologique*, témoignent dès 1722 de ce souci de renouvellement. Nous avons le plus souvent négligé les leçons proposées par les éditions postérieures (1752, 1754, 1761), qui tiennent pour l'essentiel dans une modernisation des usages. À chaque fois que nous avons été amenés à préférer une leçon de l'édition originale à celle offerte par le recueil de 1728, une note de fin indique la leçon écartée.

Lettres contenant une aventure

Sans doute accaparé par la composition de la tragédie d'*Annibal*, Marivaux ne donne plus d'article au *Mercure* entre mars et novembre en 1719. De novembre 1719 à avril 1720 paraissent toutefois, en cinq livraisons, les *Lettres contenant une aventure* ; le texte, qui semble avoir été composé pour trois livraisons seulement, demeure inachevé : au printemps 1720, Marivaux s'était associé avec le chevalier de Saint-Jorry pour une comédie en un acte, *L'Amour et la Vérité*, représentée le 3 mars au Théâtre-Italien.

Par un procédé inhabituel, le narrateur masculin surprend le dialogue des deux femmes qui parlent « à cœur ouvert », mais dont on entendra seulement la plus âgée. Le récit, qui se lit comme un conte cynique et un hymne à la jeunesse, s'interrompt au seuil d'une histoire d'amour dont on pressent simplement qu'elle sera décisive. Pour la première fois, Marivaux donne donc la parole à une jeune femme qui mêle au récit de ses aventures passées une série de réflexions énoncées au présent : on est tout proche déjà de la formule qui sera celle de *La Vie de Marianne*.

Le texte retenu est ici encore celui de l'édition collective de 1728, repris dans les éditions de 1752 et 1761. Les rares variantes en regard du texte original paru dans le *Mercure* sont signalées dans les notes de fin, à l'exception des variantes orthographiques ou des erreurs manifestes.

Caractères des habitants de Paris

Parues dans le *Mercure* d'août 1717 à août 1718 sous le titre *Lettres sur les habitants de Paris*, ces Feuilles furent recueillies dans l'édition de 1728 à la suite du *Spectateur français* sous le titre *Caractères des habitants de Paris*, Marivaux revendiquant ainsi la filiation avec La Bruyère. Elles formaient avec les *Lettres contenant une aventure* et *L'Indigent philosophe* le tome second de cette édition collective, sous le titre général *Pièces détachées dans le goût du Spectateur français.*

Les nombreuses variantes en regard du texte original sont signalées en notes de fin, à l'exclusion là encore des variantes orthographiques et erreurs manifestes : le texte révisé par Marivaux atteste un remarquable souci du détail stylistique et linguistique. Les éditions postérieures (1752 et 1756) ne comportent aucune correction d'auteur.

L'édition de 1728 offrant une chapitration quelque peu fantaisiste, on a repris ici les rubriques de l'édition originale.

On a en outre réinséré dans le texte le séduisant *Portrait de Climène*, paru dans le *Mercure* de septembre 1717 (après la deuxième livraison des *Lettres sur les habitants de Paris* dont il interrompait la série) mais que ne reprenait pas l'édition collective de 1728 : on l'a donc laissé ici à la place qu'il occupait dans l'ordre de la publication originale. On a procédé de même pour les « Avis de l'éditeur ».

*
* *

Conformément aux habitudes éditoriales de la collection GF-Flammarion, l'orthographe et la graphie ont été modernisées, ainsi que les règles grammaticales d'accord des participes passés. Selon l'usage du XVIIIe siècle, les dialogues ne comportent pas de guillemets (à la différence le plus souvent des discours rapportés, nombreux dans *Le Spectateur français* notamment).

Dans le texte original, l'emploi des caractères italiques et des guillemets tout comme le recours à une mise en forme particulière pour signaler les pièces enchâssées (lettres et récits secondaires) demeurent assez arbitraires ; nous sommes dans l'ensemble restés fidèles à cette hétérogénéité d'usages, qui tient pour un lecteur moderne du collage et qui témoigne vraisemblablement des hésitations rencontrées par les typographes de 1728 devant la dimension expérimentale de cette forme littéraire atypique. Pour le confort du lecteur, nous avons néanmoins introduit ponctuellement des lignes de blanc afin de distinguer les nombreux récits enchâssés du *Spectateur français*.

Reste la lancinante question de la ponctuation, qui peut se révéler un véritable casse-tête dans le cas de Marivaux. À la suite de Jean Goldzink, nous avons opté pour « un retour au plus près de la ponctuation originale, sans choquer brutalement nos habitudes, désorganiser les structures phrastiques, et transformer la lecture en exercice de décryptage [1] ». En pratique, qu'avons-nous gardé ou corrigé pour l'ensemble des textes réunis dans cette édition en deux volumes ? Nous avons tenté d'opérer un partage entre habitudes typographiques de l'époque et choix relevant d'un souci de construction musicale de la phrase.

Nous avons conservé les points d'interrogation ou d'exclamation placés après le verbe dans le discours indirect (« me demanda-t-il ? »), dans la mesure où ils sont susceptibles de comporter une valeur de didascalie, non négligeable pour un professionnel du théâtre comme Marivaux. En revanche, nous avons supprimé systématiquement les points d'interrogation des interrogatives indirectes, et rétabli, le cas échéant, ceux des interrogatives directes.

---

1. « Marivaux à quelques virgules près », dans son édition de *La Fausse suivante, L'École des mères, La Mère confidente*, GF-Flammarion, 1992, p. 52.

Nous avons supprimé les virgules devant des subordonnées complétives (introduites par *si* ou *que*) comme dans les tours comparatifs ou corrélatifs, et remplacé, quand il le fallait, les virgules introduisant un discours direct par les deux-points, suivant l'usage moderne déjà pratiqué par les typographes à partir des années 1720-1730 (« Il me dit : Que cela ne vous effraye point… »).

Les deux-points marquent une ponctuation intermédiaire entre le point et la virgule : nous les avons conservés dans la mesure du possible. D'une manière générale, le rythme des phrases de Marivaux est celui de longues périodes oratoires, scandées par des pauses (virgules, points-virgules ou deux-points) comme elles le seraient pour une diction orale. C'est ce qui explique pourquoi les points d'interrogation ne sont que très rarement suivis d'une majuscule qui signalerait le début d'une nouvelle phrase. Nous avons veillé à respecter l'alternance entre points-virgules et deux-points qui fonde au sein de chaque Feuille la dynamique d'un discours ou d'un dialogue également théâtralisés, qui autorise encore de saisissants effets de style indirect libre. Dans de très rares occurrences, il nous est toutefois arrivé de substituer un point-virgule aux deux-points, lorsqu'il nous a semblé qu'un lecteur moderne devait ressentir le besoin d'une brève pause au cours d'une phrase particulièrement longue.

Les mots en italique ont été conservés, sauf dans quelques emplois qui nous ont paru insignifiants (« *répondit-il* »). Nous avons respecté les majuscules à l'initiale dans les cas de personnifications, d'allégories, dans les titres (« Monsieur », « Dame », « Comte », etc.) et à chaque fois qu'elles évitent une ambiguïté : Ciel (Providence)/ ciel (désignation spatiale), Maison (lignée)/maison (logis), Roi (régnant)/ roi (fonction). Pour les autres cas de disparates moins habituels (« Auteur », « Public », « Lecteur », « Feuille », etc.), nous avons choisi de respecter une alternance originale toujours susceptible d'effets de sens. Nous avons ôté les majuscules après les deux-points (sauf lorsqu'ils introduisent un discours direct) et les points-virgules.

Les notes de fin de volume, qui renvoient aux variantes et aux précisions ayant trait à l'établissement du texte, sont appelées par des lettres. Les notes de bas de page, appelées par des chiffres, visent à expliquer le sens des termes, des références historiques, des allusions mythologiques ou littéraires, plus familières au public de 1715 qu'à celui du XXIe siècle.

Nous avons proposé une estimation approximative des sommes mentionnées, sur la base 1 livre = 10-15 euros.

Les termes prêtant à des faux sens et dont la compréhension est nécessaire à la poursuite de la lecture, se trouvent aussitôt expliqués en note à leur première occurrence ; plus complet, le Lexique qui figure en fin de volume entend rendre compte de l'état de la langue à l'époque de Marivaux. Dans les deux cas, nous nous sommes principalement référés au *Dictionnaire universel* de Furetière (1690), ici abrégé en *Fur.*, au *Dictionnaire de l'Académie*, désigné par l'abréviation *Acad.* (lorsque aucune date n'est indiquée, c'est que nous renvoyons à l'édition de 1762), et au *Dictionnaire* de Trévoux (1743), noté *Trévoux.*

Remerciements

Nous remercions Jean Dagen et René Démoris qui nous ont donné le goût des *Journaux* de Marivaux, ainsi que Charlotte von Essen pour la pertinence de ses relectures et le soin apporté à la fabrication de ces deux volumes.

JOURNAUX I

LE SPECTATEUR FRANÇAIS

PREMIÈRE FEUILLE
29 mai 1721

Le Libraire au Lecteur

On sera peut-être surpris que je ne donne au Public qu'une Feuille d'impression sur un Ouvrage qui paraît être de très longue haleine ; mais il m'est impossible de faire autrement. Je ne reçois qu'une Feuille à la fois, et je ne donnerai qu'à mesure que je reçois. L'Auteur m'est inconnu. On me promet que l'ouvrage pourra saisir les suffrages du public ; et j'ai cru, sur cette espérance, ne devoir point refuser d'imprimer : d'ailleurs les Feuilles d'impression ne sont point sans exemple, et nous avons de bons Ouvrages qui n'ont paru dans le monde que parties par parties. Je souhaite, comme on n'en peut douter, que l'agrément de celui que je donne dédommage le Lecteur du peu d'étendue dans laquelle il paraîtra. S'il agrée au public, on m'assure que je serai en état d'en donner chaque semaine une Feuille[a].

Lecteur, je ne veux point vous tromper, et je vous avertis d'avance que ce n'est point un Auteur que vous allez lire ici. Un Auteur est un homme, à qui dans son loisir, il prend une envie vague de penser sur une ou plusieurs matières ; et l'on pourrait appeler cela, réfléchir à propos de rien. Ce genre de travail nous a souvent produit d'excellentes choses, j'en conviens ; mais pour l'ordinaire, on y sent plus de souplesse d'esprit que de naïveté [1] et de vérité : du moins est-il vrai de dire qu'il y a toujours, je ne sais quel goût artificiel dans la liaison des pensées, auxquelles on s'excite. Car enfin, le choix de ces pensées est alors purement arbitraire, et c'est là réfléchir en Auteur : ne serait-il pas plus curieux de nous voir penser en hommes [2] ? en un mot, l'esprit humain, quand le hasard des objets ou l'occasion l'inspire, ne produirait-il pas des idées plus sensibles et moins étrangères à nous, qu'il n'en produit dans cet exercice forcé qu'il se donne en composant ?

Pour moi, ce fut toujours mon sentiment, ainsi je ne suis point Auteur, et j'aurais été, je pense, fort embarrassé de le devenir. Quoi ! donner la torture à son esprit pour en tirer des réflexions qu'on n'aurait point, si l'on ne s'avisait d'y tâcher : cela me passe, je ne sais point créer, je sais seulement surprendre en moi les pensées que le hasard me fait [b], et je serais fâché d'y mettre rien du mien. Je n'examine pas si celle-ci est fine, si celle-ci l'est moins ; car mon dessein n'est de penser ni bien ni mal, mais simplement [c] de recueillir fidèlement ce qui me vient d'après le tour d'imagination que me donnent les choses que je vois ou que j'entends, et c'est de ce tour d'imagination, ou pour mieux dire de ce qu'il produit, que je voudrais que les hommes nous rendissent compte, quand les objets les frappent.

Peut-être, dira-t-on : ce qu'ils imagineraient alors, nous ennuierait-il ? et moi, je n'en crois rien : serait-ce qu'il y aurait moins d'esprit, moins de délicatesse, ou moins de force dans les idées de ce genre ? point du tout : il y

1. De spontanéité.

2. Marivaux aménage ici une distinction de Pascal : « Quand on voit le style naturel, on est tout étonné et ravi, car on s'attendait de voir un auteur, et on trouve un homme. Au lieu que tous ceux qui ont le goût bon, et qui en voyant un livre croient trouver un homme, sont tout surpris de trouver un auteur » (*Pensées*, éd. Ph. Sellier, Bordas, Classiques Garnier, Sellier 444, p. 402-403). – On notera le curieux recours au pluriel : « en hommes ».

régnerait seulement une autre sorte d'esprit, de délicatesse, et de force, et cette autre sorte-là vaudrait bien celle qui naît du travail et de l'attention.

Tout ce que je dis là, n'est aussi qu'une réflexion que le hasard m'a fournie : voici comment.

Je viens de voir un homme qui attendait un grand Seigneur dans sa salle[1] : je l'examinais, parce que je lui trouvais un air de probité, mêlé d'une tristesse timide : sa physionomie et les chagrins que je lui supposais, m'intéressaient en sa faveur. Hélas ! disais-je en moi-même, l'honnête homme est presque toujours triste, presque toujours sans biens, presque toujours humilié : il n'a point d'amis, parce que son amitié n'est bonne à rien : on dit de lui, c'est un honnête homme, mais ceux qui le disent, le fuient, le dédaignent, le méprisent, rougissent même de se trouver avec lui : et pourquoi ? c'est qu'il n'est qu'estimable[2].

En faisant cette réflexion, je voyais dans la même salle des hommes d'une physionomie libre et hardie, d'une démarche ferme, d'un regard brusque et aisé : je leur devinais un cœur dur, à travers l'air tranquille, et satisfait de leur visage ; il n'y avait pas jusqu'à leur embonpoint qui ne me choquât. Celui-ci, disais-je, est vêtu simplement ; mais dans un goût de simplicité garant de son

1. Sa salle de réception.

2. Souvenir du « caractère de l'homme de probité » paraissant dans le « cercle » tel que Dufresny le dépeint (*Amusements sérieux et comiques*, éd. J. Chupeau, in *Moralistes du XVIIe siècle*, éd. citée, p. 1038-1039) : « Je vois entrer dans votre cercle un autre homme de bonne physionomie, on ne fait nulle attention sur son arrivée. Il s'est assis, il a parlé, et parlé même de très bon sens ; cependant personne ne l'a écouté, et j'ai pris garde qu'insensiblement chacun défilait d'un autre côté, en sorte qu'il est resté seul à son bout. Pourquoi le fuit-on ainsi ? ai-je dit en moi-même ; a-t-il la peste ? Dans l'instant, j'ai remarqué que tous ces déserteurs se rangeaient auprès de l'homme doré qu'on fête tant ; j'ai compris par là que la contagion de celui-ci, c'est la pauvreté. » Voir aussi La Bruyère, *Les Caractères*, chap. VI, « Des biens de fortune », § 54.

opulence : et l'on voit bien à son habit que son équipage et ses valets l'attendent à la porte.

L'or et l'argent brillent sur les habits de cet autre [1]. Ne rougit-il pas d'étaler sur lui plus de biens que je n'ai de revenu ? Non, disais-je, il n'en rougit point.

Je fais le Philosophe ici : mais si j'avais affaire à lui, je verrais s'il a tort de s'habiller ainsi : et si ses habits superbes ne reprendraient pas sur mon imagination les droits que ma morale leur dispute [2].

C'était donc dans de pareilles pensées que je m'amusais [3] avec moi-même, quand le grand Seigneur vint dans la salle. L'homme, pour qui je m'intéressais, ne se présenta à lui que le dernier. Sa discrétion n'était pas sans mystère ; c'est que son visage indigent n'était pas de mise [4] avec celui de tant de gens heureux.

Enfin, il s'avança, mais le grand Seigneur sortait déjà de la salle, quand il l'aborda : il le suivit donc du mieux qu'il put, car l'autre marchait à grands pas ; je voyais mon homme essoufflé tâcher de vaincre, à force de poitrine, la difficulté de s'exprimer en marchant trop vite : mais il avait beau faire, il articulait fort mal. Quand on demande des grâces aux Puissants de ce monde, et qu'on a le cœur bien placé, on a toujours l'haleine courte [5].

J'entendis le grand Seigneur lui répondre, mais sans le regarder, et prêt de monter en carrosse : la moitié de sa

---

1. Voir *Les Caractères*, chap. II, « Du mérite personnel », § 27 : « L'or éclate, dites-vous, sur les habits de Philémon… »

2. Voir le fragment « Imagination » de Pascal (*Pensées*, éd. citée, Sellier 78, p. 176-177) : « Nous ne pouvons pas seulement voir un avocat en soutane et le bonnet en tête sans une opinion avantageuse de sa suffisance. »

3. Je me distrayais.

4. Convenable, assorti. « On dit au figuré, qu'un homme est *de mise*, pour dire, qu'il a de la mine, de la capacité » (*Fur.*).

5. Le *Dictionnaire néologique* de Desfontaines (1725), qui raille les tours stylistiques inédits de Marivaux, relève la phrase pour dénoncer l'antithèse entre sens moral associé à *cœur* et sens concret attaché à *haleine*. Il dénonce encore un abus dans l'emploi qui est fait de *gigantesque*, associé à un terme abstrait dans le paragraphe suivant.

réponse se perdit dans le mouvement qu'il fit pour y monter. Un Laquais de six pieds vint fermer la portière : et le carrosse avait déjà fait plus de vingt pas que mon homme avait encore le col tendu pour entendre ce que le Seigneur lui avait dit.

Supposons à présent que cet homme ait de l'esprit : croyez-vous en vérité que ce qu'il sent en se retirant, ne valût pas bien ce que l'Auteur le plus subtil pourrait imaginer dans son cabinet en pareil cas ? Allez l'interroger, demandez-lui ce qu'il pense de ce grand Seigneur ; il vient d'en essuyer cette distraction hautaine que donne à la plupart de ses pareils le sentiment gigantesque qu'ils ont d'eux-mêmes. Ce Seigneur, par un ton de voix indiscret, et sans miséricorde, vient d'instruire toute la salle que cet honnête homme est sans fortune. Quel est encore une fois l'Auteur dont les idées ne soient de pures rêveries en comparaison des sentiments qui vont saisir notre infortuné ?

Grands de ce monde ! si les portraits qu'on a faits de vous dans tant de livres, étaient aussi parlants que l'est le tableau sous lequel il vous envisage, vous frémiriez des injures dont votre orgueil contriste, étonne et désespère la généreuse fierté [1] de l'honnête homme qui a besoin de vous. Ces prestiges de vanité qui vous font oublier qui vous êtes, ces prestiges se dissiperaient, et la nature soulevée, en dépit de toutes vos chimères, vous ferait sentir qu'un homme, quel qu'il soit, est votre semblable : vous vous amusez dans un Auteur des traits ingénieux qu'il emploie pour vous peindre. Le langage de l'homme en question vous corrigerait, son cœur, dans ses gémissements, trouverait la clef du vôtre ; il y aurait dans ses sentiments une convenance infaillible avec les sentiments d'humanité, dont vous êtes encore capables, et qu'interrompent vos illusions.

Je conclus donc du plus au moins, en suivant mon principe [2] : Oui ! je préférerais [d] toutes les idées fortuites

---

1. La noble fierté.
2. La rédaction ne saurait donc égaler la force des sentiments silencieux de l'infortuné dont il vient d'être question.

que le hasard nous donne, à celles que la recherche la plus ingénieuse pourrait nous fournir dans le travail.

Enfin, c'est ainsi que je pense, et j'ai toujours agi conséquemment ; je suis né, de manière que tout me devient une matière de réflexion ; c'est comme une philosophie de tempérament [1] que j'ai reçue, et que le moindre objet met en exercice.

Je ne destine aucun caractère à mes idées [2] ; c'est le hasard qui leur donne le ton : de là vient qu'une bagatelle me jette quelquefois dans le sérieux, pendant que l'objet le plus grave me fait rire ; et quand j'examine après, le parti que mon imagination a pris, je vois souvent qu'elle ne s'est point trompée.

Quoi qu'il en soit, je souhaite que mes réflexions puissent être utiles. Peut-être le seront-elles ; et ce n'est que dans cette vue que je les donne, et non pour éprouver si l'on me trouvera de l'esprit. Si j'en ai, je crois en vérité que personne ne le sait, car je n'ai jamais pris la peine de soutenir une conversation, ni de défendre mes opinions, et cela par une paresse insurmontable. D'ailleurs, mon âge avancé, mes voyages, la longue habitude de ne vivre que pour voir et que pour entendre, et l'expérience que j'ai acquise, ont émoussé mon amour-propre sur mille petits plaisirs de vanité, qui peuvent amuser les autres hommes : de sorte que si mes amis venaient me dire que je passe pour un bel esprit, je ne sens pas en vérité que j'en fusse plus content de moi-même ; mais si je voyais que quelqu'un eût fait quelque profit en lisant mes réflexions, se fût corrigé d'un défaut, oh ! cela me toucherait, et ce plaisir-là, serait encore de ma compétence.

Au reste, on ne doit s'attendre dans mes réflexions qu'à des discours généraux. Il ne m'est jamais venu dans l'esprit ni rien de malin [3] ni rien de trop libre. Je hais tout

1. Une tendance innée à philosopher.
2. Je n'assigne aucune forme déterminée à mes idées.
3. *Malin* est à prendre au sens classique : « enclin à faire du mal » (*Fur.*).

ce qui s'écarte des bonnes mœurs. Je suis né le plus humain de tous les hommes, et ce caractère a toujours présidé sur toutes mes idées.

À l'âge de dix-sept ans[1], je m'attachai à une jeune Demoiselle, à qui je dois le genre de vie que j'embrassai. Je n'étais pas mal fait alors, j'avais l'humeur douce et les manières tendres. La sagesse que je remarquais dans cette fille m'avait rendu sensible à sa beauté. Je lui trouvais d'ailleurs tant d'indifférence pour ses charmes que j'aurais juré qu'elle les ignorait : que j'étais simple dans ce temps-là ! Quel plaisir ! disais-je en moi-même, si je puis me faire aimer d'une fille qui ne souhaite pas d'avoir des Amants, puisqu'elle est belle, sans y prendre garde, et que par conséquent, elle n'est pas coquette. Jamais je ne me séparais d'elle que ma tendre surprise n'augmentât de voir tant de grâces dans un objet qui ne s'en estimait pas davantage. Était-elle assise ou debout ? parlait-elle ou marchait-elle ? il me semblait toujours qu'elle n'y entendait point finesse, et qu'elle ne songeait à rien moins qu'à être ce qu'elle était.

Un jour qu'à la campagne je venais de la quitter, un gant que j'avais oublié, fit que je retournai sur mes pas pour l'aller chercher : j'aperçus la belle de loin, qui se regardait dans un miroir, et je remarquai, à mon grand étonnement, qu'elle s'y représentait à elle-même dans tous les sens où durant notre entretien, j'avais vu son visage ; et il se trouvait que ses airs de physionomie que j'avais crus si naïfs, n'étaient, à les bien nommer, que des tours de gibecière : je jugeais de loin que sa vanité en adoptait quelques-uns, qu'elle en réformait d'autres : c'était de petites façons, qu'on aurait pu noter, et qu'une femme aurait pu apprendre comme un air de musique. Je tremblai du péril que j'aurais

1. C'est généralement l'âge des héros de roman au XVIIIe siècle (Gil Blas, des Grieux, Jacob, Meilcour...). Sur la scène qui suit, voir l'article de G. Bennington, « Les machines de l'opéra. Le jeu du signe dans *Le Spectateur* français de Marivaux », art. cité., p. 154-170, et de M. Delon, « La femme au miroir », art. cité, p. 79-86.

couru, si j'avais eu le malheur d'essuyer encore de bonne foi ses friponneries, au point de perfection où son habileté les portait, mais je l'avais crue naturelle, et ne l'avais aimée que sur ce pied-là [1] ; de sorte que mon amour cessa tout d'un coup, comme si mon cœur ne s'était attendri que sous condition. Elle m'aperçut à son tour dans son miroir, et rougit. Pour moi, j'entrai en riant, et ramassant mon gant : Ah ! Mademoiselle, je vous demande pardon, lui dis-je, d'avoir mis jusqu'ici sur le compte de la Nature des appas dont tout l'honneur n'est dû qu'à votre industrie [2]. Qu'est-ce que c'est, que signifie ce discours, me répondit-elle ? Vous parlerai-je plus franchement, lui dis-je ? je viens de voir les machines de l'Opéra [3]. Il me divertira toujours, mais il me touchera moins. Je sortis là-dessus, et c'est de cette aventure que naquit en moi cette misanthropie qui ne m'a point quitté, et qui m'a fait passer ma vie à examiner les hommes, et à m'amuser de mes réflexions.

DEUXIÈME FEUILLE

12 janvier 1722

Le Libraire au Lecteur

Dans la première Feuille que j'imprimai du Spectateur français, *je m'étais engagé à en donner chaque semaine*

1. C'est-à-dire en la croyant naturelle. « On dit *Sur ce pied-là*, pour dire, Les choses étant ainsi, puisque les choses sont en cet état, sont comme vous le dites » (*Acad.*).
2. À votre adresse.
3. Au théâtre ou à l'opéra, les *machines* sont « des inventions pour faire changer les décorations, faire des vols en l'air, faire mouvoir des animaux, et autres artifices qui surprennent et divertissent les spectateurs qui n'en savent pas le secret » (*Fur.*).

une nouvelle Feuille ; et j'avais pris cet engagement sur la promesse que l'on m'avait faite de me mettre en état de tenir parole ; mais il a fallu que l'Auteur, que je ne connais point, ait pris des arrangements que l'on n'avait pas jugés nécessaires, et qui le sont devenus par la continuation de l'ouvrage. Dorénavant, il paraîtra tous les quinze jours sans interruption. Je crois que voilà le seul Avis que je doive donner au Public. C'est à lui à prononcer sur le mérite de l'ouvrage qui doit être curieux si le titre en est rempli avec génie. Il ne me reste qu'une attention à faire. La forme sous laquelle il paraîtra semble n'annoncer que du badinage : en effet, on en trouvera souvent ; mais un badinage de réflexion, que l'on a tâché de rendre aussi instructif que pourrait l'être le sérieux le plus déclaré[e].

Les austérités des fameux Anachorètes de la Thébaïde[1], les supplices ingénieux qu'ils inventaient contre eux-mêmes, pour tourmenter la Nature : cette mort toujours nouvelle, toujours douloureuse qu'ils donnaient à leurs sens ; tout cela, joint à l'horreur de leurs déserts, ne composait peut-être pas la valeur des peines que peut éprouver une femme du monde, jeune, aimable, aimée, et qui veut être vertueuse.

Ce que je dis là, paraîtra sans doute ridicule à bien des gens : Un Anachorète ! s'écriera-t-on ? un homme atténué[2], mourant, épuisé de jeûnes et de veilles ! un homme ! mais ce n'est plus un homme ; ce n'en sont plus que les ruines : jugez de ses souffrances par leurs effets ; jugez de ses combats par la désolation du champ de bataille ; que deviendra votre parallèle ?

Vous nous parlez d'une jeune femme aimable ; et ce sont des yeux brillants, c'est une santé, ce sont des appas

---

1. Religieux retirés au désert pour y pratiquer le jeûne, les pénitences et la prière ; les anachorètes de la Thébaïde (mont Qolzum en Égypte) furent prêchés par saint Antoine.
2. Affaibli.

nés du sein de la mollesse et de l'oisiveté ; c'est l'ouvrage de la plus profane complaisance pour soi-même que vous comparez à l'ouvrage de la rupture la plus sévère avec ses sens. Depuis quand le duvet est-il plus fatigant que la dure ? depuis quand celui qui dort à son aise, est-il plus malade que celui qui veille presque toujours ? quoi ! se nourrir délicieusement, agacer son appétit par une abstinence industrieuse sera plus pénible que mourir de faim !

Voilà ce qu'on peut me dire ; voilà la déclamation qu'on peut faire contre mon sentiment : peut-être m'aurait-il paru ridicule à moi-même, il n'y a qu'une heure ; mais, lisez la lettre que je vais rapporter ; c'est cette lettre qui a débauché mon jugement[1] : un de mes amis, dont je suis le confident, vient de me la donner ; il l'a reçue d'une jeune Dame dont il est éperdument amoureux ; lisez-la ; elle argumentera mieux que moi contre vous[2].

« Vous m'aimez, Monsieur ; et quand vous ne me l'auriez pas dit tant de fois, je n'en serais pas moins persuadée : oui, vous m'aimez ; je le savais même avant que vous me l'eussiez avoué. Je vous examinais quelquefois sans le vouloir ; et je vous trouvais comme il me semblait qu'on devait être, quand on aimait. Hélas ! je ne savais pas encore que je souhaitais alors, de vous trouver comme vous étiez. Juste Ciel ! moi, qui n'avais jamais eu d'amour ; comment pénétrais-je celui que vous me cachiez ! comment étais-je sûre que je ne me trompais pas ? et d'où vient que[3] je ne m'apercevais pas que je vous aimais moi-même ? le voilà, cet aveu que vous

1. Qui m'a fait changer d'avis (sans nuance péjorative).

2. Nonobstant les circonstances sociales (la jeune dame dont il s'agit ici est mariée et fréquente le monde), certaines des expressions auxquelles Marivaux a recours peuvent laisser songer aux *Lettres portugaises* (1669), aujourd'hui attribuées à Guilleragues mais alors considérées comme chef-d'œuvre spontané du pathétique féminin : c'est le signe qu'il y a là une topique.

3. Et pourquoi.

demandiez tant ; voilà ce mot si important à votre bonheur, et que je n'osai prononcer dans notre dernier entretien. Hélas ! vous n'en aviez pas besoin non plus, et j'étais folle de n'oser vous dire ce que vous voyiez si clairement. Pour un aveu que vous refusait ma bouche, combien ma complaisance pour vos discours vous en prodiguait-elle ? souvenez-vous de vos caresses : il est vrai qu'elles étaient innocentes ; mais je m'en défendais mal. Eh ! n'était-ce pas vous les rendre ? n'importe, soyez content, je vous aime ; et tout inutile qu'il est de vous le dire, je m'en étais fait une honte, et je vous la sacrifie : je me flattais de n'avoir pas encore violé mon devoir, tant que cet aveu restait à faire. Malheureuse illusion ! qu'était devenue ma raison ? j'aimais et je ne m'en embarrassais pas : je regardais cela, comme rien ; je me croyais toujours vertueuse, seulement pour n'avoir pas dit que je ne l'étais plus. Je dois ma tendresse à mon mari ; cependant, au moment où je parle, elle est toute à vous. Juste Ciel ! pourquoi faut-il que ce soit un crime ? que dis-je, cruel que vous êtes ! voyez le désordre que vous avez porté dans mon cœur ; voyez ce que je deviendrais, si je continuais à vous voir. Je ne vous cèle rien ; car enfin, dans l'état où je suis, j'ai besoin de vous parler sans retenue ; ma faiblesse a besoin de se répandre ; c'est un crime encore, mais il m'est nécessaire ; je serais trop exposée, si je voulais combattre tous les mouvements[1] qui me viennent. Je vous découvre mon état : cette satisfaction coupable que je me donne, rendra peut-être ma passion moins pesante. Ma passion ! Justes dieux ! n'êtes vous pas étonné vous-même de ce que vous lisez : vous qui n'osiez me déclarer votre amour, qui m'en avez fait l'aveu avec tant de crainte, qui m'en entreteniez avec tant de respect, qui ne me demandiez le mien qu'en tremblant, me reconnaissez-vous ? je n'avais rien à me reprocher : j'avais lieu d'être

1. L'agitation intérieure, le trouble.

contente de moi : vous m'estimiez, je m'estimais moi-même : je vivais en repos et dans l'innocence. Où sont tous ces biens-là ? vous m'aimez, et vous me les avez ôtés ; et vous voulez que je vous aime ; et vous dites que vous seriez heureux si je vous aimais ! quel étrange bonheur vous proposez-vous ? mes égarements, et la perte de ma vertu, vous rendront donc heureux ! et vous appelez cela m'aimer ! voilà les sentiments que vous voulez que je récompense. Ah ! juste Ciel ! qu'est-ce que c'est qu'un Amant ? la haine du plus mortel ennemi me ferait-elle autant de mal que vous m'en souhaitez ? eh bien ! je suis dans le trouble, dans la douleur, dans les larmes : Mon mari m'est presque odieux : ce qui me reste de vertu, presque insupportable : je suis digne de compassion ; je vous en ferai sans doute à vous-même ; en est-ce assez ? êtes-vous heureux ? non, vous vous plaindrez encore ; mon malheur n'est pas au point où vous le voudriez ; vous aspirez à me rendre encore plus méprisable, et vous avez raison. Je suis bien digne de l'outrage que me font vos desseins ; mais, que fais-je ? d'où vient vous rendre compte de ce que je sens ? d'où vient que j'entre avec tant d'abondance dans un détail si honteux ? d'où vient qu'il m'entraîne ? il est pourtant vrai que je me repens sincèrement d'avoir blessé mon devoir. Hélas ! est-il bien vrai que je m'en repente ? eh ! comment m'en assurer ? puis-je rien démêler dans mon cœur ? je veux me chercher, et je me perds. Comment, avec tant d'amour, puis-je savoir si je me repens d'aimer ? je renonce à vous, et je vous regrette : je veux vous ôter toute espérance, et j'ai peur que vous croyiez que je ne vous aime point ; enfin, de quelque côté que je me tourne, tout est péril pour moi ; et la confusion où je suis de ma faiblesse, et les efforts que je fais pour la combattre, et la résolution de ne vous plus voir, tout est empoisonné, tout devient amour, dès que j'y songe. Oh ! Ciel ! que je suis égarée ! qu'une femme à ma place est à plaindre d'avoir pris de l'amour ! quelle punition pour elle que le plaisir qu'il lui fait ! grâce au Ciel ! j'y renonce, à ce plaisir ; je le déteste ; je vais redevenir vertueuse ; je retrouverai le plaisir que j'avais à l'être : oui ! monsieur, mon parti est pris ; je ne vous verrai plus : il ne fallait que deux mots pour vous l'écrire, et je n'avais pas dessein de vous en marquer davantage ; mais je l'ai tenté inutilement dans quatre lettres que j'ai toutes rebutées [1] : voici la moins honteuse pour moi, que je vous envoie ; c'est presque vous les envoyer toutes, que vous avouer que je les ai écrites ; mais après ce qui m'est échappé dans celle que vous lisez, je ne puis guère me faire de nouveaux affronts. D'ailleurs, puisque je ne vous verrai plus, et que je rentre dans mon devoir, les peines que je vais souffrir satisferont bien à mes fautes. Mais ne finirai-je jamais ? ce que je dis ne ressemble point à ce que je veux dire : je pense que je ne veux plus aimer, et toujours je répète que j'aime. N'importe, n'espérez rien d'un sentiment involontaire ; ce n'est plus moi qui aime ; je ne suis plus coupable ; peut-être je ne l'ai jamais été ; c'est vous qui l'étiez, c'est la faiblesse que vous m'aviez donnée, c'est mon cœur qui ne dépendait plus de moi : Aujourd'hui tout cela m'est étranger ; aujourd'hui je romps avec ce cœur lâche, avec cette faiblesse, avec mon séducteur, enfin, avec vous. Vous n'en serez pas persuadé, et vous allez prendre ce que je dis pour de l'emportement et du trouble ; vous vous trompez ; ma résolution ne vient pas d'être formée : vous savez que ma mère demeure ici ; vous connaissez son caractère : hier au matin, je lui confiai ma situation ; elle en frémit, autant qu'il m'était nécessaire : ainsi, voilà sa vertu dans les intérêts de mon devoir. Le soir, mon mari et moi, nous parlâmes de vous : il fit votre éloge, et ce fut un coup de poignard pour moi : lui, qui vous estime tant, mérite-t-il de se tromper si cruellement sur votre compte ? jetons tous deux les yeux sur nous. Que de devoirs violés de part et d'autre ! perfides que nous sommes ! nous nous serions aimés ;

1. Écartées (mises au rebut).

sans doute nous serions-nous juré de nous aimer toujours ? ah ! Monsieur, à qui devais-je plus de fidélité qu'à mon mari ? à qui vous, en deviez-vous plus qu'à l'honneur ? vous auriez trahi votre ami, j'aurais trahi mon époux ; ne voyez-vous pas qu'enfin, nous nous serions trahis tous deux ? vous n'auriez donc aimé qu'une femme indigne, et je n'aurais aimé qu'un malhonnête homme. Juste Ciel ! cette réflexion m'attendrit sur vous, et je ne me reproche point le mouvement de tendresse qui me vient ici. Vous êtes naturellement vertueux : quel malheur que vous cessassiez de l'être ! et ce malheur, voudriez-vous qu'il fût mon ouvrage ? voilà ce que je sens, rendez-moi tendresse pour tendresse : que la vôtre, à présent ressemble à la mienne ; vous avez les mêmes réflexions à faire sur moi ; c'est la même horreur à envisager pour nous deux. Je suis née vertueuse aussi bien que vous : auriez-vous le courage de m'ôter ma vertu ? m'ôter ma vertu ! l'amour même, dans une âme comme la vôtre, est-il compatible avec cette idée-là ? je sais bien que dans la suite, nous aurons quelque peine à penser toujours de même ; mais j'y ai pourvu : j'ai fait remarquer à mon mari que vous veniez souvent ici, et que vos visites, toutes innocentes qu'elles étaient, pouvaient nuire à une femme de mon âge : il vous le dira, il me l'a promis ; prenez votre parti là-dessus. Si je vous revois encore chez moi, mon mari saura que je vous aime : j'y suis résolue ; j'en perdrai peut-être et son estime et son amour ; mais, pour les mériter, il faut me résoudre à les perdre, et si ce n'est encore assez, j'instruirai tous mes amis de ma faiblesse : ils seront autant de barrières que je mettrai entre vous et moi. Voilà des extrémités, où assurément vous êtes incapable de me réduire ; il me suffit de vous les montrer. Je ne vous demande ni votre souvenir ni votre oubli : je suis encore trop faible pour oser m'examiner là-dessus ; et je ne veux pas savoir lequel des deux je souhaiterais. Pour moi, je vais tâcher de vous oublier ; je ne suis point obligée d'y réussir ; mais je suis obligée de faire, toute ma vie, ce que je pourrai pour cela, et je vais remplir mes devoirs : je ne vous verrai plus, Adieu. »

Mon ami, après m'avoir lu cette Lettre, me dit qu'il y avait fait réponse au gré de la vertu[1] de cette Dame, et qu'il partait le lendemain pour sa Province.

TROISIÈME FEUILLE

27 janvier 1722

Je sortais, il y a quelques jours, de la Comédie, où j'avais été voir *Romulus* qui m'avait charmé[2] ; et je disais en moi-même : On dit communément l'*élégant Racine* et le *sublime Corneille.* Quelle épithète donnera-t-on à cet homme-ci ? je n'en sais rien ; mais il est beau de les avoir méritées toutes deux.

J'étais donc profondément occupé de cette Tragédie, de l'élévation sensée des idées de l'Auteur, de la continuité de cette élévation. J'aimais dans la fierté de *Tatius*, cette rudesse des premiers temps, ce courage inaccessible aux conseils de la nécessité, et digne alors d'un Roi légitime, qui savait être plus vertueux que raisonnable ; j'aimais à voir *Hersilie* ressembler dans son espèce à son père, se punir d'aimer en secret *Romulus* en lui montrant de la haine, et peut-être, le maltraiter plus que s'il lui

1. Pour satisfaire la vertu.

2. Tragédie de La Motte, héraut des « Modernes », dont la première eut lieu le 8 janvier 1722 au Théâtre-Français (nommé « la Comédie »), rue des Fossés-Saint-Germain. Les représentations étaient encore en cours à la date où Marivaux fait paraître cet éloge. Sur les références à Corneille et Racine, voir les *Pensées sur le sublime*, in *Journaux*, t. II, éd. citée.

avait été indifférent ; avouer enfin son amour : mais, disais-je en moi-même, que devient cet aveu, placé, comme il l'est ? c'est une exposition rapide de tous les sacrifices qu'elle a faits de ses mouvements, à sa vertu ; c'est un torrent de tous les sentiments qu'elle avait retenus : c'est le salut de son père et de son amant ; et cet amant, quel est-il ? quel est son caractère ? c'est toute la vertu, toute la générosité possible, tour à tour maîtresse et dépendante du libertinage des sentiments d'un jeune homme, et d'un jeune homme, chef de bandits illustres.

C'était là les pensées qui m'occupaient, lorsqu'en descendant l'escalier de la Comédie, je me sentis arrêté par une Dame plus âgée que moi, et avec qui je suis sur le pied d'un ami de trente ans [1]. Vieux Rêveur, me dit-elle, en me tirant par la manche ! voulez-vous venir souper chez moi ? soit, mon ancienne, lui répondis-je ! notre tête-à-tête ne sera point de mauvais exemple : nous trouverons compagnie, me dit-elle. Là-dessus, nous tâchâmes de percer la foule, et de sortir : nous eûmes de la peine à en venir à bout.

Pendant les petites pauses que nous étions obligés de faire par intervalle, mon esprit pensif s'exerçait à son ordinaire. Je regardais passer le monde ; je ne voyais pas un visage qui ne fût accommodé d'un nez, de deux yeux et d'une bouche ; et je n'en remarquais pas un, sur qui la nature n'eût ajusté tout cela dans un goût différent.

J'examinais donc tous ces porteurs de visages, hommes et femmes : je tâchais de démêler ce que chacun pensait de son lot ; comment il s'en trouvait : par exemple, s'il y en avait quelqu'un qui prît le sien en patience, faute de pouvoir faire mieux ; mais, je n'en découvris pas un dont la contenance ne me dît : je m'y tiens [2]. J'en voyais cependant, surtout des femmes, qui n'auraient pas dû être

1. Qui me considère comme un ami de trente ans.
2. Cette locution est employée « en matière de jeux » de cartes : « On dit, *Je m'y tiens*, pour dire, Je ne veux point changer » (*Fur.*).

contentes, et qui auraient pu se plaindre de leur partage, sans passer pour trop difficiles ; il me semblait même qu'à la rencontre de certains visages mieux traités, elles avaient peur d'être obligées d'estimer moins le leur. L'Âme souffrait ; aussi l'occasion[1] était-elle chaude ? jouir d'une mine qu'on a jugée la plus avantageuse ! qu'on ne voudrait pas changer pour une autre, et voir devant ses yeux un maudit visage qui vient chercher noise à la bonne opinion que vous avez du vôtre ; qui vous présente hardiment le combat, et qui vous jette dans la confusion de douter un moment de la victoire ; qui voudrait enfin accuser d'abus le plaisir qu'on a de croire sa physionomie sans reproche et sans pair[2] : ces moments-là sont périlleux ! je lisais tout l'embarras du visage insulté ; mais cet embarras ne faisait que passer. Celle à qui appartenait ce visage se tirait à merveille de ce mauvais pas ; et cela sans doute, par une admirable dextérité d'amour-propre : une fière sécurité revenait sur sa mine ; il s'y peignait un air de distraction dédaigneuse, qui punissait le visage altier[3] de la vanité de son étalage ; mais qui l'en punissait habilement, et qui disait à la Rivale, qu'on n'avait pas seulement pris garde à elle.

Mais, disais-je en moi-même ! de quel expédient de vanité peut se servir une femme laide, pour entrer, de la meilleure foi du monde, en concurrence avec une femme aimable et belle ? si elle a la bouche mal faite, ou si vous voulez, le nez trop long ou trop court, ce nez, quand elle le regarde, se raccourcit-il, ou s'allonge-t-il ? non : ce n'est pas cela, me répondais-je.

Quand une femme se regarde dans son miroir, son nez reste fait comme il est ; mais elle n'a garde d'aller fixer son attention sur ce nez, avec qui, pour lors, sa vanité ne

---

1. Le combat (métaphore duelliste filée dans tout le paragraphe).

2. Et sans égale. Le *Dictionnaire néologique* blâme les différents tours de cette phrase (depuis « jouir d'une mine… »).

3. Orgueilleux, fier.

trouverait pas son compte : ses yeux glissent seulement dessus, et c'est tout son visage à la fois ; ce sont tous ses traits qu'elle regarde, et non pas ce nez infortuné qu'elle esquive, en l'enveloppant dans une vue générale ; et de cette façon même, il y aurait bien du malheur si, tout laid qu'il est, il ne devient piquant, à la faveur des services que lui rendent les autres traits qu'on lui associe : bien plus, ces autres traits n'obligent pas un ingrat ; et ce nez, devenu plus honorable, les accompagne à son tour de fort bonne grâce. Mais ces autres traits seront peut-être difformes : qu'importe ? plusieurs difformités de visage, jointes ensemble, regardées en bloc, maniées, et travaillées par une femme qui leur cherche un joli point de vue, en dépit qu'ils en aient [1], prennent une bonne contenance, et forment aux yeux de la coquette un tout qui l'enchante ; qui lui paraît préférable à ce tas de beautés fades qu'elle voit souvent à d'autres femmes : et c'est avec ce visage de la composition de sa vanité, qu'une femme laide ose lutter avec un beau visage de la composition de la Nature ; eh ! qui le croirait ? quelquefois, cela lui réussit.

Les femmes n'étaient pas les seules qui me divertissaient, et je trouvais nos jeunes gens tout aussi amusants [f] qu'elles.

Dans le nombre de ceux-ci, j'en voyais qui semblaient se remuer étonnés de la noblesse de leur figure [2], et qui certainement comptaient sur un égal étonnement dans les autres. Ils étaient vains [3], mais très sérieusement vains, et comme chargés de l'obligation de l'être : je les interprétais. Quand on est fait comme je suis, pensait apparemment chacun d'eux, on laisse agir à l'aise le sentiment qu'on a de

1. Malgré eux (les traits difformes).
2. De leur apparence extérieure (le terme *figure* n'a pas le sens de *visage* dans la langue classique).
3. « *Vain*, en morale, signifie glorieux, superbe, qui a bonne opinion de lui-même » (*Fur.*).

ses avantages, en marchant superbement : Moi ! je vais mon pas ; ma figure est un fardeau de grâces nobles, imposantes, et qui demande tout le recueillement de celui qui la porte. Qu'en dites-vous, hommes étonnés ? qui de vous, songe à faire quelque chicane à [1] ce maintien ? qui de vous n'avouera pas qu'il me sied bien de me rendre justice ? N'est-il pas vrai que je vous surprends, et que la critique est muette à mon aspect ? gare ! reculez-vous ! Vous empêchez le jeu de mes mouvements ; vous ne voyez mon geste qu'à demi. Place au Phénomène de la Nature ! humiliez-vous, figures médiocres ou belles ; car c'est tout un, et vous êtes toutes au même rang auprès de la mienne.

Ce petit discours que je fais tenir à nos jeunes gens, on le regardera comme une plaisanterie de ma part : je ne dis pas qu'ils pensent très distinctement ce que je leur fais penser ; mais tout cela est dans leur tête, et je ne fais que débrouiller le chaos de leurs idées : j'expose en détail, ce qu'ils sentent en gros ; et voilà, pour ainsi dire, la monnaie de la pièce.

Après tout cela, je vais faire un aveu bien singulier ; c'est que moi, qui démêlais leurs idées, qui développais leur orgueil, peu s'en fallait que je ne disse : ils ont raison. À la lettre, la hardiesse de leur vanité, soutenue d'une belle figure, m'en imposait ; je m'amusais à les trouver bien faits ; et voilà, comme nous sommes tous : de grandes qualités dans un homme, un grand rang, un grand pouvoir, sont toujours auprès de nous le passeport de ses défauts ; et dans le fond, c'est fort bien fait à nous d'être comme cela ; c'est le lien de la société des hommes que cet éblouissement [2] de notre raison, que cette indulgence favorable aux faiblesses de ceux qui nous priment [3], et de qui nous sommes les inférieurs de façon ou d'autre.

---

1. À contester.
2. Ce trouble.
3. Ceux qui l'emportent sur nous. Le verbe *primer* est employé au jeu de paume pour désigner « celui qui est meilleur joueur, à qui on laisse prendre le service » (*Fur.*).

Je continuais mes remarques sur cette foule de monde qui nous arrêtait à la porte, lorsque enfin nous eûmes le passage libre. J'allai donc souper chez la personne avec qui j'étais : nous y trouvâmes son frère avec une jeune Dame et un jeune Cavalier, de fort bonne façon tous deux. Je vis bien pendant le repas qu'ils avaient envie de se plaire l'un à l'autre ; et moi, qui ne suis plus d'âge à plaire à personne, je pris le parti de m'amuser du petit spectacle qu'ils m'allaient donner. À les entendre parler, je commençai d'abord par sentir qu'ils altéraient le son naturel de leur voix, pour y couler du gracieux, et qu'en prononçant, il n'y avait pas jusqu'aux mouvements de leur bouche qu'ils ne voulussent assortir avec leurs tendres idées. J'aimerais mieux travailler, toute une journée, comme un Crocheteur, que d'essuyer deux heures seulement la fatigue qu'ils se donnaient [g] pour imaginer un caractère d'action [1] qui jetât du goût dans les bras, dans les mains, dans la tête, dans les habits même ; je n'eus pas le temps de voir toute la comédie : le frère de la Dame, après le repas, me pria d'écouter la traduction qu'il avait faite d'un Manuscrit espagnol, où, entre autres choses, il me lut un songe dont je suis d'avis de donner ici le commencement ; je dis mal, ce n'est qu'une introduction au songe. C'est un jeune Seigneur espagnol qui parle.

« Chacun croit les usages de son pays, les meilleurs, et les plus sensés. Il y avait déjà quelque temps que j'étais dans les Gaules [2], quand un Français que j'avais vu en Italie, vint me voir. Nous allâmes souper ensemble. Après le repas, notre conversation roula sur l'amour : il me fit un portrait des manières d'aimer de son pays, et je lui peignis l'espèce d'amour qui régnait dans le nôtre. Ce

1. L'*actio* est la partie de la rhétorique qui enseigne la gestuelle efficace dans les situations de discours public. Associé ici de façon inédite à *caractère*, le terme *action* dénonce une aisance calculée, une posture qui doit mettre en valeur (faire *goûter*) toute la personne.

2. Périphrase archaïsante et poétique pour désigner la France.

sujet fut, entre nous, une matière de dispute assez amusante. Nous examinions à qui des deux amours il fallait donner la préférence : nous pesions nos raisons. Quand il tenait la balance, les siennes l'emportaient : quand je la tenais, les miennes avaient leur revanche. Notre examen produisit cependant quelque chose ; c'est que nous nous retirâmes un peu plus éloignés de nous accorder[1] que nous ne l'avions été d'abord. J'allai me coucher, l'esprit rempli de la question que nous avions agitée, et je m'endormis du sommeil le plus profond. Dans cet état, je fis un rêve assez singulier, et si frappant, qu'à mon réveil, je n'en perdis pas la moindre circonstance. »

Je m'arrête là, et c'est jusqu'où j'ai pu déchiffrer l'écriture du Traducteur que je prierai de m'aider à lire le reste, que je donnerai la première fois[2].

QUATRIÈME FEUILLE
28 février 1722

J'ai promis, dans la dernière Feuille du *Spectateur*, un rêve tiré d'un Manuscrit espagnol ; mais je ne puis m'empêcher de le différer : j'ai quelque chose de plus pressant à dire. Je cède à des réflexions moins amusantes, mais plus instructives : je me reprocherais d'écarter la situation d'esprit où je me trouve : je me livre aux sentiments qu'elle me donne ; qui me pénètrent, et dont je voudrais pouvoir pénétrer les autres. Jamais, peut-être, ne me reviendraient-ils avec ce caractère d'attendrissement qu'ils portent ? Je m'imagine en devoir compte aux

1. Nous mettre d'accord.
2. À la première occasion, c'est-à-dire la prochaine fois.

autres ; et je vais essayer de faire passer dans leur âme, toute la chaleur de l'impression qu'ils me font.

Je viens de rencontrer, ce soir, dans le détour d'une rue, une jeune fille qui m'a demandé l'aumône : elle pleurait à chaudes larmes ; son affliction m'a touché ; je l'ai regardée avec attention ; je lui ai trouvé de la douceur et des grâces dans la physionomie ; beaucoup d'abattement, avec un air confus et embarrassé. Son habit, quoique mauvais, marquait une condition[1] honnête. Pourquoi pleurez-vous lui ai-je dit ? Hélas ! Monsieur, c'est que je suis dans un état affreux, m'a-t-elle répondu, mais d'un ton qui m'a saisi, et qui marquait une désolation profonde.

Là-dessus, j'ai été tenté de la laisser, sans lui en demander davantage, pour me sauver de[2] l'intérêt douloureux qu'elle commençait à m'inspirer pour elle ; mais je n'ai pu me débarrasser de la pitié qu'elle m'avait faite : il aurait fallu prendre trop sur moi, et ce ménagement pour moi-même m'aurait mis plus mal à mon aise que la plus triste sensibilité pour ses malheurs.

Je l'ai donc tirée à quartier[3], et dans un endroit où je pouvais l'écouter paisiblement… Mademoiselle, vous me paraissez dans une grande peine, lui ai-je dit, en lui donnant quelque argent : que vous est-il arrivé ?… Elle ne m'a répondu d'abord que par des sanglots : ses larmes ont coulé avec plus d'abondance ; enfin, s'étant un peu remise : Puisque vous avez la bonté de prendre part à mon affliction, m'a-t-elle dit, je vais vous en instruire.

« Je suis une fille de famille[4] ; mon père avait une Charge assez considérable en Province ; il mourut, il y a

1. *Condition* désigne ici « la qualité, la naissance, l'état où on est né » (*Fur.*).

2. Pour échapper à, pour m'épargner.

3. À part, dans un endroit moins public que le « détour d'une rue », pour ne pas mettre sa modestie à l'épreuve.

4. Née de bonne famille.

trois ans : le jeu avait dérangé ses affaires, et ma mère est restée veuve, chargée de trois filles, dont je suis l'aînée. Nous sommes venues à Paris, ma mère et moi, après avoir vendu tout ce qui nous restait, pour hâter la décision d'un procès dont le gain nous rétablirait. Il y a dix-huit mois que nous sommes ici. Notre partie[1], qui est puissante, et qui prévoit qu'un Arrêt ne lui peut être favorable, a eu assez de crédit[2] pour le reculer : ces longueurs ont consommé ce que nous avions. Dans cette extrémité, nous avons tenté de nous jeter aux pieds de nos Juges pour implorer leur justice ; mais au Palais, nous les avons toujours trouvés entourés de clients[3], parmi lesquels nous n'osions nous mêler, mal vêtues comme nous sommes ; et chez eux, soit que notre figure ne s'attirât pas l'attention de leurs domestiques, ou que nous vinssions à de mauvaises heures, on nous a toujours dit que ces Messieurs étaient absents ou occupés ; de sorte que nous n'avons nul appui. On néglige de travailler pour nous, parce que nous n'avons point de quoi payer ; enfin, Monsieur, la misère où nous sommes tombées, le chagrin, le mauvais air, et l'obscurité du lieu où nous logeons ; la douleur de me voir souffrir moi-même, et le grand âge, ont entièrement abattu ma mère ; elle est malade, et tout lui manque, et moi, qui suis au désespoir de la voir dans cet état-là, il faut, Monsieur, que je combatte encore mon amour et ma compassion pour elle. Si je les écoute, je suis perdue[4] : un riche Bourgeois m'offre tous les secours possibles ; mais quels secours, Monsieur ! ils sauveraient la vie à ma mère ; ils déshonoreraient éternellement la

1. Notre partie adverse dans le procès.
2. Assez d'influence.
3. Qui viennent solliciter et parfois acheter l'indulgence des juges.
4. La situation est celle d'Angélique dans l'« Histoire de M. de Contamine et d'Angélique » au sein des *Illustres Françaises* (1713) de Robert Challe, dont la diffusion est contemporaine ; chez ce dernier cependant, le riche personnage est un honnête homme et non un dépravé.

mienne : voilà mon état ; en est-il de plus terrible ? j'aime ma mère, et je lui suis chère ; elle meurt[1], cela me fait trembler pour nous deux. Dans mon affliction, je lui ai dit les offres de l'homme dont je vous parle. À mon récit, j'ai cru qu'elle allait expirer entre mes bras ; elle m'a baignée de ses larmes ; elle a jeté sur moi des yeux tout égarés, et s'est retournée de l'autre côté, sans me dire une seule parole. Je ne sais pourquoi, je ne l'ai point pressée de me parler ; il semble que cette femme vertueuse ait perdu tout courage, et succombe sous notre malheur ; et moi, je voudrais mourir pour être délivrée du péril de la voir. »

Tout honnête homme sentira combien les discours de cette fille ont dû me toucher. Je lui ai donné ce que j'ai pu : j'ai joint à cela les conseils que j'ai cru les plus convenables, et me suis retiré chez moi presque aussi affligé qu'elle.

Qu'il est triste de voir souffrir quelqu'un, quand on n'est point en état de le secourir, et qu'on a reçu de la Nature une âme sensible[2] qui pénètre toute l'affliction des malheureux, qui l'approfondit involontairement, pour qui c'est, comme une nécessité de la comprendre, et de ne rien perdre de la douleur qui peut en rejaillir sur elle-même !

Juste Ciel ! quels sont donc les desseins de la Providence dans le partage mystérieux qu'elle fait des richesses ?

---

1. Elle est mourante.

2. Cette formule connaît une fortune exceptionnelle au XVIIIe siècle. Par l'intermédiaire de Richardson (« Qu'un cœur tendre est un mauvais présent du Ciel ! Quel moyen d'être heureux avec un cœur sensible ? », *Clarissa Harlowe*, Lettre CCXXXIV, trad. Prévost, Desjonquères, 1998, t. II, p. 285) et de Diderot (« Je croirai […] que la vie n'est qu'un présent fatal du sort », Dorval, *Entretiens sur le Fils naturel*, III, éd. J. Goldzink, GF-Flammarion, 2005, p. 127), elle trouve son expression la plus achevée chez Rousseau (« Fatal présent du Ciel qu'une âme sensible », *Julie ou la Nouvelle Héloïse*, I, 8).

pourquoi les prodigue-t-elle à des hommes sans sentiment[1], nés durs et impitoyables ? pendant qu'elle en est avare pour les hommes généreux et compatissants, et qu'à peine leur a-t-elle accordé le nécessaire. Que peuvent, après cela, devenir les malheureux, qui par là n'ont de ressource, ni dans l'abondance des uns, ni dans la compassion des autres ? Mais ces réflexions qui naissent de mon impuissante médiocrité, m'écartent de celles que me fournit l'aventure de la jeune fille en question.

Homme riche[2] ! vous, qui voulez triompher de sa vertu par sa misère ; de grâce ! prêtez-moi votre attention : ce n'est point une exhortation pieuse ; ce ne sont point des sentiments dévots que vous allez entendre : non, je vais seulement tâcher de vous tenir les discours d'un galant[3] homme, sujet à ses sens aussi bien que vous ; faible, et si vous voulez, vicieux ; mais chez qui les vices et les faiblesses, ne sont point féroces, et ne subsistent qu'avec l'aveu d'une humanité généreuse. Oui ! vicieux encore une fois, mais en honnête homme, dont le cœur est heureusement forcé, quand il le faut, de ménager les intérêts d'autrui dans les siens, et ne peut vouloir d'un plaisir qui ferait la douleur d'un autre.

Je vous suppose jaloux de l'estime des hommes, et du droit de vous estimer vous-même : si vous n'êtes comme je le dis, ce n'est plus à vous à qui je parle : vous n'êtes que la moitié d'une créature humaine ; vous en avez la figure et le penchant au mal ; mais vous n'en avez ni la dignité, ni la noblesse ; et pour lors, je m'adresse à d'honnêtes gens, qui, dans une aventure comme la vôtre, pourraient se démentir, et se livrer à l'amour d'un vice odieux,

---

1. Sans sensibilité.

2. L'appel rhétorique (l'*adresse*) est d'usage dans les sermons, mais l'invocation reste ici laïque : le propos est celui d'un « galant homme » qui a le souci du bien moral, et que Marivaux oppose plus loin au « galant homme suivant le monde », seulement soucieux des agréments.

3. Honnête, civil.

préférablement au goût de vertu et de générosité qu'ils ont en eux : goût secourable, qu'ils feraient peut-être avorter dans leur âme ; qui, cependant, les presserait, qui les poursuivrait, qu'ils écarteraient, qui reviendrait à la charge ; enfin, qu'ils étoufferaient, crainte de l'aimer, d'y céder, de devenir vertueux, et d'y perdre.

Quoi qu'il en soit, écoutez-moi si vous le pouvez : que vous deveniez amoureux d'une femme qui peut se passer de vous, que nulle affaire importante n'expose à la nécessité de vous recevoir : que vous la tentiez par votre opulence ; que vous lui inspiriez l'envie d'être mieux ; qu'à la vue de votre abondance, il lui naisse des besoins qu'elle n'aurait pas connus ; que vous profitiez de ces besoins imposteurs ; que vous jetiez dans son cœur, moitié tendresse pour l'amant, moitié faiblesse pour l'homme riche ; vous faites mal, vous êtes un mauvais chrétien ; mais à quelque délicatesse près, dont je comprends qu'il est difficile d'écouter le scrupule, vous êtes encore galant homme suivant le monde.

De même : que la jeunesse et les grâces de la fille dont nous avons parlé, vous aient donné de l'amour ; ce n'est pas là ce qui m'étonne, et ma charge n'est pas de vous inquiéter là-dessus ; mais que ce visage frappé de désespoir, dont la souffrance a désolé les traits [1] ; que ces grâces flétries par les larmes, n'aient pas déconcerté votre amour, ou n'en aient point fait une protection pour cette infortunée ; que cet amour, loin de la plaindre de tant de maux, n'en ait reçu qu'une confiance plus brutale ; que la misère la plus féconde en impressions touchantes ne l'ait déterminée qu'à l'outrage, et non pas aux bienfaits : que vous dirai-je enfin ? qu'à la vue d'un pareil objet, cet amour ne se soit pas fondu en pitié généreuse ; qu'en écoutant cette fille, la charité ne vous ait pas attendri sur le péril où l'exposait son malheur ; que le découragement, la lassitude qui pouvait la prendre, n'ait pas attiré tous

1. Le *Dictionnaire néologique* épingle le tour.

vos égards ; que vous ayez pesé son infortune ; que vous en ayez compris l'excès, sans en sentir vos désirs confondus [1], sans être épouvanté vous-même de vous surprendre dans le dessein horrible d'en profiter ; voilà ce qui me passe : c'est une iniquité dont je ne sais pas comment on peut soutenir le poids ; c'est une intrépidité de vice que mon imagination ne peut atteindre.

Tyran que vous êtes ! qu'avez-vous dit à cette fille, dont vous avez vu la jeunesse en proie à la fureur des derniers besoins ? malheur à toi que la faim dévore ! à qui t'adresses-tu ? mon incontinence va prendre avantage de ta misère. Si tes besoins te mettaient moins en prise [2], tu pourrais n'exciter que ma compassion ; mais ils sont extrêmes ; ils me corrompent ; il ne s'agit plus de te plaindre ; ton honneur m'échapperait si j'étais généreux : je l'attends de ton désespoir que ma dureté va pousser à bout ; et misérable comme tu l'es, je te vois comme une bonne fortune qui vient s'offrir à ma débauche. Point de secours qui ne fasse ton opprobre ? subis toutes les rigueurs de ton sort ! achève d'en être la victime ; veux-tu du pain ? deviens infâme, et je t'en accorde : voilà tout ce que je sens pour toi, voilà le fruit de l'imprudent aveu de ton infortune [3].

Est-ce là, ce que vous avez dit à cette fille ? si ce ne sont pas là vos paroles, du moins ce sont vos pensées. Vos pensées ! non, je ne le puis croire ; elles ont peut-être menacé de se montrer, mais vous en avez craint la laideur trop affreuse, et vous vous y êtes refusé ; votre âme n'aurait pu supporter la vue d'une méchanceté si distincte ; son libertinage n'aurait pu la sauver des remords,

---

1. Démasqués. « *Confondre* se dit de ceux qu'on surprend en quelque action honteuse qui les fait rougir » (*Fur.*).
2. Ne t'exposaient pas autant.
3. Cette prosopopée du mauvais riche annonce les réflexions que fera Marianne au sujet de Climal (*La Vie de Marianne*, 2e partie).

de l'horreur d'elle-même, ni des sentiments[h] d'attendrissement qui l'auraient pressée : la victoire aurait été trop sanglante à remporter sur tout cela ; et ce n'est enfin qu'en vous étourdissant sur votre action, que vous l'avez commise ; cependant, valait-elle que vous renonçassiez à la satisfaction d'être content de vous, que vous étouffassiez l'honnête homme, pour mettre le monstre en liberté ? vous me l'avouerez : vos efforts pour détruire l'un vous mettaient mal avec vous-même. Vous n'osiez les réfléchir[1] ; vos efforts, contre l'autre, auraient été presque des plaisirs ? il y serait entré je ne sais quelle douceur de vous trouver dans l'ordre, hors de reproche ; et comme en état de vous regarder avec quiétude et confiance, il s'y serait mêlé je ne sais quel sentiment de votre innocence, je ne sais quelle suavité que l'âme respire alors, qui l'encourage, et lui donne un avant-goût des voluptés qui l'attendent. Oui ! voluptés, c'est le nom que je donne aux témoignages flatteurs qu'on se rend à soi-même, après une action vertueuse ; voluptés bien différentes des plaisirs que fournit le vice : de celles-ci, jamais l'âme n'en a satiété ; elle se trouve en les goûtant, dans la façon d'être, la plus délicieuse et la plus superbe[2] ; ce ne sont point des plaisirs qui la dérobent à elle-même ; elle n'en jouit pas dans les ténèbres ; une douce lumière les accompagne, qui la pénètre, et lui présente le spectacle de son excellence. Voilà les plaisirs que vous avez sacrifiés à l'avilissement des plaisirs du vice : car, que sont-ils ? qu'un état de prostitution pour l'âme, qu'elle ne goûte et ne se pardonne qu'à la faveur du trouble qui lui voile son infamie. Mais, c'en est assez, ces réflexions m'ont mené trop

---

1. Emploi transitif direct du verbe *réfléchir* ; hardiesse de Marivaux relevée dans le *Dictionnaire néologique.*

2. Le *Dictionnaire néologique* condamne la phrase : « Jamais l'âme *n'a satiété* des voluptés de la vertu. Elle se trouve en les goûtant *dans sa façon d'être* la plus délicieuse et la plus superbe » ; *avoir satiété* était inusité ; *façon d'être* également.

loin ; il en naît encore de très importantes de l'aventure de cette fille et de sa mère, qui n'ont pu aborder leurs Juges, et dont la pauvreté met les affaires[1] en souffrance : cela me fournit une matière digne d'être traitée dans un autre discours. Juges ! que les devoirs de votre état sont nobles ! mais je finis ; nous les examinerons ailleurs[1].

CINQUIÈME FEUILLE

10 avril 1722

J'ai promis un *Rêve*[2] ; je m'en ressouviens ; mais, c'est un rêve qui ne roule que sur l'amour. Ami lecteur ! en vérité, cela peut se différer. Je me sens aujourd'hui dans un libertinage d'idées[3], qui ne peut s'accommoder d'un sujet fixe.

Je viens de voir l'entrée de l'INFANTE[4]. J'ai voulu parcourir les rues pleines de monde : c'est une fête délicieuse pour un Misanthrope, que le Spectacle d'un si grand

1. Promesse non tenue, sinon par une allusion à la corruption des juges dans la Feuille XVII, mais *Le Cabinet du philosophe* offre un développement sur les « solliciteurs » (Feuille VIII, in *Journaux*, t. II, éd. citée).

2. Promis à la fin de la Feuille III, il est différé jusqu'à la feuille suivante ; l'italique vaut ici désignation générique : le *Mercure* publiait des « Rêves » parmi ses historiettes.

3. Au sens de vagabondage de l'esprit. La métaphore sera reprise par Diderot dans la célèbre ouverture du *Neveu de Rameau* : « Mes pensées, ce sont mes catins » (éd. J.-C. Bonnet, GF-Flammarion, 1983, p. 45).

4. Le mariage du jeune Louis XV et de l'Infante espagnole, alors âgée de trois ans, devait sceller l'alliance entre les deux royaumes conclue en 1721 ; l'entrée de l'Infante à Paris eut lieu le 22 mars 1722, mais l'Espagnole fut renvoyée en 1725, et Louis XV épousa Marie Leszczyńska.

nombre d'hommes assemblés ; c'est le temps de sa récolte d'idées. Cette innombrable quantité d'espèces de mouvements, forme à ses yeux un caractère générique[1]. À la fin, tant de sujets se réduisent en un : ce n'est plus des hommes différents qu'il contemple, c'est l'homme représenté dans plusieurs mille.

Au milieu de mes réflexions, j'ai aperçu un pauvre *Savetier* qui travaillait d'un sang-froid admirable dans sa boutique : de temps en temps, il jetait ses regards sur cette foule de gens curieux qui s'étouffaient ; et il critiquait après[2] leur curiosité, de ses deux épaules qu'il levait en pitié sur eux. Il m'a pris envie de voir de près ce Philosophe subalterne, et d'examiner quelle forme pouvaient prendre des idées philosophiques, dans la tête d'un homme qui raccommodait des souliers[3].

Je me suis approché. J'ai fait plus, je lui ai demandé un asile dans sa boutique contre la foule. Comment ! lui ai-je dit ; vous travaillez, pendant que vous pouvez voir de si belles choses, mon bonhomme !

Pardi, m'a-t-il répondu, *Monsieur !* cela est trop beau pour de petites gens comme nous ; cela ne nous appartient pas, de voir ces beautés-là : cela est bon pour vous autres gens qui avez votre pain cuit[4], et qui avez le temps de mettre votre journée à rien faire : voyez-vous, Monsieur, quand on a de l'ouvrage qu'il faut rendre, ou

1. Le *genre* humain est donné à contempler en lui-même, et non dans telle ou telle *espèce* ou classe d'individus. Ces déclarations du Spectateur philosophe sont caractéristiques de l'anthropologie marivaudienne.

2. Il critiquait ensuite.

3. Le personnage du savetier a ses lettres de noblesse littéraire : La Fontaine (« Le Savetier et le Financier », *Fables*, VIII, 2), mais aussi Pascal (*Pensées*, éd. citée, Sellier 69, « Talon de soulier », p. 172, et Sellier 162, « Métier », p. 208) ; Marivaux pourrait également s'inspirer d'une feuille du *Tatler* de Steele parue en 1709 mais encore inédite en français en 1722.

4. Qui avez votre subsistance assurée. « On dit en parlant d'un homme qui a du bien tout acquis, qu'il a du *pain cuit*, qu'il n'a que faire de travailler pour en acquérir » (*Fur.*).

jeûner, sans en avoir envie : le Cheval de bronze [1] marcherait de ses quatre pattes, que j'aimerais, mardi [2] mieux, le croire, que de l'aller voir. Les fainéants ne valent rien à suivre, c'est une compagnie qui n'est pas saine pour ceux-là qui n'ont pas moyen d'être comme eux. J'interrompis ce discours d'un sourire[j]... Tenez, ajouta-t-il après, en se retournant : voilà quatre escabeaux dans ma boutique ; je suis content, comme un roi, avec cela et mes savates : je m'en accommode à merveille, quand je ne m'amuse pas à regarder toutes ces braveries-là ; mais sitôt que je vois tant de beaux équipages, et tout ce monde qu'il y a dedans, mes escabeaux et mes savates me fâchent ; je deviens triste ; je n'ai plus de cœur à l'ouvrage. Pardi ! puisque Dieu m'a fait pour raccommoder de vieux souliers, il faut aller mon train, laisser là les autres, et vivre bon serviteur du Roi et des siens ; le reste n'a que faire de moi, ni moi du reste. J'en serai bien mieux, quand j'aurai été courir la prétantaine [3], et gagner plus d'appétit qu'à moi n'appartient d'en avoir. Vous ne savez pas ce que c'est que d'être Savetier, cela vous passe.

Ce brute Socrate [4] s'est arrêté là ; je ne lui ai rien répondu, sinon qu'il avait raison : la Scène a fini par une petite Chanson qu'il a entonnée ; et ma curiosité satisfaite, je me suis retiré de sa boutique, pour aller butiner quelques nouveautés ailleurs.

---

1. La statue équestre d'Henri IV élevée en 1635 au milieu du Pont-Neuf (fondue en 1792) ; « quand on dit absolument le Cheval de bronze, on entend celui du Pont-Neuf à Paris » (*Fur.*).

2. Déformation de *mordieu* sur le modèle de *pardi* (par Dieu) ; c'est le juron des Arlequins et des valets de comédie.

3. Terme « burlesque » (*Fur.*). L'expression signifie : « Aller, venir, courir çà et là sans sujet, sans dessein » (*Trévoux*).

4. Le tour ferait oxymore si l'on donnait à *brute* le sens de « privé de raison », à l'instar d'un animal, alors que Socrate incarne la raison philosophique par excellence ; mais l'épithète signifie plutôt ici *fruste* ou *rude*.

Je me suis amusé quelque temps de la populace qui se renversait la tête, pour considérer les Arcs de Triomphe[1] ; et dans sa façon de voir, j'ai cru démêler que l'admiration du peuple pour une belle chose, ne vient pas précisément de ce qu'elle est belle, mais bien des événements plus ou moins importants, qui font qu'elle est exposée là, et qui la vantent à son imagination.

J'entendais dire de tous côtés : Oh ! que cela est beau ! Et moi qui allais au principe de cette exclamation dans l'esprit du peuple, je la mettais en forme ; et voici l'espèce d'argument[2] qu'elle me rendait. Hé ! vois-tu tout ce monde ? c'est que l'Infante arrive. Tout ce que nous voyons là, est fait pour Elle ; regardons bien, car assurément cela doit être beau. Oh ! que cela est beau !

Il est certain que ces Arcs de Triomphe étaient curieux, et que c'était une décoration qui avait beaucoup de dignité ; mais, en développant[3] l'esprit de cette populace, je voyais de pauvres Enseignes de Cabaret à qui, peut-être, il ne manque pour être converties en chef-d'œuvre, que d'être exposées pour une aventure de conséquence.

Tableaux de *Raphaël*, disais-je encore en moi-même ! si vous étiez à la place de ces mêmes Enseignes, j'aurais grande peur que vos Curieux ne vous prissent pour ce que vous paraîtriez : je veux mourir si, en vous voyant, ils s'avisaient de vous deviner là. Hélas ! combien est-il de mauvais Tableaux parmi vous, qu'un coup de hasard,

1. Lors des entrées solennelles, on édifiait des arcs de triomphe provisoires portant des décorations et des inscriptions en latin. Barbier en donne la description pour la cérémonie de 1721 dans son *Journal historique* (voir *JOD*, p. 585).

2. On peut hésiter entre le sens logique du terme (« raisonnement par lequel on tire une conséquence d'une ou deux propositions ») et celui qu'il prend en poétique (« sujet en abrégé d'un ouvrage » : l'argument d'une pièce). Le passage s'inspire à l'évidence des pensées de Pascal sur l'opinion du peuple quant aux « grandeurs d'établissement ».

3. En démêlant.

qu'une estime visionnaire[1] qui a fait du progrès, vous a donné pour frères ? et à combien de vos frères a-t-on fait l'injure de ne les pas reconnaître, pour avoir paru trop tard, ou dans une occasion peu favorable ?

En vérité, à cela près que nous vivons, et que nous pensons, nous sommes tous des Tableaux les uns pour les autres : notre fortune va du moins comme la leur.

Tel est un Raphaël, un Tableau du plus grand prix, je veux dire un homme né plein d'esprit et de talents : si le hasard ou sa naissance l'a mal exposé, c'en est fait, il a beau nous voir, nous parler tous les jours, voilà notre discernement en défaut sur son compte : rien ne nous avertit de ce qu'il vaut, la médiocrité de son état[2] l'enveloppe, pour ainsi dire, d'un nuage qui nous le dérobe : c'est un personnage inutile, confondu dans la foule, que nous méprisons ; il n'a ni biens, ni rang, ni crédit, voilà le fantôme qui nous frappe à la place de l'homme que nous n'apercevons pas ; voilà le masque qui nous cache son visage ; enfin, voilà le Tableau, tout beau qu'il est, Enseigne de Cabaret pour toujours. Tel au contraire, est un Tableau de *Barbouilleur*[3] ; et je le vois entouré de Curieux qui lui trouvent un vrai mérite qu'il n'a point. Est-il pesant ? parle-t-il peu ? ils me disent que c'est un homme froid, mais plein de jugement et de réflexion. Parle-t-il mal et beaucoup ? qu'il est agréable et vif ! ces Curieux sont donc des bêtes ? non, ce sont gens d'esprit, de la meilleure foi du monde, qui le pensent comme ils le disent ; ils ont peut-être eu quelque peine à se[k] persuader, mais l'homme dont il s'agit, est dans une opulence

1. Extravagante, déraisonnée.
2. Son insignifiance sociale.
3. « Artisan qui peint grossièrement avec une brosse des planchers, des murailles, des portes, des fenêtres. *J'ai fait venir un barbouilleur pour noircir ce jeu de paume, pour blanchir mon escalier.* On appelle figurément un mauvais peintre, *un barbouilleur.* On appelle de même un méchant écrivain, *un barbouilleur de papier.* Et simplement, *un barbouilleur* » (*Acad.*).

ou dans un crédit qui le rend nécessaire, et qui a levé leurs doutes. Ils vous diraient volontiers : je n'ai pas d'abord pris cet homme-là pour ce qu'il est ; et vous vous écrierez : voilà des flatteurs ! point du tout ; je vous l'ai déjà dit, ils n'ont pas même cet honneur-là. Il n'y a point d'iniquité dans leur fait, ce sont en cela de vrais dupes, de vrais innocents, dont l'esprit est, pour ainsi dire, aux gages de l'intérêt : c'est ce misérable intérêt qui a joué ce tour de souplesse [1] à leur jugement, et qui leur fait accroire qu'un grand équipage, un grand nombre de valets, une bonne table, sont de l'esprit, de la pénétration, de la vivacité, et de bons mots.

C'était là à peu près les idées qui me venaient successivement dans la tête, quand le Roi a passé. Le peuple, à son ordinaire, a crié, *Vive le Roi !* j'ai trouvé ses acclamations attendrissantes. C'était plus qu'un Roi, plus qu'un Maître qui paraissait. Ce peuple, dans ses transports, semblait revêtir ce jeune Prince de titres moins superbes, mais plus aimables, plus touchants, et peut-être plus augustes : c'était le bienfaiteur, l'ami de chaque homme de la Nation ; c'était le protecteur, l'espérance, l'amour, et les délices du peuple que l'on voyait passer.

Rois, Princes de la terre ! ce n'est ni la garde qui vous environne, ni cette foule d'hommes soumis qui composent votre Cour, ni vos richesses, ni votre vaste puissance, qui feraient mon envie. Ceux qui, parmi vous, ne sont sensibles qu'à ces avantages, sont simplement des hommes riches, redoutables, puissants, et ne sont pas Rois. Assis sur le Trône, ils ne règnent pas ; je les vois, dans le sein du bonheur, sans qu'ils en profitent. Autant que leur vie a d'instants, autant, s'ils veulent, vont-ils goûter de plaisirs, mais des plaisirs vraiment dignes de

1. Généralement au pluriel dans l'emploi figuré : « moyens subtils, adroits, cachés, artificieux dont on se sert pour arriver à ses fins » (*Acad.*).

leur rang, et dont le Ciel n'a destiné l'abondance délicieuse, que pour eux seuls. Rois ! qu'est-ce donc que votre condition a de flatteur ? quel est celui qui règne ? quel est le Prince qui jouit des vrais biens attachés au Trône ? c'est celui qui sait faire un généreux usage de la crainte et du respect que la majesté de son rang inspire : cette crainte et ce respect, sont les moindres de ses droits, ou plutôt ils ne font que lui préparer ses véritables droits. Craint, il n'est encore que le maître ; aimé, le voilà Roi. Eh ! comment l'aime-t-on ? comptez tous les sentiments de vénération, d'estime, d'admiration, tous les mouvements de tendresse, de dévouement, de confiance, dont l'homme est capable, voilà de quoi se compose l'amour qu'on a pour un maître dans qui l'on est charmé de trouver un Roi ; enfin, voilà les Trésors du rang suprême. Un accueil obligeant, un sentiment de bonté, un sourire, un geste, une parole ; Princes ! ce sont là pour vous les clefs de ces Trésors. Oui ! soyez doux, affables, généreux, compatissants, caressants dans vos discours, et vous êtes possesseurs de ces biens dont l'ambition a fait les grands hommes, et dont à peine ont-ils pu s'acquérir une petite partie.

Quelqu'un que j'ai entendu parler alors, d'un ton de voix extrêmement haut, a mis fin à mes réflexions : là-dessus, je me suis retourné et j'ai vu plusieurs hommes qui en entouraient un autre qui leur parlait avec beaucoup d'action : j'ai soupçonné qu'il y aurait là quelque chose pour moi : je me suis donc approché ; je ne répéterai point ce qu'il disait ; il parlait de la dernière Paix avec l'*Allemagne* et l'*Angleterre* ; il jetait les Ministres dans des intrigues politiques : il s'étonnait de leur habileté ; et je remarquai qu'insensiblement, la dignité du sujet étourdissait cet homme : qu'elle réfléchissait sur [1] son âme, et la remuait d'un sentiment d'élévation personnelle. De la

1. Métaphore empruntée au lexique scientifique (de l'optique ici). Le tour est épinglé par le *Dictionnaire néologique*.

façon dont cela se passait dans son esprit, je voyais que c'était lui qui se réconciliait avec les Puissances, ou plutôt il était tour à tour l'*Allemagne*, l'*Angleterre*, la *Hollande* et la *France*[1]. Il avait fait la Guerre, il faisait la Paix. L'admiration judicieuse qu'il avait pour les Ministres, lui en glissait une de la même valeur pour lui-même. Bientôt les ministres et lui, ne faisaient plus qu'un, sans qu'il s'en doutât. Je sentais que dans son intérieur, il parcourait superbement un vaste champ de vues politiques : il exagérait[1] sa matière avec volupté ; c'était l'homme chargé des affaires de tous ces Royaumes ; car il était Allemand, Hollandais, Anglais, Français : il était tout, pour avoir le mérite de tout faire. Quelquefois, la difficulté des négociations nécessaires l'étonnait extrêmement ; mais je le voyais venir ; il n'y perdait rien à s'étonner ; il en avait plus d'honneur à percer dans les voies qu'on avait tenues pour faire réussir ces négociations ; il ne disait pas tout ce qu'il apercevait ; il lui suffisait d'être soupçonné d'une pénétration profonde, et de voir ses Auditeurs avouer dans un humble silence, qu'il en savait plus qu'eux.

Quelqu'un de la bande, d'un amour-propre plus rétif, et plus entendu dans ses intérêts, ne trouvait pas apparemment son compte à fournir son contingent d'étonnement pour le discours de notre politique. Un petit mot, Monsieur, lui dit-il, de l'air d'un homme qui ne se paie pas de babil, et qui a trop d'esprit pour s'épouvanter de celui d'un autre : prenez bien garde que ces Ministres, que vous louez tant, auraient pu dans telle occasion… Monsieur, lui répondit l'autre, en lui coupant la parole ; je ne force personne, et vous êtes libre d'en penser ce qu'il vous plaira : ce que j'ai dit n'en est pas moins juste. Le Censeur, à ces mots, sourit d'un air incrédule et se tut ; et moi, je dirais volontiers à tous les Censeurs de son espèce : Messieurs, ne soyons point de ceux qui cherchent toujours querelle au mérite des belles choses ; louons ce

1. Allusion à la Quadruple Alliance signée depuis août 1718.

qui est louable, et laissez là ce petit profit d'orgueil que vous trouvez à critiquer[1].

Rien n'est plus vrai qu'un homme oisif se plaît à disputer son estime à la conduite des personnes en place : il entre, dans les dégoûts qu'il prend pour elle, certaine audace qui lui rit, qui le venge de son peu de relief, de l'inaction dans laquelle il passe sa journée, et lui donne je ne sais quel air d'importance momentanée, dont il s'amuse.

Mais je pense que je ferai bien de quitter la plume ; je sens que je m'appesantis. Cette Feuille-ci a été retardée par des accidents qui n'arriveront plus dans la suite, mais qui pourraient bien avoir causé la langueur que je crois sentir ici.

SIXIÈME FEUILLE

27 avril 1722

Je m'amusais, l'autre jour, dans la Boutique d'un Libraire[2], à regarder des livres ; il y vint un homme âgé, qui, à la mine, me parut homme d'esprit grave[3] ; il demanda au Libraire, mais d'un air de bon Connaisseur, s'il n'avait rien de nouveau : j'ai le *Spectateur*, lui répondit le Libraire. Là-dessus, mon homme mit la main sur un gros livre, dont la reliure était *neuve*, et lui dit : est-ce

1. Cette situation du vantard confondu est illustrée par La Bruyère (« De la société et de la conversation », § 9) et Montesquieu (le « décisionnaire universel » de la Lettre LXXII des *Lettres persanes*).

2. Aux XVIIe et XVIIIe siècles, les libraires sont aussi les imprimeurs. Le Spectateur ne dit pas d'emblée qu'il s'agit ici du sien.

3. D'esprit sérieux.

cela ? non, Monsieur, reprit le Libraire, le *Spectateur* ne paraît que par Feuille, et le voilà. Fi, repartit l'autre ! que voulez-vous qu'on fasse de ces Feuilles-là ? cela ne peut être rempli que de fadaises, et vous êtes bien de loisir d'imprimer de pareilles choses.

L'avez-vous lu, ce *Spectateur*, lui dit le Libraire ? Moi ! le lire, répondit-il : non, je ne lis que du bon, du raisonnable, de l'instructif, et ce qu'il me faut n'est pas dans vos Feuilles. Ce ne sont ordinairement que de petits ouvrages de jeunes gens qui ont quelque vivacité[a] d'Écolier, quelques saillies[1] plus étourdies que brillantes, et qui prennent les mauvaises contorsions de leur esprit, pour des façons de penser légères, délicates et cavalières. Je n'en veux point, mon cher ; je ne suis point curieux d'*originalités* puériles[2].

En effet, je suis du sentiment de Monsieur, dis-je alors, en me mêlant de la conversation ; il parle en homme sensé. Pures bagatelles que des Feuilles ! La raison, le bon sens et la finesse peuvent-ils se trouver dans si peu de papier ? Ne faut-il pas un vaste terrain pour les contenir ? Un bon esprit s'avisa-t-il jamais de penser et d'écrire autrement qu'en gros volumes ? Jugez de quel poids peuvent être des idées enfermées dans une Feuille d'impression que vous allez soulever d'un souffle ? Et quand même elles seraient raisonnables, ces idées ; est-il de la dignité d'un personnage de cinquante ans, par exemple, de lire une Feuille volante[b], un colifichet[3] ? Cela le travestit en petit jeune homme, et déshonore sa gravité ; il déroge, non, à cet âge-là, tout savant, tout

1. Boutades, traits d'esprit inattendus.

2. L'italique signale le caractère inusité de ce pluriel, forgé comme un concurrent de *nouveautés* au sens commercial.

3. « Babiole, bagatelle, petits ornements de peu de conséquence ou de mauvais goût, comme sont, des marmousets, des petits émaux, des petits vases de cristal, des figures mal faites, des ornements indignes du lieu où ils sont placés » (*Acad.*, 1694 ; l'édition de 1762 enregistre le sens figuré qu'inaugure ici Marivaux).

homme d'esprit ne doit ouvrir que des *In-folio*, de gros tomes respectables par leur pesanteur, et qui, lorsqu'il les lit, le mettent en posture décente ; de sorte qu'à la vue du titre seul, et retournant chaque feuillet du gros livre, il puisse se dire familièrement en lui-même : voilà[c] ce qu'il faut à un homme aussi sérieux que moi, et d'une aussi profonde réflexion. Là-dessus il se sent comme entouré d'une solitude philosophique, dans laquelle il goûte en paix le plaisir de penser qu'il se nourrit d'aliments spirituels, dont le goût n'appartient qu'aux raisons graves. Eh bien, Monsieur, qu'en dites-vous ? N'est-ce pas là votre pensée ?

Ce discours surprit un peu mon homme. Il ne savait s'il devait se fâcher ou se taire ; je ne lui donnai pas le temps de se déterminer. Monsieur, lui dis-je encore, en lui présentant un assez gros livre que je tenais : voici un *Traité de morale* ; le volume n'est pas extrêmement gros, et à la rigueur, on pourrait le chicaner sur la médiocrité de sa forme[1] ; mais je vous conseille pourtant de lui faire grâce en faveur de sa matière ; c'est de la morale, et de la morale déterminée, toute crue. Malepeste ! vous voyez bien que cela fait une lecture importante, et digne du flegme d'un homme sensé ; peut-être même la trouverez-vous ennuyeuse, et tant mieux ! à notre âge, il est beau de soutenir l'ennui que peut donner une matière naturellement froide, sérieuse, sans art[2][d], et scrupuleusement conservée dans son caractère. Si l'on avait du plaisir à la lire, cela gâterait tout : voilà une plaisante morale que celle qui instruit agréablement ! tout le monde peut s'instruire à ce prix-là, ce n'est pas là de quoi l'homme raisonnable doit être avide ; ce n'est pas tant l'utile qu'il lui faut, que l'honneur d'agir en homme capable de se fatiguer pour chercher cet utile, et la vaste sécheresse d'un gros Livre fait justement son affaire.

---

1. On pourrait disputer sur sa relative minceur (sa taille moyenne).
2. Sans artifice.

Chacun a son goût, et je vois bien que vous n'êtes pas du mien, me dit alors le Personnage qui se retira mécontent et décontenancé, et que peut-être notre conversation réconciliera dans la suite avec les brochures ; si ce n'est avec les miennes, qui peuvent ne le pas mériter, ce sera du moins avec celles des autres.

Quoi qu'il en soit, le mépris qu'il a fait du *Spectateur*, sans le connaître, ne m'empêchera pas de donner la traduction du *Rêve* que j'ai promis, tout frivole qu'en paraîtra le sujet aux personnes qui lui ressemblent. C'est de l'*Amour* dont il s'agit. Eh bien, de l'amour ! le croyez-vous une bagatelle, Messieurs ? je ne suis pas de votre avis, et je ne connais guère de sujet sur lequel le Sage puisse exercer ses réflexions avec plus de profit pour les hommes.

Dirai-je aux personnes qui n'ont pas daigné lire mes feuilles précédentes, l'origine du rêve en question ? non ! mon Libraire me saurait mauvais gré de leur épargner l'achat des brochures qui peuvent les mettre au fait de celle-ci, s'ils veulent y être. Quant à ceux qui me lisent, ils se souviendront que c'est un Espagnol qui parle.

« Je m'endormis donc du sommeil le plus profond, et je rêvai que je me trouvais au milieu d'une vaste campagne, partagée en deux Terres de différente nature. À droite, ce n'était que fleurs odoriférantes, et qu'arbres fruitiers ; mais ces fleurs étaient sèches et fanées, et les arbres mouraient de vieillesse. La campagne de ce côté, me paraissait abandonnée ; elle était devenue sauvage. Pourquoi, disais-je, laisse-t-on inculte un pays naturellement si fertile ?

Alors, en jetant ma vue un peu plus loin, je découvris un Palais. L'Architecture en était noble et majestueuse ; les grâces s'y mariaient avec la majesté, et leur accord donnait à l'édifice un aspect touchant et respectable.

Je jugeai par quelques ruines que ce devait être un ancien monument ; et je regardais avec application, quand, au travers de quelques arbres, il parut une femme dont la beauté me surprit : cependant, je remarquai quelque tristesse sur son visage ; elle sourit, en me voyant, et je m'avançai respectueusement vers elle, pour lui demander où j'étais.

Jeune homme ! vous êtes en peine, me dit-elle, et vous ne comprenez rien à tout ce que vous voyez. J'allais vous prier de m'instruire, lui répondis-je ; je le veux bien, repartit-elle : vous voici dans les Terres de l'amour ; ce Palais antique est sa demeure ; et moi, je suis l'*Estime*, compagne inséparable de ce Dieu d'amour [1].

De grâce, expliquez-moi, lui dis-je, ce que signifient ces arbres, ces fleurs fanées dont l'odeur me réjouit encore. Cette Terre me paraît excellente ; pourquoi ne la cultive-t-on point ? ce n'est plus qu'un désert : l'amour manque-t-il de sujets [2] ?

Tout ce que vous voyez, me dit-elle, n'est fait que pour votre instruction ; c'est une image des effets que produisit autrefois l'amour chez les hommes. Cette Terre figure leur âme ; ces fleurs et ces arbres sont les vertus que l'amour y faisait naître ; l'état mourant dans lequel vous paraissent toutes ces choses vous marque qu'elles sont anciennes. Cette Terre ne produit aujourd'hui ni fleurs fraîches ni arbres nouveaux ; c'est que l'amour ne règne plus parmi les hommes, et qu'il n'échauffe plus leur âme du goût des vertus qu'il y faisait germer autrefois.

Remarquez tous ces arbres fruitiers de différente espèce ; ils sont le symbole de la noblesse, de la générosité et de la sagesse des sentiments, dont l'amour ornait le cœur des plus grands Personnages.

Parmi ces arbres, vous en voyez quelques-uns dont il semble qu'on ait arraché quelques racines ; et ces racines arrachées signifient les vices que l'amour a détruits dans ces grands hommes, ou bien expriment ce qu'il a retranché de vicieux dans des sentiments mal réglés, et qu'il a rendus plus humains et plus louables.

---

1. Cette description allégorique est dans la tradition des jeux galants illustrés notamment par la Carte de Tendre dans la *Clélie* de Mlle de Scudéry.

2. Comme un roi privé de son peuple.

Regardez cet arbre plus haut que les autres, et dont, en quelques endroits, on a coupé les racines ; il figure les vertus d'un jeune Héros, qui dut à son attachement pour une aimable et vertueuse personne, l'estime et l'admiration que son siècle eut pour lui [1]. Avant que l'amour l'eût assujetti sous ses Lois, la grandeur de sa naissance lui inspirait un noble orgueil ; mais un peu d'excès dans cet orgueil en altérait la dignité. Ce Héros était généreux, quand il s'offrait des occasions de l'être ; mais il ne savait pas encore chercher ces occasions précieuses : il aurait craint de trahir son rang, s'il les avait prévenues [2] ; il envisageait un air prévenant comme un abaissement dans ses Pareils, et il aurait cru s'humilier en se rendant aimable : il n'estimait, il ne mettait encore au nombre des hommes que ceux qui, par leur naissance, pouvaient ou l'approcher, ou lier commerce avec lui. C'était aussi les seuls qu'il obligeait, parce qu'il n'imaginait de reconnaissance flatteuse que la leur : c'était au rang de celui sur qui tombaient ses bienfaits, que se mesurait le plaisir qu'il avait à les répandre. Il méconnaissait la misère la plus touchante, dès que le malheureux qu'elle accablait était un homme obscur, qui n'eût offert à sa vertu qu'un exercice ignoré et sans faste. Ce n'était pas qu'il ne fût naturellement sensible ; mais sa fierté n'admettait rien de généreux que ce qui était superbe, et voulait trouver dans les sujets un vain éclat qui les ajustât à elle, et, pour ainsi dire, justifiât l'intérêt qu'elle y daignait prendre. Ce Héros était plein de valeur dans les combats, mais d'une valeur aveugle, sujette à se souiller d'un sang respectable, du sang d'un ennemi vaincu. Quand il récompensait un

1. La description est assez détaillée pour qu'on identifie ici un authentique portrait, mais quel modèle les contemporains pouvaient-ils reconnaître ? On a pu suggérer tour à tour Louis XIV, le « Grand Dauphin » (mort en 1711), le duc de Bourgogne (mort en 1712), ou encore Condé.

2. S'il était allé au-devant de ces occasions.

service, ce n'était que l'action qu'il payait : il ne joignait pas à la récompense cette aimable façon de donner, qui fait précisément le salaire de celui qui a mérité qu'on lui donne : il était équitable, et n'était pas également bon.

Dès qu'il aima, ce ne fut plus le même homme : l'envie de devenir digne de celle qu'il aimait, fit disparaître tous ses défauts ; l'amour purifia sa valeur et sa fierté de cet excès qui les déshonorait toutes deux. Tout l'Empire retentit bientôt du bruit de ses vertus.

Je ne vous dirai rien des autres arbres, me dit alors cette femme : parcourez dans votre imagination les vertus les plus éclatantes, ces arbres les représentent toutes. À l'égard de ces fleurs, dont le nombre est presque infini, elles figurent de bonnes qualités, d'un prix peut-être égal aux vertus des grands Personnages ; mais que la condition de ceux qui les durent à l'amour rendit moins brillantes, et d'une importance plus médiocre [1] ; et pour vous en donner une légère idée, ce sont des ivrognes, devenus sobres ; des débauchés, devenus sages ; des avares, faits généreux ; des menteurs, corrigés de leur vice, par la honte d'en être méprisables ; des brutaux, ramenés à un caractère plus doux et plus sociable ; c'est de la jeunesse impudente, devenue modeste et respectueuse ; des fainéants, devenus laborieux ; des hommes sans foi, sans probité, transformés en gens d'honneur ; ce sont d'habiles gens dans les Arts, à qui l'amour inspira de l'émulation, et qui crurent leurs Maîtresses dignes de la gloire d'avoir des Amants illustres par leurs talents ; ce sont même des coquettes, dont l'amour a réformé les manières, qu'il a guéries de cette insatiable avidité de plaire, et qui ont senti qu'une pudeur scrupuleuse était le plus aimable trait d'une femme, qu'il est honteux de débaucher les cœurs, et glorieux de les attendrir ; enfin, vous voyez dans ces fleurs une infinité de vertus moyennes et domestiques.

1. Plus moyenne (voir ci-après : « vertus moyennes et domestiques »).

Mais, avançons vers ce Palais qui a frappé vos regards ; il est temps que vous connaissiez l'amour et sa suite ; que vous appreniez ce qu'était autrefois son règne ; par quelles actions éclatait le penchant dont il liait les âmes, et comment s'aimaient les deux sexes : nous descendrons dans les Jardins de l'amour, vous y verrez des Amants ; vous y verrez du moins des figures qui vous instruiront autant que ferait la réalité ; et quand vous aurez visité ce canton où nous sommes, on vous conduira dans cette autre Terre que vous avez remarquée différente de celle où vous êtes. Là, vous verrez un Monstre qu'on appelle *amour* ; mais marchons, et songez à profiter de tout ce qu'on va vous montrer. »

Dans la feuille suivante, je donnerai le reste du *Rêve*[1], et j'espère que ce qu'il a de curieux, méritera l'attention de mes Lecteurs.

Septième feuille

21 août 1722

Je n'ose me flatter que le Public se soit aperçu que le Spectateur *a été interrompu quelques mois : cependant, comme certaines personnes ont parlé de cet Ouvrage avec un peu d'estime, je leur dois compte, ce me semble, des raisons qui en ont retardé la suite, et les voici.*

---

1. La promesse ne sera pas tenue, et nous ne verrons jamais le « monstre » nommé Amour. Réminiscence du mythe de Psyché revu par La Fontaine ? (*Les Amours de Psyché*, 1669, éd. F. Charpentier, GF-Flammarion, 1990, p. 69-71).

Soupçonnerait-on un Contemplateur des choses humaines, un homme âgé qui doit être raisonnable, tranchons le mot : un Philosophe ? le soupçonnerait-on de s'être dégoûté d'écrire, seulement parce qu'il y a des gens dans le Public qui méprisent ce qu'il fait ? voilà pourtant l'origine de mon dégoût : n'est-ce pas là un louable motif de silence [1] ? Quelle misère que l'esprit de l'homme !

Je croyais n'être plus vain ; mais je vois bien que je n'ai changé que de façon de l'être. J'ai cependant fait ce que j'ai pu pour guérir de ma vanité ; mais tout ce que mes efforts ont opéré contre elle, c'est que de courageuse qu'elle était autrefois, elle est devenue lâche : nos faiblesses, combattues sous une figure, nous échappent sous une autre. Il n'est pas question de les détruire ; il s'agit de quelque chose de plus pénible et de plus glorieux, c'est de les poursuivre sans cesse.

Oui ! Messieurs mes Critiques ! vos mépris m'avaient découragé ; mais, comment découragé ? c'était par vanité mécontente que j'avais discontinué d'écrire : souffrez donc que je recommence ; je compte encore sur vos mépris, et je vais m'en servir comme d'une recette contre cette vanité dont je croyais être défait, et qui reparaît métamorphosée en dégoût. Courage, Messieurs ! c'est pour une bonne œuvre que je vous sollicite : j'étais tout triste de vous déplaire, parce que cela m'ôtait l'honneur d'avoir de l'esprit avec vous. Que je vous aie l'obligation de ne me plus soucier de cet honneur-là ! allons, ne vous relâchez pas ; critiquez bien, critiquez mal, n'importe lequel des deux : mon profit ou le vôtre s'y trouvera [e] toujours. Si c'est bien, je dirai que le Ciel vous le rende ; je vous regarderai comme mes bienfaiteurs ; j'avertirai le Public de la justesse de vos préceptes ; si c'est mal, je tâcherai de vous

---

1. Sur les critiques dont les périodiques de Marivaux ont pu faire l'objet, les polémiques avec Desfontaines et les aléas de la Querelle des Anciens et des Modernes, voir ci-avant la Présentation, ainsi que *Le Cabinet du philosophe* (Feuille VI, in *Journaux*, t. II, éd. citée).

induire à penser plus juste : j'y contribuerai de toutes mes forces ; j'arrêterai le progrès de vos erreurs, afin de vous épargner le plus de torts que je pourrai : voilà ma charge. À l'égard de ces critiques qui ne sont que des expressions méprisantes, et qui, sans autre examen, se terminent à dire crûment d'un ouvrage, *cela ne vaut rien*, *cela est détestable* : nous serons bientôt d'accord là-dessus, et je vous ferai convenir sur-le-champ que ces sortes de raisonnements à leur tour ne valent rien, et sont détestables ; qu'un habile homme, après avoir lu un livre, peut bien dire, *il ne me plaît pas*, mais ne décidera jamais qu'il est mauvais, qu'après avoir comparé ses idées à celles des autres ; à moins que tout homme éclairé qu'il est, vous ne lui supposiez une audace, une présomption qui tient ses lumières en échec, et qui, pour l'ordinaire, est la marque d'un esprit borné ou mal réglé : car, plus on a d'esprit, plus on voit de choses ; et pour lors on démêle, on aperçoit tant de sentiments différents, tant de goûts qui peuvent combattre ou balancer le nôtre, qu'avant que d'avoir pesé le plus ou moins de valeur qu'ils ont tous, on est bien long à se prouver qu'en tout sens, ce qui ne nous plaît pas, ne doit raisonnablement plaire à personne.

Ah ! que nous irions loin ! qu'il naîtrait de beaux ouvrages ! si la plupart des gens d'esprit, qui en sont les Juges, tâtonnaient un peu avant que de dire, *cela est mauvais*, ou *cela est bon* ; mais ils lisent ; et en premier lieu, l'Auteur est-il de leurs amis : n'en est-il pas ? Est-il de leur opinion en général sur la façon dont il faut avoir de l'esprit ? Est-ce un Ancien ? Est-ce un Moderne ? Quels gens hante-t-il[1] ? sa Société croit-elle les Anciens des dieux[2], ne les croit-elle que des hommes ?

Voilà par où l'on débute, pour lire un livre. On lit après ; et que lit-on ? sont-ce les idées positives de

1. Quelles personnes fréquente-t-il ?
2. Son cercle d'amis (sa « secte ») regarde-t-il les Anciens comme des dieux ?

l'Auteur ? non, il n'y a plus moyen, son nom, son âge et sa secte, les ont métamorphosées, toutes gâtées d'avance, ou toutes embellies.

On ne saurait s'imaginer le droit que ces bagatelles-là ont sur l'esprit humain, ni toute la corruption de goût dont elles le pénètrent, ni toute l'industrie machinale[1] qu'elles lui donnent, pour se falsifier à lui-même ce qui lui passera devant les yeux ; pour diminuer, augmenter, arrêter, détourner le plaisir, ou le dégoût des sentiments qu'il reçoit.

Après cela, on porte son jugement, parce qu'il faut qu'un homme d'esprit juge ; ne fût-ce que pour mettre son orgueil en possession du respect que ses amis auront pour ce qu'il pense ; et qu'enfin il est comptable à l'attente où ils sont[2] d'une décision quelconque.

On lui fera peut-être des objections de bon sens quand il aura prononcé ; mais, voilà qui est fait ; il a jugé : dût son sentiment pervertir le goût de tout le genre humain ; se doutât-il, malgré lui, qu'il s'est trompé ? plutôt que de se dédire, il armera son esprit contre son esprit même : il confondra ses lumières par ses lumières mêmes ; il s'irritera de voir clair après coup, et parviendra à se persuader qu'il ne voit rien ; tout cela, pour se conserver de bon droit l'honneur d'avoir tout vu d'abord ; car notre amour-propre est inconcevable ; il ne veut jouir que d'une gloire légitime ; il est d'un scrupule infini là-dessus ; et ce même amour-propre si scrupuleux, quand il soupçonne qu'il ne la mérite pas, ce n'est pas de sa gloire dont il se défait, c'est du soupçon de l'avoir mal acquise, moyennant quoi le voilà plein de quiétude, et tout aussi fier qu'il aime à l'être.

Cependant, le jugement qu'on a porté va son train, sert de règle à je ne sais combien de génies naissants, qui

---

1. L'adresse machinale. « *Mouvement machinal* se dit des mouvements naturels où la volonté n'a point de part » (*Acad.*).

2. Il est tenu de répondre à leur attente.

s'y conforment, qui souffrent pour s'y conformer, et qui ne font rien qui vaille.

Je crois pour moi, qu'à l'exception de quelques génies supérieurs, qui n'ont pu être maîtrisés, et que leur propre force a préservés de toute mauvaise dépendance ; je crois, dis-je, qu'en tout siècle, la plupart des Auteurs nous ont moins laissé leur propre façon d'imaginer, que la pure imitation de certain goût d'esprit que quelques Critiques de leurs amis avaient décidé le meilleur ; ainsi, nous avons très rarement le portrait de l'esprit humain dans sa figure naturelle : on ne nous le peint que dans un état de contorsion ; il ne va point son pas, pour ainsi dire ; il a toujours une marche d'emprunt qui le détourne de ses voies, et qui le jette dans des routes stériles, à tout moment coupées, où il ne trouve de quoi se fournir qu'avec un travail pénible. S'il allait son droit chemin, il n'aurait d'autre soin à prendre, que de développer ses pensées ; au lieu qu'en se détournant, il faut qu'il les compose, les assujettisse à un certain ordre incompatible avec son feu, et qui écarte l'arrangement naturel qu'amènerait une vive attention sur elles.

Est-ce là l'esprit, après cela ? non ; nous ne voyons point là ce qu'il est ; mais bien ce que des égards pour des sentiments inconsidérés le font devenir.

Combien croit-on, par exemple, qu'il y ait d'Écrivains qui, de peur de mériter le reproche de n'être pas naturels, font justement tout ce qu'il faut pour ne pas l'être ? d'autres, qui se rendent fades, de crainte qu'on ne leur dise qu'ils courent après l'esprit, car courir après l'esprit et n'être point naturel, voilà les reproches à la mode [1].

Mais, dira-t-on, il faut pourtant des Critiques ; oui, sans doute, il en faut ; mais je voudrais des critiques qui pussent corriger, et non pas gâter, qui réformassent ce

1. Desfontaines écrit dans les *Lettres de M. l'abbé* : « Il est à craindre qu'à force de prétendre avoir de l'esprit, nous n'en ayons bientôt plus, et que la subtilité ne nous conduise au rien » cité dans *JOD*, p. 590.

qu'il y aurait de défectueux dans le caractère d'esprit d'un Auteur, et qui ne lui fissent pas quitter ce caractère ; mais il faudrait aussi pour cela, s'il était possible, que la malice, ou l'inimitié des partis n'altérât[f] pas les lumières de la plupart des hommes ; ne leur dérobât pas l'honneur de se juger équitablement, n'employât pas toute leur attention à s'humilier les uns les autres ; à déshonorer ce que leurs talents peuvent avoir d'heureux ; à se ruiner réciproquement dans l'esprit du Public[1] ; de façon que sur leur rapport, vous, lecteur, vous méprisez souvent des ouvrages que vous estimeriez, ou, si vous les avez lus, je gagerais bien que les endroits, où l'Auteur a pensé le mieux vous ont paru les plus mauvais, par la raison qu'ils vous ont fait plus d'impression que le reste, et que disposé comme vous étiez, cette impression a dû vous choquer au même degré qu'elle vous aurait plu.

Ne vous a-t-on pas dit que cet Écrivain courait après l'esprit ? n'était point naturel[g] ? Eh bien ! n'avez-vous pas senti qu'on avait raison ? le moyen de n'en pas convenir ! en le lisant, vous avez trouvé un génie doué d'une pénétration profonde ; d'une vue fine et déliée, d'un sentiment nourri partout, d'un goût de réflexion philosophique ; avec ce génie-là, avec un naturel si riche, et si supérieur, on est par-dessus le marché nécessairement singulier, et d'un singulier très rare ; cela est donc clair : il n'est point naturel ; il court après l'esprit.

Voilà comme on vous dupe, lecteur, voilà les surprises qu'on fait au Public, et comment on peut frustrer les talents les plus estimables des éloges qui leur sont dus.

Quand je songe à cette critique, surtout à celle de courir après l'esprit, je la trouve la chose du monde la plus comique ; tant j'ai de plaisir à me représenter la commodité dont elle est à tous ceux qu'elle dispense heureusement d'avoir de l'esprit, et qui ne l'attraperaient point,

---

1. Cette critique de Marivaux sera développée par d'Alembert dans son *Essai sur la société des gens de lettres* (1753).

quand ils courraient après ; et en effet, il y a bien des ouvrages qui ne subsistent que par le défaut d'esprit, et leur platitude fait croire à certains Lecteurs qu'ils sont écrits d'une manière naturelle : au surplus[1] [h], pourvu qu'on adore *Homère, Virgile, Anacréon*[2], etc., on peut avoir de l'esprit, tant qu'on pourra ; les amateurs des Anciens ne vous le reprocheront pas, et je connais des Écrivains rusés, qui[i] ont dix fois plus d'esprit qu'il n'en faudrait pour être persécutés si la Religion dont ils font profession pour les Anciens ne les sauvait[3].

Je disais l'autre jour à un de mes amis, à qui les reproches dont j'ai parlé sont ordinaires : savez-vous bien ce que chez certaines gens signifient ces mots, *ils courent après l'esprit* ?

Comment ! Messieurs les Modernes, petits marmousets[4] ! vous prétendez valoir et surpasser des auteurs qui sont en *grec* et en *latin*, et que j'étudie depuis vingt ans ! Si le monde allait vous en croire, que deviendrais-je, moi, qu'on associe au respect qu'on leur rend ? faudra-t-il me réduire à l'affront de vous admirer, vous, avec qui je vis tous les jours ? Oh ! il y a bonne justice, et moyennant ce que nous allons dire, la plupart de ceux qui vous liront, et à qui notre querelle n'importe en rien, se voyant appuyés, seront bien aises de disserter cavalièrement sur votre compte, d'oser secouer la tête et d'avoir des dégoûts en vous lisant : ils s'imagineront gagner à ce qu'ils vous feront perdre ; car voilà l'homme, et en effet, ils auront raison de vous trouver mauvais. De bonne foi ! je sens

1. Au demeurant.

2. Anacréon : poète lyrique grec (VIe siècle), dont les rares fragments furent publiés en 1554 par H. Estienne et adaptés ensuite par Rémi Belleau, donnant ainsi naissance à la poésie dite anacréontique ; Mme Dacier en avait offert une traduction en 1716, et Marivaux lui-même a composé une « Ode anacréontique » (voir ci-après, p. 328).

3. On peut songer à Voltaire ou à Montesquieu, par exemple.

4. « Petite figure grotesque », « par dérision : petit garçon » (*Acad.*) ; ici : jeunes gens à l'esprit encore mal formé.

que vous l'êtes ; eh fi ! vous cherchez à briller dans vos ouvrages, vous voulez être spirituels ; vous n'y êtes point ; ce n'est point là la nature, vous courez après l'esprit.

C'est là à peu près, dis-je à mon ami, ce que veulent dire certaines gens, en tenant les discours que vous teniez tout à l'heure. Les Auteurs plats leur servent de troupes auxiliaires, et voici ce que ceux-là disent à leur tour, ou du moins, ce que chacun d'eux pense.

Ces gens, contre qui on crie, me chagrinaient ; il me fallait tous les jours aller aux expédients [1], pour ne me pas douter que je valais moins qu'eux, et j'entends qu'on dit qu'ils ne sont pas naturels, qu'ils courent après l'esprit ; ma foi ! cela est vrai, et bien trouvé ; et grâce au ciel, me voilà meilleur qu'eux ! oui, Messieurs ! lisez-moi ; vous verrez un homme qui pense simplement, raisonnablement, qui va son grand chemin, qui ne pétille point, et voilà le bon esprit.

Je crois que mes Lecteurs voudront bien me passer mes gaietés sur ce chapitre-là. Je me joue des hommes en général, et je n'attaque personne [2] ; je parais aujourd'hui n'apostropher que les amateurs des Anciens ; un de ces jours, les Modernes auront leur tour ; je m'y engage, et je promets que leur article vaudra bien celui-ci [3] ; car je ne suis d'aucun parti : *Anciens* et *Modernes*, tout m'est indifférent : le temps auquel un Auteur a vécu ne lui nuit ni ne lui sert auprès de moi. J'adopte seulement, le plus qu'il m'est possible, les usages et les mœurs, et le goût de son siècle, et la forme que cela fait ou faisait prendre à l'esprit ; après quoi, je vais mon train. Si c'est une

---

1. En venir à, recourir à des artifices.

2. Argument traditionnel pour répondre à l'accusation de satire. Voir l'adage d'Érasme : « J'ai voulu mettre en garde, et non mordre ; être utile, et non blesser ; améliorer les mœurs des hommes, et non leur nuire », placé par La Bruyère en épigraphe à ses *Caractères* lors de la quatrième édition (1689) et glosé dans la Préface au *Discours à l'Académie* (1694).

3. L'engagement restera sans effets, même si la Feuille suivante traite encore de la critique.

Traduction du grec, et qu'elle m'ennuie, je penche à croire que l'Auteur y a perdu ; si c'est du latin : comme je le sais, je me livre sans façon au dégoût, ou au plaisir qu'il me donne ; bien entendu que c'est dans les choses que j'entends parfaitement, et qui n'ont pas besoin de l'Histoire particulière du temps ; et l'on aurait beau me dire, cela ne vaut rien, ou cela est excellent, on ne me donne de disposition ni pour ni contre ; je lis le livre, et le jugement que j'en forme m'appartient à moi, à mes lumières sûres ou non sûres, fort pur[j] de toute prévention, et est à moi, tout comme si j'étais seul au monde ; et il serait à souhaiter que nous fussions tous de même. Les Anciens avaient plus d'esprit que nous : nous avons plus d'esprit que les Anciens : voilà les vraies causes de la corruption du goût, s'il vient à se corrompre.

Est-ce le génie des Auteurs grecs qu'il faut que ce jeune homme imite ? non, leurs idées ont une sorte de simplicité noble qui naît du caractère des actions qui se passaient alors, et du genre de vie qu'on menait de leur temps. Ils avaient, pour ainsi dire, tout un autre Univers que nous : le commerce que les hommes avaient ensemble alors ne nous paraît aujourd'hui qu'un apprentissage de celui qu'ils ont eu depuis, et qu'ils peuvent avoir en bien et en mal. Ils avaient mêmes vices, mêmes passions, mêmes ridicules, même fond d'orgueil ou d'élévation ; mais tout cela était moins déployé, ou l'était différemment. Je ne sais lequel des deux c'est. Quoi qu'il en soit, l'homme de ce temps-là est étranger pour l'homme d'aujourd'hui, et en nous supposant, comme nous sommes, c'est-à-dire, en étudiant le goût[k] de nos sentiments aujourd'hui, il est certain qu'on verra que nous avons des Auteurs admirables pour nous, et qui le seront à l'avenir pour tous ceux qui pourront se mettre au vrai point de vue de notre siècle.

Eh bien ! un jeune homme doit-il être le copiste de la façon de faire de ces Auteurs ? non, cette façon a je ne sais quel caractère ingénieux et fin, dont l'imitation littérale ne fera de lui qu'un singe, et l'obligera de courir vraiment après l'esprit, l'empêchera d'être naturel : ainsi, que ce jeune homme n'imite ni l'ingénieux, ni le fin, ni le noble d'aucun Auteur ancien ou moderne, parce que, ou ses organes l'assujettissent à une autre sorte de fin, d'ingénieux et de noble, ou qu'enfin cet ingénieux et ce fin qu'il voudrait imiter, ne l'est dans ces Auteurs qu'en supposant le caractère des mœurs qu'ils ont peint : qu'il se nourrisse seulement l'esprit de tout ce qu'il leur sent de bon, et qu'il abandonne après cet esprit à son geste naturel [1] : qu'on me passe ce terme qui me paraît bien expliquer ce que je veux dire ; car on a mis aujourd'hui les Lecteurs sur un ton si plaisant, qu'il faut toujours s'excuser, auprès d'eux, d'oser exprimer vivement ce que l'on pense ; mais il me semble qu'il y a longtemps que j'écris ; et si je ne finissais, la matière me mènerait trop loin.

HUITIÈME FEUILLE

8 septembre 1722

Dans ma dernière Feuille, je jetai quelques idées au hasard sur les critiques que l'on fait aujourd'hui de la plupart des ouvrages d'esprit, et sur la corruption de goût que peuvent entraîner ces critiques, qui partent moins du bon sens que de l'inimitié des partis, et des préventions jalouses où l'on est aujourd'hui les uns contre les autres.

---

1. À sa pente naturelle. Ce tour est raillé par le *Dictionnaire néologique* et parodié sur le théâtre de la Foire dans *Les Amours déguisés* de Lesage et d'Orneval (1726).

Mais comme je ne traitai pas la chose d'une façon méthodique, et que je pris mes réflexions, comme elles venaient, je pourrai bien, un de ces jours, argumenter dans les formes et prouver qu'écrire naturellement, qu'être naturel, n'est pas écrire dans le goût de tel Ancien, ni de tel Moderne, n'est pas se mouler sur personne quant à la forme de ses idées ; mais au contraire, se ressembler fidèlement à soi-même, et ne point se départir ni du tour, ni du caractère d'idées pour qui la Nature nous a donné vocation ; qu'en un mot, penser naturellement, c'est rester dans la singularité d'esprit qui nous est échue, et qu'ainsi que chaque visage a sa physionomie, chaque esprit aussi porte une différence qui lui est propre [1] : que la correction qu'il faut apporter à l'esprit [1] n'est pas de l'arracher à cette différence ; mais seulement de purger cette même différence du vice qui peut en gâter les grâces ; de lui ôter ce qu'elle peut avoir de trop cru ; et de lui procurer ce qu'il arrive aux physionomies les plus singulières qui ne changent point ; mais qui, par le commerce que les hommes ont ensemble, contractent je ne sais quoi de liant qui les mitige [2], nous apprivoise avec elles, et nous rend par là leur singularité agréable, ou du moins curieuse ; et qu'enfin, lorsqu'il a paru un beau génie dans certain genre, il n'est pas raisonnable de le proposer autrement aux autres, que comme un génie qui peut servir à exciter les forces du leur, et non pas comme un modèle sur lequel il faille calquer sa façon de penser pour être habile homme ; et qu'il est absurde de dire d'un homme qui a travaillé dans le même

1. L'idée d'une « singularité d'esprit et conséquemment de style » est développée dans la Feuille VI du *Cabinet du philosophe*. Sur cette affirmation qui rompt avec la conception rhétorique des styles, voir l'article de M. Escola, « "Une singularité d'esprit et conséquemment de style" : de Montaigne à La Bruyère et de Pascal à Marivaux », *Littératures*, 137, mars 2005, p. 93-107.

2. Qui les adoucit. Cet emploi de *mitiger* est blâmé par le *Dictionnaire néologique*.

genre, qu'il a mal réussi, parce qu'il n'aura pas travaillé dans le même goût ; que c'est tout comme si l'on disait à toutes les femmes aimables : n'entreprenez pas d'être gaie, ou d'être tendre ; on se moquerait de vous ; car vous n'avez ni la couleur, ni les traits de Madame une telle, dont les gaietés, et la tendresse, ont tant réussi, et ce n'est précisément qu'avec cette couleur et ces traits, qu'on peut inspirer de la joie ou de l'amour d'une certaine sorte, hors de laquelle nous ne voulons ni aimer ni nous réjouir.

Par cette fantaisie-là, il n'y aurait peut-être point de femme dont le visage ne fût mis au rebut ; mais heureusement pour nous, et pour la plus belle moitié du monde, la diversité là-dessus n'a point de travers d'esprit à craindre de notre part ; la Nature nous l'a trop bien recommandée ; et de ce côté-là, nous nous prêtons docilement aux aimables variétés que cette Nature nous présente.

Pourquoi donc les rebutons-nous dans les productions d'esprit, et tâchons-nous de les décrier ? Serait-ce qu'il est mortifiant d'avouer le plaisir que nous font les ouvrages des autres ? Est-ce que nous ne voulons ni les estimer, ni qu'on les estime ? Que le talent d'Auteur traîne après lui de petitesses !

J'adresse ceci à tous ceux qui se mêlent de belles-lettres ; en un mot, aux deux partis qui règnent aujourd'hui, et qui ont chacun leur formule de critique, et chacun leurs Partisans, et leurs Élèves qui sont les dupes des deux partis.

À l'égard de ces dupes, ils peuvent ne plus l'être, quand ils voudront ; et cela, sans qu'il leur en coûte aucun examen fatigant.

Voulez-vous savoir ceux à qui d'entre les deux partis vous devez le plus d'estime ? La recette est sûre : écoutez les Auteurs eux-mêmes : remarquez bien ceux qu'ils prennent à tâche de décrier, contre lesquels ils emploient le plus de raisonnement et de dissertation [m] ; ceux contre qui leur critique ou leur mépris mord avec le plus d'emportement ; et cet emportement, tâchez de le démêler, tout masqué qu'il sera quelquefois d'un air de discrétion ou d'indifférence jalouse ; souvent même, vous verrez attaquer les gens d'une manière oblique ; on les accablera sous le nom d'un tiers qu'on supposera entiché de leur doctrine, sans compter mille autres petites rubriques[1] d'inimitié qu'on emploiera pour leur ruine.

Encore une fois, remarquez bien ceux que cela regarde, et voilà qui est fait : tenez-les à votre tour pour d'habiles gens : vous venez de les entendre louer ; car, dans la profession, on ne se loue pas autrement. Oui ! toutes les injures qu'on leur a faites, sont vraiment autant d'éloges dont vous ferez l'estimation, au degré de venin et de subtilité que portent ces injures mêmes ; et croyez ce que je vous dis, comme vous croyez au produit d'une somme calculée dans la dernière exactitude.

Nous avons beau dissimuler le mérite qui nous blesse ; nous avons beau l'attaquer, il a cet avantage sur notre malice, qu'elle ne peut se sauver d'en faire l'aveu. Oui ! il en faut venir là de bonne ou de mauvaise grâce ; le reconnaître avec une franchise généreuse, ou lui rendre hommage par les marques honteuses de notre jalousie.

De tous les mensonges, le plus difficile à bien faire, c'est celui par qui nous voulons feindre d'ignorer une vérité glorieuse à nos Rivaux : notre amour-propre, avec toute sa souplesse, est alors défaillant en ce point, qu'il[n] ne peut dans ses fourberies se déprendre de la passion qui l'agite : cette passion le suit ; il ne peut se l'assujettir, ni la soustraire ; elle est empreinte dans tout ce qu'il nous fait dire : on la voit, et cela trahit sa malice, et l'en punit.

J'ai une preuve toute récente de ce que je dis. Je suis à la campagne, et hier je rendis visite à une Dame assez jolie, et d'un assez bon air. Je ne la connaissais pas encore, et des amis communs m'avaient mené chez elle.

1. « *Rubrique* : ruse, détour, adresse, finesse » (*Acad.*).

Dans la conversation, on vint à parler d'une autre Dame, voisine de celle chez qui j'étais, et que je devais voir aussi le lendemain pour la première fois… C'est une fort aimable femme, dit alors quelqu'un de la compagnie : à cela, pas un mot de réponse de la part de la Dame qui était présente ; mais en revanche, question subite faite à propos de rien, sur le temps que j'avais envie de passer à la campagne.

Bon, dis-je en moi-même ! bon ! pour la dame dont on a parlé, elle est aimable ; c'est un fait, et peut-être plus aimable que celle à qui je parle (qui ne l'était pourtant pas mal) : ce peut-être que je formais se convertit bientôt en certitude.

Quelqu'un reprit le discours sur la Dame dont le silence de l'autre avait ébauché l'éloge, et dit : on m'assurait, l'autre jour, que son mari était jaloux, et il est vrai qu'on peut l'être à moins… Lui jaloux ! répondit-elle alors ; c'est un conte que cela. Madame… est d'une conduite si sage que cette faiblesse-là ne serait pas pardonnable à son mari ; et d'ailleurs, c'est une femme qui a beaucoup d'agrément, il est vrai ; mais n'avez-vous pas remarqué qu'elle est d'une physionomie extrêmement triste ?… il me semble que non, reprit un de mes amis ; peut-être que je me trompe, dit-elle encore ; mais comme elle n'a guère de teint, qu'elle a je ne sais quoi d'un peu rude[1] dans les yeux… Elle ! guère de teint, et du rude dans les yeux, répondit alors un de ces Messieurs en s'écriant ! je lui ai toujours trouvé les yeux vifs ; et la dernière fois que nous la vîmes, elle était plus vermeille qu'une rose… Bon ! repartit-elle, le Ciel la préserve d'être toujours vermeille à ce prix-là, la pauvre femme ! elle avait une migraine affreuse ; voilà, Monsieur, d'où lui venait ce beau teint : non, non, assurément, le teint n'est pas ce qu'elle a de plus beau, et pour l'ordinaire elle est pâle ; aussi est-elle d'une santé assez infirme : je ne

1. De sévère, d'austère, de dur.

connais point de femme plus sujette aux fluxions que celle-là, cela lui a même gâté les dents qu'elle avait assez belles : Écoutez ! elle n'est plus dans cette grande jeunesse au moins, elle se soutient [1] pourtant assez bien.

Une visite qui arriva rompit le cours d'une satire [2] qui rendait une femme triste parce qu'elle était modeste, convertissait la vivacité de ses yeux en rudesse, ne lui souffrait un beau teint qu'en conséquence d'une migraine, lui remplissait la tête de fluxions pour lui gâter les dents, et la faisait infirme pour la vieillir ; satire, en un mot, qui, en trois ou quatre traits enveloppés dans un air perfide de bienveillance, barbouillait [3] tous les appas de la Dame en question, ruinait ses dents, sa santé, sa jeunesse, son teint, et le feu de ses yeux.

Pour moi, sur ce portrait-là, je m'attendis à voir une femme charmante ; car tant de fiel qu'on venait de répandre sur elle ne pouvait tirer sa source que d'une jalousie douloureusement sensible et allumée par de grandes causes.

De sorte qu'impatient de vérifier là-dessus mes conjectures, je courus le lendemain chez cette femme triste, pâle, infirme, et âgée. Je ne m'étais pas trompé, je la trouvai telle que je l'avais comprise sous les expressions dont on s'était servi contre elle ; je vis en un mot que j'avais très savamment entendu la langue que parle l'amour-propre dans une jolie femme qui en peint une belle.

Cette femme à physionomie triste me parut avoir un air sage : sa pâleur était une blancheur mêlée d'un incarnat doux et reposé ; ses yeux rudes jetaient des regards vifs et imposants. À l'égard de son air infirme, on pouvait le justifier par je ne sais quoi de mignard [4], de tendre,

1. *Se soutenir* : « conserver sa santé, sa vigueur et sa fraîcheur plus longtemps que son âge ne semble le permettre » (*Acad.*).

2. « Médisance, raillerie piquante » (*Fur.*).

3. Dénigrait. *Barbouiller* signifie « salir », ici au sens figuré.

4. « Qui a une beauté délicate, qui a les traits doux et agréables » (*Fur.*).

et de languissant, répandu dans sa figure : au reste, je remarquai que cette Dame crachait assez souvent et ce fut à cela que j'attribuai l'idée des fluxions qui lui gâtaient les dents : pour son défaut de jeunesse, je le trouvai, moitié dans beaucoup d'embonpoint, et moitié dans la simplicité de ses ajustements.

À vous dire le vrai, il n'appartient qu'à l'amour-propre piqué d'apercevoir les rapports éloignés que tant d'avantages pouvaient avoir avec les défauts qu'on m'avait annoncés.

Oh ! voyons à présent comment s'exprime l'amour-propre d'une belle femme sur le compte d'une autre personne qui n'a que des agréments subalternes.

Après les compliments requis dans cette visite, cette Dame-ci me demanda si j'avais vu l'autre : oui, Madame, lui répondis-je !... Eh bien ! Monsieur, qu'en dites-vous, reprit-elle sans me donner le temps d'en dire davantage : Êtes-vous du goût de tout le monde ? Vous plaît-elle ? et n'ai-je pas là une jolie voisine ? Je vous avoue que c'est ma beauté.

Quelle croyez-vous que fut mon idée, en l'entendant parler sur ce ton-là ? Que si je n'eusse pas déjà vu l'autre, j'aurais deviné là-dessus qu'elle portait un visage inférieur à celle-ci.

Eh bien, nos deux femmes, et les *Auteurs* entre eux, c'est tout un ; et pour mieux dire, je crois qu'on peut juger tous les hommes en général sur la même règle.

Volontiers louons-nous les gens qui ne nous valent pas ; rarement ne censurons-nous pas ceux qui valent mieux que nous ; ainsi nous ne louons le mérite d'autrui presque que pour sous-entendre la supériorité du nôtre ; et quand nous le blâmons, c'est la douleur de le sentir supérieur au nôtre, qui nous échappe. Mais je laisse là les querelles des Auteurs et les réflexions qu'ils me font faire.

Avant que de finir cette Feuille, je ne puis m'empêcher de dire un mot d'un livre que je lisais ce matin, et qui est intitulé les *Lettres persanes*, dont je n'ai encore lu que quelques-unes[1] ; et par celles-là, je juge que l'Auteur est un homme de beaucoup d'esprit ; mais entre les sujets hardis qu'il se choisit, et sur lesquels il me paraît le plus briller, le sujet qui réussit le mieux à l'ingénieuse vivacité de ses idées, c'est celui de la *Religion*, et des choses qui ont rapport à elle. Je voudrais qu'un esprit aussi fin que le sien eût senti qu'il n'y a pas un si grand mérite à donner du *joli* et du *neuf* sur de pareilles matières, et que tout homme qui les traite avec quelque liberté, peut s'y montrer spirituel à peu de frais ; non que parmi les choses sur lesquelles il se donne un peu carrière[2], il n'y en ait d'excellentes en tout sens, et que même celles où il se joue le plus ne puissent recevoir une interprétation utile ; car enfin, dans tout cela, je ne vois qu'un homme d'esprit qui badine ; mais qui ne songe pas assez, qu'en se jouant, il engage quelquefois un peu trop la gravité respectable de ces matières : il faut là-dessus ménager l'esprit de l'homme qui tient faiblement à ses devoirs, et ne les croit presque plus nécessaires, dès qu'on les lui présente d'une façon peu sérieuse.

L'Auteur, par exemple, blâme les Lois de l'Europe, contre ceux qui se tuent eux-mêmes : il les appelle injustes et furieuses ; il veut qu'on laisse à l'homme le droit de sortir de la vie quand elle lui est à charge : il dit que cet homme, en se défaisant, ne fait que changer les modifications de sa matière, et rendre carrée une boule que les lois de la création avaient faite ronde.

De l'air décisif dont il parle, on croirait presque qu'il est entré de moitié dans le secret de cette même création :

---

1. Le roman épistolaire de Montesquieu venait tout juste de paraître ; le passage incriminé sur le suicide figure dans la Lettre LXXVI, que Marivaux paraphrase assez exactement.

2. « Se laisser emporter à l'inclination que l'on a de dire ou de faire quelque chose, selon toute l'étendue de son désir » (*Acad.*, 1694). La *carrière* est le lieu où l'on fait courir un cheval, et, par extension, la course elle-même.

on croirait qu'il croit ce qu'il dit, pendant qu'il ne le dit que parce qu'il se plaît à produire une idée hardie.

Quoi qu'il en soit, je crois que j'achèverai son Livre avec autant de plaisir que je l'ai commencé. Je réserve pour la Feuille suivante l'aventure d'une Demoiselle dont on me rendit l'autre jour un paquet, qui contient des lettres qu'elle m'adresse, dont l'une est pour son Amant, l'autre pour son père, et l'autre pour moi. Je les produirai toutes trois.

Neuvième feuille

27 septembre 1722

J'ai parlé dans ma dernière Feuille de trois Lettres, qu'une jeune Demoiselle, qui m'est inconnue, m'envoya il y a quelques jours. Elle souhaite que je les rende publiques ; et de mon côté, je la remercie du plaisir qu'elle me fait, en s'adressant à moi pour ce petit service. J'exhorte les personnes que deux de ces lettres regardent, à les lire avec attention quand je les donnerai : je ne leur demande que cela, persuadé qu'elle produiront l'effet que cette Infortunée en attend [1].

Je vais commencer par celle qu'elle m'écrit : elle y fait un détail de l'aventure qui l'a conduite au malheur dont elle gémit aujourd'hui. Cette aventure emploiera peut-être toute cette Feuille-ci ; mais je ne puis faire autrement, et dans quinze jours on aura le reste.

1. Le *Spectator* anglais avait déjà eu recours au procédé, assurément fictif.

Monsieur,

La lecture de quelques-unes de vos Feuilles me persuade que vous avez le cœur bon, et qu'une personne aussi malheureuse que je le suis, n'aura pas de peine à vous intéresser pour elle. Le secours, dont j'ai besoin de votre part, est que vous produisiez la Lettre que je vous écris, et les deux autres que vous voyez ici ; votre compassion ensuite joindra à cela les réflexions qu'elle jugera les plus capables d'inspirer quelques sentiments d'honneur à un homme qui m'a jetée dans l'opprobre, et quelques retours de tendresse à un père dont je faisais il y a quelques mois les délices, et dont je fais aujourd'hui la honte et le désespoir. Quelle chute affreuse ! il y a moins de distance de la mort à la vie, que de l'état où je suis à la situation où j'étais.

Qu'est devenu ce temps où j'étais vertueuse ? où j'étais estimée, autant que chérie ? Que d'avantages j'ai perdus ! et quelles horreurs ont pris leur place ! En quelque endroit que tu sois, séducteur de mon innocence, homme perfide, que j'ai cru l'honneur même ! tu le sais, et ta conscience te le reprochera toujours : quelque grand qu'ait été mon amour pour toi, ce n'est point par lui que tu m'as vaincue ; ce n'est point d'une fille follement amoureuse dont tu te joues aujourd'hui. Fusses-tu le plus lâche de tous les hommes, tu te souviendras que tu dois tout à l'estime infinie que j'avais pour toi ! Non, perfide ! ce n'était point de la satisfaction de mon amour que j'étais jalouse ; c'était du plaisir de te donner des marques de ma confiance ; et tu l'as trahie, cette confiance que tu m'as demandée, mille fois plus respectable et plus obligeante pour toi que ma tendresse même ! Tu m'offris ta foi [1] ; je la reçus ; j'aurais cru t'outrager en la refusant. Dis-moi ! as-tu pu te résoudre à ne pas mériter un procédé si noble et si franc ? peux-tu durer ? peux-tu vivre avec l'idée que je suis détrompée sur ton caractère ? peux-tu, sans être pénétré de

1. Tu me promis de m'épouser.

confusion, te représenter l'étonnement mortel où je suis ? songe à ces sentiments dont je t'honorais, dont ma vertu se faisait même une obligation de t'honorer ! et ces sentiments si glorieux pour toi, compare-les dans le fond de ton âme à ceux à qui tu laisses aujourd'hui la mienne en proie ! ces parents, ces amis qui me méprisent à présent, s'ils avaient lu dans mon cœur, si les motifs de ma conduite avec toi leur étaient connus, comme ils te le sont, trouveraient-ils que mon malheur eût d'autre source qu'une crédulité généreuse ? Parle ! que verraient-ils ? qu'une Infortunée vraiment estimable, dans une fille dont ta lâcheté leur fait une Indigne. Hélas ! je n'ai d'autre tort que de n'avoir pas rencontré un honnête homme.

Pardon, Monsieur ; mon affliction me distrait de ce que je dois vous dire : apprenez mon aventure. Celui, qui me l'a rendue si funeste la lira peut-être : peut-être il en sera touché ? Que vous dirai-je ? je voudrais qu'il se repentît ; et je le voudrais pour lui, comme pour moi-même. Puis-je, après l'avoir tant aimé, ne pas m'affliger de le voir sans honneur ? Non ! je l'avoue : je ne saurais m'empêcher, dans ma douleur, de confondre sa honte avec la mienne. Tel qu'il est, il a part à mes pleurs : que sais-je ? il y a quelquefois plus de part que moi-même.

Ma mère, qui est morte depuis huit mois, à qui le Ciel a voulu sans doute épargner la désolation où je l'aurais mise, si elle avait été témoin de mon état ; ma mère, que ma reconnaissance pour l'éducation vertueuse qu'elle m'a donnée ; cette mère si tendre, que mon amour, que mon respect pour sa mémoire, venge dans le fond de mon cœur d'un affront qu'elle ne ressent pas ; ma mère dont le nom seul me confond [1], m'avait menée à la campagne chez une Dame de nos amis, qui allait, disait-on, marier sa fille au fils d'un de ses voisins.

1. Me trouble, me couvre de honte.

Je ne connaissais encore ni la Demoiselle ni le jeune homme en question : je trouvai l'une digne de l'attachement du plus galant [1] homme ; et l'autre… hélas ! je le crus bien différent de ce qu'il se montre aujourd'hui.

Jamais physionomie ne garantit tant de candeur, n'offrit tant de grâces mêlées avec tant d'apparence de probité.

Un jour, à l'écart, je félicitais sa maîtresse qui était déjà devenue mon amie, du bonheur que la fortune semblait lui réserver.

Mais, quelle fut ma surprise ? quand cette fille, que je croyais devoir être si contente, me dit alors… j'estime M.***, il est aimable ; et si je voulais un mari, je lui donnerais la préférence sur tous les hommes que je connais ; mais, ma chère, avec tout cela, je ne l'épouserai point, soyez-en bien persuadée : je ne puis vous en dire davantage, je craindrais que votre amitié pour moi ne vous fît révéler le reste de mon secret à ma mère : mes desseins lui sont aussi inconnus qu'à vous ; je ne puis m'en assurer l'exécution qu'en les taisant ; et demain vous serez mieux instruite.

Tout ce qui me reste à vous dire, c'est que je vous aime ; et je voudrais que l'époux qu'on m'avait destiné devînt le vôtre : je lui crois le caractère aussi aimable que la figure ; j'en ai même quelque preuve. Dès que je sus ce que nos parents avaient résolu de faire de nous, je lui parus plus sérieuse qu'à l'ordinaire ; je tâchai, par de fréquentes marques d'indifférence, de le dégoûter d'un mariage que je ne voulais pas accomplir, et que ce peu d'agréments qu'il voyait en moi pouvait pourtant lui rendre souhaitable. Je m'attendis de sa part à quelques plaintes qui auraient amené de la mienne une entière explication de mes sentiments ; mais il ne me dit rien, et se conforma sans murmure à mes manières.

J'en fus étonnée : je craignais (par vanité peut-être) que cet air si tranquille ne vînt du dépit de me voir tant

1. « *Galant* : qui a les manières agréables, qui tâche à plaire, et particulièrement au beau sexe » (*Fur.*).

de froideur ; je craignis même que ce dépit ne vînt d'un peu d'amour dont je voulais arrêter le progrès.

Dans cette pensée, je lui demandai sans façon s'il m'aimait, et je le priai de me répondre là-dessus sans détours.

« Puisque vous m'ordonnez de vous parler avec vérité, me dit-il, Mademoiselle : voici ce que je pense.

Toute politesse à part, je n'ai rien vu de si aimable que vous : tout ce qui peut rendre charmante, vous l'avez avec profusion ; mais je vous l'avoue, jusqu'ici mes yeux ont plus remarqué cela que mon cœur, parce que j'ai toujours été frappé de je ne sais quoi de grave que vous avez dans l'esprit ; d'un certain caractère de réserve qui est en vous, qui m'intimide, et me fait pencher au respect plus qu'à l'amour. On va nous marier ensemble, et je ne me donnerais pas le moindre mouvement pour l'empêcher ; car je ne crains point ce moment-là ; je l'attends gaiement, mais sans impatience. Voilà mon cœur à découvert ; de votre côté, si vous m'encouragiez un peu, je vous aimerais sans doute, j'en suis sûr, sans en avoir d'autre preuve que la liberté d'esprit où je me trouve.

C'en est assez, Monsieur, lui répondis-je alors ; gardez-vous de m'en dire davantage ; ma résolution est prise depuis longtemps ; je ne veux point vous encourager à m'aimer, parce que je ne veux aimer personne ; mais, après ce que vous venez de me dire, je vous avoue, à mon tour, que sans cette résolution dont je vous parle, vous auriez bientôt de l'inclination pour moi, s'il dépendait de moi de vous en donner : mais ne songeons plus à cela ni l'un ni l'autre. Jusqu'à présent nous voilà, grâce au Ciel, en état de prendre tous deux notre parti sans peine : laissons nos parents dans l'idée qu'ils ont de nous unir ; vivons comme de coutume [1] ensemble ; je me charge du soin de rompre leur projet quand il en sera temps.

1. Comme il est d'usage entre deux jeunes gens promis à se marier ensemble.

Ce jeune homme, ajouta cette fille, en continuant, m'écouta paisiblement ; et me quittant ensuite : Puisque votre cœur ne doit être à personne, me dit-il, je ferai bien de rompre une conversation que j'ai, ce me semble, écoutée avec une attention dont je me défie : j'en agirai avec vous à mon ordinaire ; suivez vos desseins, et ne m'en parlez plus, je vous en prie. »

Je ne vous ferai point, Monsieur, le détail de tous les discours que nous tînmes mon amie et moi. Après qu'elle eut achevé son récit, sa mère l'appela quelques moments après : elle se retira, et moi, je restai dans une allée du jardin où nous nous étions promenées ; mais j'y restai tout émue, et comme une personne à qui l'on vient d'apprendre une nouvelle qui la remplit d'espérance et de crainte. Je m'intéressais à tout ce qu'on m'avait dit, sans pouvoir encore démêler pourquoi : il me semblait que c'était de moi dont nous avions parlé ; que c'était sur moi que roulait toute l'aventure. Je faisais des réflexions que je condamnais par d'autres ; je ne savais quel parti prendre ; je m'imaginais que je devais me déterminer à quelque chose, et je voyais que j'avais tort de me l'imaginer ; je reconnaissais mon trouble, et je n'en sortais point ; j'en avais peur, et je le rappelais. Cet homme, qui n'avait point d'amour pour mon amie, l'aveu sincère qu'il en avait fait, cette amie qui méditait elle-même un dessein ; qui souhaitait que son amant vînt à m'aimer, qui me disait qu'il était aimable, et qui me le persuadait ; je ne sais combien de petites remarques qui venaient alors s'offrir en foule à mon esprit ; les regards de ce jeune homme que je me ressouvenais d'avoir souvent surpris sur moi ; ceux que j'avais à mon tour jetés sur lui ; les motifs que je donnais aux siens ; la confusion où j'étais de ce qu'il avait pu lire dans les miens ; de simples paroles, des actions que je ne pouvais m'empêcher d'interpréter de sa part, que j'avais crues innocentes de la mienne, et qui ne me le paraissaient plus ; je voyais dans tout cela des présages qui menaçaient mon cœur d'un accident qui m'attachait, et que je ne pouvais m'expliquer : j'y voyais une fatalité, ou plutôt je voulais l'y voir ; je m'égarais dans un chaos de mouvements où je m'abandonnais avec douceur, et pourtant avec peine.

Telle était mon agitation, quand retournant dans une autre allée, je rencontrai tout à coup cet objet encore confus de mes pensées, ce jeune homme dont j'étais si occupée.

Je demeurai presque immobile à sa vue, je le sentis aimable ; je rougis en le sentant ; et cependant, mon amour alors me parut moins naître que continuer.

Il m'aborda de son côté d'une façon si interdite que je vis qu'il m'aimait aussi, et que même il m'aimait depuis qu'il m'avait vue : je ne doutai pas qu'il ne fût dans un trouble égal au mien ; qu'il ne pensât comme moi ; qu'il n'eût mes mouvements, mes réflexions : qu'enfin il ne fût pour moi ce que j'étais pour lui, et par une bizarrerie surprenante, tout cela se trouva vrai.

Son embarras me frappa ; le mien l'intimida, parce qu'il le comprit ; une intelligence mutuelle nous donna la clef de nos cœurs ; nous nous dîmes que nous nous aimions avant que d'avoir parlé, et nous en fûmes tous deux si étonnés, que nous nous hâtâmes de nous quitter pour nous remettre.

J'interromps ici la suite de cette histoire, dont le reste ne peut se partager [1]. Je viens de recevoir un billet d'un de mes amis, par qui je vais finir ma Feuille. C'est une gaieté [2] dont j'espère que tous mes lecteurs voudront bien rire.

« Comme je suis dans l'habitude de vous rendre compte de tout ce qui m'arrive, je vous dirai, mon cher ami, qu'il me tomba l'autre jour entre les mains une feuille grecque

1. Ne peut être coupé (c'est-à-dire doit être donné d'un seul tenant).
2. Une plaisanterie.

de la *divine Iliade*[1]. Ô Dieux ! dans quel état la vis-je ? *un Grec en serait mort subitement* : mais le Ciel, qui conduit tout, n'a pas voulu qu'il en coûtât la vie à personne ; et l'aventure a raté sur moi[2], qui par bonheur suis un ignorant. Imaginez-vous donc que la Feuille de l'homme divin avait servi à envelopper des denrées d'Épicier, elle en portait encore les marques[3] [o]. Je ne m'en étonnai pas, car je la ramassai à la porte de l'Épicier même, et je jugeai tout d'un coup que cette Relique du Parnasse ne pouvait être tombée chez un Moderne plus *irréligieux*. N'allez pas divulguer cette affaire ; cela ruinerait je ne sais combien de ces sortes de Marchands qui fournissent quantité[p] de *dévots d'Homère*. Pour moi, qui, comme vous savez, me tiens neutre sur tout culte littéraire, je n'ai fait ni bien ni mal au lambeau grec ; j'en ai vu le caractère ; je l'ai remis sagement où je l'avais trouvé, souhaitant que le sort ne conduisît là nul passant de l'observance d'Homère[4] (sentiment de charité qui ne nuit pas à la neutralité), et je me suis retiré en essuyant mes doigts qu'il avait un peu salis. Mandez-moi si je me suis bien comporté ; j'attends votre réponse, et je réserve pour une autre fois à vous raconter une nouvelle aventure qui regarde nos Modernes. Je suis, etc. »

---

1. L'italique est un indice d'ironie, et l'expression une parodie d'épithète homérique (sur le modèle « le rusé Ulysse »).

2. *Rater* « se dit d'une arme à feu qui manque à tirer, soit que l'amorce ne prenne point, soit que le coup ne parte pas. Il se dit quelquefois au figuré, en parlant d'un homme qui a manqué son coup, et qui n'a pas réussi à quelque chose qu'il avait entrepris » (*Acad.*).

3. La 6e édition du *Dictionnaire de l'Académie* (1832-1835) signale que l'usage de démembrer un vain livre en commodes « feuilles » est passé en proverbe : « *Ce livre est bon pour l'épicier* : c'est un mauvais ouvrage, dont les feuilles se vendront à la livre, pour faire les sacs, les cornets qui servent aux épiciers. »

4. D'obédience homérique : l'épistolier parle des « dévots d'Homère » comme d'une secte d'adorateurs de la « relique du Parnasse ».

DIXIÈME FEUILLE

16 octobre 1722

Je me souviens qu'un jour, dans une promenade publique, je liai conversation avec un homme qui m'était inconnu. L'air pesant et taciturne que je lui trouvais, ne me promettait pas un entretien fort amusant de sa part : il éternua ; je lui répondis par un coup de chapeau : voilà par où nous débutâmes ensemble. Après cela, vinrent quelques discours vagues, sur la chaleur, sur le besoin de pluie, et d'autres questions, qui n'étaient qu'une façon de se dire avec bonté l'un à l'autre : *je n'oublie pas que vous êtes là.*

Là-dessus, entre plusieurs Dames qui passaient, j'en remarquai une qui, dans son air et dans sa physionomie, annonçait je ne sais quoi de si enjoué, une coquetterie si folâtre, si bruyante, que je ne pus m'empêcher de sourire en jetant mes yeux sur elle, et de dire : *voici une dame qui doit être de bonne compagnie !*

Je la connais fort, me répondit d'un ton nonchalant mon Camarade (effectivement ils s'étaient salués). Elle fait la passion de bien des gens, ajouta-t-il, et son mari en est très jaloux ; il a toujours peur qu'elle ne vienne elle-même à aimer quelqu'un de ceux qui l'aiment ; mais il n'y a rien à craindre ; elle est trop folle.

Comment ! trop folle, dis-je alors ? un homme ne peut-il lui paraître aimable ? n'a-t-elle pas des yeux et des oreilles ? oui, Monsieur, reprit-il froidement, mais une femme de ce caractère-là n'achève jamais, ni de vous bien voir, ni de vous entendre, et vous n'avez pas le temps de lui plaire autant qu'il le faudrait pour lui faire impression. Pourquoi cela ? répondis-je, assez surpris de son discours ; pourquoi, dit-il ? c'est qu'une mouche vole et vous croise : de la mouche, elle passe à un miroir qui se présente ; de là, à sa cornette[1] ; puis à un ruban, puis à autre chose. Mais vous la rattraperez peut-être, dis-je alors ? Oui-da ! me répondit-il, elle pourra revenir à vous par distraction ; et vous recommencez ! mais elle n'y est déjà plus, votre habit vous l'a dérobée ; et quand vous lui direz qu'elle est charmante, elle vous répondra que la couleur en est de bon goût.

Cependant, repris-je encore, ces femmes-là veulent vous plaire ; non, Monsieur, me dit-il, ce n'est ni à vous ni à personne qu'elles veulent plaire ; c'est à tout le monde, et à tout le monde assemblé ; voilà leur Amant, celui qu'elles écoutent, et qu'elles aiment : cet objet-là les fixe ; elles ne le perdent point de vue : il embrasse, il réunit toutes leurs distractions ; car elles ne le quittent à droite, que pour le reprendre à gauche : ce qu'un côté de l'objet perd avec elles, un autre côté le gagne.

Mais vous avisez-vous de vous isoler ? sortez-vous de la foule ? vous n'êtes plus pour elles que le sujet tout au plus de deux ou trois distractions, vous, votre habit ou vos galons[2], sur une centaine qu'elles auront nécessairement dans une heure ; ainsi, il faut bien que leur esprit se fournisse du reste ailleurs. Oh ! vous m'avouerez qu'il est difficile de surprendre le cœur d'une femme qui ne vous prête ses yeux et ses oreilles, qu'une minute, et je dis trop peut-être.

Mon homme s'arrêta là, et je regardais avec étonnement cette physionomie, qui, de pesante que je l'avais vue d'abord, s'était insensiblement dégagée pendant qu'il parlait, et qui redevint épaisse dès qu'il eut achevé.

Ah ! ah ! dis-je alors en[q] moi-même, en apostrophant son esprit ; il ne tiendra pas à moi que tu ne sortes plus

---

1. « Coiffe ou linge que les femmes mettent la nuit sur leurs têtes, et quand elles sont en déshabillé », c'est-à-dire en tenue d'intérieur (*Fur.*).

2. *Galon* : « ruban assez épais et peu large, qui sert à border ou à orner les habits » (*Fur.*).

d'une fois de ta coquille[1]. J'allais en effet imaginer quelque chose pour cela, quand le hasard fit encore passer des Dames, parmi lesquelles j'en saluai une de ma connaissance.

J'aimerais mieux cette Dame-ci que l'autre, me dit-il ; il y a plus de majesté dans sa taille, et la douceur de sa physionomie m'enchante ; c'est, lui répondis-je, une des plus estimables filles de Paris ; sa beauté est son moindre trait ; je ne connais point de caractère plus distingué, d'humeur plus égale, d'esprit plus sage, et personne n'a dans le cœur plus de noblesse de sentiment qu'elle en a. Un esprit sage et de la noblesse dans les sentiments, me répondit-il tout d'un coup ! Oh ! pour celle-là, je pardonne au mari qui en sera jaloux. Vous me surprenez, comment l'entendez-vous donc, lui dis-je ? vous voulez qu'on ait tort d'être jaloux d'une femme coquette et dissipée, et vous approuvez presque qu'on le soit d'une femme sage et vertueuse.

Eh ! oui, Monsieur, repartit-il, je vous le répète ; vous ne sauriez croire combien un Amant tendre, soumis, et respectueux, sympathise avec une femme sage et vertueuse. La passion de cet Amant est elle-même si douce, si noble, si généreuse, qu'elle ressemble à une vertu ; elle en a la figure[2], et vous voyez bien qu'une vertu en apprivoise aisément une autre.

Mais, répondis-je, quoi que vous puissiez dire, l'amour se déclare ; une femme vertueuse le reconnaît, et lui impose silence. Oui, dit-il, elle lui impose silence, bien moins parce qu'elle le hait que parce qu'elle s'est fait un principe de le haïr et de le craindre. Elle lui résiste donc. Cela est dans les règles ; mais en résistant, elle entre insensiblement dans un goût d'aventure ; elle se complaît

1. Métaphore concrète à la manière de Montaigne. Le *Dictionnaire néologique* dénonce l'expression : « *Faire sortir un esprit de sa coquille*, […] c'est-à-dire donner à un homme l'occasion de faire paraître son esprit. »

2. Elle en a l'apparence.

dans les sentiments vertueux qu'elle oppose ; ils lui font comme une espèce de Roman noble, qui l'attache, et dont elle aime à être l'Héroïne. Cependant un Amant demande pardon d'avoir parlé : en le demandant, il recommence ; bientôt elle excuse son amour, comme innocent ; ensuite elle le plaint comme malheureux ; elle l'écoute comme flatteur ; elle l'admire comme généreux ; elle l'exhorte à la vertu ; et en l'y exhortant, elle engage la sienne. Elle n'en a plus ; mais dans cet état, il lui reste encore le plaisir d'en regretter noblement la perte ; elle va gémir avec élévation ; la dignité de ses remords va la consoler de sa chute : il est vrai qu'elle est coupable ; mais elle l'est du moins avec décence, moyennant le cérémonial des pleurs qu'elle en verse ; sa faiblesse même s'augmente des reproches honoraires [1] qu'elle s'en fait. Tout ce qu'elle eut de sentiment pour la vertu, passe au profit de sa passion ; et enfin il n'est point d'égarements dont elle ne soit capable avec un cœur de la trempe du sien, avec un cœur noble et vertueux. Ainsi croyez-moi, Monsieur, une femme comme celle-là, quand on lui parle d'amour, n'a point d'autre parti à prendre que de fuir. La poursuit-on ? qu'elle éclate [2] ! si elle s'amuse à se scandaliser tout bas du compliment qu'on lui fait, l'air soumis d'un Amant la gagne ; son ton pénétré la blesse, et je la garantis perdue quinze jours après ; mais il me semble qu'il se fait tard, ajouta-t-il après ces mots ; d'ailleurs je crois que nous aurons de l'orage, et nous ferons sagement de nous retirer.

Il se leva là-dessus et me quitta, en me souhaitant le bonsoir. Je le conduisis des yeux, tout aussi loin que je

1. Qui concernent l'honneur. Cette alliance de mots humoristique est là encore épinglée par le *Dictionnaire néologique.* L'épithète ne s'employait que pour « les personnes qui après avoir exercé certaines charges, en retiennent les honneurs principaux (*président honoraire*) » (*Acad.*).

2. « On dit qu'une personne *éclate* pour dire qu'elle fait paraître son ressentiment » (*Acad.*).

le pus, et depuis ce temps-là, j'ai toujours été sur le qui-vive avec les physionomies massives [1].

La Demoiselle, dont je vais achever de produire l'Histoire, m'a rappelé les discours de cet homme. Comme elle me paraît avoir cette trempe de cœur sensible dont il a parlé, j'ai rapporté ce qu'il en pensait, et pour son instruction dans la suite, et pour l'instruction de toutes les femmes de son caractère.

C'est maintenant cette Demoiselle qui parle, et qui rend compte de ce qu'il arriva, quand elle eut quitté cet Amant qui ne s'était pas encore déclaré de vive voix.

« J'évitai, dit-elle, dans le reste de la journée, de me trouver seule avec lui, et je ne sais pourquoi je l'évitai ; car j'aurais été bien aise que l'occasion de me parler se fût trouvée malgré moi. Je crus m'apercevoir qu'il m'observait tendrement, pendant que nous étions en compagnie, et il vit bien que je m'empêchais de l'observer à mon tour.

Le lendemain, j'étais à peine levée, quand j'entendis beaucoup de bruit dans la maison ; je descendis pour savoir ce que c'était, j'entrai dans la salle où je vis Madame *** entourée de plusieurs amis, entre lesquels étaient ma mère et mon Amant. Elle pleurait, et tenait une lettre dans sa main, dont la vue lui arrachait des cris. Voyez, Mademoiselle, voyez ce que m'écrit ma fille, me dit-elle, d'aussi loin qu'elle me vit : lisez ce qu'elle est devenue ; voyez comme elle me traite ; elle est partie ce matin à six heures, pour se rendre aux *Carmélites* [2]. Je m'étais défiée [3] de son dessein ; mais je n'y songeais plus ; elle me donne un coup de poignard ; elle sera contente, et j'en mourrai.

---

1. « On dit qu'un esprit est *massif*, quand il est pesant, grossier et stupide » (*Fur.*).

2. Au couvent des Carmélites, ordre de religieuses vivant sous la même règle que les Carmes (voir la fin de cette Feuille, p. 129).

3. Je m'étais doutée.

Je pris la lettre, et je la lus, les larmes aux yeux, presque troublée, et même, autant qu'il m'en souvient, saisie de frayeur, en comparant l'état que mon amie embrassait, à celui dans lequel je restais ; il me semblait qu'elle me remettait sa condition, qu'elle en choisissait une meilleure, et qu'elle me laissait la pire. Il me passa mille tristes idées dans l'imagination ; j'eus des pressentiments de malheur ; il me prit une envie secrète de suivre mon amie ; en la pleurant, je me pleurais moi-même ; j'enviais son sort, et je craignais le mien.

Au milieu de ces mouvements inquiets, je jetai la vue sur mon Amant, qui de son côté me lança un regard si tendre, si suppliant, que je lui répondis par un soupir que rien ne gêna, de la naïveté duquel je le vis rougir lui-même, et dont je ne connus l'indiscrétion que sur son visage.

Je me retirai alors, sous prétexte de chagrin, et j'entrais dans le jardin, quand tout à coup je me sentis embrasser les genoux. C'était lui, et ce fut là sa première déclaration d'amour. Juste Ciel ! que ne me dit-il pas ? quel fond d'inclination ne se développa-t-il pas pour lui dans mon cœur ? mes larmes coulèrent avec abondance ; ainsi mon amour a commencé par des pleurs, et il finit de même. Je lui avouai mon penchant, je l'en vis pénétré de plaisir et de reconnaissance : j'abrège, je serais trop longue.

Nous revînmes à Paris, et quelque temps après, il songeait à me faire demander à mon père quand le sien mourut.

Cette mort changea la face de ses affaires, il lui survint un procès qui intéressait la plus grande partie de son bien ; il remit donc sa demande, contre mon sentiment. Si votre père me refuse, que ferez-vous, me dit-il ? Je n'épouserai personne, lui répondis-je, j'irai vivre avec mon amie, soyez-en sûr.

Cependant, son procès dura longtemps ; il tourna mal ; il fut sur le point de le perdre : je l'en vis au désespoir ; la promesse que je lui faisais de n'être jamais qu'à lui, ou de n'être à personne, ne le satisfaisait plus. Je vais être ruiné, disait-il. Votre père me refusera ; vous irez dans un couvent, c'est toujours vous perdre, et je veux mourir. Mes pleurs, et les assurances de mon amour toujours nouvelles, et toujours vives, le calmaient quelquefois ; ses chagrins le reprenaient ensuite. Je souffrais de le voir si affligé ; ses inquiétudes altéraient sa santé ; il tomba malade ; il guérit de sa maladie, et non de sa tristesse. Ah ! s'il était mort, je serais peut-être moins à plaindre.

Ne croyez pas, me dit-il un jour, que je puisse durer davantage avec la crainte de n'être pas à vous. M'aimez-vous ? m'estimez-vous ? voulez-vous que je vive ? devenez mon Épouse ; il ne nous reste que ce moyen pour faire cesser l'obstacle que met à notre mariage le peu de bien qui me va rester après la perte de mon procès. Juste Ciel ! où vous emportez-vous, lui dis-je ? y songez-vous ? Ah ! s'écria-t-il, sans me donner le temps d'en dire davantage ; un homme dont vous vous défiez n'est plus digne de vous. Ses sanglots l'interrompirent ; il me fit pitié. Malheur à qui se trouve dans de pareils moments ! il me vit touchée. Hélas ! il m'a bien punie d'en avoir cru ses serments ; voilà tout, et vous savez, Monsieur, ce que je vous demande. »

Voici maintenant la lettre que cette Demoiselle adresse à son Amant.

Ne pouvant vous parler, ni faire passer de Lettre jusqu'à vous, puisque je ne sais où vous êtes, je vous adresse ce billet-ci dans une des Feuilles du Spectateur *que vous lisez peut-être.*

« Je suis cette malheureuse qui vous fut si chère, à qui vous le fûtes tant vous-même, à qui vous l'êtes encore, toute déshonorée qu'elle est par vous. Je suis cette déplorable fille sans réputation, sans honneur aux yeux de tout le monde ; et dans cet état pourtant, plus respectable pour vous qu'avant ma honte, et ma misère, dont vous êtes l'auteur. Je suis celle avec qui il vous fallut feindre d'être si estimable, pour pouvoir ensuite être si perfide ; celle qui, pour vous convaincre qu'elle vous croyait honnête homme, vous mit, comme vous le vouliez, en état de manquer d'honneur, et celle qui s'est vue trompée, pour avoir voulu vous convaincre[r] qu'elle ne craignait pas de l'être. Enfin, je suis cette Épouse à qui vous niez la foi que vous lui avez donnée, parce qu'elle n'en a que le Ciel pour témoin, parce que vous pouvez la nier devant les hommes, parce qu'elle n'est pas revêtue de formalités qui ne la rendraient ni plus sainte, ni plus légitime, et dont le défaut tourne plus à la honte du misérable qui s'en prévaut, qu'à la confusion de l'infortunée qui les a négligées dans sa tendresse. Quoi ! des formalités, qui ne sont nécessaires, disiez-vous, qu'avec des scélérats dont il faut prévoir la noirceur, et gêner la perfidie ; qui étonnent[1] par leurs serments, et qui les font terribles, pour rendre le parjure incroyable ! et je péris pourtant, pour n'avoir pas pris avec vous les précautions qu'il faut prendre avec les scélérats. Quelle affreuse aventure que la mienne ! Je croyais honorer la probité, et je n'ai satisfait qu'un *traître*. Cette injure m'est échappée ; elle m'accable ; vous méritez bien que je vous la fasse. Mais méritais-je, moi, la douleur que je sens à vous la faire ! mon amour devait-il devenir ce qu'il est aujourd'hui ? je me vois dans l'infamie ; c'est vous qui m'y jetez : vous me faites horreur, et je vous aime. Avec ce mélange affreux de sentiments, ne vous fais-je pas un peu de pitié ? non ! la punition des plus grands crimes n'est point comparable aux maux que je souffre ; mais je n'en puis plus ; je finis : vous savez l'état où je suis. Quand je vous eus perdu de vue, pénétrée de douleur, je vous écrivis une lettre que mon père surprit sur ma table, et qui l'instruisit de la situation où je me trouvais. Quelques amis qui se trouvèrent au logis me sauvèrent de sa fureur qui éclata ; et je sortis dans ce

1. Provoquent la stupeur.

moment même, sans savoir où j'allais. Deux heures après, fatiguée d'avoir marché, accablée de langueur, attendrie sur moi-même, j'entrai chez une femme que je touchai par le récit que je lui fis de mon malheur ; elle me garde encore chez elle. Elle n'est pas riche, mais elle est charitable ; je n'y serai pas longtemps ; je suis mourante, et il n'y a pas d'apparence que j'arrive à mon terme, si je vis assez pour mettre au jour un enfant qui n'a que le Ciel pour garant de ce que vous lui devez, à lui et à sa mère. S'il me survit lui-même, vengez-moi par le soin que vous en aurez, de l'état où vous m'aurez laissée mourir et que son éducation soit le fruit de vos remords. Voilà tout ce que je vous demande : daignez me marquer que vous me l'accordez, par un billet que vous rendrez à une femme qui vous connaît et qui ira vous parler le 25 de ce mois aux *Carmes du Luxembourg*[1] *à neuf heures du matin* : adieu. »

Dans la Feuille suivante on verra la lettre qu'elle écrit à son père, et que je ne puis donner ici.

ONZIÈME FEUILLE

10 novembre 1722

Quelques-uns de mes Lecteurs s'ennuieront sans doute de voir trois Feuilles de suite rouler sur le même sujet ;

1. Carmes, Jacobins, Cordeliers et Augustins constituent les quatre ordres mendiants. La communauté religieuse des Carmes était établie depuis 1611 rue de Vaugirard, dans un couvent dont le jardin était ouvert au public. La date indiquée sert la vraisemblance de la lettre : la Feuille X parut dans la troisième semaine d'octobre.

mais les intérêts de la Demoiselle en question, le demandent, et tout ami que je suis moi-même de la variété, je ne la soutiendrai jamais aux dépens des services que je pourrai rendre dans mes Feuilles. Il vaut mieux remettre [1] vingt curieux, que de faire attendre une personne qui a besoin de secours.

Mais, que dis-je, une personne ! que de filles peut-être sont aujourd'hui sur le bord du précipice où elle est tombée ! mille sûretés imaginaires les rassurent contre le péril qu'il y a d'avancer ; un reste de vertu les retient encore ; mais en pareil cas, c'est bien peu de chose que la vertu, quand on ne voit point de risque à la perdre, et qu'on ne craint que la honte de n'en avoir plus.

L'exemple que je leur propose, va, pour ainsi dire, éclairer toute l'horreur de l'abîme que la passion leur cache : elles verront ce que devient une fille qui confie son honneur à des serments amoureux ; ce que devient le cœur d'un Amant satisfait, les funestes révolutions qui s'y passent, ou plutôt son épouvantable métamorphose.

Je me souviens là-dessus, que dans le cours de mes voyages, un Polonais [2] me raconta, que dans son Pays, une demoiselle nommée *Eleonor*, de grande condition, et maîtresse d'elle, aimait un jeune Seigneur, qui de son côté, en était éperdument amoureux.

Ils étaient près de se marier, quand un événement imprévu les empêcha de conclure leur mariage.

Mirski (c'était le nom du jeune Seigneur) fut au désespoir de l'obstacle qui différait son bonheur. Eleonor n'en soupira pas moins que lui, quoiqu'elle en soupirât plus discrètement. S'aimer autant qu'ils s'aimaient, se voir tous les jours, et ne répondre de leurs actions à personne,

1. Renvoyer à plus tard.
2. L'anecdote n'aura de polonaise que les noms de Mirski ou Viniescho : plus loin, le prénom de la servante (Fatime) et le recours à une esclave évoquent plutôt une Turquie elle-même conventionnelle (à la manière des contes orientaux).

ce n'était pas là de quoi modérer l'impatience qu'ils avaient de s'unir ensemble.

Cependant, l'obstacle ne cessait point ; leur amour s'augmentait, ils souffraient de se voir, et ne pouvaient se perdre de vue. Il n'y avait pas moyen de se marier secrètement ; il fallait des témoins, et leur indiscrétion était à craindre.

Quoi ! dit un jour Mirski ; je ne puis donc être heureux[1] ? Eh ! quand le serai-je, ma chère Eleonor ? dites, quand serez-vous à moi ? quand verrons-nous la fin des difficultés qui nous arrêtent ? Après celles-ci n'en reviendra-t-il plus ? eh ! qui le sait ? nous attendions-nous à celles qui nous gênent ? Notre amour peut donc être le jouet éternel du hasard. Eh ! pourquoi l'en faisons-nous dépendre ? qu'a de commun ce hasard avec nos sentiments ? Vous m'aimez, n'est-il pas vrai ? je vous adore ; vous connaissez le fond de mon âme ; vous faites tout mon bien : je suis, dites-vous, tout le vôtre. Voilà votre main, voilà la mienne : joignons-les, et nous sommes Époux. L'usage veut que nous ayons des témoins : eh ! n'avons-nous pas nos deux cœurs ? où trouverez-vous des témoins plus respectables et plus sûrs ? un monde entier de garants vaudrait-il pour vous plus que moi, qui vous donne ma foi ? vaudrait-il pour moi[a] plus que vous qui la recevez ?

Oui, Mirski ! répondit Eleonor, un peu confuse ; oui, je me fierais à vous, et je crois qu'il est inutile de vous le dire. Ce n'est pas votre amour qui ferait ma confiance : non, vous n'auriez pas besoin de m'aimer pour être honnête homme ; mais songez-vous à ce que vous demandez, à ce que je suis ? on nous a prescrit certains devoirs ; et quoique je pusse en toute sûreté m'en affranchir avec

1. *Être heureux* dans ce contexte galant signifie « obtenir les dernières faveurs d'une femme » (*Littré*).

vous, je les sais, et vous ne les ignorez pas, ce serait toujours m'en affranchir ; et les marques de mon estime pour vous, seraient aussi des marques de hardiesse.

Mirski ne répondit à ce discours que par des soupirs et par des larmes. Eleonor l'aimait trop pour le laisser si malheureux. Ne vous affligez point, lui dit-elle ; mon cœur est aussi triste que le vôtre ; je ne refuse point absolument la foi que vous m'offrez ; je ne vous promets point non plus de la recevoir ; souffrez que j'y pense.

Nos Amants se quittèrent alors. Eleonor demeurée seule se vit en proie à la situation d'esprit la plus inquiète. Ce que lui proposait Mirski l'épouvantait ; elle rougissait en y pensant ; elle se laissait entraîner au plaisir d'y penser. Agitée d'amour et de crainte, elle se perdait dans ses émotions, ne réfléchissait à rien, ne sentait rien de distinct dans son âme, qu'une douceur dangereuse dont elle n'osait jouir, et dont elle jouissait malgré elle.

C'en était fait ; Eleonor eût cédé, sans doute, à son amour ; car le peu de réflexions raisonnables que fait une fille dans ces moments-là n'aboutit à rien ; ce n'est jamais qu'une façon plus honnête de se rendre.

Mais elle avait une Confidente ; c'était *Fatime*, Demoiselle âgée, qui l'avait élevée, dont elle avait souvent éprouvé la prudence, et pour qui elle n'avait rien de caché. Cette fille entra dans sa chambre, et s'aperçut du trouble où elle était ; elle lui en demanda la cause ; Eleonor lui ouvrit son cœur, lui en avoua la faiblesse, et s'excusa sur la nécessité de s'assurer Mirski, sur l'apparente impossibilité de l'épouser autrement, et sur le peu de danger qu'il y avait à se fier à un homme de son caractère.

Fatime frémit des dispositions de sa maîtresse, et cependant dissimula son étonnement : elle faisait bien. Les passions sont farouches ; il faut les ménager d'abord, leur présenter, pour ainsi dire, un visage ami, et gagner ainsi leur confiance, pour les mieux combattre.

Madame, répondit-elle à Eleonor ; votre situation est fâcheuse ; vous ne pouvez épouser Mirski avec éclat, ni prendre d'autre témoin que moi, d'une union secrète avec lui, et mon témoignage ne serait rien : ainsi, dans la conjoncture présente, vous n'avez de ressource que sa bonne foi ; vous êtes persuadée de sa probité ; je le suis aussi, mais sans vous en défier, tâchez d'en être plus sûre. L'estime que vous avez pour Mirski, n'est encore digne ni de vous ni de lui : elle n'est pas assez éclairée ; peut-être l'estimeriez-vous moins, si vous ne l'aimiez pas tant : prenez-y garde, Madame, lui-même, un jour, pourrait s'imaginer que vous auriez été trop vite ; il dirait que votre estime fut téméraire, et cela inquiéterait la sienne. Épargnez-lui ce scrupule sur votre compte : conduisez-vous de façon que sa vertu n'ait rien à reprocher à la vôtre : sauvez-vous enfin de l'affront d'être un jour crue plus tendre que sage, et ne laissez rien à faire aux réflexions à venir de votre Époux, qui ne vous fasse honneur.

Qu'on ne se scandalise pas ici de l'expédient que va donner Fatime, il n'est pas chrétien, je ne l'approuve point, et ce n'est qu'une histoire que je rapporte.

Voici donc le parti qu'il faut prendre, ajouta-t-elle : vous avez chez vous une jeune esclave qui a de l'esprit, et dont le son de voix est le même que le vôtre ; nous nous y méprenons tous les jours. Feignez de consentir à ce que Mirski vous propose, mais de ne vouloir accepter sa foi que la nuit : la jeune esclave tiendra votre place, Mirski s'y trompera dans les ténèbres, et la croira son Épouse : vous le laisserez quelque temps dans l'erreur ; son amour pourra se ralentir : mais n'importe, ce ne sera pas sur votre compte, et si, malgré ce ralentissement qui ne vous regardera pas ; si malgré l'obstacle qui arrête aujourd'hui votre mariage, il consent encore de vous donner la main avec éclat, comme vous feindrez de le souhaiter ; pour lors, Madame, acceptez en secret sa foi, je ne vous en détournerai plus, il vous sera permis de vous y fier, et votre confiance sera plus raisonnable.

Mais répondit Eleonor, que dira Mirski que j'aurai trompé ? ne se plaindra-t-il pas de l'injustice de mes soupçons ? Eh ! Madame, ne vous en mettez point en peine, dit Fatime : les preuves de prudence ou de vertu que donne une fille, n'ont jamais rien gâté dans le cœur d'un homme. Mirski se plaindra de vous, et vous en aimera davantage. Eleonor se rendit : Fatime, charmée de la voir dans cette résolution, voulut l'y affermir par un exemple de la perfidie des Amants. Tous les hommes, lui dit-elle, n'ont pas autant de probité que Mirski en aura sans doute. Le fils de votre Écuyer, Madame, ne veut pas aujourd'hui reconnaître pour sa femme une fille qui s'est perdue par un excès d'estime pour lui : permettez que je le fasse appeler ; son procédé vous irrite, mais contraignez-vous, vous saurez ses raisons.

On envoya chercher ce jeune homme. *Viniescho*, lui dit Fatime quand il entra, je parlais de vous à Madame : votre aventure avec votre maîtresse lui paraît plaisante, mais elle serait bien aise de vous l'entendre raconter à vous-même. Ce n'est qu'une bagatelle qui ne mérite pas la curiosité de Madame, répondit-il ; c'est une fille que j'aimais, qui disait qu'elle m'aimait, et que j'ai pressée de m'en donner des preuves : elle l'a fait, et à présent j'en suis fâché, car elle est dans un embarras dont je ne saurais la tirer. Que ne l'épousez-vous ? dit Eleonor d'un air riant. Moi ! Madame, reprit-il, il faudrait que je fusse bien méchant pour devenir son époux ; c'est par amitié que je refuse de l'être, c'est par reconnaissance : je lui épargne un malheur, je la tromperais, je ne l'aime plus, et vous savez qu'un mari doit aimer sa femme, et l'estimer, qui pis est. Comment, Viniescho ! la mépriseriez-vous aujourd'hui ? dit Eleonor. Que le Ciel m'en préserve, Madame, repartit-il : je ferai toujours cas d'elle, pourvu qu'elle appartienne à un autre ; mais mon estime n'est pas de celle qu'il faut porter à son épouse en mariage ; elle ne soutiendrait jamais l'épreuve du nœud conjugal ; elle est aujourd'hui d'un tempérament trop délicat, je la perdrais, et sans cette estime, on est de trop mauvaise humeur avec sa Compagne. Mais, répondit Eleonor, votre maîtresse est bien à plaindre, vous la laissez sans honneur, vous lui avez donné votre foi, et vous la punissez de vous avoir cru vertueux.

Je lui ai donné ma foi, j'en conviens, Madame, reprit-il, et je lui en aurais donné mille si je les avais eues : un homme amoureux est-il responsable des serments qu'il fait ? peut-il s'empêcher de les faire ? est-il son maître ? a-t-il de la raison ? Si dans un transport au cerveau j'avais juré de me tuer, au sortir de là, serais-je obligé de tenir parole ? Eh bien ! l'amour est un transport, on ne sait ce qu'on dit quand on aime. Promettre à une fille de l'épouser, si elle se fie à vous, n'est-ce pas lui promettre une impertinence ? n'est-ce pas lui dire : je m'engage à vous prendre pour épouse quand vous ne le mériterez plus ? pourquoi donc s'y fie-t-elle ? c'est, dit-on, qu'elle vous croit honnête homme : ce n'est pas cela, c'est qu'elle a aussi le transport au cerveau, c'est qu'elle vous aime et qu'elle prend pour conviction de votre probité l'envie qu'elle a de vous mettre à l'épreuve. Eh ! sans cela, Madame, comment expliquer sa complaisance ? mille exemples lui crient de tous côtés : soyez sage ! les serments qu'on vous fait ne valent rien, ils sont sans conséquence : votre prétendu mari ne les tiendra pas, et ne sera pourtant point parjure. Malgré cela elle continue, et cela est fâcheux ; mais du malheur qui lui en arrive, un Amant n'en est pas coupable, il n'en est que cause innocente. Quand il revient de là, c'est un homme qui se réveille, et qui voit aussitôt disparaître toutes les illusions qu'il a rêvées dans son amour. Il ne sait où sont passés ces sentiments si tendres : il se retrouve avec un cœur froid, nonchalant, épuisé : cette maîtresse si aimable n'est plus ; il ne voit plus à sa place qu'une fille imprudente dont la présence l'ennuie, dont les sollicitations l'importunent, dont la tendresse lui est à charge, et qui parle un langage qu'il n'entend plus. Elle est encore folle, il se trouve libre, elle le poursuit ? il est naturel qu'il la laisse là.

Eleonor alors ne put retenir ou la honte, ou l'horreur qu'elle sentit à ce discours. Retirez-vous, lui dit-elle, lâche que vous êtes, et ne vous présentez jamais devant moi.

Viniescho sortit en pâlissant. Juste Ciel ! s'écria Eleonor, que viens-je d'entendre ? quel monstre que cet homme-là ! ah Mirski ! pardonnez-moi les frayeurs qui me saisissent. Fatime, je m'abandonne à votre conduite ; je suis dans une consternation dont je ne sais pas la cause.

Eleonor, après ces mots, ne fit plus que soupirer. Mirski revint : tout se passa à son égard, comme on l'avait projeté. Son amour s'accrut d'abord ; il fut violent les premiers jours, ensuite il baissa : enfin Mirski disparut tout à fait, et un mois après on apprit qu'il était marié à une autre. Il sut la vérité de son aventure. Eleonor eut soin de l'en faire instruire, et l'on dit que cet Infidèle en mourut de douleur, après avoir langui quelque temps : et voilà ce que c'est que l'homme ; mais achevons l'histoire de la Demoiselle, à l'occasion de qui je viens de faire ce récit, et finissons par la lettre qu'elle écrit à son père.

« Mon très cher père, je n'ai peut-être pas longtemps à vivre, et je vous ai offensé. J'ai trahi la tendresse que vous aviez pour moi, j'ai porté le poignard dans votre cœur : j'ai déshonoré celui qui m'a donné la vie ; je l'ai fait repentir de me l'avoir donnée ; j'ai rendu le jour où je suis née, un jour de malédiction pour lui ; enfin, mon père, je suis aujourd'hui votre malheur, votre désespoir et votre opprobre : voilà toute la récompense de votre amour et de vos soins. Cependant, toute coupable que je me suis rendue, toute indigne que je suis d'aucun soulagement, je n'ai pu, malade et presque mourante, me refuser le seul bien qui me reste ; c'est de me jeter à vos genoux, de vous demander pardon, de vous montrer mon repentir, et de vous dire, que de tous les malheurs où je suis plongée, de toutes les douleurs que j'éprouve, rien ne me pénètre tant que l'injure que j'ai faite à un si bon père, et que la désolation où je vous sais. Dans votre juste ressentiment, vous voulûtes vous venger de moi, quand je me sauvai de votre maison. Hélas ! mon père, je ne suis pas échappée à votre vengeance, j'ai porté avec moi le ressouvenir terrible de tout ce que je vous dois, je n'ai point oublié combien vous m'aimiez, et j'ose vous assurer, tout irrité que vous êtes, que vous auriez pitié de ce que je souffre, en vous regardant, et que vous êtes vengé au-delà de ce qu'un cœur comme le vôtre, aurait voulu l'être. Mes larmes et ma faiblesse, ne me laissent pas la liberté d'en dire davantage, et je ne mérite pas la consolation que je me donne en vous apprenant mon affliction : je ne vous demande rien pour moi : tant que je vivrai, je dois vous être un objet d'horreur ! mais que votre miséricorde ne se refuse pas à ce que je laisse après moi, si son indigne père l'abandonne. Hélas ! je vous implore pour le fruit de mon crime : quelle espèce de cruauté restera-t-il à exercer contre lui ? ne l'aurai-je pas accablé de tous les malheurs ? il naîtra dans la misère et dans l'infamie. Adieu, mon père ; j'espère qu'on vous avertira bientôt que ma mort doit calmer votre colère. »

DOUZIÈME FEUILLE

6 décembre 1722

Mon Confrère, le *Spectateur anglais*, avait établi des Bureaux d'adresse où différents particuliers lui envoyaient des lettres, qu'à leur prière il insérait dans ses discours[1] : or, mon Confrère vaut mieux que moi, puisqu'il pense mieux, et qu'il est venu le premier. Ainsi, je ne puis m'égarer en suivant son exemple, et je vais mettre encore ici deux lettres qui me sont arrivées, je ne sais comment[2].

Monsieur le Spectateur,

Peut-être êtes-vous quelquefois embarrassé de trouver le sujet de vos Feuilles, et ma situation vous en fournit un que vous pouvez rendre utile et agréable. Je suis un homme sans ambition, d'une humeur douce, d'une santé vigoureuse, aimant la joie, et d'assez bon commerce[3], à ce que disent mes amis : j'ai du bien plus qu'il ne m'en faut pour vivre à mon aise, et pour laisser mes enfants passablement riches.

Sur cela, vous allez croire que je suis heureux. Eh ! non, mon cher Monsieur ; j'ai une femme qui broche sur le tout[4], et qui m'enlève tous les avantages de ma fortune, de mon tempérament, et de mon caractère : je suis triste, en dépit de mon humeur joyeuse ; je vis dans la pauvreté,

---

1. Chaque Feuille du *Spectator* est intitulée « discours » par le traducteur français (*Le Spectateur ou le Socrate moderne*, éd. citée).

2. À la fin de la première livraison du *Spectator*, Addison avait lancé un appel à ses lecteurs, et promettait d'« admettre », parmi les « mémoires et papiers » reçus, tous ceux susceptibles de « contribuer à l'avancement du bien public ». Sur le diptyque formé par ces deux lettres au sein d'une même Feuille, et la façon dont le discours moral fictionnalise ici ses propres effets, voir M. Escola, « Morale et fiction : de La Bruyère à Marivaux », art. cité, p. 198-218.

3. D'assez bonne compagnie.

4. Qui détonne. Terme d'héraldique employé au sens figuré : *brocher* signifie recouvrir, annuler en termes de blason, pour désigner les pièces qui traversent la surface de l'écu en recouvrant une partie des autres pièces. « On dit figurément, *Brochant sur le tout*, en parlant d'un homme qui se fait remarquer plus que les autres dans une compagnie, soit en bien, soit en mal. J'y ai trouvé six personnes et un tel *brochant sur le tout.* C'est du style familier » (*Trévoux*).

en dépit de mon bien, dont j'ai bonne envie de jouir, et suis toujours valétudinaire, en dépit de la meilleure santé du monde.

Cependant, ma femme, cette femme si fatale, par qui tant de moyens d'être heureux me périssent entre les mains, elle est d'une figure aimable ; elle m'aime tendrement, et je l'aime de tout mon cœur aussi.

C'est qu'elle est jalouse, direz-vous ; non, je ne lui vis jamais la moindre vapeur de jalousie. Si c'était là son mal, je l'en guérirais. Je laisse la femme d'autrui en repos ; la mienne me plaît, comme je vous dis ; et je suis trop paresseux pour me donner la peine d'être coquet [1]. D'où vient donc qu'elle est mon fléau ? c'est qu'elle est avare ; mais dans un excès qui serait [b] plus l'admiration que l'exemple de l'Avare le plus déterminé : je ne suis pas même assez méchant pour donner ici son portrait en entier ; et pour exposer fidèlement toute l'industrie de son avarice, je supprimerai ce détail par charité pour les Avares, que je regarde encore comme mon prochain, quoique bien des personnes leur disputent cette qualité. Ces pauvres gens se pendraient peut-être à la vue de mille petites dépenses qu'ils font depuis longtemps, qu'ils croient bonnement indispensables, et que ma femme, plus habile qu'eux, a pourtant trouvé le secret d'épargner.

D'ailleurs je suis trop bon serviteur du Roi ; et dans le détail qu'il faudrait faire, il y aurait bien des choses qui instruiraient à blesser ses intérêts, aussi bien que ceux d'un nombre de marchands dont je pourrais causer la banqueroute.

Par exemple, ma femme n'écrit jamais de lettre, et n'en reçoit jamais. Pour en écrire, il en coûte une feuille de papier. Pour en recevoir, il en coûte le port. Oh ! voyez, s'il vous plaît, ce que deviendraient la vente du papier

1. « Qui est galant, qui se pique de se faire aimer, et de plaire aux Dames » (*Fur.*).

et le revenu des Postes[1], si tous les avares pensaient de même.

Et c'est là le moindre des articles que je pourrais citer. Tous les jours elle en imagine de nouveaux, qui, s'ils prenaient crédit, couperaient la gorge aux Cuisiniers, aux Artisans, aux Ouvriers ; livreraient toutes les marchandises aux vers, casseraient aux gages les deux tiers des matelots, parce que la navigation pour le commerce serait inutile ; feraient cesser les Manufactures, et tomber la République de Hollande qui ne vendrait plus ses denrées[2].

Il y a quelque temps qu'à dîner, mes enfants et moi, nous avions grand appétit : l'on nous servit un repas si frugal que je fis mettre encore un chapon à la broche, et de ce maudit chapon ma femme, qui pâlit en le voyant, crut devoir en expier la dépense, et réparer par un coup de sobriété le dommage que faisait à son gré notre intempérance.

L'heure du souper arrive ; deux moineaux bien affamés n'auraient pas eu trop de ce qu'on apporta sur la table. Ma foi ! mes enfants et moi, nous changeâmes de couleur à notre tour ; mais, ma femme, lui dis-je ; il n'y a pas là de quoi manger. Vous vous trompez, me dit-elle ; car je ne souperai point. La condition de votre estomac est bien malheureuse, lui répondis-je, en plaisantant d'un air contraint ; mais je vous avertis que le mien n'est pas si endurant. Là-dessus je mangeai un morceau, faute d'en pouvoir manger deux, à moins que de voler la part de quelque autre ; ensuite, je me retirai. Deux heures après, ma femme tomba en faiblesse de pure inanition : je courus à elle et la priai de manger : il n'y eut pas moyen.

---

1. À l'exception des lettres adressées de l'étranger, c'est le destinataire qui payait l'affranchissement. Le service des « Postes aux lettres » avait été modernisé par Louvois au milieu du XVIIe siècle.

2. La Hollande avait occupé au XVIIe siècle le premier rang dans les échanges commerciaux.

Laissez-moi, me dit-elle, c'est ce chapon que je n'ai pu digérer ; je l'en aurais défiée[1], car elle n'en avait pas goûté.

Vous concevez bien, Monsieur, que cette abstinence presque éternelle doit répandre un air de langueur sur tous les visages de ma maison ; aussi, quand je reviens chez moi, je crois rentrer dans un désert ; car il y règne un calme si triste ; la cuisine y est si froide ; mes enfants sont sombres, si sérieux ; leur sang apparemment a si peu d'esprits[2] ; il circule si lentement ; moi-même à l'aspect de tout cela, je demeure si abattu, si consterné, qu'actuellement en vous racontant seulement la chose, et quoique absent de chez moi, il me prend de mélancolie, un engourdissement par tout le corps.

Vous ne manquerez pas de me dire que je suis le maître, et que si je souffre, c'est à ma complaisance à qui je dois m'en prendre. Il est vrai ; je n'ai pu jusqu'ici me résoudre à dire d'un ton ferme à ma femme, je veux. Je suis l'homme du monde le plus faible, le plus indolent, et le plus ennemi du bruit, surtout avec les gens que j'aime un peu ; et je le vois bien : voilà ce qui fait que ma femme amaigrit à son aise, que j'ai une migraine continue, et que mes enfants ne sont ni nourris ni vêtus ; je dis ni vêtus, car en été ils étouffent, et tremblent en hiver, à cause que ma femme ne connaît point de saisons ; et pour d'habits[3], elle était si fâchée, si piquée la dernière fois qu'elle en acheta, que je la surpris dans son cabinet, ruminant très sérieusement à quelque honnête[4] moyen de s'en passer. Je m'attends qu'au premier jour elle trouvera l'expédient qu'elle cherche.

---

1. Je l'aurais mise au défi de me soutenir que le chapon l'avait rendue malade.

2. Dans la théorie médicale du temps, la circulation du sang et le mouvement vital étaient attribués à la présence de corps légers, chauds et invisibles, les *esprits vitaux*.

3. Quant à ses habits.

4. Décent.

Savez-vous, Monsieur, comment je me comporte quand la patience m'échappe avec elle ? Je retiens ma colère ; je pars subitement de chez moi, et vais du même pas lui faire emplette d'un habit neuf. Cet habit est plus ou moins magnifique, suivant que je suis plus ou moins en colère. Il y a deux mois que j'étais si outré, que je lui levai une étoffe toute d'or ; elle s'évanouit en la voyant, et j'ai eu un peu de repos pour six semaines ; ensuite, elle a recommencé sur nouveau frais [1] ; de sorte que ces jours passés, elle me régala d'un trait d'économie si extraordinaire, que pour l'en punir, je courus vite lui acheter une cornette superbe [c] : cela la mit à la raison ; elle devint docile pour quelque temps, et me promit bien de s'amender ; mais franchement, ces corrections-là me fatiguent ; et, comme elle lit vos Feuilles qu'on lui prête, je souhaiterais que dans un de vos discours, vous essayassiez de me soulager par des réflexions qui la fissent rougir de son avarice, et qui m'épargnassent à moi l'achat des verges dont je la châtie.

Après quoi, si vous ne réussissez point, mon parti est pris ; et tout franc [2], j'ai résolu de m'en délivrer ; non que je veuille employer ni fer, ni poison contre elle au moins : je n'en suis pas capable, et ce n'est pas là ce que je veux dire. J'ai, pour la faire mourir, des moyens plus innocents, qui se moquent de toute recherche, et qui, je crois, ne blessent presque point ma conscience. Je ne la tuerai point, je serai seulement cause de sa mort, et cause, à mon gré, très éloignée. Je lui ôterai la vie par un trait badin, et assurément le badinage n'est point défendu, quand il est honnête : vous en allez juger.

Depuis dix ou douze ans ; quand je veux me divertir, voir mes amis, leur donner à manger ; je les mène dans

1. De nouveau (le tour est ironique puisque l'épouse n'engage aucun frais…).

2. Pour le dire franchement.

une petite maison[1] que j'ai louée à l'insu de ma femme. D'ailleurs, je fais quelquefois des parties de campagne ; je vais aux spectacles avec des Dames ; je joue ; de temps en temps je perds. Ma femme ne sait rien de tout cela, et moi, par je ne sais quel pressentiment, qu'un jour elle me pousserait à bout, et qu'il me serait impossible de vivre avec elle, j'ai toujours eu la précaution de tenir un mémoire, et de mes pertes, et de ces dépenses qu'elle ignore. Oh ! c'est avec ce mémoire que je la tuerai, Monsieur : voilà mon poignard ; il est en bon état, il ne la manquera pas ; le numéro des sommes écrites dessus, se monte à vingt mille francs[d]. Je le tiens tout prêt. Hier, j'avais déjà tiré mon arme de ma cassette ; j'allais faire mon coup : je ne me suis jamais trouvé contre elle dans une humeur si assassine ; enfin, ma femme n'avait plus qu'un instant à vivre : j'entrai dans sa chambre ; elle était à sa toilette ; elle a les plus beaux cheveux du monde ; ils étaient épars ; cela lui faisait une physionomie si douce ; elle sourit en me voyant, et me désarma ; je n'eus pas la force de déployer mon papier, de l'exposer à ses yeux, et ma tendresse lui fit quartier. Mais, Monsieur, je sens bien que ce n'est que partie à remettre. Je n'en puis plus ; je vous en prie, sauvez-lui la vie, prêchez-la du mieux qu'il vous sera possible ; préservez-la d'une mort subite que je suis toujours tenté de lui donner. J'attends de vous cette grâce avec impatience, et je suis, etc.

Monsieur le Spectateur,

Avant que de vous entretenir sur ce qui me regarde, je suis bien aise de vous dire que je lis exactement vos discours, et que je m'y plais beaucoup, quand vous ne parlez ni d'*Anciens*, ni de *Modernes*, ni de *bel esprit* ; car dans

---

1. Située généralement dans un faubourg ou dans la proche campagne, la « petite maison », où la domesticité est réduite au strict nécessaire, peut abriter des soirées confidentielles, sinon secrètes : c'est, dans le roman libertin, le lieu de débauche par excellence.

ce cas, je prends, ne vous déplaise, la liberté de vous sauter ; parce que je n'aime pas les raisonnements que vous autres, ce me semble, appelez métaphysiques, et dont je ne connais que le nom, sans trop comprendre ce qu'il signifie.

Je me doute pourtant que vous pensez à merveille dans ces raisonnements-là ; mais, comme ils m'ennuient, dès que j'en ai lu deux lignes, je n'y sais d'autre façon que de les quitter, et de les passer pour bons [1], et cela fait justement votre compte et le mien. Ainsi, vous devez être content de mon procédé, et j'espère qu'en revanche vous ne me refuserez pas ce que je vous demande.

Je suis une fille de seize à dix-sept ans ; j'ai de l'esprit, j'en suis sûre ; car on me déplaît quand on n'en a point, et je sais fort bien rire en moi-même de toutes les bêtises que je vois faire. Lorsque vous aurez lu ma petite histoire, vous jugerez bien que j'ai raison de me croire un peu spirituelle. Si ma mère me laissait voir le monde, je vais gager qu'en moins d'un mois, j'en saurai autant que les personnes qui y ont été toute leur vie. Je ne puis pas dire que je suis belle : non, mais je m'imagine que c'est tant mieux ; car si je l'étais, je crois en vérité que je ne serais pas si jolie [2] que je le suis. Pour bien faite, j'entendis l'autre jour le Directeur de ma mère, qui lui disait du ton d'un homme qui sent ce qu'il dit : *Il faut avouer que cette demoiselle est faite à peindre* ; je le sais bien, lui répondit-elle à son tour d'un ton de Confessionnal, et je crains bien qu'elle ne le sache aussi.

Mais je m'amuse à babiller, sans venir au fait. Il faut me le pardonner, Monsieur, une fille de mon âge, qui parle de sa taille et de son visage, c'est tout comme si elle était à sa toilette : elle ne peut finir ; finissons pourtant [3].

1. Et de les tenir pour bons (sans les lire en entier).
2. Agréable et spirituelle.
3. Ce genre de digression annonce les « réflexions » que fera Marianne dans ses mémoires.

Je ne vous dirai rien de mon cœur ; la suite de ma lettre vous expliquera ce qu'il est. Il suffit que vous compreniez que je suis aimable ; moi, je le comprends encore mieux, et voilà ma peine. Ma mère est extrêmement dévote, et veut que je le sois autant qu'elle, qui a cinquante ans passés ; n'a-t-elle pas tort ?

Quand je vous dis cela, ne croyez pas que je blâme la dévotion : j'en ai moi-même ce qu'il m'en faut ; je suis naturellement sage ; mais jusqu'ici j'ai plus de vertu que de piété ; cela est dans l'ordre ; et de cette piété, je vous jure que j'en aurais encore davantage, si ma mère n'exigeait pas que j'en eusse tant. Jamais je ne me sauverais [1], si je devais vivre toute ma vie avec elle.

Il y a quelque temps, qu'elle fut très malade, on crut qu'elle mourrait. Comme je vis qu'elle allait se confesser, il me prit une inquiétude pour elle. Hélas ! dis-je en moi-même, cette femme-là va ne s'accuser que de ses fautes, sans faire mention des miennes qui sont sur son compte. Là-dessus je pensai lui aller dire : ma mère, vous ne savez pas tous vos péchés, et je me crois obligée, en conscience, de vous avouer tous les dégoûts, tous les murmures, toutes les dissipations, toutes les impatiences où je suis tombée à cause des exercices religieux que vous m'avez fait faire, et de la contrainte où vous m'avez tenue.

Je prenais déjà ma secousse [2] pour l'aller trouver, quand on m'apprit qu'elle venait d'avoir une crise qui apparemment la tirerait d'affaire. Je me retins ; mais voilà six heures qui sonnent… À six et demie, je dois aller dans son cabinet faire une lecture pieuse qui dure ordinairement une heure. Nous revenons de Complies ; nous avions déjà été à Vêpres [3]. Dans l'instant où je vous écris,

1. Ne sauverais mon âme, ne ferais mon salut pour gagner la vie éternelle.

2. Je me préparais à (avec l'idée d'un « grand effort et ébranlement de son corps », *Fur.*).

3. Les deux derniers offices dans la liturgie catholique, la journée étant rythmée par ces offices successifs qui comportaient des chants et prières spécifiques consignés dans les « livres d'heures ».

ma mère est en méditation, et je suis censée y être aussi. Par précaution je tiens toujours ouvert le livre où est le point que je dois méditer, afin qu'elle me trouve sous les armes[1], si, suivant sa coutume, elle venait s'assurer de ma ferveur.

Ce matin, de même que tous les matins que Dieu fit, au sortir du lit, nous avons été une heure en oraison ; ce soir avant que de nous coucher, autre oraison de fondation[2] et de la même durée, et le tout toujours précédé d'une lecture. Pour moi, dans toutes ces oraisons-là, j'y paie de mine[3]. Quand le hasard nous dérange, et que je suis ma maîtresse, je fais ma prière soir et matin d'aussi bon courage[4] qu'on le puisse. Un *Pater* récité à ma liberté[5], me profite plus que ne feraient dix années de piété avec ma mère. Vous parlerai-je tout à fait franchement ? Nos heures d'exercices n'arrivent point ; je n'entends sonner ni Vêpres ni Complies ; je ne vois point de livre pieux, que je ne sois saisie d'un ennui qui me fait peur.

Avant hier, j'étais seule dans la chambre de ma mère ; il entra un Ecclésiastique. Comme je ne songeais à rien, je me trouvai presque mal en le voyant, seulement à cause de son habit qui a rapport à nos fonctions dévotes.

Savez-vous bien, Monsieur, que je crains les suites de mes dégoûts là-dessus ; savez-vous bien qu'une prédication me donne la fièvre, moi qui aimerais à entendre prêcher si je n'en avais satiété ? Ce n'est pas là tout ; si vous

---

1. Qu'elle me trouve prête. Cette métaphore assimile la dévotion à une sorte de service militaire privé et obligatoire, mais cette assimilation était bien plus courante pour la galanterie : « on dit qu'un homme, qu'une femme sont bien *sous les armes*, quand ils sont bien propres et bien parés pour faire des conquêtes amoureuses » (*Fur.*).

2. « Fonds légué pour des œuvres de piété » (*Acad.*).

3. Je fais bonne contenance. Locution calquée sur le proverbe *faire bonne mine à mauvais jeu*, « dissimuler le mécontentement que l'on a » (*Acad.*).

4. D'aussi bon cœur.

5. Récité librement. Le *Pater* (*Notre père*) est la prière enseignée par le Christ à ses disciples (Matthieu 6, 9-13).

voyiez comme ma mère m'habille ; au voile près, vous me prendriez pour une Religieuse ; encore, au voile près, je me trompe, ma coiffe en est un, de la manière dont je la mets. À l'égard de mon corps, il me va jusqu'au menton ; il me sert de guimpe[1] : vous jugez bien qu'une âme de seize ans n'est pas à son aise sous ce petit attirail-là. Entre vous et moi, je crains furieusement d'être coquette un jour ; j'ai des émotions au moindre ruban que j'aperçois : le cœur me bat, dès qu'un joli garçon me regarde ; tout cela m'est si nouveau ; je m'imagine tant de plaisir à être parée, à être aimée, à plaire, que si je n'avais le cœur bon, je haïrais ma mère de me causer, comme cela, des agitations pour des choses qui ne sont peut-être que des bagatelles, et dont je ne me soucierais pas si je les avais. Persuadez-la, s'il vous plaît, de changer de manière à mon égard. Tenez, ce matin j'étais à ma fenêtre ; un jeune homme a paru prendre plaisir à me regarder ; cela n'a duré qu'une minute, et j'ai eu plus de coquetterie dans cette seule minute-là qu'une fille dans le monde n'en aurait en six mois. Tâchez donc de faire voir les conséquences de cela à ma mère[2] : six heures et demie sonnent, elle m'appelle déjà de son cabinet : je m'en vais lire, je vais prononcer des mots ; je vais entrer dans ce triste cabinet que je ferai quelque jour abattre, s'il plaît à Dieu ; car sa vue seule me donne une sécheresse[3] (pour parler comme ma mère) qui m'empêcherait, toute ma vie, de prier Dieu, si je restais dans la maison. Ah ! que je m'ennuie.

---

1. Le *corps* désigne la « partie de certains habillements, qui est depuis le cou jusqu'à la ceinture. *Corps de robe* » (*Acad.*). La *guimpe* est un « morceau de toile dont les religieuses se servaient pour se couvrir le cou et la gorge » (*Acad.*).

2. Marivaux recourt à cette situation dans *L'École des mères* (1732).

3. Autre terme de dévotion : état de l'âme qui ne trouve plus de consolation dans la prière et les exercices de piété.

Treizième feuille

30 décembre 1722

Le fameux Scythe *Anacharsis*[1], un jour surpris par une nuit obscure, aperçut une maison bâtie au bas d'une montagne. Il vint y demander l'hospitalité, et ce fut le maître même de la maison à qui il parla... Entrez, dit-il à Anacharsis, d'un ton sévère. Les hommes en général, ne méritent pas qu'on les oblige ; mais ce serait être aussi méchant qu'eux que de les traiter comme ils le méritent. Venez : les vices de leur cœur m'ont valu des exemples de vertu[2].

La singularité de ce discours eût, peut-être, étourdi[3] tout autre homme qu'Anacharsis ; mais ce Scythe, qui était un amateur de la sagesse, et qui voyageait pour en acquérir, se sentit au contraire piqué d'une curiosité de Philosophe ; il regarda cet accueil, comme la matière d'un éclaircissement qui ne manquerait pas d'être instructif, il s'en promit tout d'un coup quelques nouvelles leçons de sagesse, et il lui tarda de voir le dénouement d'une aventure qui, suivant ses vues, commençait d'une façon si intéressante.

Il suivit donc son hôte, qui le prit par la main et le conduisit dans un appartement commode, dont la propreté[4] faisait tout l'ornement. Anacharsis, qui était bon connaisseur, vit bien alors qu'il était logé chez un sage ;

1. Philosophe venu en Grèce depuis les bords de la mer Noire, connu pour sa franchise, il aurait été le premier « Barbare » à recevoir la citoyenneté athénienne ; il ne reste aucun texte de lui hormis des témoignages indirects. Mais Marivaux se souvient peut-être d'abord de la fable de La Fontaine, « Le Philosophe scythe » (XII, 20).

2. Comprendre : leurs vices m'ont instruit autant que l'auraient fait des exemples de vertu.

3. Troublé.

4. Au sens classique : « commodité », « simplicité ».

et cela étant, il se trouvait, lui, une bonne fortune pour son hôte, tout comme son hôte en était une pour lui. Il ne s'agissait plus que d'une chose ; c'était que l'autre à son tour eût sentiment de son mérite, et que la découverte de ce qu'ils valaient fût entre eux réciproque.

Pour cet effet, voilà Anacharsis qui prend le maintien d'un sage, attitude grave, discours sentencieux, et silence attentif.

Notre Misanthrope remarqua ces façons-là, et sur cette étiquette[1], il examine Anacharsis : celui-ci tient bon : déjà l'autre s'intrigue, s'arrange[2] sur ses conjectures, prend lui-même une contenance moins distraite, et soupçonnant qu'il est devant un sage ne veut pas manquer le petit profit qui se présente, c'est[3] d'être aussi pris pour tel.

Cependant on servit, ils se mirent à table, et dans la conversation : Si je ne craignais de vous paraître trop curieux, dit-il, je vous prierais de me dire à qui j'ai le plaisir de donner aujourd'hui retraite. Si j'en crois les apparences, je dois vous distinguer des autres hommes pour qui je n'ai pu m'empêcher de vous montrer tant de mépris. Quand vous me confondriez encore avec eux, reprit Anacharsis, vous ne seriez point injuste : tous les hommes, en effet sont méprisables, les uns plus, les autres moins ; voilà toute la différence qu'on peut mettre entre eux. Vous souhaitez de savoir qui je suis, et je vous ai trop d'obligation pour refuser de vous satisfaire. Je suis né Scythe, et je m'appelle Anacharsis. Votre nom et votre amour pour la sagesse me sont connus, Seigneur, répondit le Solitaire ; je sais même votre rang que vous oubliez

---

1. Sur ces premières impressions.

2. *S'intriguer* : « se donner beaucoup de peine et de soin, mettre divers moyens en usage pour faire réussir une affaire » (*Acad.*) ; *s'arranger* : prendre ses dispositions (ici en fonction de ses suppositions au sujet d'Anacharsis). Pour ces deux verbes, le tour réfléchi est rare.

3. C'est-à-dire.

de me dire ; vous êtes Prince de la famille royale de Scythie, et je vous demanderais pardon de la manière dont je vous ai reçu d'abord, si je ne croyais devoir épargner au Philosophe Anacharsis les excuses et les respects que je dois au Prince : cependant, Seigneur, souffrez que je vous dise d'où me vient cette haine que j'ai prise pour les hommes. J'allais vous prier de m'en instruire, reprit Anacharsis, et j'attends votre récit avec impatience. Je vais, dit le Solitaire, vous exposer toute l'histoire de ma vie ; cela pourra vous amuser [1], et je ne serai pas long.

Je m'appelle *Hermocrate* [2], et je suis issu de parents qui furent autrefois Sénateurs dans Athènes. Mon père répara par une éducation excellente la médiocrité des biens qu'il avait à me laisser. J'étais dans la fleur de mon âge quand il mourut ; je crus, après sa mort, ne devoir rien négliger de tout ce qui pouvait augmenter ma fortune [3] : j'avais l'âme généreuse, et de tous les plaisirs auxquels j'étais sensible, je n'en connaissais point de plus grand, de plus cher, ni qui me fût plus nécessaire que le plaisir d'obliger les autres. Quand je pouvais rendre un service à quelqu'un, je n'avais pas besoin d'étudier mes façons, pour sauver [4] aux gens la petite confusion qu'on a souvent d'être obligé dans bien des choses. J'étais là-dessus tout sentiment ; je n'avais qu'à laisser faire mon cœur, il n'y avait rien à ajouter à son industrie [5] naturelle, non plus qu'au talent qu'il avait de cacher son industrie même.

Né avec de pareilles dispositions, j'envisageais avec volupté toutes les sortes de partages que je ferais de ma fortune aux autres. Quand je serais riche, je ne puis subsister avec mon bien, disais-je en moi-même, car il ne

1. Vous distraire.
2. Nom grec conventionnel emprunté peut-être à Plutarque. Ce sera le nom du philosophe amoureux dans *Le Triomphe de l'amour* (1732).
3. Le terme désigne à la fois les biens et la position sociale.
4. Pour épargner.
5. Son adresse (sans nuance péjorative).

suffit que pour moi, et mon cœur, pour ainsi dire, n'a pas le nécessaire. Être né bon et ne pouvoir exercer sa bonté, n'est-ce pas vraiment n'avoir pas de quoi vivre ? quoi ! voir les besoins d'un honnête homme, et n'être point en état de les soulager, n'est-ce pas les avoir soi-même ? Je serai donc pauvre avec les indigents, ruiné avec ceux qui seront ruinés, et je manquerai de tout ce qui leur manquera : tâchons de me mettre à l'abri d'une vie si triste.

Dans ce projet je me ressouvins qu'il y avait un Philosophe qui s'était entièrement retiré du monde, et qui demeurait à un quart de lieue de ma Ville. Il cultivait les Sciences dans sa retraite, et beaucoup de personnes l'allaient souvent consulter sur une infinité de matières : ses réponses et ses conseils avaient été utiles à tout le monde, et son étude lui avait même acquis des secrets qui le faisaient passer pour un Magicien dans l'esprit du peuple : il fallait l'interroger en peu de paroles, et il répondait de même.

J'allai donc le trouver ; je n'avais qu'une question fort courte à lui faire. Comment faut-il s'y prendre, lui dis-je, pour avoir l'amitié des hommes ? (car je comptais qu'avec leur amitié il n'y avait rien dont je ne vinsse à bout). Être bon avec eux, et dans ses discours et dans ses actions, me répondit-il, et puis il se retira : sur ce pied-là, ils m'aimeront, dis-je, en me retirant aussi ; car, pour être bon, je n'ai qu'à rester comme je suis.

Je revins chez moi avec cet Oracle qui s'ajustait si bien à mon caractère ; et dès ce moment, je me mis en besogne : vous concevez bien que je n'eus pas de peine à donner des témoignages de cette bonté qu'on m'avait recommandée, et dont mon cœur ne respirait que la pratique.

Le Philosophe ne s'était point trompé ; et en effet, je fus bientôt regardé comme le meilleur garçon du monde, je ne voyais personne qui ne fît mon éloge ; on s'attendrissait en me louant ; on se répandait en caresses [1] ; tous

1. « Démonstrations d'amitié ou de bienveillance qu'on fait à quelqu'un par un accueil gracieux, par quelque cajolerie » (*Fur.*).

les discours qui roulaient sur mon compte, étaient affectueux ; et ce qu'on me disait, il est certain qu'on le sentait. Sur le rapport de ceux qui me connaissaient, j'avais pour amis tous ceux qui ne me connaissaient pas ; et je vous l'avoue, les espérances de crédit et de fortune que j'avais conçues, me parurent alors infaillibles, au point où je voyais les choses. Je comptais en homme sensible que mes amis me seraient obligés des services que j'exigerais d'eux ; ils seront charmés de m'être utiles, me disais-je, ils m'aiment, et les requérir de quelque grâce est un bonheur que leur doit ma reconnaissance[1] ; il est vrai que je n'ai pas le talent de demander pour moi, et qu'assurément je m'y prendrai mal ; mais à cet égard-là leur amitié m'épargnera bien des frais de compliments ; et d'ailleurs c'est un titre de bon cœur que de ne savoir pas parler pour soi. L'homme généreux, quand il prie son ami de le servir, s'imagine presque à cause de cela, être un mauvais ami lui-même.

C'était ainsi que je m'entretenais avec moi, quand un poste honorable et qui me convenait se présenta. Je témoignai à différentes personnes que j'avais envie de l'avoir. Remarquez que ceux à qui je m'adressais me semblaient les plus touchés de mon caractère : j'en avais reçu, en toutes occasions, de ces tendres serrements de main par qui l'on semble dire à un homme qu'il est doux d'être avec lui ; de ces protestations de bienveillance qui partent d'une abondance de goût pour vous. Ils tenaient ordinairement avec moi de ces discours familiers qui seraient des injures entre gens indifférents, et qui, entre amis, ne sont qu'un badinage joyeux et caressant.

Les uns me dirent, d'un air pensif et réfléchi, que la chose était difficile, qu'ils ne voyaient pas bien encore comment ils s'y prendraient pour s'employer en ma

1. Comprendre : leur demander un service, c'est leur donner le bonheur de me témoigner leur reconnaissance en faisant de moi en retour leur obligé.

faveur ; mais j'y rêverai[1], ajoutait chacun d'eux, et je vous promets là-dessus une réponse plus positive ; les autres me refusèrent tout à fait cordialement, en homme d'honneur : par telles et telles raisons, je ne puis rien là-dedans, mon cher ami : j'en suis fâché ; mais ne vous rebutez pas ; remuez-vous ; voilà à peu près les tours[2] que je vous conseille de prendre pour arriver à vos fins : c'était là le langage de chacun de ceux-là d'auprès de qui je revenais chargé d'instructions que m'avait prodiguées[e] leur zèle.

De ces amis, je passai à d'autres ; et partout je trouvai des sentiments du même style : j'en étais surpris, je n'y comprenais rien, c'était une énigme pour moi que de voir qu'on m'aimait véritablement, et que pourtant on ne se souciait point de moi.

Je manquai le poste, un autre l'emporta ; et cet autre, c'était un homme dangereux, malin, vindicatif, qui avait le courage de dire de bons mots contre ceux qui ne lui plaisaient pas, et qui, à l'égard des ridicules de son prochain, était d'un commerce aussi cavalier[3] que le mien était doux et humain ; enfin qui était mon contraste ; avec cela, voyez la différence de nos aventures. Il s'attirait des ennemis qui s'empressaient à le servir, pendant que je me faisais des amis qui refusaient de m'être utiles. N'auriez-vous pas cru que les hommes se trompaient, et que par méprise, ils me donnaient la part qui lui était due et lui transportaient la mienne ? À qui pensez-vous qu'il eut obligation du poste dont il s'agissait ? aux mêmes personnes que j'avais tâché d'intéresser pour moi, et qui m'avaient toujours mal parlé de lui. Ce n'est pas tout,

1. J'y songerai. *Rêver* signifie dans la langue classique « méditer profondément sur quelque chose », mais c'est le sens premier de « faire des songes » que Marivaux laisse entendre ironiquement dans une sorte d'effet de syllepse.
2. *Tour* : « Trait d'habileté, ruse, finesse » (*Acad.*).
3. Aussi brusque et hautain dans les échanges en société.

quelque temps après on me pria d'un repas où tous les conviés, me disait-on, seraient charmés de m'avoir. L'homme en question sut ce repas, il en voulut être, il apprit que je m'y trouverais, et témoigna n'en être pas content. Savez-vous ce qui arriva ? on m'avait prié, on m'aimait, et il était craint : eh bien ! le repas se fit, et pour mettre à l'aise le malin personnage, on envoya dire au meilleur garçon du monde[1], que la partie était rompue[2], pour je ne sais quel accident qu'on imagina, et dont l'imposture fut de l'invention de tous les conviés. Oh ! alors, informé de cela, je crus pour le coup que les hommes étaient devenus fous. À peine étais-je sorti du chagrin que cela me donna, que je tombai dans mille autres dégoûts. Chaque jour je m'apercevais que j'ennuyais tout le monde qui continuait à m'aimer. Voulait-on se réjouir, ma compagnie ne tentait pas mes plus intimes, et l'on préférait celle de gens sur qui, s'il en avait été question, le cœur de ceux qui me laissaient là m'eût donné mille fois la préférence ! on disait que j'avais de l'esprit et que j'étais gai, et on le disait sans se soucier ni de mon esprit ni de ma gaieté : on les estimait sans y prendre goût : le plus petit des plaisirs, une minutie[3], si je la demandais à quelqu'un, il fallait pour l'obtenir, me donner la peine de l'arracher à la distraction qu'on avait pour moi.

Me voyant enfin si maltraité des hommes ; et du côté du bien, de moitié moins à mon aise que je ne l'avais été d'abord, il me prit un jour une si grande colère contre mon Philosophe, pour la tromperie que je croyais qu'il m'avait faite, quand j'avais été le consulter, que je partis

1. Hermocrate lui-même, qui s'est désigné par cette expression plus haut (p. 151).
2. Que la fête (ou « partie de plaisirs ») était annulée.
3. « Chose frivole, de peu de conséquence » (*Acad.*).

tout d'un coup pour aller lui témoigner mon ressentiment. J'arrivai bientôt chez lui, et je frappai avec emportement à sa porte ; il se présenta d'un air aussi froid, que s'il avait eu affaire à l'homme le plus tranquille. Me reconnaissez-vous ? lui dis-je. Oui, reprit-il ; que me voulez-vous ? Vous reprocher, répondis-je, la fourberie de vos conseils ; dites plutôt mon ignorance, s'il est vrai que mes conseils vous aient fait tort, repartit-il. Non, non, m'écriai-je ! vous vous êtes joué de ma jeunesse ; je vous ai demandé ce qu'il fallait faire pour être aimé des hommes, vous avez eu la cruauté de me dire que je n'avais qu'à être bon, et c'est cette bonté que vous m'avez conseillée qui m'a perdu auprès d'eux, loin qu'elle m'ait conduit à la fortune, comme je l'espérais, et peu s'en faut qu'elle n'ait causé ma ruine entière. Vouloir faire fortune, est une autre chose que de souhaiter d'être aimé des hommes, me répondit-il. Que ne vous expliquiez-vous mieux, quand vous m'avez interrogé ? Comment ! repris-je, pouvais-je m'imaginer que j'échouerais, soutenu de l'amitié de ces hommes ? par quelle fatalité m'a-t-elle donc été si nuisible ? Prenez, me dit-il, cette poudre que j'ai composée de simples [1], et dont les effets sont naturels ; allez chez vous, assemblez vos amis, et mêlez-en dans le vin qu'ils boiront ; plaignez-vous ensuite de leur procédé pour vous, et ils vous diront pourquoi leur amitié a trahi vos projets.

J'exécutai ce qu'il me prescrivit : pendant le repas, il me sembla qu'ils raillaient adroitement jusqu'à la profusion de mets exquis que je leur donnai. Il ne tenait qu'à moi de deviner qu'ils m'appelaient dupe, de ce que j'étais si généreux : je choisis cet instant pour leur parler.

Vous êtes d'étranges gens, leur dis-je ; je sens toute l'ingratitude que vous enveloppez dans votre façon de

1. *Simples* « est un nom général qu'on donne à toutes les herbes et plantes, parce qu'elles ont chacune leur vertu particulière pour servir d'un remède simple » (*Fur.*).

louer mon repas : et ce n'est pas d'aujourd'hui que vous n'êtes envers moi que des ingrats. Cependant, il n'y a pas un de vous ici qui ne m'aime. Cela est vrai, me dirent-ils ; pas un de vous, continuai-je, qui ne convienne que je suis le meilleur cœur qu'on puisse trouver. C'est une justice que nous vous devons, dirent-ils encore. Avec cette qualité, repris-je, on peut se vanter d'être aimable et d'un commerce sûr, quand on y joint un peu d'esprit. Pourquoi donc chacun de vous me fuit-il et paraît-il en toute occasion se soucier si peu de moi, pendant qu'il s'amuse volontiers avec *Diléarque*, qui est un rapporteur éternel de ce qu'on dit, et de ce qu'on ne dit point ; avec *Delphire*, qui est une âme double ; avec *Dioclès*, qui ne s'attache à personne ; avec *Thélèphe*, qui n'a jamais obligé qui que ce soit ; avec *Amyntas*, railleur impitoyable, et avec qui, dans un cercle, votre amour-propre essuie mille petits affronts qui vous le font haïr ? Pourquoi rendre service à tous ces gens-là préférablement à moi que vous aimez ? pourquoi semblez-vous même en faire plus de cas que de moi ? c'est que leurs vices, me répondit alors un de la bande, leur donnent[f] une importance que votre vertu ne vous donne point. Voulez-vous que nous vous parlions franchement ? ma foi ! rien n'est d'une moindre ressource, rien ne tarit tant au plaisir[1] de la société, qu'un homme aussi excessivement bon que vous l'êtes à tous égards : son entretien n'a rien de vif, rien qui flatte la curiosité maligne que nous avons tous mutuellement sur ce qui nous regarde. Que diantre faire avec un homme contre l'esprit de qui le vôtre n'a point à se précautionner dans la conversation ? De quoi s'occuperait-on avec lui, de qui l'on ne peut espérer aucun trait de malice, et à qui, par conséquent, on n'en peut rendre ; qui ne médit de personne, et qui par là ne vous apprend rien ; qui ne vous dispute jamais son suffrage, quand

1. Tour inusuel ou erreur typographique ? On attendrait : « rien ne tarit tant la source du plaisir ».

vous avez de l'esprit avec lui ; qui n'est point jaloux de cet esprit, ce qui ôte la vanité d'en avoir ; d'un homme avec qui votre amour-propre languit dans une éternelle sécurité d'où naît l'ennui ; d'un homme de qui vous ne craignez rien, ni sur vos intérêts ni sur votre réputation, de qui vous n'attendez rien à votre avantage contre celui des autres, ce qui n'établit aucun motif de liaison ni d'intrigue entre vous et lui ? Eh bien ! vous êtes un bon garçon ; je vous aime, parce que vous serez toujours bon pour moi ; mais vous me lassez, parce que vous ne serez jamais mauvais pour personne. Nous ne vous avons point rendu service, dites-vous. Eh ! par où nous excitez-vous à vous servir ? êtes-vous capable de vous venger de nos refus là-dessus ? Non, je vous l'ai dit, vous serez toujours bon, toujours généreux ; ainsi, ce n'est pas la peine de se donner du mouvement pour un homme dont on ne peut rebuter la bonté, ni s'attirer la rancune. Pour ceux que vous venez de nommer, je passe le temps ou à me tenir sur mes gardes avec eux, ou à m'en faire craindre, ou à m'en divertir ; mais vous, vous n'êtes qu'aimable, et quoi encore ? aimable ; et en vérité cela n'anime point, car on vous aime, et puis c'est tout.

Il allait continuer ; mais moi, saisi de fureur à la vue de l'iniquité des hommes, je dis à tous ces indignes de sortir, ce qu'ils firent en se moquant de moi. Le lendemain je vendis le reste de mon bien ; et m'éloignant de ma patrie aussi bien que des hommes qui m'étaient odieux, je fis bâtir cette maison dans ce désert, où je vis de ce que me rapportent quelques arpents [1] de terre que j'y cultive.

---

1. Un arpent couvre à peu près un demi-hectare (soit 5 000 m^2 environ).

QUATORZIÈME FEUILLE

2 janvier 1723

Je me suis mis sur le pied[1] de produire les Lettres qu'on m'enverra, quand je les trouverai utiles au Public : et en voici deux que je n'ai pas cru devoir supprimer.

Monsieur le Spectateur,

Je ne vous demande point de mettre cette Lettre dans vos Feuilles : je ne sais pas faire de Lettres qui méritent d'être imprimées. Je vous prie seulement d'avoir la bonté, dans un de vos Discours, de traiter de la situation où je suis. Si vous aimez à secourir les gens qui sont malheureux, vous ne pouvez donner du secours à personne qui soit plus digne de compassion que moi.

Je suis infirme, accablé d'années, relégué à la campagne où l'on a livré ma vieillesse à la discrétion de deux ou trois domestiques sans charité pour mon âge et pour mes infirmités, qui m'oublieraient toujours, si je n'étais importun, et dont il faut que j'impatiente la brutalité pour en arracher quelque attention à mes besoins ; enfin auprès de qui l'on ne m'a laissé d'autre appui que la pitié que je devrais leur faire, et que je leur fais si peu, qu'ils abusent de l'oubli cruel où m'a laissé leur maître. Hélas ! ce qui m'afflige le plus, ce qui fait toute l'amertume de mes peines, c'est que ce maître dont je parle, vous le dirai-je, Monsieur, c'est qu'il est mon fils. Je suis sûr que mon état vous touche ; mais quelque bon cœur que vous soyez, vous n'en sauriez comprendre toute la misère : il faut être à ma place, il faut être père pour en sentir toute l'étendue.

C'est, sans doute, un étrange malheur que d'être à mon âge rebuté de tout le monde, ou de se voir à la merci de l'humanité des étrangers, de gens qui ne sont ni vos amis

1. J'ai pris l'habitude.

ni vos parents : de ne trouver qui que ce soit qui s'intéresse véritablement à vous, qui[g] vous soulage, et vous aide à supporter ce reste de vie languissante où vous ne pouvez plus rien pour vous, et où vous êtes à charge à vous-même : dans de pareilles extrémités, un homme est fort à plaindre ; enfin, il souffre beaucoup, et puis il meurt. Eh bien, Monsieur, soyez-en persuadé, l'infortune de cet homme-là n'est rien auprès de la mienne, s'il n'a point d'enfants, si Dieu ne l'a pas fait le père d'un fils qui l'abandonne. Non, ce n'est rien que d'être délaissé des autres hommes, de n'avoir à se plaindre que de leur peu de compassion : il n'est pas étonnant qu'ils soient durs, impitoyables, vous ne leur êtes rien ; ce sont des indifférents, des inconnus que vous pressez d'être généreux ; ils ne veulent pas l'être pour vous, ils le sont peut-être pour d'autres, et si vous ne souffriez pas, vous n'en exigeriez rien.

Mais, Monsieur, vous imaginez-vous bien ce que c'est qu'un fils[1]. Savez-vous comment on le regarde ; ce qu'on en attend, ce qu'il vous est : est-il pour vous un homme comme un autre ? Ah ! c'est ici où les expressions me manquent ; c'est ici où mon cœur est saisi, où je souffre ce qui n'est point douleur, ce qui n'est point désespoir ; mais quelque chose de plus cruel que tout cela. Oui, l'on vit encore ; il reste encore du courage et des forces, quand on sent de la douleur et du désespoir, et moi, Monsieur, je ne vis plus, je ne tiens plus à la vie que par un sentiment de tristesse qui me pénètre, qui confond et qui glace

---

1. Dans son *Éloge de Marivaux* (1785), d'Alembert regarde cette lettre, « pleine de la sensibilité la plus touchante et la plus vraie », comme « peut-être le meilleur ouvrage de Marivaux. [...] L'âme honnête et tendre d'un père affligé s'y montre avec tant d'intérêt et de vertu, l'expression de sa douleur est si naturelle, et d'une éloquence si simple, qu'on serait tenté de croire cette lettre d'une main étrangère [*i.e.* de la croire authentique], si l'auteur n'eût pas été le plus incapable de tous les hommes de se faire honneur du travail d'autrui » (*Théâtre complet* de Marivaux, éd. citée, p. 2087).

mon âme, qui ne me laisse ni crainte ni espérance, qui m'anéantit. Les hommes aujourd'hui me rejettent et m'abandonnent, et ce n'est encore là qu'être rejeté et abandonné des hommes ; mais mon fils me rejette et m'abandonne comme eux, et c'est être rejeté et abandonné de la nature entière. Il était mon unique appui, ma ressource, mais une ressource qu'il me semble que rien ne pouvait m'ôter, qui était à moi, qui ne dépendait ni de la faveur, ni de l'humanité des hommes. Que mon fils fût généreux ou non, la nature, les préjugés même, l'éducation qu'on donne à ses enfants, la tendresse qu'on prend pour eux, l'habitude qu'ils ont de respecter leur père, tout me garantissait l'amour de mon fils, pour moi, tout m'assurait que cet amour était mon bien ; tout dans son cœur devait m'excepter des autres hommes, eût-il été sans honneur pour eux, tout le liait à moi, comme tout me liait à lui. Fût-il né l'homme du monde le plus haïssable, aurais-je pu le haïr, en aurais-je moins senti que j'étais son père ? Nos enfants pour nous éprouver sensibles ont-ils besoin de le mériter, d'être bons et aimables ? Hélas ! que font sur nous leurs vices, qu'affliger notre amour, sans le rebuter ?

Oui, mon fils, du fond de l'état où vous m'avez mis, de cet état d'abattement où je languis ; c'est mon amour qui s'élève : vous n'avez pu me l'ôter ; c'est lui qui se plaint de vous : il ne m'est dur de vivre encore, que parce que je vous aime toujours. Non, je ne souffre que parce que c'est vous qui me maltraitez, votre cœur ne me connaît plus, et ma tendresse subsiste encore, je n'ai pu cesser d'être votre père : comment avez-vous fait pour cesser d'être mon fils ? Il n'y a donc plus rien qui tienne à moi dans la nature : tout s'y est donc désuni d'avec moi, je n'y vois plus qu'un désert ; j'y suis seul, ignoré de tout l'univers, de mon fils que je regrette, que j'appelle à mon secours, et qui m'ignore comme tout le reste des hommes.

Cependant, Monsieur, qu'ai-je fait contre ce fils ? De six enfants que j'avais, il me resta seul. Je n'étais pas riche, mais je l'aimais tendrement ; et dans l'éducation que je lui donnai, mon économie, et l'industrie de mon amour me tinrent lieu de richesses : il répondit à mes soins ; je l'envoyai à Paris y suivre le Barreau [1] : je m'ôtais presque le nécessaire pour l'y soutenir ; il y fit effectivement des progrès qui lui acquirent l'estime de ceux qui le connaissaient ; et comme il était assez bien fait, qu'on le voyait laborieux, une riche Dame, dont il faisait les affaires, en eut si bonne opinion, qu'elle lui offrit sa fille, pourvu qu'en se mariant il eût du moins un bien médiocre : ce bien médiocre était entre mes mains : il consistait en deux petites terres qui venaient, partie de mon patrimoine, partie de mes épargnes, et dont le revenu avait servi à l'avancer, et à me faire vivre.

Il m'écrivit la proposition de la Dame, me marqua tous les avantages du parti qu'on lui offrait, et me dit que sa fortune était entre mes mains. Hélas ! elle ne pouvait être plus sûre : je partis pour Paris, et je convins tout d'un coup de lui donner la moitié de ce que j'avais, et de lui assurer l'autre.

Son mariage se fit quelque temps après : il quitta le Barreau pour des emplois qui paraissaient meilleurs : sa femme mourut en mettant un enfant au monde : je perdis beaucoup ; elle m'aimait, et sa mémoire me sera toujours chère.

Quatre ou cinq mois après sa mort, mon fils, pour certains desseins, eut besoin d'une somme considérable d'argent, il en emprunta, mais il lui en manquait encore. J'étais alors content de lui ; je suis né simple et plein de franchise : je le croyais plus amoureux de mon repos que moi-même ; et en vendant ce qui me restait pour achever sa somme, je voyais seulement que c'était un bien qui changeait de nature, sans changer de maître.

Je le vendis donc, suivant son envie, et cela sans prendre aucune précaution pour moi ; la chose se fit entre nous

1. Suivre des études d'avocat.

deux seulement [1] : l'argent en fut employé suivant ses vues ; elles réussirent au-delà même de ses espérances. Le voilà puissant, après quoi il voulut jouir sans travailler davantage ; sa maison prit une autre face : il se jeta dans les plus grands airs ; des amis plus considérables succédèrent à ceux qu'il avait eus d'abord ; il se défit insensiblement de ces derniers, dont le commerce lui parut alors trop bourgeois, et commença enfin à rougir de moi.

Je m'en aperçus, mais d'abord je crus me tromper ; en ce temps-là je tombai malade, et je vis qu'il me négligeait dans le cours de ma maladie ; ses domestiques à son exemple me négligèrent aussi, cela me chagrina sérieusement ; je le fis prier de venir dans ma chambre, où il n'était pas entré depuis quatre jours : il y vint ; je me plaignis à lui du peu de soin qu'on avait de moi. C'est que vous êtes un peu difficile, mon père, me répondit-il. Voilà la première fois que vous me le dites, lui repartis-je, et votre réponse m'étonne. Ce n'était pas trop la peine de m'envoyer chercher pour me quereller, comme vous faites tout le monde, me dit-il là-dessus : on a soin de vous tout autant qu'on le peut ; cependant vous vous plaignez toujours. Que faire à cela ? tâchez de vous remettre ; quand votre santé sera meilleure, je vous conseille d'aller demeurer à la campagne ; vous y serez plus tranquille qu'ici, vous y vivrez à votre fantaisie ; je me trouve dans un genre de vie qui ne vous convient pas ; et nous ne nous gênerons ni l'un ni l'autre.

Il sortit après ce discours, pendant qu'un valet qui l'avait entendu tournait la tête pour rire et se moquer de moi.

Le procédé de mon fils m'avait frappé ; l'action de ce valet me perça le cœur : je vis tout ce que j'allais devenir ; je compris que je n'étais plus qu'un étranger dans la maison de mon fils, et qu'enfin lui et moi nous étions deux. Je

1. Et non devant notaire : le père ne s'est assuré aucune contrepartie ni garantie.

fus encore quelques jours au lit, je me levai ensuite ; mes forces revinrent un peu ; je m'habillai du mieux que je pus : on allait dîner, j'entendis sonner, et j'appelai quelqu'un pour m'aider à descendre ; on me répondit, mais personne ne vint ; j'essayai donc de descendre en me soutenant avec ma canne, et j'étais déjà à moitié de l'escalier, quand mon fils parut à la porte de son appartement.

Que faites-vous là ? me dit-il d'un ton rude : quelle fantaisie vous prend ? j'ai du monde : êtes-vous en état de paraître ? Avez-vous peur qu'on ne vous envoie pas à manger chez vous ? Remenez mon père, ajouta-t-il, en s'adressant à un valet de chambre, et puis il rentra ; pour moi, je restai immobile ; et les larmes me vinrent aux yeux.

Ce valet de chambre fit semblant de m'aider à remonter, en me disant que j'étais encore vert pour mon âge : je ne répondis rien à la raillerie de ce domestique qui faisait sa charge en m'insultant [1], la douleur me rendait muet ; je rentrai chez moi comme un homme qui ne sait plus où il est : je me trouvai mal, et je demandai du vin ; on ne m'en apporta qu'un quart d'heure après, avec un potage froid dont je ne goûtai pas, non plus que du reste de mon dîner qui vint trop tard.

J'achevai la journée dans la plus accablante confusion de pensées qu'on puisse imaginer : mes soupirs à tout moment se confondaient avec mes pleurs : où irai-je ! disais-je, je n'ai plus rien qui soit à moi ! Je me suis dépouillé de tout !

Cependant je résolus en me couchant, de sortir le lendemain de chez mon fils ; je ne pouvais plus y respirer, j'y expirais ; je me proposais d'aller trouver un de nos amis, de lui confier ma situation, de le prier de me secourir ; de me donner un conseil dans mon affliction. Dans

1. Qui accomplissait son service tout en m'insultant (on peut comprendre aussi que son service consistait à insulter le père pour complaire au maître).

ce dessein je me levai le lendemain plus tôt qu'à mon ordinaire, et je m'habillai.

Apparemment qu'on alla le dire à mon fils, car il entra dans ma chambre au moment où j'allais sortir. Où allez-vous, mon père ? me dit-il. Chercher lui répondis-je, quelque ami charitable qui me donne du pain de bonne grâce. Vous savez que je n'en ai plus, ma tendresse pour vous m'a tout ôté. Quel raisonnement, me répondit-il ; que les gens de votre âge ont de caprices, vous voilà donc bien scandalisé de ce que je vous ai dit hier au matin. Mon fils, repartis-je, je suis assez consterné, laissez-moi aller sans me répondre, vous n'êtes plus en état de me parler ; toutes les paroles que vous prononcez sont autant de coups de poignard pour moi, vous n'en connaissez pas la force, elles me tuent. Finissons toutes ces explications, dit-il alors avec vivacité : vous avez tort, mon père, il est mille choses que vous auriez pu vous dire à vous-même ; vous êtes dans un âge avancé : vous avez presque toujours vécu dans une petite ville de Province, et vos idées, vos manières de faire, vos usages sont si différents de ce qui se passe dans le monde, que vous auriez dû vous dégoûter le premier de la compagnie de ceux qui viennent ici ; mais vous ne sentez point cela, et je le sens, moi. Le bel agrément pour votre fils que de vous voir converser avec gens d'un certain rang, polis et délicats, que vous faites rire, et à qui votre simplicité donne la comédie, voilà pourtant ce que c'est, pensez-vous que cela me soit fort avantageux. Je suis un homme de fortune [1], n'est-il pas vrai, eh bien à quoi bon l'apprendre à ceux qui ne le savent pas : c'est cependant ce qui saute aux yeux dès qu'on vous voit ; et malgré cela, vous avez la manie de vouloir toujours vous montrer. Ainsi ne nous querellons point, mon père, il n'est pas nécessaire d'aller rompre la tête à personne de vos plaintes, je vais donner ordre qu'on vous conduise dès ce moment à ma maison de

1. Un parvenu, un homme qui a fait subitement fortune.

campagne, vous y serez le maître et dans votre centre [1] ; de temps en temps j'irai vous voir, et rien ne vous manquera : adieu, je vous quitte, vous allez partir, et moi je vais sortir pour mes affaires.

C'est ainsi, Monsieur, que mon fils se sépara d'avec moi : il me quitta sans m'embrasser, sans qu'il lui échappât le moindre mot de douceur que celui de père, que sa bouche prononçait, et que son cœur ne sentait pas ; il se retira sans être touché ni de l'abattement où il me laissait, ni du triste silence que je gardai, ni des larmes qu'il vit couler de mes yeux : ensuite on vint emporter mes hardes [2], on me dit de descendre, et je fus mis, presque sans sentiment [3], dans une chaise [4] qui me conduisit à cette campagne, où je languis depuis près de deux ans, où mon fils n'est point venu comme il me l'avait promis, enfin où je vis dans une privation entière de toute consolation, et souvent même de toutes les choses nécessaires à la vie.

Monsieur le Spectateur,

Zélé comme vous l'êtes pour le Public, je ne doute pas que vous ne lui fassiez un présent de ma Lettre : elle sera très courte ; et j'y donne le secret de se faire payer de certains débiteurs qui sont très honnêtes gens, très généreux, et les meilleurs cœurs du monde ; mais qui dans le cas dont il s'agit, ont une bizarrerie d'humeur, qui leur ôte l'usage de leur bon caractère, c'est qu'ils ne peuvent se résoudre à payer leurs dettes : empruntez d'eux, vous ne sauriez leur faire un plus grand plaisir ; demandez-leur ce qu'ils vous doivent, il n'y a plus personne : vous les

1. « On dit figurément, *Être dans son centre*, pour dire, Être où l'on se plaît, où l'on aime à être » (*Acad.*).

2. Mes vêtements.

3. Évanoui.

4. Une simple voiture à deux roues (à une ou deux places), et non un carrosse à quatre roues.

glacez ; les voilà perclus de tout sentiment. Qu'est-ce que c'est que l'homme ! quel assortiment de vices comiques, avec les plus estimables vertus ! mais ce n'est point mon affaire que de réfléchir là-dessus. Je dirai seulement que nous sommes des animaux bien singuliers. Bref, il n'y a que trois heures que j'avais un de ces débiteurs, dont je parle. Il me devait depuis deux ans une somme assez considérable ; je l'ai prié en deux occasions de s'acquitter : néant, il m'a toujours remis, et moi j'ai toujours patienté, parce que je connaissais mon homme, et l'infirmité de son caractère à cet égard-là ; je savais bien qu'il n'y avait point de mauvaise volonté dans son fait ; or hier il m'est survenu une petite affaire dans laquelle il me faut de l'argent : si je vais proposer à un tel de me payer, ai-je dit ce matin en moi-même, il me semble que je l'entends, je n'ai pas un sol, me répondra-t-il. Comment ferai-je ? la nécessité donne de l'industrie[1] ; là-dessus, continuant à me parler, j'ai dit : mon homme se déplaît à rendre, c'est un grand défaut, mais il aime à prêter, c'est une fort belle qualité, eh bien, de quoi m'embarrassé-je[h], sa bonne qualité va me faire raison de son défaut ; allons, allons, mon argent est dans ma poche. En effet j'ai prié un de nos amis communs d'aller lui emprunter justement ma somme, il y est allé tout en riant de mon idée ; il a exécuté sa commission. Je n'ai ici que les deux tiers de cet argent, mais prenez toujours, dans un instant je vais vous envoyer le reste, lui a dit l'autre d'un air aisé[2] ; là, de cet air noble qui met l'obligation qu'on va nous avoir sur le pied d'une chose indifférente, et tout à fait naturelle : adieu, mon ami, a-t-il ajouté d'une façon distraite, vous allez recevoir le surplus ; notre ami est venu m'apporter l'argent, nous sommes allés chez lui, où le reste était déjà arrivé : et moi, du même pas, j'ai été chez

1. Adaptation d'un vers de Virgile passé en proverbe : « *Omnia vicit labor improbus* » (*Géorgiques*, I, 145-146).

2. D'un air dégagé.

mon débiteur lui rendre son billet[1], en lui apprenant ma petite intrigue, et je l'ai laissé tout consterné de n'avoir fait qu'une restitution, au lieu d'avoir rendu un service gratuit : le pauvre homme[2] !

QUINZIÈME FEUILLE

14 mars 1723

On a pris des mesures si justes pour ne point interrompre le Spectateur *que le Public peut compter que tous les quinze jours, sans faute, on distribuera une nouvelle Feuille*[i].

Il y a quelque temps que j'achetai dans un inventaire, une assez grande quantité de livres : ils avaient appartenu à un étranger qui était mort à Paris. En les plaçant dans ma bibliothèque, il tomba d'un gros volume un petit cahier de papier. Je le ramassai, curieux de savoir ce qu'il contenait : je vis qu'il était en langue espagnole, et qu'il avait pour titre : *Continuation de mon Journal*. Je le lus aussitôt, il me fit assez de plaisir : je l'ai traduit en français, et c'est aujourd'hui cette traduction que je donne.

1. « Écrit ou promesse, par laquelle on s'oblige de payer, ou de faire payer une certaine somme » (*Acad.*).

2. Réplique fameuse d'Orgon dans *Le Tartuffe* (I, 4). Marivaux portera à la scène cette situation dans *L'Héritier de village* (1725). On trouve dans Saint-Évremond de semblables réflexions : « Tel homme fera un plaisir de bonne grâce, qui n'aura pas reconnu un bienfait ; et peu ponctuel à témoigner sa gratitude, il laissera la reconnaissance à votre discrétion » (« Sentiments d'un honnête et habile courtisan », 1684, in *Œuvres en prose*, éd. R. Ternois, Didier, 1966, t. III, p. 19).

Du lundi septième février, à Paris : troisième jour de mon arrivée.

Ce matin j'ai ouvert ma fenêtre entre onze heures et midi ; à l'instant où je l'ouvrais, il est venu un grand coup de vent ; j'allais me retirer, car la place ne me paraissait pas tenable ; et voyez ce que c'est, j'aurais perdu une leçon de morale. Ce vent m'a fait faire une découverte, il m'a appris qu'il mettait beaucoup d'hommes dans une situation que j'avais toujours cru indifférente, et qui cependant les rend à plaindre. Que de peines dans la vie. Hélas ! je n'ignorais pas que le vent causait bien des malheurs, qu'il abattait des maisons, déracinait des arbres, qu'il couchait les blés à terre, sans parler des ravages qu'il fait sur mer. Je ne mets point en ligne de compte la poussière dont il aveugle, les chapeaux qu'il enlève de dessus la tête, et voilà tous les tristes effets que je lui connaissais. Point du tout ; avec cela, il peut encore affliger les hommes personnellement, il chagrine leur amour-propre. Voici comment. Comme j'allais fermer ma fenêtre, j'ai vu passer trois ou quatre jeunes gens dont les cheveux étaient frisés, poudrés, accommodés avec un art, dont il n'y a que le Français qui soit capable[1] : vous auriez dit que c'était l'Amour même qui avait mis la main à ces cheveux-là. L'air ne paraissait d'abord agité d'aucun zéphyr ; et sur la foi de ce calme perfide, ces pauvres jeunes gens marchaient lestes[2] : ils jouissaient en pleine sécurité de la beauté de leur chevelure, et de la poudre qui l'ornait ; mais qu'en ce monde nos plaisirs sont de

---

1. Même étonnement de la part du Siamois de Dufresny (*Amusements sérieux et comiques*, 1699) ou du Persan de Montesquieu dans les *Lettres persanes* (Lettre C), dont Marivaux se souvient manifestement pour cette fiction de chronique étrangère.

2. Audacieuse apposition, où *leste* n'a pas le sens physique moderne (« avec souplesse et légèreté ») mais signifie « avec élégance » (« qui est fort proprement vêtu, richement accommodé », *Acad.*).

courte durée ! Ces jeunes gens étaient contents, crac, une persécution[1] survient, les voilà dans l'embarras, le vent souffle et les prend à l'oreille gauche : eh, vite, ils se baissent, ils se tournent, ils appellent cent différentes postures au secours de ce malheureux côté que le vent insulte. Quel état douloureux ! il me touchait : j'étais fâché de m'être mis à la fenêtre, je combattais contre le vent avec eux, mais il triomphait ; tout allait en désarroi dans le côté qu'il attaquait ; bientôt il attaque de front, ensuite il fait le cercle autour de la tête ; la voilà martyrisée, tout est perdu. Oh pour lors, ces jeunes gens se sont mis à disputer si péniblement le peu de poudre et d'arrangement qui leur restait, que je n'ai pu y tenir davantage. J'ai repoussé la fenêtre, et me suis assis le cœur tout serré de l'affliction où je les laissais.

Mon Hôtesse est entrée un moment après, et je n'ai pu m'empêcher de lui demander pourquoi ceux que je venais de voir avaient tant souffert : c'est m'a-t-elle répondu, que ces Messieurs sont galants, qu'ils voient des femmes, et qu'un homme dépoudré n'a plus bonne mine. Comment, ai-je dit, ces Messieurs ne plairont d'aujourd'hui, d'aujourd'hui ils ne seront aimables, ils ne diront rien de joli ? Ah, vent cruel ! mais aussi de quoi se sont avisées les Dames d'ici, de régler leur bienveillance sur le plus ou le moins de poudre qu'un honnête homme peut sauver de la fureur du vent. Que diantre, sur ce pied-là, que n'a-t-on imaginé des machines où l'on puisse enfermer son chef[2] ? N'eût-on qu'une cour à traverser, n'en est-ce pas assez pour devenir inhabile à plaire ? Qui pourra se flatter de porter sa tête avec tous ses agréments chez une femme ?

Mon Hôtesse est sortie en riant de mes discours ; ensuite deux de mes amis sont venus pour m'emmener

1. Une vexation, une importunité.

2. Sa tête (emploi héroï-comique d'un terme qui appartient au registre élevé de la langue).

dîner chez une Dame française ; mais quoique nous dussions monter en carrosse, j'ai songé que le vent continuait, qu'il ne fallait qu'un malheur pour me voir abandonné de ma poudre, et comme on venait de m'en dire les conséquences, je n'ai point voulu risquer d'arriver chez des Dames plus laid que je ne suis naturellement. J'ai remercié mes amis, ils sont sortis, et j'ai gardé la chambre toute la journée, sans oser me remettre à la fenêtre, de peur de voir encore quelque âme en peine pour la disgrâce que je venais de plaindre.

Il est cinq heures du soir, je quitte un livre que j'ai trouvé ici sur des tablettes, et qui ne contient que des sermons ; j'en viens de lire un qui combat l'Orgueil. Ma foi, il faut que la vertu contraire soit d'une pratique bien difficile : imaginez-vous que c'est la vanité de bien dire, qui a aidé au prédicateur à prouver qu'il fallait avoir le cœur humble, aussi le sermon est-il fort beau. Il est vrai qu'en le lisant, je n'ai pas été un moment tenté de la vertu qu'on y prêche : mais en revanche je l'ai trouvée très élégamment prêchée. Ajustez cela comme vous pourrez ; je vous rends compte de mes impressions, et si celui qui a fait le sermon les savait, je suis persuadé qu'il serait content de moi : je l'admire, il se passera bien que je me convertisse. À vous parler franchement, je ne suis pas étonné du peu d'effet des prédications : la plupart ne sont que des pièces d'éloquence, où le prédicateur nous exhorte bien moins à devenir pénitents qu'à le trouver habile [1].

Je me souviens qu'un jour j'étais dans une petite église où prêchait un bon Religieux ; on ne l'estimait pas beaucoup, car il n'avait que du zèle ; ce bon homme monta

1. Voir *Le Cabinet du philosophe*, Feuille III, in *Journaux*, t. II, éd. citée ; mais aussi *Les Caractères* de La Bruyère, au chapitre XV (« De la chaire »), sur les prédicateurs mondains et le dévoiement de l'éloquence religieuse (notamment § 2, et le caractère de Théodore, § 11).

en chaire, il prêcha, et je me rappelle à cette heure qu'il prêcha mal, je veux dire qu'il n'était pas habile homme.

Cependant je l'écoutai, je ne pus m'en empêcher, il gagna mon attention, sans que je m'en aperçusse. Je ne songeai pas seulement s'il y avait de l'esprit au monde, le mien se familiarisa je ne sais comment avec la simplicité du sien ; moi qui n'étais pas dévot, je m'intéressais à tout ce qu'il disait, cela me regardait, il traitait de mes affaires, il parlait comme un homme qui vous apporte la vérité, comme un homme qui la croit, et qui, sans y employer d'art inutile, n'a d'autre secret pour vous persuader de ce qu'il dit, que d'en être persuadé lui-même. Vous ne sauriez croire combien ce ton-là est insinuant, cela ressemble aux entretiens intérieurs que nous avons avec nous-mêmes, quand nous réfléchissons sur quelque chose qui nous importe. Vous sentez bien que nous n'y cherchons pas de façon, et que nous ne voulons alors ni briller ni nous trouver de l'esprit : nous voulons simplement voir, connaître, et nous déterminer. Eh bien ! ce que disait ce bon Religieux était de ce genre-là, cela imitait tout naturellement notre façon de penser alors. Enfin, il pensa [1] me convertir, mais je n'achevai pas de l'entendre, car une personne de ma connaissance m'emmena.

On frappe à ma porte ; c'est une visite qui me vient : quand elle sera finie, je vous dirai ce que c'est.

Me voilà seul, celui qui vient de sortir est un jeune homme qui parle beaucoup, qui s'estime tant qu'il ne peut s'en taire. Il serait bien mortifié qu'on le soupçonnât de vouloir se louer, et pourtant il veut faire son éloge ; de sorte que tout son embarras est de l'agencer dans ce qu'il dit : de façon qu'il s'y trouve sans qu'il paraisse qu'il y ait de sa faute ; mais il manque toujours son coup, toujours il y a de sa faute. Enfin c'est de lui que je sais qu'il est bien fait, qu'il est beau, qu'il est adroit, qu'il a plus d'esprit qu'un autre, qu'il est couru des femmes, et

1. Il faillit.

peut-être dit-il vrai dans ce dernier article. Je l'en croirais volontiers sur le caractère qu'il m'expose : il est plein de lui-même, il a du caquet, il se dit persécuté de bonnes fortunes, il ment joliment à son honneur et gloire. Oh parbleu voilà de grands avantages avec les femmes du Pays ! vous m'avouerez que c'est là du mérite[1], non pas du mérite effectif et vrai, il ne vaudrait rien celui-là, mais de ce mérite badin, comment vous dirai-je, de ce ridicule galant, enfin de ce mérite impertinent qui agace[2] une femme qui veut plaire ; non qu'on ne critique un pareil homme, et qu'on ne doute quelquefois qu'il soit aussi aimable qu'il croit l'être : mais qu'il le soit ou non, il a toujours cela d'heureux qu'il y gagne une réputation à la vérité équivoque, mais c'est toujours une réputation[j], on parle de lui. Eh quel honneur n'est-ce pas pour une femme, que de fixer un pareil homme ! À la vérité en le voulant fixer, il peut bien arriver qu'elle se fixe elle-même. L'ambition d'être aimée joue souvent de mauvais tours aux femmes, ainsi notre jeune homme pourrait bien en être aussi couru qu'il le dit.

Quoi qu'il en soit, il n'a tenu qu'à moi de le regarder comme un petit prodige. Vain comme il est, si je lui montrais son portrait tel qu'il me l'a fait, il s'évanouirait, j'en suis sûr ; car il n'y a point d'homme plus honteux de se trouver fat, que le fat même, quand il est pris sur le fait.

Sur la fin de notre conversation, il a vu sur ma table ce livre de sermons dont je vous ai parlé : j'ai jugé tout d'un coup que j'allais recevoir de sa part quelque raillerie

---

1. Le Rica des *Lettres persanes* tente aussi une analyse de ce « mérite » singulier (Lettre LXIII) : « Il faut pour plaire aux femmes, un certain talent différent de celui qui leur plaît encore davantage : il consiste dans une espèce de badinage dans l'esprit qui les amuse en ce qu'il semble leur promettre à chaque instant ce qu'on ne peut tenir que dans de trop longs intervalles. »

2. *Agacer* : « exciter par des regards, par des manières attrayantes » (*Acad.*).

là-dessus. Oh, oh, m'a-t-il dit, vous êtes un excellent chrétien : je vous en fais mes compliments. Eh, ne l'êtes-vous pas aussi, vous ? ai-je répondu. Sans difficulté je le suis, m'a-t-il reparti, mais parbleu vous êtes bien un autre homme que moi. Comment ? lire des sermons, y méditer : oh, je n'irai jamais jusque-là. Vous le prenez sur un ton assez indévot, lui ai-je dit. Indévot, s'est-il écrié, la réflexion est austère ; je crois qu'effectivement vous avez raison, je ne suis pas dévot, vous m'y faites penser, je le deviendrai, c'est une obligation que je veux vous avoir, mon Cher. Croyez-vous, lui ai-je dit, qu'il ne faille pas l'être ? Je vous avouerai, a-t-il repris, que je ne suis pas tout à fait de l'humeur de ces bonnes gens qui croient tout, sans trop savoir pourquoi. Fort bien lui ai-je dit, mais j'ai un petit mot à vous répondre : ces gens-là, dites-vous, croient tout sans savoir pourquoi : et vous, savez-vous mieux pourquoi vous ne croyez pas ? Ah, ah, si je le sais, m'a-t-il répondu ; vous vous divertissez, sans doute (et cela était vrai) oui, Monsieur, je le sais : je raisonne quelquefois, j'ai des principes. Moi là-dessus, curieux du système étourdi[1] que pouvait s'être fait un homme qui n'avait assurément pour toute philosophie qu'un peu de libertinage, beaucoup de vanité, et force ignorance, j'ai fait semblant de le combattre sérieusement pour l'agacer ; et en effet le système est venu, et ce système, qui était sa créance, c'était un composé de lieux communs, de bribes d'opinions qu'il avait apparemment retenues de la conversation de quelques esprits qui se donnent pour esprits forts[2]. Je mourais d'envie de rire, mais je n'ai

1. Forgé sans réflexion, inconsidérément.

2. L'*esprit fort* désigne le « libertin qui affecte de paraître singulier sans ses opinions, dans sa doctrine et dans ses mœurs » (*Acad.*), et, pris absolument, celui qui se fait gloire de mettre en doute l'enseignement de l'Église. Marivaux emprunte ici au chapitre XVI des *Caractères* de La Bruyère (« Des esprits forts »), et notamment : « Les esprits forts savent-ils qu'on les appelle ainsi par ironie ? Quelle plus grande faiblesse que d'être incertains quel est le principe de son être, de sa vie, de ses sens, de ses connaissances, et quelle doit en être la fin ? »

point voulu fâcher ce Philosophe, dont les raisons étaient à l'abri de toute critique, et devenaient incontestables par le peu de logique qu'il avait soin d'y observer.

Je parlais tout à l'heure des prédications, mais fussent-elles aussi persuasives qu'elles le devraient être, je ne sache rien qui pût mieux établir la Religion, rien qui servît tant à la foi, que de faire prêcher à un docteur de cette espèce-là son incrédulité même, peut-être l'incrédulité des plus forts esprits serait-elle encore plus efficace ; ce qui est de sûr, c'est qu'elle ne nuirait pas.

Quand j'ai vu que mon homme avait fini : En vérité, mon cher Monsieur, lui ai-je dit, vous vous moquiez tout à l'heure de la crédulité des bonnes gens, mais si vous croyez à votre système, vous n'avez rien à leur reprocher, je vous garantis plus crédule qu'eux ; je vois bien que ce n'est pas le défaut d'évidence qui vous empêche d'ajouter foi à de certaines choses, car je ne pense pas que vous voyiez plus clair dans celles que vous croyez. À ce discours, il s'est levé d'un air distrait, en ajoutant : chacun a sa façon de voir ; franchement, ai-je répondu, je comprends bien qu'avec la vôtre, on marche hardiment dans les ténèbres.

Quelques compliments assez froids ont terminé notre scène, et il est parti ; mais on m'annonce qu'il est temps de souper ; bonsoir, je me coucherai de bonne heure.

Du Mardi huitième février.

Les amants à belle chevelure auront été charmants aujourd'hui, car il a fait le plus beau temps du monde, et le plus calme. Il est huit heures du soir, j'arrive de chez

(§ 1), ou « l'esprit docile admet la religion ; et l'esprit faible, ou n'en admet aucune, ou en admet une fausse. Or l'esprit fort ou n'a point de religion, ou se fait une religion ; donc l'esprit fort, c'est l'esprit faible » (§ 2).

ce Seigneur dont je dois tirer les appointements que m'a promis la Cour de Madrid pour mes voyages, je vous ai déjà dit que c'était un glorieux [1], d'une humeur hautaine, qui abuse du besoin qu'on a de lui, et devant qui il faut ramper pour l'avoir favorable : chacun a son caractère, il y a des gens qui ne sont pas dans le goût d'être aimés, une reconnaissance vive et respectueuse ne les pique point [2], si l'on ne les craint pas, si la haine qu'on a pour eux ne désavoue pas les soumissions qu'on est obligé de leur faire, et ne les rend pas douloureuses, ils ne sont point contents, ils ne priment [3] point sur vous, ils ne jouissent point de leur autorité, ils préfèrent en vous une inimitié qu'ils forcent à se taire, à des sentiments d'estime et d'amitié, qui les honoreraient.

La première fois que j'ai vu celui dont je vous parle, c'était à Bayonne, il me traita si cavalièrement que je me révoltai, et suivant les principes de l'orgueil humain, je ne crus pas qu'un homme d'honneur, et né quelque chose [4], pût se laisser brusquer sans s'en ressentir ; vous jugez bien que je ne le disposai pas à me rendre service. Pour me punir, il a tâché depuis de faire réduire mes appointements à la moitié, et il y a réussi ; je ne l'ai su que ce matin ; d'abord j'en ai été au désespoir, il m'est venu cent fois dans l'esprit de tout abandonner, mais comme il s'agit d'un intérêt de conséquence, puisque j'ai compté sur la somme considérable qu'il ne tient qu'à lui de me faire toucher ici, et qu'étant étranger dans le pays, je ne trouverais point de ressource. La raison m'a donné de plus sages avis, je me suis résolu d'aller trouver mon homme, vous allez croire que pour cela j'ai sacrifié ma

1. Un vaniteux, un orgueilleux.
2. Ne les touche pas.
3. *Primer* : terme emprunté au jeu de paume qui « se prend figurément pour dire : devancer, surpasser, se distinguer, avoir de l'avantage sur les autres » (*Acad.*).
4. De noble naissance, qui a donc les qualités traditionnellement reconnues à l'aristocratie.

fierté, point du tout, je n'aurais jamais pu faire ce sacrifice-là, mais j'ai trouvé moyen de tout ajuster : mon amour-propre s'est secouru, et vous allez voir son expédient, il est curieux ; il faut que je vous en instruise, il pourra même vous servir dans le besoin.

Je me suis donc dit : qu'est-ce que c'est, de quoi s'agit-il, je ne veux point aller voir cet homme parce qu'il est superbe, qu'il veut qu'on soit bas et rampant avec lui, et que moi je ne veux pas l'être ; eh, pourquoi ne le veux-je pas, puisque c'est le moyen de captiver ses bonnes grâces qui me sont nécessaires ? quel inconvénient y aura-t-il à flatter sa faiblesse ? tout aussi peu qu'il y en a à apaiser un enfant qui crie, et dont le bruit vous importune, et cependant j'ai peur que ce ne soit m'abaisser ? Eh, quoi[k] la petitesse des hommes mérite-t-elle qu'on lui fasse l'honneur de s'en piquer ? n'est-ce pas l'estimer ce qu'elle vaut que d'en avoir compassion ? je veux être fier, eh, la véritable fierté n'est-elle pas d'être raisonnable ! Allons, partons, mes dégoûts étaient ridicules.

Cette exhortation faite, j'ai pris ma secousse[1], et suis arrivé chez celui dont il s'agissait, il m'a regardé d'un œil brusque, mais fidèle aux principes d'orgueil, dont je venais de me munir, j'ai caressé l'enfant, je lui ai donné du sucre et des bonbons ; je triomphais de me trouver si supérieur à lui, et l'enfant s'est apaisé. Il faut l'avouer, dans le fond, les orgueilleux, quand on le veut, sont les meilleurs gens qu'il y ait, les créatures du monde les plus faciles, que vous dirai-je ; demain je recevrai tout mon argent, mes appointements seront augmentés, mon homme m'offre un appartement chez lui, il m'a embrassé, je le haïssais, je l'aime, et nous nous aimons : oh parbleu qu'il me vienne à présent des orgueilleux, je les attends avec ma fierté.

---

1. J'ai pris mon élan.

Seizième feuille

27 mars 1723

Voici la suite du Journal espagnol que j'ai traduit : je crois que ce qu'il en reste suffira pour remplir cette Feuille.

Du mercredi, neuvième février.

Il est onze heures du soir ; je viens de souper en ville, j'ai dîné en compagnie et j'ai bien vu des choses aujourd'hui.

Je commencerai par vous dire, que ce matin j'ai été recevoir de l'argent que devait me donner un bourgeois de Paris, bourgeois riche et distingué ; j'étais accompagné d'un de mes amis qui le connaît, et qui, en m'y conduisant, m'a dit qu'il était le mari d'une très belle femme, qu'ils s'étaient épousés par inclination, que cependant ils ne vivaient pas à présent avec beaucoup de douceur ensemble, et qu'ils paraissaient ne se guère soucier l'un de l'autre. Nous sommes arrivés chez mon homme en discourant là-dessus, et l'on nous a fait entrer dans une chambre, où d'abord nous n'avons trouvé que la femme ; elle allait se sauver pour n'être point vue, mais elle n'en a pas eu le temps ; il a fallu se montrer : nous l'avons saluée, elle était embarrassée et honteuse, sans doute à cause que nous la trouvions dans un négligé des plus négligés, tranchons le mot, dans un négligé malpropre[1] : aussi il fallait voir comme elle se montrait

1. *Négligé* employé comme substantif signifie « l'état où est une femme quand elle n'est point parée ; en ce sens il ne s'emploie qu'au singulier » (*Acad.*). La femme « en négligé » commet ici une double faute : elle ne devrait se montrer en vêtements d'intérieur qu'à ses proches, et ne pas manquer de propreté.

de côté, comme ses mains travaillaient machinalement après sa robe, après sa coiffure, pour en diminuer le désagrément, pour leur faire trouver grâce devant nos yeux ; après cela, c'était de ses mains dont elle rougissait, parce qu'elles n'étaient pas en état ; ensuite venait la confusion d'avoir des bras trop longs par le défaut d'engageantes [1] ; ensuite je la voyais en peine pour une paire de mules qui déshonoraient son pied ; elle succombait sous tant d'embarras. La pauvre femme nous parlait, mais quoique je ne l'eusse vue que cette seule fois, il me semblait qu'elle n'avait ni son esprit ni son ton de voix ; non, ce n'était point là elle en tout : c'était, si vous voulez, ses yeux, sa taille et son visage ; mais des yeux qui n'osaient regarder, une taille qui n'osait se faire valoir, un visage qui n'osait se montrer : en effet, une belle femme qui n'a point encore disposé ses attraits, qui n'a rien de préparé pour plaire ; quand on la surprend alors, on ne peut pas dire que ce soit véritablement elle ; du moins par sa façon de faire, vous dit-elle, ce n'est pas moi : cela me ressemble en laid ; mais vous ne me voyez pas encore ; attendez, je ne suis qu'ébauchée, deux heures de toilette m'achèveront, après quoi, vous me jugerez ; oh ! la crainte qu'elle a que vous ne la jugiez par avance déconcerte aussi son esprit.

Pour moi, mon cher, malgré l'embarras de cette dame, je l'ai beaucoup examinée, et je vous avoue qu'elle doit être une des plus aimables femmes du monde, quand elle veut l'être, car j'ai deviné ses charmes plus que je ne les ai vus : je ne l'aimais point du tout comme elle était, mais elle me plairait beaucoup comme elle peut devenir.

Enfin, pour le soulagement de sa vanité, son mari est venu, et tout en entrant lui a fait une brusquerie [2] pour je ne sais quelle bagatelle de ménage dont je ne me

1. « Sorte de manches de toile ou de dentelle qui pendent au bout du bras » (*Trévoux*).

2. « Action offensante par sa rudesse » (*Acad.*).

souviens plus, et elle s'est retirée en lui répondant à l'avenant[1] de ce qu'il lui disait. Pour lui, c'était un homme encore jeune, d'assez bonne mine, mais dans un déshabillé d'une malpropreté si dégoûtante, qu'il faut assurément qu'il l'ait étudiée pour y parvenir, ou qu'il ait un dessein formel de déplaire à sa femme ; ce dont sa femme se venge en lui rendant la pareille. Il a pourtant de l'esprit et de la politesse, et je suis persuadé qu'il est homme aimable hors de chez lui ; j'ai reçu mon argent, et nous nous en sommes allés.

Je comprends bien que ces deux personnes-là ont pu s'aimer, quand elles se sont mariées, ai-je dit à mon ami ; pour se plaire elles n'ont eu qu'à vouloir se rendre agréables ; avec cette attention réciproque, elles méritaient d'être aimées l'une de l'autre. Vous me dites qu'aujourd'hui ces gens-là ne s'aiment plus, c'est qu'ils ne le méritent plus ! Que dis-je s'aimer, ils seraient heureux de ne se sentir qu'indifférents ; encore entre époux se sauve-t-on avec de l'indifférence l'un pour l'autre ; mais ceux-là doivent se haïr, se trouver pis que laids ; oui, sur ma parole, ils se voient avec dégoût. Vous pensez donc, m'a répondu mon ami, que le mariage produit d'étranges effets ? Point du tout, ai-je repris, ce n'est point au mariage à qui je m'en prends, ce n'est point lui qui fait succéder ce dégoût à l'amour : il y a des amants qui s'aiment depuis dix ans sans se perdre de vue ; qu'arrive-t-il ? quelquefois leur amour est tiède, il dort de temps en temps entre eux, par l'habitude qu'ils ont de se voir ; mais il se réveille, il reprend vigueur, et passe successivement de l'indolence à la vivacité. Pourquoi n'est-ce pas de même dans le mariage ? Serait-ce à cause qu'à l'Autel on a juré de s'aimer ? bon, eh, que signifie ce serment-là ? rien, sinon qu'on s'oblige d'agir exactement tout comme si on s'aimait, quand même on ne s'aimera plus ; car à

1. À proportion.

l'égard du cœur, on ne peut se le promettre pour toujours, il n'est pas à nous, mais nous sommes les maîtres de nos actions, et nous les garantissons fidèles, voilà tout ; reste donc ce cœur dont l'amour doit toujours piquer[1], parce que cet amour est toujours un pur don, parce que des époux ont beau se le promettre, et qu'ils ne peuvent se le tenir qu'autant qu'ils prendront soin de se le conserver par de mutuels égards : ainsi des époux ne sont précisément que des amants heureux qui ne doivent point s'attacher ailleurs, mais qui malgré le mariage peuvent toujours rester glorieux et jaloux de l'honneur et du plaisir de se plaire ; en ce que ce n'est pas le nœud qui les unit, mais seulement le goût qu'ils ont l'un pour l'autre, qui les rend mutuellement aimables ; et comme je vous ai déjà dit, leur devoir est de se comporter en Amants, mais ils ne sont pas réellement obligés de l'être ; de sorte que quand ils cessent de s'aimer, c'est un Amant qui n'est plus aimable aux yeux de sa Maîtresse, c'est une Maîtresse qui n'a plus de charmes pour son Amant : et cela devrait humilier, ce me semble ; je ne puis comprendre comment l'amour-propre ne regarde pas cela comme une diminution de ses avantages, comment il ne songe pas à s'en épargner l'affront, car c'en est un tout de même qu'entre Amants que le mariage n'a point unis ; c'est positivement la même chose. Quoi, nous qui nous estimons tant, et presque toujours mal à propos : nous qui avons tant de vanité, qui aimons tant à voir des preuves de notre mérite, ou de celui que nous nous supposons ; faut-il que sans en devenir ni plus louables, ni plus modestes, nous cessions d'être orgueilleux et vains dans la seule occasion peut-être où il va de notre profit et de tout l'agrément de notre vie à l'être ? Des gens s'épousent, ils s'adorent en se mariant, ils savent bien ce qu'ils ont fait pour s'inspirer mutuellement de la tendresse, elle est le fruit de leurs

1. Flatter, rendre sensible.

égards, de leur complaisance, et du soin qu'ils ont eu de ne s'offrir de part et d'autre que dans une certaine propreté [a] qui mit leur figure en valeur, ou qui du moins l'empêcha [b] d'être désagréable, ils ont respecté leur imagination qu'ils connaissaient faible et dont ils ont craint, pour ainsi dire, d'encourir la disgrâce, en se présentant mal vêtus. Que ne continuent-ils sur ce ton-là, quand ils sont mariés ; et si c'est trop, que n'ont-ils la moitié de leurs attentions passées, pourquoi ne se piquent-ils plus d'être aimés, quand il y a plus que jamais de la gloire et de l'avantage à l'être ?

Ne serait-il pas bien flatteur de se dire : à présent, je suis jour et nuit avec ma maîtresse, jour et nuit avec mon amant ; cependant elle m'aime, malgré l'habitude qu'elle a de me voir à tout moment ; cependant il m'aime, quoiqu'il n'ait plus la peine de me chercher ; sa tendresse résiste au commerce continuel que nous avons ensemble, son amour soutient la nécessité de nous voir.

J'en étais là de mes réflexions, quand mon ami s'est mis à rire de tout son cœur de la vivacité avec laquelle je les faisais : c'est bien dommage, m'a-t-il dit, que vous n'ayez que moi pour témoin de vos discours édifiants, je n'ai pas le temps d'achever de les entendre, et j'en suis fâché ; mais j'ai affaire, adieu ; là-dessus il m'a quitté, et moi en attendant l'heure de dîner, j'ai été aux Tuileries [1], et me suis promené dans une allée des plus écartées.

À peine y avais-je fait un tour que j'ai entendu dans un bosquet deux personnes qui se parlaient d'une voix assez élevée, et qui semblaient se quereller : j'ai distingué la voix d'une femme, et cela m'a donné la curiosité d'écouter. Vous pouvez en être sûr, disait-elle, je perdrai votre maîtresse de réputation, j'en ai les moyens, je la connais, je sais de ses aventures. Vous la perdrez de réputation, madame, a répondu le cavalier (car c'en était un),

1. Le jardin rénové en 1665 par Le Nôtre est, dans les romans de l'époque, le lieu traditionnel des rencontres galantes.

ma foi je vous en défie, je ne crois pas qu'elle en ait à perdre ; cependant ne l'irritez pas. Vous savez de ses aventures, dites-vous, mais elle sait des vôtres, et vous seriez à deux de jeu [1]. Vous parlez en malhonnête homme, a-t-elle reparti, et vous abusez des sentiments que je vous ai montrés. Ma foi, madame, a-t-il dit, je n'ai pas cru la chose si sérieuse entre vous et moi ; nous nous sommes plu, il est vrai, vous m'avez fait l'honneur de me trouver de votre goût, vous étiez fort du mien, je vous ai confié mes dispositions, vous m'avez dit les vôtres ; nous n'avons jamais fait mention d'amour durable ; si vous m'en aviez parlé, je ne demandais pas mieux ; mais j'ai regardé vos bontés pour moi comme les effets d'un caprice heureux et passager, je me suis réglé là-dessus ; le hasard m'a fait connaître la Dame en question, ce qui m'est arrivé avec vous m'arrive avec elle ; autre caprice dont je profite, il n'y a pas là de quoi vous fâcher, elle n'a pas l'air de m'aimer autrement que vous avez fait, et je l'imiterai exactement. Ainsi vous me querellez pour une bagatelle : sortons, votre carrosse vous attend, il commence à faire chaud [2], nous nous reverrons un de ces jours, notre conversation sera plus douce, cet amour exact et sérieux vous sortira de l'esprit, et nous nous aimerons sans tant de façon, comme à l'ordinaire.

Je ne sais point ce que la Dame a répondu à ce discours comique où il n'entrait pas beaucoup d'estime pour elle : mais j'ai cru qu'ils m'apercevaient, et je me suis éloigné, en faisant ma réflexion à mon ordinaire ; la voici.

Autrefois, quand un amant cessait d'aimer une maîtresse, c'était un infidèle, mais un infidèle qui la respectait : aujourd'hui, lorsqu'un homme quitte une femme,

1. Deux jeux partout, l'une ayant pris sa revanche sur l'autre (métaphore empruntée au jeu de paume).

2. Curieuse excuse : la page du journal espagnol est datée du 9 février.

ce n'est qu'un vicieux qui la méprise, c'est-à-dire, que l'amour, tel qu'il est à présent, fait plus de honte et moins de plaisir ; à quoi donc songent les femmes de l'avoir mis dans cet état-là, car c'est leur faute, et non pas la nôtre : c'est d'elles que l'amour reçoit ses mœurs [1] [c], il devient ce qu'elles le font.

J'ai eu encore bien d'autres idées sur ce chapitre-là ; mais midi a sonné, et je me suis rendu vite dans l'endroit où je devais dîner.

J'ai trouvé plusieurs convives chez celui qui nous avait invités : il a [d] quatre enfants, j'en sais le compte bien exactement, car le père et la mère les ont tous fait passer en revue devant nous : l'un est un jeune homme de dix-sept à dix-huit ans, qui sort du Collège. Je ne lui ai pas entendu prononcer un mot, tant que le père a été avec nous : il n'a parlé que par révérences, à la fin desquelles je voyais qu'il regardait timidement son père, comme pour lui demander si en saluant, il s'était conformé à ses intentions. Le père a disparu pour quelques moments ; j'avais bien jugé que sa présence tenait l'âme de ce jeune homme captive, et j'étais bien aise de voir un peu agir cette âme quand elle était libre, quand on la laissait respirer ; de sorte que j'ai interrogé ce fils, d'un air d'amitié. Le pauvre enfant par la volubilité de ses réponses, a semblé me remercier de ce que je lui procurais le plaisir de parler. Il se pressait de jouir de sa langue, je ne sais comment il faisait, mais il avait le secret de répondre à ce que je lui disais, sans qu'il se donnât le temps de m'écouter, car il parlait toujours : il n'y a qu'un homme qu'on a depuis longtemps forcé d'être muet, qui puisse en faire autant. Il commençait un récit, quand le père en toussant s'est fait entendre dans la chambre prochaine, le bruit de sa redoutable poitrine a remis la langue de son fils aux fers : j'ai vu la joie, la confiance et la liberté fuir de son visage, il a changé de physionomie ; je ne le reconnaissais

1. *Mœurs* a ici le sens de « façons, modes de comportement ».

plus. Le père est entré, et je riais de tout mon cœur, de ce qu'il ne sait pas qu'il n'a jamais vu le visage de son fils. En vérité, il ne le reconnaîtra pas lui-même, si jamais il le surprend avec la physionomie qu'il avait en me parlant : oh, je vous demande après cela, s'il y a apparence qu'il soit mieux au fait de son esprit et de son cœur.

Qu'un enfant est mal élevé, quand pour toute éducation, il n'apprend qu'à trembler devant son père : dites-moi quels défauts le père pourra corriger dans son fils, si ceux qu'il a apportés en naissant lui sont inconnus et n'osent se montrer ; si, pour ainsi dire effrayés par son extrême sévérité, ils se sont sauvés dans le fond de l'âme ; s'il n'a fait de ce fils qu'un esclave qui soupire après la liberté, et qui en usera comme un fou quand il l'aura.

Voulez-vous faire des honnêtes gens de vos enfants, ne soyez que leur père, et non pas leur juge et leur tyran : et qu'est-ce que c'est qu'être leur père ? c'est les persuader que vous les aimez ; cette persuasion-là commence par vous gagner leur cœur : nous aimons toujours ceux dont nous sommes sûrs d'être aimés ; et quand vos enfants vous aimeront, quand ils regarderont l'autorité que vous conserverez sur eux, non comme un droit odieux que les Lois vous donnent, et dont vous êtes superbement jaloux, mais comme l'effet d'une tendresse inquiète, qui veut leur bien, qui semble les prier de ce qu'elle leur ordonne de faire, qui veut plus obtenir que vaincre, qui souffre de les forcer, bien loin d'y prendre un plaisir mutin, comme il arrive souvent : oh, pour lors vous serez le père de vos enfants ; ils vous craindront, non comme un maître dur, mais comme un ami respectable, et par son amour et par l'intérêt qu'il prend à eux. Ce ne sera plus votre autorité qu'ils auront peur de choquer, ce sera votre cœur qu'ils ne voudront pas affliger ; et vous verrez alors avec quelle facilité la raison passera dans leur âme, à la faveur de ce sentiment tendre que vous leur aurez inspiré pour vous. Pardon, mon cher, de toutes mes réflexions : j'avais un père qui m'apprit à réfléchir, et qui ne prévoyait pas que je dusse un jour faire un Journal, et le gâter par là.

Je vis encore deux petits enfants, de sept à huit ans chacun, et qui me parurent de très jolies machines ; je les appelle machines, parce qu'on les avait seulement dressés à prononcer quelques paroles comme : *je suis votre serviteur, vous me faites bien de l'honneur*, etc., ce qui ne me plut guère ; eh, mon dieu, dussent les enfants ne répondre que des impertinences, laissons-leur avoir des pensées en propre : à quoi leur servent ce qu'ils répètent en perroquets ? Écoutons leur impertinences, et disons-leur après : Ce n'est pas cela qu'il faut dire ; rien ne rend leur esprit plus paresseux que cette provision de petites phrases qu'on leur donne, et à laquelle ils s'attendent.

Nous dînâmes très splendidement, et au sortir de table, on m'emmena à la représentation d'une Tragédie [1]. Je me trouvai auprès d'un homme qui la critiquait, pendant qu'il larmoyait en la critiquant : de sorte que son cœur faisait la critique de son esprit. Deux Dames spirituelles lui répondaient de la bouche : vous avez raison, et de leurs yeux pleurants, lui disaient : vous avez tort. Moi-même, je l'avoue, j'avais quelquefois envie de désapprouver des choses qui me faisaient beaucoup de plaisir. Si c'est un défaut que de plaire ainsi, je vous le laisse à juger : mais pour moi, je crois que notre esprit n'est qu'un mauvais rêveur toutes les fois qu'en pareil cas, il n'est de l'avis du cœur [2].

---

1. Possible allusion à l'*Iñès de Castro* de Houdar de La Motte (voir ci-après, p. 212, n. 1).
2. Souvenir d'une maxime célèbre de La Rochefoucauld (*Maximes*, 102) : « L'esprit est toujours la dupe du cœur. »

DIX-SEPTIÈME FEUILLE

12 mai 1723

Le Journal de mon Espagnol n'est pas encore fini, mais j'en remets la suite, et je la donnerai une autre fois[1] : j'aime à varier les sujets, et je crois que mes Lecteurs approuveront mon goût. Comme j'ai pris l'habitude de changer de matière presque à chaque Feuille, quelque jour je pourrai bien demeurer longtemps sur le même sujet, par raison de variété encore, car l'uniformité est chose neuve pour ceux qui n'y sont pas accoutumés. Voici maintenant ce dont il s'agit.

Je me trouvai l'autre jour dans le cabinet d'une Dame dont je suis ami depuis plus de cinquante ans : j'ai même été autrefois piqué de belle tendresse pour elle, j'entends que j'ai eu de ces sentiments qui aboutissent à faire dire des choses bien tendres, de cela qu'on appellerait en ce temps-ci élégie ou églogue[2] ; enfin, de cet amour qui n'est qu'un soupir perpétuel, et qui vise bien respectueusement à surprendre une belle main qu'on baise avec un ragoût[3] si ravissant qu'une femme en est toute honteuse, à cause du plaisir qu'elle vous y voit prendre.

Je ne sais de quoi cette Dame et moi, nous nous étions avisés de traiter l'amour sur ce pied-là[4] : car, dès lors les sentiments n'étaient plus à la mode, il n'y avait plus d'amants, ce n'était plus que libertins qui tâchaient de

1. La promesse ne sera pas tenue.

2. Deux des genres canoniques de la poésie amoureuse : l'élégie « s'emploie dans les sujets tristes et plaintifs, et dans tout ce qui regarde l'amour » ; l'églogue est une « sorte de poésie pastorale où l'on fait parler des bergers » amoureux (*Acad.*, 1694).

3. « Mets apprêté pour irriter le goût, exciter l'appétit » ; le sens figuré est enregistré par les dictionnaires du XVIIIe siècle : « ce qui irrite le désir » (*Acad.*).

4. Dans ces conditions.

faire des libertines ; on disait bien encore à une femme, je vous aime, mais c'était une manière polie de lui dire je vous désire[1] ; aussi pour marquer qu'elle vous entendait, une femme se montrait-elle plus ou moins sage, suivant qu'elle se disait plus ou moins sensible ; de sorte que quand elle vous aimait tout à fait, pour en faire foi, vous voyez bien à quelle preuve elle en était réduite : elle n'avait plus rien à perdre que son cœur, qu'elle accusait de tout, quoique le plus souvent il ne fût cause de rien, et qui à vrai dire ne valait pas la peine d'être regretté avec de pareilles maîtresses.

Quoi qu'il en soit, ce n'était pas ainsi que nous nous aimions, la Dame dont je parle et moi, et je crois que nous y gagnions ; car le vice a beau faire avec ses douceurs brutales et rassasiantes, outre qu'il tue l'amour quand il s'y en trouve, c'est qu'il ne lui appartient pas de piquer l'âme, autant que peut la piquer un amour tendre et innocent de part et d'autre. Si l'on savait bien ce que c'est que cet amour-là, quelles sont ses ressources, et le charme des progrès qu'il fait dans le fond de l'âme, combien il la pénètre, et tient sa sensibilité en vigueur ; en combien de façons délicieuses il la remue ; si l'on savait combien en mille moments, avec cet amour-là, deux amants se trouvent grands, nobles et délicats, combien ils sont glorieux et contents de se trouver tels ; si l'on savait avec quelle satisfaction ils souffrent d'être sages, car on s'imagine qu'il n'y a point de plaisir à cela. On se trompe, la vertu dédommage de la peine qu'elle coûte, et de cette vertu on en devient alors tout aussi amoureux que de la personne qu'on aime : on les confond toutes deux, ce n'est plus qu'un ; cela ne fait-il pas un objet bien aimable ? n'a-t-on pas bien du plaisir à l'aimer, et par-dessus le marché, n'est-ce rien que l'honneur d'avoir une passion si distinguée, et d'en inspirer une pareille ? Eh,

1. Voir *Le Cabinet du philosophe*, Feuille I, in *Journaux*, t. II, éd. citée.

l'on a de la sagesse à l'envi l'un de l'autre pour se rendre à l'envi plus digne d'être aimé.

Mais moi, avec ma sagesse et ma vertu, je m'amuse ici à des discours gaulois [1] qu'on n'entendra pas, et qui me dérobent mon sujet. Qu'ai-je fait de la Dame dont j'ai parlé d'abord, je l'ai laissée, ce me semble, dans son cabinet, et moi avec elle.

Elle fouillait dans un coffre, où je vis sur un cahier de papier ces mots écrits de sa main : *Mémoire de ce que j'ai fait et vu pendant ma vie.* Je me jetai sur ce cahier, pour le prendre, elle voulut me l'ôter, et comme je résistais, il nous en demeura à chacun la moitié : sur-le-champ je pris le parti de m'enfuir avec ma part, pendant qu'elle me poursuivait en badinant pour la ravoir ; mais je sortis tout en riant aussi, et j'allai chez moi voir ce que c'était, et voici ce que c'est, sans y changer un mot.

Mémoire de ce que j'ai fait et vu pendant ma vie.

J'ai soixante et quatorze ans passés quand j'écris ceci : il y a donc bien longtemps que je vis : bien longtemps, hélas ! je me trompe, à proprement parler, je vis seulement dans cet instant-ci qui passe ; il en revient un autre qui n'est déjà plus, où j'ai vécu, il est vrai, mais où je ne suis plus, et c'est comme si je n'avais pas été : ainsi ne pourrais-je pas dire que ma vie ne dure pas, qu'elle commence toujours ? ainsi, jeunes et vieux, nous serions tous du même âge ; un enfant naît en ce moment où j'écris, et dans mon sens, toute vieille que je suis, il est déjà aussi ancien que moi : voilà ce qui m'en semble, et sur ce pied-là qu'est-ce que la vie ? un rêve perpétuel, à l'instant près dont on jouit, et qui devient rêve à son tour. Je

1. Démodés. « On dit d'un vieux mot, d'une vieille façon de parler, que *C'est du Gaulois* » (*Acad.*).

connais un pauvre homme qui a beaucoup souffert depuis trente ans ; je connais un grand Seigneur qui a passé tout ce temps-là dans la joie : lequel aimeriez-vous mieux avoir été, ou le pauvre, ou le grand Seigneur ? quelque lot que vous choisissiez, vous n'en serez ni mieux, ni plus mal. Voilà pourtant à quoi aboutissent le bonheur ou le malheur de cette vie : peines passées, plaisirs passés, tout se confond, tout est égal ; les Rois n'ont qu'à profiter de l'instant dont ils jouissent, ils ne sont heureux que cet instant ; et de ce court bonheur qu'ils ont, c'est à eux à en bien choisir l'espèce : tout court qu'il est, il a d'éternelles conséquences [1].

Je suis vieille, ceux qui liront ceci doivent me pardonner les réflexions par où je commence ; réfléchir sur ces matières-là, est, je crois, un tribut qu'il faut payer une fois en sa vie ; il vaudrait mieux le payer quand on est jeune, cela procurerait une vie plus tranquille et plus innocente, et diminuerait beaucoup de la valeur que nous trouvons à je ne sais combien de petites doctrines hardies dont nous nous gâtons les uns les autres, et qui nous paraîtraient bien faibles, si nous n'avions pas un intérêt présent [2] à les trouver fortes, ou si nous n'avions pas le sang trop chaud.

Quoi qu'il en soit, voilà mon exorde, ce qui me reste à dire va m'engager d'abord à des détails plus amusants, et me ramènera ensuite aux réflexions les plus sérieuses.

On me maria à dix-huit ans ; je dis qu'on me maria, car je n'eus point de part à cela ; mon père et ma mère me promirent à mon mari que je ne connaissais pas ; mon mari me prit sans me connaître, et nous n'avons point fait d'autre connaissance ensemble que celle de nous trouver mariés, et d'aller notre train [3] sans nous demander ce que

---

1. Des conséquences dans la vie éternelle.
2. Immédiat, qui agit sur-le-champ.
3. Comme deux chevaux (métaphore équestre filée plus loin : « se donner carrière », « aller plus doucement »).

nous en pensions, de sorte que j'aurais dit volontiers, quel est donc cet étranger dont je suis la femme ?

Cet étranger cependant était un fort honnête homme de trente-cinq à quarante ans, avec qui j'ai vécu comme avec le meilleur ami du monde, car je n'eus jamais pour lui ce qu'on appelle amour, il ne m'en demanda jamais, nous n'y songeâmes ni l'un ni l'autre, et nous nous sommes très tendrement aimés sans cela.

Sept ou huit mois après notre mariage, un aimable homme de notre société s'avisa de prendre du goût pour moi : dès que je m'en aperçus, je le condamnai à soupirer en vain, car j'étais sage ; mais nous autres femmes, lorsqu'un homme nous aime, il n'y a pas moyen que nous le congédiions[e] sans retour : la vertu nous dit, il ne faut point avoir d'amant, et là-dessus nous renvoyons celui qui nous vient, mais il ne s'en retourne pas si vite, car notre vanité lui fait signe d'attendre, et il attend comme fit le mien que je traitais avec froideur, et que j'agaçais par mille petites bagatelles dont il ne dépendait pas de moi de m'abstenir, parce que j'étais femme, et qu'on ne peut être femme sans être coquette ; il n'y a que dans les Romans qu'on en voit d'autres, mais dans la nature c'est chimère, et les véritables sont toutes comme j'étais, par exemple, lorsque je me sentais dans un jour de beauté, que j'étais avantageusement parée, j'étais bien aise que l'amant dont je parle me vît alors, je l'en rebutais de meilleur courage, parce que je savais bien qu'il n'y avait point de danger à le faire, je l'aurais défié de me quitter, j'étais trop belle pour lors : ainsi je laissais ma sagesse se donner carrière, j'affligeais hardiment mon homme, quand mes agréments pouvaient soutenir tout ce fracas-là[1], mais j'allais plus doucement quand je me sentais moins forte.

1. *Fracas* « se dit figurément des choses qui font du bruit et de l'éclat » (*Fur.*).

Et qu'on n'aille pas dire que c'est là une grande coquetterie, car c'est la moindre de toutes celles qu'une femme peut avoir, ce n'est encore là qu'une coquetterie machinale ; vraiment, quand la réflexion s'en mêle, c'est bien autre chose.

Cependant, l'épouse de cet honnête homme connut à n'en pouvoir douter qu'il m'aimait, elle s'en alarma comme de raison, et vint me rendre visite un jour qu'il était avec moi ; ils parurent déconcertés [f] en se voyant ; un moment après il sortit, et j'allais continuer la conversation avec elle, quand elle me dit en souriant : mon mari vous aime, Madame, et vous méritez d'être aimée plus que personne au monde, ainsi je n'entreprendrai point de le détacher de vous, j'y perdrais mes efforts, il vaut mieux que j'aie recours à vous-même, et que je remette mes intérêts entre vos mains ; c'est donc à vous, à votre amitié pour moi, que je recommande mon mari, j'ai de l'attachement pour lui, et il le mérite, au penchant près qu'il sent, et qu'il est bien difficile de ne pas se sentir [g], pour une femme aussi bien faite que vous l'êtes, je suis sûre que ce penchant vous est à charge, et il m'afflige, je ne lui ai rien dit encore, j'ai cru que vous le ramèneriez mieux que moi, et qu'il serait plus touché du chagrin qu'il me donne si vous l'y rendiez sensible. Il m'aimait autrefois : disposez donc son cœur à plaindre du moins le mien ; l'estime et le respect qu'il a pour vous, donneront du poids à ce que vous lui direz en ma faveur ; feignez que je suis aimable, et il vous croira, vous l'en persuaderez encore mieux que ne feraient mes reproches.

À peine eut-elle achevé de parler que je l'embrassai de tout mon cœur, je me jetai dans ses bras, je crois même que nous pleurâmes ; et le moyen à mon égard que je ne me fusse pas attendrie, que je n'eusse pas été remplie de zèle pour les intérêts d'une femme qui venait me dire que j'étais plus aimable qu'elle, et qui demandait quartier [1] à

1. Demandait grâce.

mes charmes, le tour était trop adroit, aussi je n'y résistai pas, je l'embrassai encore, et puis je recommençai, je l'accablai de caresses, je la trouvai adorable, cent fois plus belle que moi ; car l'amour-propre, quand il a son compte, est si tendre, si reconnaissant, si modeste : il rend tout ce qu'on lui donne.

Je ne rapporterai point les discours que nous nous tînmes ; notre attendrissement rendit la scène assez muette, je l'assurai qu'elle serait contente, et elle me quitta.

Son mari rentra qu'il n'y avait pas un demi-quart d'heure qu'elle était sortie, la joie était peinte sur son visage. Madame, me dit-il, voilà qui est fini, je ne vous serai plus importun ; je viens vous demander pardon de vous l'avoir été : je vous admire, vous êtes la vertu même (et je me serais bien passée de ces éloges-là, ils me déplurent par pressentiment)[1]. J'écoutais à la porte de votre chambre lorsque ma femme vous a parlé, ajouta-t-il : je suis charmé d'elle, quelle femme, quel caractère ; voyez comme elle m'aime, elle redemande mon cœur, elle veut le tenir de vous, elle l'aura, Madame, vous avez promis d'y faire vos efforts, et je vous obéis. Je ne vous ai pas encore parlé, lui répondis-je assez vivement ; oh, vous avez raison, ajouta-t-il, sans m'entendre : oui j'avais un grand tort, je le sens tout entier, la pauvre enfant, quelle tendresse, vous serez contente, vous m'estimerez, car je vais l'aimer plus que jamais.

Là-dessus il partit, ou plutôt il vola, sans me donner le temps de lui répondre un mot ; pour moi je restai immobile : je me regardai comme une dupe. Si j'avais revu sa femme dans ce moment-là, elle n'aurait pas eu si bon marché de moi : je ne l'aurais pas trouvée si charmante, et je ne lui avais dit qu'elle l'était qu'à condition que je la serais toujours plus qu'elle ; son mari ne tenait pas[2] la condition, et cela ne m'accommodait point.

1. Nouvelle preuve de la prescience de l'amour-propre.
2. Ne respectait pas.

Je fus longtemps étourdie[1] de ce que je venais d'entendre ; à la fin, sortant de ma place où il m'avait comme fixée, et souriant de dépit : voilà une petite femme qui va être bien glorieuse, mais je l'humilierai peut-être, et son mari n'est qu'un étourdi[2].

En effet, j'arrêtai dans mon esprit que je travaillerais à la rechute de ce mari : je lui destinai quelques regards qui n'étaient guère charitables pour la femme ; mais d'autres incidents me firent oublier ce malin projet. Cette femme-là vit encore, et il n'y a pas plus de dix ans que je lui ai pardonné ; avant ce temps-là, sa figure m'a toujours déplu ; je voyais bien qu'elle était aimable, et avec tout cela je le voyais sans rien croire, un peu de vanité rend ces contradictions-là[h] possibles.

Après cette aventure, je plus à un jeune homme, beau, bien fait, qui de l'air dont il m'annonça son amour, m'en parla comme d'une faveur qu'il me faisait ; mais je trouvai la faveur impertinente, et je l'en remerciai sans en vouloir : autant que je m'en ressouviens, mon remerciement fut plaisant.

Vous m'aimez donc, lui dis-je, à la bonne heure, continuez mon cher, apportez-moi souvent votre belle figure, et ces beaux airs de tête, ils me divertissent déjà, c'est toujours quelque chose ; eh ! que sait-on, à force de rire de la bonne opinion que vous en avez, je m'y accoutumerai peut-être, on se fait à tout, tenez, je gagerais que vous avez pu plaire à quelque femme ; continuez, vous dis-je.

Apparemment que l'épreuve que je lui proposais lui parut trop douteuse, car il me quitta. Hélas ! s'il avait tenu bon, je n'aurais voulu répondre de rien, il aurait pu réussir, les femmes l'appelaient le beau garçon ; cette réputation-là est bien intéressante pour nous, car nous sommes si folles, ou si disposées à le devenir, si ce n'avait pas été lui que j'aurais aimé, ç'aurait été le titre qu'on

1. Abasourdie.
2. Un sot.

lui donnait, cela revient au même, et mène tout aussi loin.

Après que je l'eus congédié, mon mari eut une affaire de conséquence dont le jugement dépendait d'un homme en place ; mon mari l'allait voir souvent et n'en rapportait pas de grandes espérances, j'allai le voir à mon tour, j'en reçus l'accueil le plus obligeant, il me pria d'entrer dans son cabinet, et là, me fit la réussite de notre affaire d'une difficulté insurmontable ; je ferais pourtant l'impossible, ajouta-t-il, pour obliger une aussi belle Dame que vous ; là-dessus il me baisait la main, avec des yeux qui aplanissaient toutes les difficultés, si j'avais voulu aller par le chemin qu'ils m'enseignaient. Monsieur, lui dis-je, d'un air sec et sérieux, notre affaire est perdue, je l'abandonne : un homme aussi zélé que vous l'êtes pour moi, n'est plus en état de rendre justice ; cependant, j'informerai mon mari des dispositions où je vous laisse, et je suis persuadée qu'il a trop d'honneur pour abuser du mépris que vous feriez du vôtre.

Je vis à ces mots son visage s'allonger de moitié : je lui fis la charité de ne vouloir pas le regarder fixement alors, et je sortis dans une situation d'esprit que je ne puis bien exprimer ; une autre femme que moi à qui pareille chose serait arrivée, et qui en la racontant voudrait un peu se peindre en beau, dirait qu'elle sortit toute scandalisée, et s'arrêterait là, mais voici ce qu'elle supprimerait, et ce que j'avoue, c'est que je fus scandalisée aussi, mais en hypocrite, car je n'étais pas fâchée qu'on m'eût donné le scandale[1] ; ma colère était sans rancune : au bout du compte une laide aurait été plus respectée.

---

1. « *Scandale* se dit du bruit, de l'éclat, de l'affront qu'on fait en public à quelqu'un » (*Fur.*).

DIX-HUITIÈME FEUILLE

8 juin 1723

J'espère que l'Histoire de la Dame âgée, dont j'ai parlé dans ma dernière Feuille, n'aura pas déplu ; et je me persuade qu'on ne sera pas fâché d'en voir la suite : c'est donc cette Dame qui continue.

Notre affaire aurait eu sans doute un mauvais succès [1], si elle était restée entre les mains de cet honnête arbitre [i] que j'avais fait rougir de ses bontés pour moi : mais on la remit au jugement d'un autre, par je ne sais quel accident qui arriva. Cet autre était un vieillard gracieux, qui en son temps avait été grand ami des Dames, et qui dans ses vieux jours ne pouvant plus être aimé d'elles, s'amusait à leur montrer qu'il les aimait toujours et les priait de lui pardonner le peu d'agrément qu'il avait pour elles, en récompense du plaisir qu'elles lui faisaient encore.

On me mena chez cet aimable vieillard, que je trouvai effectivement tel qu'on me l'avait dépeint : c'était un homme qui avait plus d'âge que de vieillesse, voilà comment mes yeux en jugèrent, et la distinction n'est pas si frivole. Il me fit mille politesses, me promit une prompte décision, et remercia joliment le sort qui lui donnait occasion de m'obliger.

Les jeunes gens seraient trop dangereux si dans leurs procédés ils ressemblaient à ce bon homme : que deviendrions-nous si leurs manières étaient aussi charmantes que leur jeunesse ? en vérité nous n'aurions pas assez de notre vertu contre eux ; mais ils sont impertinents, cela nous dégoûte d'eux : et franchement nous nous sauvons mieux avec ce dégoût-là qu'avec de la vertu ; il nous est

1. Issue, résultat.

plus aisé d'être sages, quand nous ne sommes plus tentées d'être folles.

Huit jours après ma visite chez ce vieillard, nous fûmes avertis qu'il avait réglé notre affaire plus favorablement que nous ne l'avions demandé : en effet je crois qu'il nous accorda par galanterie, ce que nous aurions eu de la peine à mériter par justice.

Il faut l'avouer, les hommes galants, en pareil cas, quand une jolie femme leur parle, sont sujets à s'exagérer la valeur de ses raisons : c'est un défaut, sans doute, mais je l'aimerais encore mieux que celui de ces hommes austères, que j'ai connus, qui afin de[j] n'être point surpris[1] par une femme aimable, commencent par trouver toutes ses raisons mauvaises, pour ne point risquer de les trouver trop bonnes ; ce qui est de vrai, c'est qu'il est bien difficile d'être juste, quand on est si austère, et pour moi je crois qu'on est déjà surpris, quand on craint tant de l'être. Je souhaite que ce que je dis ici engage à quelques réflexions les personnes du caractère dont je parle. Je n'écris l'histoire de ma vie, que dans l'espérance qu'elle pourra servir à l'instruction des autres : revenons à moi.

Je recevais tous les jours tant de preuves que j'étais aimable, et ces preuves-là me faisaient tant de plaisir que je n'oubliais rien pour en recevoir toujours de nouvelles. Quand je dis que je n'oubliais rien, quelque forte que soit cette expression-là, elle ne signifie rien en comparaison de ce que je veux dire : mais comment faire ? nous avons tant de faiblesses qu'on ne peut exprimer ; qui n'ont point encore de nom dans la langue et qui peut-être n'en auront jamais : le tout, en conséquence de l'envie que nous avons de plaire à ces hommes dont nous avons gâté le goût, et que nous ne piquons plus, si nous ne donnons à nos agréments naturels un certain assaisonnement dont nous ne saurions nous parer qu'aux dépens de la pudeur, qui devrait être la plus aimable de nos grâces. De

1. Abusés.

sorte qu'aujourd'hui, ce n'est pas assez que d'être née belle ou jolie, cela ne vous sert de rien ; et vous avez affaire à des yeux vicieux qui trouvent la beauté insipide, si vous ne l'animez d'un air de corruption[1] qu'on est obligé d'y mettre, qu'il est difficile d'attraper, si vous n'avez vous-même les sentiments un peu libertins, et qu'il ne faut pas outrer pourtant : car vous vous déshonoreriez, si vous ne vous arrêtiez pas au point requis. À la vérité, on l'a poussé si loin, qu'il faudrait être bien maladroite, ou bien effrontée, pour le passer.

Pour moi, j'eus d'abord de la peine à me jeter dans cet excès de coquetterie : la mienne était encore timide, mais petit à petit elle s'enhardissait ; un degré d'immodestie que je me permettais le matin, m'effrayait. Je le soutenais en femme embarrassée, mais je m'y accoutumais dans la journée ; à la fin je riais de moi, comme j'aurais ri d'une Provinciale ; et le soir n'était pas venu que je méditais pour le lendemain une liberté de plus.

Cependant il me restait encore de légers scrupules qui me retardaient, quand le hasard me lia avec une demi-douzaine de femmes plus courageuses que moi, et dont le commerce[2] acheva de me défaire de ce peu de retenue poltronne qui me restait. D'ailleurs mes années commençaient à m'inquiéter ; leur course me semblait plus rapide qu'à l'ordinaire : j'étais jeune encore, mais je ne me voyais pas loin de ce terme où la jeunesse d'une femme devient équivoque, où l'on ne sait plus quel âge elle a, et je croyais qu'avec une figure galante, j'en paraîtrais plus longtemps jeune : mais que de fatigues pour l'avoir, cette figure galante, aussi bien que pour la varier ? Comment se coiffera-t-on ? quel habit mettra-t-on ? quels rubans ? de quelle couleur seront-ils ? celle-ci est plus douce ; celle-là plus vive. Comment se déterminer ? un air de

1. De dépravation.
2. La fréquentation.

douceur est bien touchant, un air de vivacité bien frappant. Où prendre du conseil pour un choix qui va décider pour nous de la gloire de toute une journée ? Choisir l'air doux, c'est peut-être manquer son coup : prendre l'air vif, c'est peut-être se rendre les yeux trop rudes. Il s'agit de consulter son miroir, et si jamais l'âme a porté des jugements d'une justesse admirable, si jamais ses attentions sur quelque chose, ses examens, ses discussions, furent des prodiges de force, de goût, d'exactitude et de finesse ; de ces prodiges si étonnants, n'allez pas l'en croire capable ailleurs que dans une femme qui est à sa toilette [1] : et voyez après combien cette âme est petite de n'être jamais si judicieuse et de n'y regarder jamais de si près, que dans une occasion de si peu d'importance.

Je ne dirai rien des habits, ni de l'embarras que j'avais à savoir, quelquefois, si je me parerais beaucoup ou guère : combien de fois suis-je sortie de chez moi dans un ajustement que je me repentais d'avoir pris ; et quand je voyais venir des hommes, de loin dans une promenade, avec quelle inquiétude n'attendais-je pas qu'ils me regardassent préférablement à celles avec qui j'étais : en tenant alors ma meilleure amie sous le bras, mon amitié pour elle allait et venait, suivant qu'on était plus ou moins curieux d'elle ou de moi, et ne vous imaginez pas, lorsqu'il passait une belle femme que je la regardasse, moi, j'avais trop de peur de la trouver belle, et qu'elle ne le remarquât.

C'était ainsi que je vivais, quand un homme veuf, qui s'était rendu mon amant, et qui avait une fille de dix-sept à dix-huit ans, rompit le commerce que nous avions

1. La réflexion est reprise dans *La Vie de Marianne* : « Si l'on savait ce qui se passe dans la tête d'une coquette en pareil cas [il s'agit de décider de "placer un ruban" ou de la couleur à porter], [...] si on voyait la finesse des jugements qu'elle fait sur les goûts qu'elle essaye [...], cela humilierait les plus forts esprits, et Aristote ne paraîtrait plus qu'un petit garçon » (*La Vie de Marianne*, 1re partie, éd. M. Gilot, GF-Flammarion, 1978, p. 83). Voir la fin de la Feuille I du *Spectateur français* (p. 59-60).

ensemble, cette jeune personne et moi, et lui défendit à mon insu de me voir.

Il l'envoya d'abord à la campagne, chez une de ses parentes, afin de m'accoutumer d'une façon plus honnête à la perdre de vue : mais elle revint, et depuis son retour, je ne la vis pas deux fois en un mois, j'en étais étonnée, et j'attribuais cela à un de ces caprices qui prennent souvent aux femmes : son père même en levait les épaules avec moi, et traitait son humeur de volage, mais la fille m'aimait, et comme elle obéissait à contrecœur, elle confia à quelqu'un les véritables raisons de son procédé avec moi ; ce quelqu'un ne put se coucher sans venir en secret me confier cette confidence ; et voilà comme nous sommes faites, cela est dans l'ordre : quand nous trouvons occasion de mortifier notre prochain, et que la malignité naturelle qui nous y porte peut se mettre à l'abri d'un air de bienveillance : oh ! elle est bien charmée.

J'appris donc pourquoi cette fille ne me voyait plus, et je l'appris au moment que je venais de quitter son père, qui ne m'avait jamais paru plus tendre que ce jour-là.

Je rougis au rapport qu'on me fit, et je ne me ressouviens point d'avoir jamais reçu de leçon d'honneur plus vive ; car je me doutai tout d'un coup des motifs qu'avait eus[k] le père quand il avait fait cette défense. Je compris l'affront qui m'en revenait, et je fus honteuse de le mériter ; j'étais si outrée que j'allai m'enfermer sur-le-champ pour lui écrire : je ne le ménageai point dans ma lettre, et je la finis en lui défendant à mon tour d'une façon terrible, de revenir jamais chez moi.

On me dit que la lecture de ma lettre l'avait fait rire ; il y répondit aussitôt, et voici à peu près quelle était sa réponse :

Il est vrai que j'ai défendu à ma fille de vous voir : eh bien, en vérité, cela vaut-il la peine que nous nous brouillions ensemble, ma charmante ; en conscience, mon intention a été pardonnable, j'avoue que je ne vous l'ai pas dite, parce que j'ai regardé cela comme un petit arrangement domestique, dont il n'était pas besoin de vous étourdir, ma Reine. Écoutez-moi, sans vous fâcher : je veux marier ma fille, cela est juste ; or ma fille, en vous voyant si aimable, voudrait la devenir[1] *autant que vous l'êtes ; et moi j'ai cru bonnement qu'il ne lui appartenait pas encore de se donner tant de grâces, et qu'elles pourraient nuire au projet que j'ai formé de lui trouver un époux : dès qu'elle sera mariée, je vous la rends ; êtes-vous contente ? bonsoir, plus de promptitude*[2]*, ma Déesse. J'aurais grande envie d'aller me jeter à vos genoux, pour vous demander pardon d'une faute malheureusement nécessaire : ce sera quand il vous plaira ; j'attendrai patiemment, sans murmurer, comme on attend les faveurs des Dieux ; entre nous, pourtant, je me veux mal d'être le père d'une petite friponne, qui est cause que vous m'avez tant querellé : je vous dirai que cette étourdie ne veut plus être qu'en corset, pour ne vous avoir jamais vue autrement. Voyez, je vous prie : c'est bien à elle à faire*[3]*, ma foi. N'êtes-vous pas de mon sentiment ? Je suis, etc.*

Je déchirai cette Lettre en mille morceaux : mais comme on voit, je l'ai gardée longtemps dans ma mémoire, et sans que je m'en aperçusse trop, ce fut là le premier accident qui tempéra ma coquetterie.

En voici un second qui eut aussi le même effet ; je fus un jour témoin de la brusquerie d'un Cavalier, avec une de mes amies. J'avais remarqué depuis quelque temps qu'ils se voyaient tous deux d'assez bon œil : je n'ai jamais su le sujet de la querelle où je les surpris ; mais ce Cavalier perdit avec elle le respect d'une façon si hardie, quoique pourtant peu grossière, il me parut abuser si insolemment des raisons qu'elle pouvait avoir de le

1. Voudrait devenir aimable.
2. « Brusquerie, mouvement de colère subit et passager » (*Acad.*).
3. C'est bien à elle à faire la coquette.

ménager ; et son ressentiment à elle me parut si timide ; je lui vis une colère si humble, si gênée, que la pauvre Dame me fit vraiment pitié.

Et en effet une femme ne peut guère essuyer de moment plus dur que celui-là, et moi qui vis cela, si j'avais une fille qui eût de l'esprit, je croirais l'élever mieux en lui faisant voir une pareille chose, qu'en lui montrant mille exemples de vertu : la vertu est belle, à la vérité, mais le vice par de certains côtés a encore plus de laideur qu'elle n'a de charmes ; oui, il ferait plus d'horreur qu'elle ne ferait de plaisir, quoiqu'elle en fasse infiniment ; je dis le vice, car la simple galanterie en est un, c'est un désordre dans l'esprit dont le cœur a bientôt sa part, et si ce désordre a des douceurs, il n'y a point de femmes qu'elles tentassent, si elles en connaissaient bien l'amertume.

L'aventure de mon amie me rendit les hommes moins considérables [1] ; je devins moins avide de leur plaire, ma jeunesse continuait à se passer ; ce qui m'en restait, je le perdais auprès d'une jeune femme, je le sentais bien, car quoi qu'on dise de notre amour-propre, il nous éclaire à merveille sur nos désavantages, quand ils sont de cette espèce, et s'il nous dupe alors, c'est en nous persuadant que nous pouvons dérober ces désavantages-là aux yeux des autres, comme je croyais y parvenir en folâtrant plus que de coutume pour contrefaire la jeune, car une de nos folies, encore, est de penser à certain âge que des airs étourdis nous rajeunissent ; hélas ! nous n'acquérons par là qu'un défaut de plus, qui est d'être de mauvais singes ; on a beau s'évertuer, quelque feu qu'on ait à l'âge où j'étais, en eût-on à soi seule plus que toute la jeunesse d'une ville, jamais ce feu-là ne ressemble au feu qu'on a à vingt ans : il peut bien être plus fou, mais ne sera jamais si jeune ; il y a toujours quelque chose qui le caractérise et qui le différencie ; les femmes ne le croient point, et ne

1. Moins dignes de considération, moins importants.

le croiront jamais, qu'après avoir comme moi donné la comédie.

Dans ce temps-là, la femme de chambre d'une Dame avec qui j'étais très étroitement liée, la vola, en prenant congé d'elle, et lui emporta dans une petite cassette une somme d'argent assez considérable, qui provenait de ses épargnes, et du gain du jeu.

Cette Dame n'osa faire éclater ce vol, pour des raisons que je ne savais pas encore toutes entières, mais que j'appris dans la suite ; elle vint me prier de parler à cette malheureuse, et de l'intimider le plus que je pourrais. J'allai donc trouver cette femme de chambre qui ne se cachait pas, et à qui je représentai le péril et la honte d'une pareille action.

Madame est une ingrate, me répondit-elle en secouant la tête, et d'un ton ferme : elle avait promis de récompenser mes services mieux qu'elle n'a fait, et ce que je lui ai pris m'était dû ; ainsi il n'y a rien à dire : au reste, je ne la crains point, j'ai dans mes mains une douzaine de lettres que M...... lui a écrites, et qui l'empêcheront d'être méchante. À l'égard de la honte de l'action dont vous me parlez, quand il serait vrai que je lui aurais pris plus qu'elle ne me doit, ce qui n'est pas, et ce dont je ne suis pas capable : pardi, je ne suis pas obligée de rougir plus qu'elle. Au bout du compte chacun a ses défauts ; celui de Madame est d'aimer l'amour, et le mien est d'aimer l'argent, surtout quand il m'appartient : voilà tout ce que j'ai à vous répondre, à vous, Madame, que j'honore beaucoup ; cela dit, elle fit une grande révérence et se retira fièrement : pour moi, j'allai rejoindre mon amie à qui j'adoucis un peu la réponse de cette créature, mais à qui je conseillai, avec amitié, de laisser là son argent. Elle me quitta confuse, non sans verser quelques larmes, que l'intérêt ne fit pas couler ; elles eurent un motif plus raisonnable, je le compris à la manière dont elle se comporta depuis.

Il me reste encore de cette Histoire de quoi remplir une Feuille, et je continuerai suivant ce que j'entendrai dire[1].

DIX-NEUVIÈME FEUILLE

16 juillet 1723

Il m'a paru que l'Histoire de la Dame en question n'avait pas déplu, et quoiqu'elle ait déjà fait le sujet de deux Feuilles, je crois qu'il ne serait pas à propos de la laisser imparfaite, puisqu'on m'en a fourni la suite[2] qui finit à cette troisième Feuille.

Je fis de grandes réflexions sur la perfidie de cette femme de chambre envers sa maîtresse, et en effet, quand on y pense bien, on ne saurait comprendre comment il est possible qu'une femme en certains cas puisse se résoudre à se fier à un domestique : par quelle étrange disposition d'esprit perd-elle de vue tous les malheurs qu'elle risque ? ou si elle les envisage, quel est le tour d'imagination qui lui en ôte l'effroi ? Tant de danger et tant de confiance ensemble sont-ils concevables ? Comment cela s'arrange-t-il dans sa tête ? Si une femme alors pouvait pour un moment se séparer de sa passion et la mettre à l'écart, et qu'après elle examinât de sang-froid ce qui lui fait croire que sa confiance était raisonnable, il n'est point d'égarement d'esprit qu'elle jugeât digne

---

1. Selon ce que le public voudra bien m'en dire (selon les échos que j'en recevrai).

2. Doit-on supposer que la Dame à laquelle il avait arraché la moitié du « cahier » (p. 188) a consenti d'elle-même à en « fournir la suite » ?

d'entrer en comparaison avec le sien ; point de sécurité qui lui parût si stupide, si imbécile que la sienne, mais avec de la passion, ce n'est plus cela : nous ne voyons plus les objets comme ils sont, ils deviennent ce que nous souhaitons qu'ils soient, ils se moulent sur nos désirs. Une femme a besoin du ministère d'un domestique : d'abord elle hésite à s'en servir. Mettra-t-elle entre ses mains l'honneur de son mari, le sien, quelquefois sa vie même : dépendra-t-elle d'une âme vénale, d'un sujet d'autant plus indigne, qu'elle le trouvera disposé à lui prêter son secours ? Il y a un péril presque inévitable à s'y fier, mais elle voudrait bien qu'il n'y eût point de péril ; et la voilà perdue, c'en est fait, le péril disparaît : l'envie qu'elle a de trouver des sûretés lui en fournit à perte de vue, elle croit les examiner, et ne sait pas que c'est le plaisir qu'elles lui font qui en est le juge.

N'avez-vous jamais vu des enfants qu'on amuse avec des contes de Fées : ils croient tout ce qu'on leur dit. Une femme dans l'état où je la mets leur ressemble : c'est positivement un enfant comme eux, ce sont de vrais contes de Fées, que les idées dont sa passion l'amuse[1].

J'ai cru devoir m'arrêter un peu là-dessus : il y a bien des personnes de mon sexe, qu'il est encore temps d'avertir, et que l'amour n'a pas jetées encore dans l'enfance[2] dont je parle. Que cet état leur inspire donc une frayeur salutaire : rien n'est plus rapide que le mouvement qui nous y entraîne, et quand nous y sommes, rien de plus misérable, de plus abandonné que notre esprit alors, rien de plus inaccessible à tout secours que sa misère, et pour comble de malheur, que devient-on quand on cesse d'aimer, car on n'aime pas toujours : hélas ! le repentir nous prend où l'amour nous laisse.

Revenons à moi, l'âge enfin me gagnait, il n'était plus question de jeunesse, ni d'aucun artifice pour paraître

1. *Amuser* a ici le sens de « repaître de vaines espérances » (*Acad.*).
2. Dans la puérilité.

jeune : mon visage là-dessus n'était plus disciplinable[1], et il fallait me résoudre à l'abandonner. Malgré cela, un peu de consolation me restait encore, car une femme se retourne[2] comme elle peut dans ces occasions-là : elle serait inconsolable, si rien ne la soulageait dans son affliction, mais la nature charitable pourvoit à tout. À la place d'un avantage qu'elle nous ôte, sa faveur nous dispense de petites chimères au moyen desquelles nous coulons le temps et prenons patience.

Par exemple, je n'étais plus jeune, mais[1] j'avais de l'embonpoint, beaucoup de santé, et dans mon espèce, je me trouvais très aimable ; non pas aimable comme une jeune femme : mais n'y a-t-il pas des charmes de différent caractère : une femme faite, et d'un certain âge, n'a-t-elle pas les siens[3] ?

Voilà comme je raisonnais pour le repos de mon âme, et effectivement je durai quelque temps avec le secours de cette idée-là : mais dès lors mes appas étaient déjà si confirmés : j'étais tellement une femme faite, que je la fus bientôt trop, et que, toute ressource épuisée, il fallut au bout du compte en venir à la raison, et voir au vrai ce que j'étais.

Je le vis donc, et avec moins de chagrin qu'on ne pense ; car à travers toutes mes chimères, de temps en temps la vérité avait percé comme un éclair, de sorte que, quand elle parut tout à fait, je la vis comme une chose dont j'avais déjà eu des nouvelles.

Me voilà donc vieille, et reconnue par moi pour telle, et avec ces débris de beauté qui font connaître aux autres qu'on a été belle. Eh bien, puisqu'il faut le dire, ces débris-là me flattaient encore, je m'intéressais à ce qu'on

---

1. Le *Dictionnaire néologique* rappelle que *disciplinable* ne s'emploie que pour des personnes.
2. S'accommode, s'arrange.
3. Ce portrait anticipe sur celui de Mlle Haberd dans *Le Paysan parvenu*.

en pensait, cela est bien fou, j'en conviens ; mais aussi c'est l'histoire d'une femme que je rapporte : coquettes, quand nous sommes aimables, coquettes quand nous ne le sommes plus ; dans le premier cas, nous travaillons à être aimées, dans le second, nous travaillons à montrer que nous avons mérité de l'être ; de façon que souvent je faisais encore l'agréable, et quelquefois j'osais espérer que je plairais ; ce qui jetait un ridicule dans mes actions, qui m'attira une vigoureuse correction.

Allant un jour rendre visite à une Dame, qui la veille avait été avec moi d'une partie de campagne avec d'autres personnes, on me dit qu'elle n'était point chez elle, mais qu'elle allait revenir.

J'entrai dans son cabinet pour l'attendre, et j'y cherchais sur des tablettes un livre pour m'amuser : quand je vis tomber un Billet à mes pieds (nous sommes curieuses, nous autres) ; je ramassai le Billet, et l'ouvris, me doutant qu'on y traitait d'amour, et je ne me trompais pas : mais ce que je n'aurais pas deviné, c'est qu'il y était traité à mes dépens. L'honnête homme qui écrivait, se plaignait à la Dame de la gêne où j'avais mis son cœur, en les accompagnant à une promenade particulière, qu'ils firent à cette campagne. Et remarquez que cet homme, qui m'en voulait tant, m'avait alors au sortir du dîner fait des compliments, dont je m'étais, je l'avoue, félicitée comme d'une bonne fortune ; et il est vrai qu'en conséquence de ces mêmes compliments, qui m'avaient toute réjouie, je m'étais plu à être avec lui, et l'avais perdu de vue le moins qu'il m'avait été possible. Voici à présent quel était son style dans le Billet.

Au nom de notre amour, ma chère Maîtresse, rompez avec cette vieille Madame de… C'est une charité que vous me ferez, car je la hais, autant que je vous aime. Savez-vous bien pourquoi elle nous suivit hier dans cette allée, où nous nous promenâmes ? vous ne le devineriez pas : c'est qu'elle tomba tout subitement amoureuse de moi[1] *; et cet amour-là, c'est un mauvais tour que m'a joué une honnêteté, que je lui fis. Peste soit de la politesse ! Imaginez-vous qu'au sortir du repas, j'eus le malheur de la gracieuser*[2] *sans réflexion, parce que vous veniez de me serrer la main, et que j'en avais une joie qui attendrissait toutes mes expressions, et qui m'aurait fait gracieuser ma bisaïeule, si elle avait été là. La bonne Dame a pris ma distraction pour un hommage, et s'est mise à m'aimer sans autre forme de procès. Ainsi me voilà chargé de son cœur, pour n'avoir su ce que je lui disais. Que ferai-je de cette antiquaille*[3]*-là ? Défaites-m'en, je vous prie ; car cette femme-là voudra que je l'aime de gré ou de force ; elle le voudra, vous dis-je. Vous ne savez pas ce que c'est que la coquetterie de ces femmes-là. Il n'y a rien de si opiniâtre, et j'ai bien peur, si vous n'y mettez ordre, qu'elle ne vienne relancer son infidèle jusque chez vous. Oh parbleu ! épargnez-moi l'embarras de faire le cruel. Faudra-t-il que je lui demande quartier ? Tout de bon, mon amour, brouillez-vous avec elle pour m'en délivrer ; et si cela ne suffit pas, dites-lui que je médis d'elle, et que je sais son âge ! Bonjour, mes belles mains : je vous adore, et j'irai vous le jurer dans un quart d'heure.*

Je repliai le Billet bien proprement, après l'avoir lu, et m'en allai sur-le-champ digérer mon aventure. Là, après bien des réflexions, bien des projets de vengeance, bien

1. *Tomber amoureux* pour « se rendre amoureux » : formé sur le modèle de *tomber malade*, le plus durable des néologismes de Marivaux est sévèrement blâmé par le *Dictionnaire néologique* (voir ci-avant, Présentation, p. 18, n. 2).

2. Écrit *gratieuser* dans les éditions de l'époque, le terme est relevé par le *Dictionnaire néologique* comme un « mot qu'on dit souvent et qu'on écrit rarement » ; Furetière en donne cette définition : « faire des démonstrations d'amitié à quelqu'un pour gagner ses bonnes grâces ».

3. « Terme de mépris, dont on se sert en parlant de certaines choses antiques de peu de valeur » (*Acad.*).

des soupirs, et beaucoup de honte, je conclus… Hélas ! je ne conclus rien ; je me couchai seulement triste, vaine et humiliée ; mais un mois après, je conclus quelque chose.

Un de nos amis nous avait invités à venir dîner chez lui : mon mari et moi, nous y allâmes au jour marqué. Le portier nous laisse entrer sans nous rien dire : je monte, je rencontre une femme de chambre, qui pleure, et passe sans me voir ; inquiète de ce que cela signifie, je parviens jusqu'à la chambre de la Dame, avec qui j'étais fort liée, et de qui j'étais la confidente, comme elle était la mienne ; je la vois par-derrière dans un fauteuil, d'aussi loin que je l'aperçois, je cours à elle pour la surprendre et l'embrasser : je me jette à son col : dans l'instant, j'entends des cris et des sanglots dans un cabinet prochain, et je vois que c'est une femme morte, que je tiens embrassée.

Tout mon sang se glaça dans mes veines, et je tombai sur elle évanouie, le cri que je fis en tombant fit sortir les personnes qui étaient dans le cabinet, c'était son mari et son fils, jeune homme âgé de dix ans[m]. Des prêtres arrivèrent, mon mari entra ; on me fit revenir, mon évanouissement fut court : j'ouvris les yeux dans le moment qu'on emportait le corps, de mon amie, j'en frémis encore : sa tête penchait, je vis son visage. Juste Ciel ! quelle différence de ce qu'il était alors à ce que je l'avais vu trois jours avant ! L'apoplexie, dont elle était morte, en avait confondu, bouleversé les traits[1]. Ah, quelle bouche et quels yeux ! Quel mélange de couleurs horribles !

J'ai vu dans ma vie bien des figures que l'imagination du peintre avait tâché de rendre affreuses ; mais les traits, qui me frappèrent, ne peuvent tomber dans l'imagination : la mort seule peut faire un visage comme celui-là :

1. Autre exemple de néologisme critiqué par le *Dictionnaire néologique* et entériné par l'usage.

il n'y a point d'homme intrépide que cela ne rappelât sur-le-champ à une triste considération de lui-même. Toutes ces laideurs funestes, on les trouve en soi, elles nous appartiennent. On croit être ce que l'on voit, et l'on frémit intérieurement de se reconnaître.

Mais passons : il fallut presque me porter jusqu'à mon carrosse, et je me mis au lit dès que je fus arrivée chez moi.

Mille tristes pensées vinrent m'assaillir alors, et pour la première fois je songeai que j'étais destinée à mourir. Hélas ! mon amie[n] n'avait pas eu le temps de faire cette réflexion-là. Je savais que, lorsqu'elle mourut, il y avait bien loin des idées qui l'occupaient à l'idée de la mort, et je me demandais ce qu'elle était devenue, par inquiétude pour ce que je pouvais devenir moi-même. Où était-elle alors ? ne restait-il rien d'elle que ce corps sans mouvement, que j'avais vu emporter ? Cette âme subitement enlevée à tant de chimères : quel était son sort ? Et moi, je mourrai donc aussi, me disais-je ; et j'ai vécu jusqu'ici sans le savoir. Mais qu'est-ce que mourir ? Et quelle aventure est-ce que la mort ? Qu'elle est terrible, si j'en crois ma Religion ! À Dieu ne plaise qu'on me soupçonne d'avoir un seul instant de ma vie douté de ce qu'elle nous dit : je rapporte simplement la manière dont se tournaient alors mes pensées. Eh ! y a-t-il quelqu'un parmi nous qui puisse douter de la vérité de sa Religion ? l'esprit pourrait-il s'égarer jusque-là ? Est-il de perversité de cœur qui puisse entraîner tant de bêtise ? non, je ne l'imagine pas. Et s'il y a même des impies, qu'ils fassent les incrédules là-dessus, tant qu'ils voudront ; mais qu'ils ne se flattent pas de l'être ; car ils se trompent, et confondent les choses. Qu'ils s'examinent bien sérieusement. Je ne suis qu'une femme ; et je leur assure qu'ils ne trouveront en eux qu'un profond oubli de Dieu, qu'un violent dégoût pour tout ce qui peut les gêner dans leur libertinage, et qu'une malheureuse habitude de vivre à cet égard-là sans réflexion. C'est tout cela qu'ils prennent pour incrédulité ; il ne peut pas y en avoir d'autre[1]. Quand on n'aime pas ses devoirs, en sentant qu'ils sont incommodes, on croit voir qu'ils sont inutiles. Voilà la méprise funeste qu'un cœur corrompu fait faire à l'esprit : voilà ce qui fournit aux libertins[2] toute leur Philosophie. Mais, grâce au Ciel, toute folle et toute dissipée que j'avais été pendant ma vie, Dieu ne m'avait pas abandonnée jusque-là. J'avais eu plus de négligence que de haine pour mes devoirs : et quand je pensais que la mort était terrible, si j'en croyais ma Religion, c'est que je me reprochais de l'avoir crue, cette Religion, comme font une infinité d'honnêtes gens dans le monde, qui n'ont jamais songé à la révoquer en doute, qui frémiraient de le voir faire, mais qui contents de s'appeler Chrétiens, vivent avec ce nom-là, qu'ils professent tout aussi tranquilles que s'ils professaient la chose. Je passai plusieurs jours dans ces réflexions, pendant lesquels le monde prit à mes yeux une autre face.

Mon mari tomba malade, et mourut quelque temps après, plein d'une amitié pour moi que je devais à son bon cœur plus qu'à mes soins. Je lui demandai mille fois pardon de ne lui avoir pas donné d'assez vifs témoignages de la mienne : je versai un torrent de larmes, il me serra la main, et mourut.

Je fus quelques jours ensevelie dans la douleur la plus profonde, et il ne m'avait point laissé d'enfants. Sa nièce, qui était orpheline, me tint lieu de fille, je me chargeai de son éducation et de sa fortune[3], et je rompis sans retour avec tout ce qu'on appelle plaisirs du monde, et avec toutes les personnes qui les aimaient : je ne fréquentai plus qu'un certain nombre de femmes retirées, qui m'associèrent à leurs fonctions dévotes ; mais je me rebutai bientôt de leur commerce : je ne leur entendais parler

1. Même conviction chez La Bruyère, *Les Caractères*, chap. XVI (« Des esprits forts »), § 10 à 16.
2. Aux athées.
3. Son sort dans le monde.

que de leur directeur [1], leur vie se passait en scrupules qui demandaient qu'on le revît, quand on venait de le quitter : et puis qu'on y retournât après l'avoir revu, et puis qu'on l'envoyât prier de revenir, quand on ne pouvait l'aller chercher ; cela ne me plaisait point, je trouvais beaucoup d'imperfection dans ce besoin éternel qu'on avait de la créature pour aimer le Créateur. Je croyais voir là-dedans que la chair était plus dévote que l'esprit ; et il me paraissait enfin que ce violent amour pour Dieu pouvait fort bien ne servir au cœur que de prétexte pour une autre passion.

Un de ces directeurs mourut, et la Dame à qui il appartenait en pensa devenir folle. Son pieux désespoir me scandalisa ; Dieu qui lui restait, ne lui suffisait pas pour la consoler : et je quittai tout à fait ces compagnes, qui ne pouvaient s'accommoder de ses volontés, pour me retirer à la campagne, où je fais mon séjour ordinaire, et où mon curé prend soin de ma conscience, sans avoir rien à démêler avec mon cœur.

VINGTIÈME FEUILLE

18 août 1723

J'apprends qu'il a paru dans le Public une Feuille intitulée *Un spectateur français*, où l'on fait une critique d'*Iñès*,

1. Les *directeurs de conscience*, souvent simples laïcs, conseillaient les dévotes dans les affaires de religion, en se substituant à la mission des prêtres. Molière en a campé le type avec Tartuffe ; dans *Les Caractères*, La Bruyère critique sévèrement cet usage, aux chapitres III, « Des femmes » (§ 36 à 43), et XIII, « De la mode » (sur la fausse dévotion, voir § 21 et 24, le caractère d'Onuphre qui « corrige » et aggrave le portrait brossé par Molière).

Tragédie de M. de La Motte[1] ; quelques personnes trompées par le titre auront pu me l'attribuer, et je crois devoir avertir qu'elle n'est point de moi, que je ne sais d'où elle part, et même que je ne l'ai point lue. Ce n'est point parce qu'elle critique l'ouvrage d'un homme illustre que je prends soin d'avertir qu'on ne s'y méprenne pas et qu'elle ne m'appartient point ; il est vrai que j'estime infiniment M. de La Motte, et je serais d'un esprit bien peu sensé °, si je n'étais pas dans ce sentiment-là ; mais en qualité de Spectateur des hommes, tel que je suis, M. de La Motte avec tout son mérite et sa réputation ne m'effraie point, et devient à mes yeux un homme comme un autre, c'est-à-dire un simple sujet d'observation, de même que l'homme dont on ne parle point et qui se perd dans la foule.

Il n'y a ni petit ni grand homme pour le Philosophe, il y a seulement des hommes qui ont de grandes qualités mêlées de défauts ; d'autres qui ont de grands défauts mêlés de quelques qualités, il y a des hommes ordinaires, autrement dit, médiocres, qui valent bien leur prix, et dont la médiocrité a ses avantages, car on peut dire en passant que c'est presque toujours aux grands hommes en tout genre que l'on doit les grands maux et les grandes erreurs ; s'ils n'abusent pas eux-mêmes de ce qu'ils peuvent faire, du moins sont-ils cause que les autres abusent pour eux de ce qu'ils ont fait.

Mais pour revenir à mon sujet, je n'avertis que la critique d'*Iñès* n'est point de moi que parce qu'elle n'en est point : si elle est bonne, que le véritable Auteur en soit loué, je ne veux le bien de personne[2] ; si elle est mauvaise, j'ai assez de mes fautes sans me charger de celles

1. Créée le 6 avril 1723, la tragédie *Iñès de Castro* eut un succès extraordinaire et suscita une querelle à laquelle Voltaire et Desfontaines furent mêlés. Elle tint une place importante dans les périodiques du temps, et aussi dans les simples feuilles volantes : un critique anonyme avait apparemment profité du succès du *Spectateur* de Marivaux pour usurper son titre.

2. Comprendre : je ne convoite le bien de personne.

d'autrui ; en fait de critique ou d'éloge, je suis bien aise que personne ne fasse pour moi [1], je m'en tiens au peu que je sais faire, et je veux avoir tort ou raison par mes propres œuvres.

Je ne ferai plus qu'une attention [2] là-dessus, la Critique d'*Iñès* est intitulée *Un spectateur français* ; je n'ai rien à dire à l'Auteur qui a pris mon titre, mais si j'avais été homme à faire valoir exactement le privilège de mon livre [3], l'imprimeur de cette Critique mise sous mon titre n'aurait pas trouvé son compte avec moi ; passe pour cette fois où je me contente de dire que cette Feuille anonyme ne m'appartient point, mais si on y revenait, je prendrais les mesures convenables en pareil cas, et je ne souffrirai plus une confusion de titres, dont le moindre inconvénient serait de me faire ou plus d'honneur, ou plus d'injure que je n'en mérite, et qui avec cela pourrait me charger de l'iniquité de tout homme dangereux et hardi qui voudrait écrire sans être connu, et par là, livrerait mon caractère et l'innocence de mes mœurs à la discrétion de son audace [4].

Puisqu'il s'agit ici d'*Iñès*, et qu'il m'a fallu discontinuer la suite des sujets que j'ai coutume de traiter dans mes Feuilles, je vais donner la moitié d'une lettre qu'un de mes amis m'écrit de Paris à la campagne où je suis, je l'avais prié de me dire ses sentiments sur cette Tragédie, et voici comment il s'explique. Les réflexions qu'il fait dans sa lettre me tiendront lieu d'un *Spectateur* ordinaire [5].

---

1. N'agisse à ma place.
2. Observation (cet emploi ne figure pas dans les dictionnaires de l'époque).
3. Marivaux avait « pris un privilège » : il avait « déposé » son titre, auprès des instances légales, et aurait donc pu faire saisir les exemplaires de ce *Spectateur*. Voir Présentation, p. 18.
4. Le tour est blâmé par le *Dictionnaire néologique*.
5. C'est-à-dire que cette critique, déléguée à un « authentique » spectateur de la tragédie, remplira une Feuille entière.

Après vous avoir informé de tout ce que vous vouliez savoir, je vais à présent vous satisfaire sur le chapitre d'*Iñès* ; le Public a déjà fait son éloge par la grande avidité qu'il a marquée pour la voir, et moi qui vous parle, j'étais de ce public-là, et même de la portion de ce public la plus avide. Ainsi c'est déjà vous dire en gros ce que je pense de l'ouvrage. Je n'ai pas le temps d'en faire le détail, et je vous en dirai ce que je pourrai, sans ordre, et suivant que les choses me viendront.

Je trouve d'abord qu'il règne un extrême intérêt dans cette Tragédie, mais de cet intérêt rare qu'il n'appartient qu'à peu d'Auteurs de jeter dans ces sortes d'ouvrages ; intérêt qui vient moins des faits, que de la manière de les traiter, intérêt encore plus semé, plus répandu que marqué seulement en quelques endroits.

Dans les Tragédies ordinaires, paraît-il une situation intéressante, elle frappe son coup, et voilà qui est fini jusqu'au moment qu'il en revienne une autre.

Ici chaque situation principale est toujours tenue présente à vos yeux, elle ne finit point, elle vous frappe partout, sous des images passagères qui la rappellent sans la répéter, vous la revoyez dans mille autres petites situations momentanées qui naissent du dialogue des personnages, et qui en naissent si naturellement que vous ne les soupçonnez point d'être la cause de l'effet qu'elles produisent ; de façon que dans tout ce qui se passe actuellement d'intéressant [1] réside encore, comme à votre insu, tout ce qui s'est passé : de là vient que vous êtes remué d'un intérêt si vif et si soutenu, et qui est d'autant plus infaillible, que, hors les endroits extrêmement marqués [2], vous ne distinguez plus les instants où il vous gagne, ni les ressorts qui le contiennent.

Et certainement c'est ce qu'on peut regarder comme le trait du plus grand maître ; on aurait beau chercher l'art

1. Dans tout se qui se passe de touchant à tel moment de l'action.
2. Remarquables.

d'en faire autant, il n'y a point d'autre secret pour cela que d'avoir une âme capable de se pénétrer jusqu'à un certain point des sujets qu'elle envisage. C'est cette profonde capacité de sentiment qui met un homme sur la voie de ces idées si convenables, si significatives ; c'est elle qui lui indique ces tours si familiers, si relatifs[1] à nos cœurs ; qui lui enseigne ces mouvements faits pour aller les uns avec les autres, pour entraîner avec eux l'image de tout ce qui s'est déjà passé ; et pour prêter aux situations qu'on traite ce caractère séduisant qui sauve tout, qui justifie tout, et qui même, exposant des choses qu'on ne croirait pas régulières, les met dans un biais qui nous assujettit toujours à bon compte[2] ; parce que en effet le biais est dans la nature, quoiqu'il cessât d'y être si on ne savait pas le tourner ; car, en fait de mouvements, la nature a le pour et le contre, il ne s'agit que de bien ajuster.

Par exemple, le Prince, malgré la convention faite avec sa maîtresse de cacher leur amour à cause du danger qu'il y a de le découvrir, l'avoue pourtant, par une vivacité qui le prend, aussitôt qu'on l'en accuse.

Un génie borné aurait fait son personnage plus discret, il n'aurait pas même imaginé qu'on pût se conduire autrement, et sans jeter les yeux plus loin, il s'en serait tenu au parti qui avait d'abord la mine la plus raisonnable, et qui était que le Prince se tût là-dessus ; et c'est justement avec cet esprit-là qu'on fait des ouvrages si froids : tous les Poèmes dramatiques qui sont médiocres sont pleins de ces régularités glacées. Mais il y a une conduite sensée d'un ordre[p] supérieur, et c'est celle que tient un Auteur, qui sait qu'il y a des occurrences où c'est agir judicieusement que de mettre une étourderie

1. *Mettre sur la voie* (locution de chasseur) et l'adjectif *relatif* (terme de logique) sont relevés comme néologismes d'emploi par le *Dictionnaire néologique*.

2. Les présente d'une façon qui nous captive toujours aisément.

apparente à la place d'une action qui se présente d'abord, et qui serait dans l'ordre ordinaire de la raison ; qu'enfin il y a des instants où la passion fournit à un homme des vues subites, auxquelles il est impossible qu'il résiste, fussent-elles étourdies, et qui doivent l'emporter sur tout ce qu'il avait auparavant résolu de faire et qu'il avait cru le plus sage ; car tout passionné qu'il est, cet homme-là, il compare rapidement ce qu'il sent alors à ce qu'il avait projeté, et peut-être n'a-t-on jamais le sens ni plus droit ni plus vif que dans ces moments-là. La passion est souvent meilleure ménagère de ses intérêts qu'on ne pense, et je croirais que la raison même dans de grands besoins la secourt de tout ce que ses lumières ont de plus sûr, car l'homme est ainsi fait, que tout ce qu'il a lui sert, et vient à lui quand il le faut.

Mais je m'écarte, revenons au fils d'Alphonse ; en vertu de quoi était-il convenu avec sa maîtresse de ne pas avouer leur amour ? en vertu de ce qu'il croyait que cet amour n'était encore connu de personne, mais il voit que la Reine l'a pénétré, cela change la thèse [1], elle l'en accuse devant son père ; n'en eût-elle encore qu'un soupçon, c'est tout de même [2] pour Iñès que si elle en était sûre. Cette amante n'en sera pas moins l'objet de ses fureurs, quoique objet douteux [3]. Il serait donc inutile pour le Prince de s'en tenir à la négative ; bien plus, il va devenir dangereux de nier, car dans l'état où sont les choses, c'est priver Iñès de la seule défense qui peut lui rester contre la Reine, et cette défense, c'est l'aveu franc et hardi que le Prince fera de son amour pour elle : on pourra respecter, ou du mois ménager une fille de qualité chérie d'un Prince héritier présomptif de la Couronne, d'un Héros qui fait lui-même les délices de tout un Peuple. Ajoutez

1. La Reine l'a deviné, cela modifie la manière de voir.
2. C'est la même chose (la Reine agit comme si Iñès était coupable).
3. Objet (de haine) incertain : la Reine ne sait pas si Iñès est réellement coupable.

à cela je ne sais quoi de courageux que sent un homme dont l'âme est haute, qui le dégoûte bientôt de toute prudence craintive, et qui lui dit qu'on n'oserait le braver et le pousser à bout dans une chose à laquelle il a déclaré qu'il s'intéresse.

Voilà donc tout ce que le Prince envisage, dans le détroit[1] où il se voit, voilà les idées en conséquence desquelles sa passion inquiète lui fait négliger une convention qu'un Auteur ordinaire aurait cru sacrée.

Eh bien, cette hardiesse ne lui réussit pas ; le Roi n'en menace pas moins Iñès, et quelques personnes voudraient même qu'il la fît soustraire, comme si le Prince, qu'il s'agit de gagner, en devait par là devenir plus docile. Mais passons cela ; le Roi, dis-je, n'en menace pas moins Iñès ; il la fait même prisonnière de la Reine, dont il ne connaît ni la malice ni la noirceur ; oh ! pour lors, le Prince se taira, n'ayez pas peur qu'il parle, il croyait servir Iñès en avouant qu'il l'aimait, il s'est trompé ; il va croire qu'il l'assassinerait en avouant qu'il est marié avec elle ; et voilà bien la passion qui promène toujours nos idées d'une extrémité à l'autre, et quelquefois c'est les mener bien ; ainsi c'en est fait, jamais il ne dira son mariage, et pour tirer Iñès de péril, il n'y sait plus rien que de l'enlever ; c'est ce qu'il tente et qui ne leur réussit pas non plus ; il est vrai qu'Iñès lui fait manquer son coup et se refuse à une action violente et rebelle. Et que ne la force-t-il à le suivre ? dira-t-on, c'est son épouse ; oui : mais une épouse à qui le mystère de leur union a conservé tous les droits d'une amante ; elle hait le crime, son époux en fait un qui n'est pas consommé, et cette épouse vertueuse veut lui en sauver l'énormité qu'y joindrait un succès coupable, et se sacrifie elle-même à ce peu d'innocence qu'elle peut encore lui conserver, car pour le Prince, il ne court aucun risque, son père sera son juge,

1. Le péril (ce sens figuré n'est pas attesté dans les dictionnaires du temps).

et ce père ne se vengera que sur Iñès de la violence de son fils repentant. Que j'aime alors à voir la passion de ce Prince, toute fougueuse qu'elle est, connaître pourtant les égards les plus tendres, et n'en relever pas moins de la tendre vertu d'Iñès ! Que cela peint bien les sentiments d'un époux qui ne l'est jusqu'ici que sous la figure d'un amant qu'on favorise, qui n'ose être heureux qu'en tremblant, et qui voit encore la pudeur de son épouse s'alarmer du bonheur secret qu'il obtient.

Pendant qu'Iñès lui représente tout ce que son action a de criminel envers son Roi, ce Roi, dont le Prince vient de forcer la garde, arrive et trouve son fils, l'épée à la main : Cherches-tu à m'ôter la vie ? lui dit-il, ou quelque chose de semblable. Ces mots désarment le Prince, il jette son épée avec une promptitude qui exprime tendrement à son père tout l'abandon qu'il lui fait de sa personne, toute l'horreur qu'il a lui-même de l'idée qu'on lui impute, et toute l'étendue de son innocence à cet égard [1].

On démêle bien que le père sent toute la force de son geste et du discours qui le suit, il continue pourtant de paraître irrité, et je pense que c'est dans cet endroit-là que le Prince outré de se voir toujours plus malheureux, et sa maîtresse toujours plus exposée, retombe dans un transport de passion qui me semble admirable ; si l'on ne ménage Iñès, dit-il, il fera tout périr, il tuera tout. En l'entendant parler ainsi, vous croiriez qu'il ne connaît plus personne : point du tout, il est en lui un caractère généreux qui tient la main [2] à son emportement. Du milieu de ces projets de vengeance, et de cette fureur aveugle, il sort machinalement une exception généreuse

1. « – ALPHONSE : […] Mais je le vois perfide./ Eh bien ! ton bras est-il tout prêt au parricide ?/ Traître, rends ton épée, ou m'en perce le sein./ Choisis. – DOM PÈDRE : Ce mot, Seigneur, l'arrache de ma main » (*Iñès de Castro*, III, 8).

2. Qui bride, au sens figuré. On dit au sens propre « *lâcher, rendre la main à un cheval*, pour dire, lui donner, lui lâcher la bride » (*Acad.*).

en faveur de son père qui le maltraite ; et en faveur de Constance[1], à laquelle le spectateur ne songe pas alors, et dont on se rappelle tout d'un coup la douceur et la vertu que l'on voit bien être les seules causes de cette exception que le Prince fait pour elle, et pour elle qu'on veut qu'il épouse malgré lui : je ne sais rien de si beau que cela ; mais à propos de Constance, de cette Princesse rejetée du Prince qu'elle aime, et qui ne sert, pour ainsi dire, qu'à mettre le holà partout ; qui, de quelque côté qu'on la considère, fait un personnage comme disgracié, d'ailleurs assez uniforme, et qui semble ne devoir pas lui attirer grande attention, avez-vous rien de plus piquant qu'elle dans cette Tragédie, perdez-vous un instant ses intérêts de vue ? combien ne vous les recommande-t-elle pas, par le sacrifice qu'elle en fait elle-même, par la douleur qu'il lui en coûte en les négligeant, par la contrainte où elle tient cette douleur, afin que son injure[2] en frappe moins la Reine et le Roi même ; par la sensibilité qu'elle éprouve aux malheurs du Prince et de sa maîtresse, par ce secours affectueux qu'elle leur prête sans qu'ils le sachent et qu'elle leur offre ensuite, et tout cela sans faste, sans insinuer aucune de ces ostentations romaines[3], qui gâtent ce qu'on fait de généreux en le vantant, et qui humilient ceux qu'on oblige ? oui, je l'avoue, Constance m'a charmé, c'est un caractère absolument neuf, on oublie de l'admirer à force de l'aimer. Sa douceur et sa simplicité nous dérobent ce qu'il a de grand, je n'y sens rien de cette vertu affectée au Théâtre, et avec laquelle

1. « Je ne connaîtrais plus ni devoir, ni raison ;/ Par des torrents de sang, s'il fallait les répandre,/ J'irais venger Iñès, n'ayant pu la défendre ;/ Dans mes transports cruels renverser tout l'État ;/ Punir sur mille cœurs cet énorme attentat :/ Et du carnage alors ma fureur vengeresse/ N'excepte que vos jours et ceux de la Princesse » (*Iñès de Castro*, III, 8).

2. Son outrage.

3. Critique traditionnellement adressée aux tragédies de Corneille mettant en scène les grands caractères vertueux de l'Antiquité romaine (*Horace*, *Cinna*).

peut-être serait-on insupportable dans le monde ; Constance est comme une personne qui vivrait parmi nous, qui vaudrait mieux que nous tous, et dont nous sentirions avec plaisir la supériorité, sans la réfléchir avec l'étonnement qu'elle mériterait.

Avez-vous remarqué ce que vaut l'aveu qu'elle fait au Roi de l'amour qu'elle a pour son fils ? que les sentiments d'un cœur qui se choisit un pareil confident sont respectables ; que ce choix est bien garant d'une âme dont les faiblesses mêmes n'enfanteront que des actions vertueuses ! Pour la Reine sa mère, je ne l'aime point, mon sentiment est que M. de La Motte s'est trompé dans ce caractère : cette femme-là déplaît moins parce qu'elle est méchante que par sa manière de l'être. Une Reine comme elle, doit être plus décemment sensible à ces affronts, et laisser aux femmes du commun cet éclat humiliant qu'elles font des leurs. Je voudrais donc qu'elle dissimulât sans en valoir mieux, que ses emportements n'apprissent pas que c'est elle qui a empoisonné Iñès, et qu'elle ne fût soupçonnée de ce coup qu'à cause de l'intérêt qu'elle aurait eu à le faire.

Après cela je conviens que sa méchanceté va au profit des autres personnages : le malheur d'Iñès en est plus touchant, la vertu de Constance plus sensible, le Roi moins libre de se dissimuler les torts de son fils, et plus obligé de le punir quand ils le rendent criminel. La passion du Prince en est plus exercée, son silence obstiné sur son mariage en est plus raisonnable, car il y a apparence que, soit qu'il meure ou qu'il vive, l'aveu qu'il en ferait perdrait Iñès, à qui l'on ne peut jusques ici rien reprocher, sinon qu'il l'aime ; enfin cette méchanceté nous amène ce bel endroit, où le Roi, après avoir condamné son fils par une rigueur qui n'est point dans nos mœurs, à la vérité, mais que la Loi bien exactement observée ne désavouerait point, où le Roi, dis-je, parlant à la Reine, qui a poursuivi la mort du Prince, lui dit : eh, pourquoi jugiez-vous sa mort si nécessaire ? en ajoutant après : je vois bien que mon fils n'a plus de mère [1].

Cet endroit-là me fera encore remarquer une chose, c'est cette connaissance intime et réciproque qu'au milieu de leurs divisions le père et le fils, dans toute la pièce, ont de l'amour qu'ils ont l'un pour l'autre ; jamais ils ne s'aiment plus, ils ne se le font jamais plus entendre que dans leurs actions qui le démontrent le moins, et pour surcroît de peine, il faut qu'ils gênent [2] leurs sentiments, l'un dans la crainte que son père ne s'en serve pour le gagner, l'autre dans la crainte que son fils n'arrache à la nature une grâce que la justice lui refuse.

Voilà de grandes sources d'intérêt, mais c'est bien dommage que le Prince aille mourir.

Aussi le Conseil que le Roi tient pour le juger me blesse-t-il en partie ; sa tournure ingénieuse ne me console pas de l'Arrêt qu'on y prononce ; le Juge qui absout le Prince tout son rival qu'il est, je l'estime d'abord ; mais quand l'autre le condamne politiquement, après avoir cité les obligations qu'il a à ce Prince, oh je suis son serviteur [3] ! sa justice s'explique d'une façon trop bizarre, le parallèle que j'en fais avec les obligations qu'il cite, me la rend odieuse, toute louable qu'elle est dans le fond ; outre cela je m'aperçois tout d'un coup qu'on a voulu contraster trop spirituellement les avis de ces deux Juges : l'Auteur est trop là-dedans, lui qui ne paraît nulle part que là, et je sens malgré moi que cela ne s'accorde

1. « Pourquoi jugez-vous sa mort si nécessaire,/ Madame ? quand j'ai fait ce que je devais faire,/ Quand malgré mon amour j'ose le condamner,/ C'est à vous de penser que j'ai dû pardonner./ Je vois trop qu'aujourd'hui mon fils n'a plus de mère,/ Je vais le pleurer seul » (*Iñès de Castro*, IV, 5).

2. Refrènent.

3. Le mot *serviteur* « se dit proverbialement et ironiquement en cette phrase : Je suis votre *serviteur*, pour dire, Je ne suis pas de votre avis, je ne ferai pas ce que vous me proposez » (*Fur.*).

pas avec l'intérêt sérieux et de bonne foi qui m'occupe ; peut-être ai-je tort de penser comme cela, mais il est comme impossible de ne pas tomber dans ce tort-là, et par-là mon tort est celui de l'Auteur.

Je ne sais pourquoi je n'ai presque rien dit du personnage d'Iñès qui contribue de tout son rôle au plaisir que donne cette Tragédie, et dont les discours, dans le dernier acte surtout, emportent le cœur, adieu mon ami, le papier me manque. *Vale*[1].

VINGT ET UNIÈME FEUILLE

5 octobre 1723

Un inconnu m'envoya, il y a quelques jours, un paquet que mon valet reçut pendant mon absence, j'y ai trouvé un manuscrit contenant la vie de ce même inconnu, avec une Lettre qu'il est inutile de rapporter tout entière, et dont je ne donnerai ici qu'une partie ; la voici.

Monsieur,

Puisque vous vous appliquez à connaître les hommes, n'y en eût-il qu'un seul entre cent mille qui dût profiter de vos recherches ; votre étude ne dût-elle avancer que vous dans la sagesse ; ne contribuât-elle qu'à perfectionner votre raison ; le peu de progrès que j'ai fait moi-même dans cette étude me persuade que je dois, si je puis, aider au progrès que vous y pouvez faire : le secours que j'ai à vous donner, c'est l'Histoire de ma vie, si vous ne trouvez pas à

1. « Porte-toi bien », salutation latine courante à la fin d'une lettre.

propos de la produire telle qu'elle est, du moins y puiserez-vous des réflexions qui vous seraient peut-être échappées. Dans tout le cours de mes aventures, j'ai été mon propre Spectateur, comme le Spectateur des autres, je me suis connu autant qu'il est possible de se connaître ; ainsi, c'est du moins un homme que j'ai développé, et quand j'ai comparé cet homme aux autres, ou les autres à lui, j'ai cru voir que nous nous ressemblions presque tous ; que nous avions tous à peu près le même volume de méchanceté, de faiblesse, et de ridicule ; qu'à la vérité nous n'étions pas tous aussi fréquemment les uns que les autres faibles, ridicules, et méchants ; mais qu'il y avait pour chacun de nous des positions où nous serions tout ce que je dis là, si nous ne nous empêchions pas de l'être.

Quoi qu'il en soit, Monsieur, disposez comme il vous plaira de ce que je vous envoie, et continuez votre travail : de tous les usages qu'on peut faire de son esprit, le plus louable, et peut-être le seul utile, c'est celui que vous faites du vôtre. Laissez à certains savants, je veux dire aux faiseurs de systèmes, à ceux que le vulgaire appelle Philosophes, laissez-leur entasser méthodiquement visions sur visions en raisonnant sur la nature des deux substances [1], ou sur choses pareilles ; à quoi servent leurs méditations là-dessus, qu'à multiplier les preuves que nous avons déjà de notre ignorance invincible ? nous ne sommes pas dans ce monde en situation de devenir savants ; nous ne sommes encore que l'objet, ou plutôt le sujet [a], de cette science que nous voudrions avoir : jusque-là soumettons notre orgueil, sa curiosité ne trouverait pas ici son compte, tout en nous est disposé pour la confondre ; l'envie que nous avons de nous connaître n'est sans doute qu'un avertissement que nous nous connaîtrons un jour et que nous n'avons rien à

1. La matière et l'esprit, ou l'âme et le corps : distinction métaphysique sur laquelle les « faiseurs de systèmes » prétendent édifier une morale.

faire ici, qu'à tâcher de nous rendre avantageux ce développement futur des mystères de notre existence ; l'impossibilité de les comprendre ne les détruit point, n'en empêche pas les conséquences : de la manière dont nous les ignorons, il nous est aussi peu possible de les nier que de les comprendre ; et ne pouvoir les nier, c'est en connaître ce qu'il nous faut pour en craindre le nœud [1], et pour prendre garde à nous ; voilà où nous en sommes ; ne nous révoltons point contre cette admirable économie de lumière et d'obscurité que la sagesse de Dieu observe en nous à cet égard-là ; en un mot ne cherchons point à nous comprendre ; ce n'est pas là notre tâche : interrogeons les hommes, ils nous apprendront quelle elle doit être.

Qu'exigent-ils de moi ? qu'est-ce que j'exige d'eux ? quelle est la fonction dont ils ont le plus de besoin que je m'acquitte avec eux ? quelle est celle dont j'ai le plus de besoin qu'ils s'acquittent avec moi ? c'est cela qui doit décider, ce me semble. Soyez bon et vertueux avec moi, me dit tout homme quelconque. Soyez de même à mon égard, dis-je à tout homme à mon tour ; toutes nos voix ne forment là-dessus qu'un écho ; et de la science dont je parlais tout à l'heure, pas un mot.

Laissons là donc cette science que personne ne me demande, que je ne demande à personne, et que toutes nos lumières nous refusent ; faisons l'ouvrage qui nous est indiqué, soyons bons et vertueux ; on apprend si aisément à le devenir. Ce que je voudrais raisonnablement qu'un autre fît pour moi, ne le fît-il point, m'enseigne ce que je dois faire pour lui ; voilà toute la science dont il s'agit, et l'unique qui soit nécessaire, qui est à la portée de tous les hommes, qui n'exige presque aucun frais d'étude ; il est vrai qu'elle est d'une pratique difficile, mais pourquoi

---

1. Emploi figuré du terme qui désigne habituellement la péripétie inaugurale conditionnant l'intrigue théâtrale. « On appelle figurément *nœud*, dans les pièces de théâtre, l'endroit de la pièce où l'action est le plus compliquée » (*Acad.*).

presque toutes nos lumières n'aboutissent-elles qu'à nous en donner des leçons, si nous ne sommes pas nés pour la pratiquer ; nous regorgeons là-dessus, si j'ose le dire, d'instructions intérieures et pressantes : car enfin, que l'homme sans honneur et sans religion me réponde, si pourtant il est vrai qu'il y ait de ces gens-là.

Quand je dis à l'homme à qui j'ai affaire : traitez-moi avec justice ! écoutez la voix de votre conscience ! Que pensé-je [b] en lui disant cela ? Je regarde cette conscience, à qui je veux le rendre attentif, ou comme la règle sacrée de ses actions, ou comme un guide imposteur qui va, s'il le suit, l'égarer à mon avantage et n'en faire qu'un imbécile ; si elle est la règle de ses actions, ma conscience est donc aussi la règle des miennes : si c'est un guide imposteur qu'il n'appartient qu'aux imbéciles de suivre, il n'y aura donc d'homme sage que celui qui expliquera toutes ses idées de justice à contresens ; eh ! où en sommes-nous si la véritable sagesse n'est qu'un esprit de brigandage ? Toutes nos Lois ne sont donc établies que pour faire des dupes ; on punit donc un sage quand on punit un fripon, le plus criminel est donc le plus raisonnable, et l'homme vertueux n'est qu'un sot, qu'une misérable dupe de sa raison, dont il devrait rebuter [1] les inspirations, et auxquelles il devrait substituer des idées meurtrières et subtiles qui lui apprendraient qu'il faut être un coquin pour remplir sa véritable charge dans ce monde.

Quelle étrange sagesse que celle qu'on ne peut avoir qu'en prenant le contre-pied de toutes ses lumières naturelles, qu'en se disant à soi-même : cet esprit de justice que je trouve en moi, que je trouve dans un autre, qui fait ma sûreté et la sienne, cet esprit-là n'est qu'illusion ! Quelle étrange sagesse, encore une fois, que celle qui apprend à détruire l'ordre qui nous conserve, que celle qu'on ne peut souffrir dans les autres, que les autres ne

1. Rejeter.

peuvent souffrir en nous, que celle dont on est obligé de poursuivre, de déshonorer, d'étouffer les Sectateurs [1] !

Il est vrai que nous naissons tous méchants, mais cette méchanceté, nous ne l'apportons que comme un monstre qu'il nous faut combattre : nous la connaissons pour monstre dès que nous nous assemblons, nous ne faisons pas plus tôt société que nous sommes frappés de la nécessité qu'il y a d'observer un certain ordre qui nous mette à l'abri des effets de nos mauvaises dispositions, et la raison, qui nous montre cette nécessité, est le correctif de notre iniquité même.

Cet ordre donc, une fois prouvé nécessaire pour la conservation générale, devient (à ne parler même qu'humainement) un devoir indispensable pour chacun de nous qui frémissons d'horreur à la vue de ce qu'il arriverait, si cet ordre n'y était pas.

Il faut que mon prochain soit vertueux avec moi, parce qu'il sait qu'il ferait mal s'il ne l'était pas ; il faut que je le sois avec lui, parce que je sais la même chose.

Malheur à qui rompt ce contrat de justice dont votre raison et la mienne, et celle de tout le monde, se lient, pour ainsi dire, ensemble, ou plutôt sont déjà liées, dès que nous nous voyons, en quelque endroit que nous nous voyions, et sans qu'il soit besoin de nous parler. Contrat qui m'oblige même avec l'homme qui ne l'observe pas à mon égard, parce que ce n'est pas une loi conditionnelle [2] et particulière faite avec lui ; loi qui serait inutile, impuissante, et malgré laquelle notre corruption reprendrait bientôt son empire féroce. Non, c'est une loi de nécessité absolue, passée pour jamais avec l'humanité, avec tous les hommes ensemble, et par tous les hommes en général, qui l'ont tous ratifiée, et qui la ratifieront toujours [3].

---

1. Les disciples d'un philosophe ou d'une doctrine.
2. Une loi qui comporte certaines clauses ou conditions.
3. Ce « contrat » originel anticipe l'anthropologie de Rousseau pour qui la pitié, première vertu naturelle, est à la base des qualités sociales. « Au lieu de cette maxime sublime de justice raisonnée : *Fais à autrui comme tu veux qu'on te fasse*, [la pitié] inspire à tous les hommes cette

Malheur donc à qui n'observe pas autant qu'il est en son pouvoir cette loi de bon sens universelle, devenue juste par la nécessité qu'il y a de la suivre, et dont celui de qui je tiens mes lumières me reprochera le violement [1] devenu criminel, parce que ma raison le condamne, parce que je sais que mon bien et ma vie, et tout ce que je possède, sont autant de bienfaits que me dispense l'observation générale de cette loi, et qui me seraient arrachés si tout le monde était aussi méchant que je le suis.

Que les coutumes, que les usages particuliers des hommes soient défectueux, cela se peut bien [2], aussi ces usages sont-ils de la pure invention des hommes, aussi ces coutumes sont-elles aussi variées qu'il y a de Nations diverses, mais cette loi qui nous prescrit d'être juste et vertueux est partout la même : les hommes ne l'ont pas inventée, ils n'ont fait que convenir qu'il fallait la suivre telle que la raison ou Dieu même la leur présentait et leur présente toujours d'une manière uniforme. Il n'a pas été nécessaire que les hommes aient dit : voilà comment il faut être juste et vertueux ; ils ont dit seulement : soyons justes et vertueux, et en voilà assez, cela s'entend partout, cela n'a besoin d'explication dans aucun Pays ; en quelque endroit que j'aille, je trouve dans la conscience de tous les hommes une uniformité de science sur ce chapitre-là qui convient à tout le monde. Si j'ai des besoins ou des intérêts qui me soient personnels et particuliers, je n'ai qu'à les dire et l'on sait tout d'un coup ce qu'il me faut.

Mais c'est assez parler de justice et de vertu, j'en reviens, Monsieur, à vous encourager à poursuivre un

---

autre maxime de bonté naturelle bien moins parfaite, mais plus utile peut-être que la précédente : *Fais ton bien avec le moindre mal d'autrui qu'il est possible* » (*Discours sur l'origine et les fondements de l'inégalité parmi les hommes*, éd. B. Bernardi, GF-Flammarion, 2008, p. 98).

1. La violation, l'infraction.

2. La relativité des usages, qui préoccupait Montaigne ou Pascal avant Montesquieu, ne contrevient pas à l'universalité de la loi morale.

travail qui ne tend qu'à faire ressouvenir les hommes de leurs véritables devoirs, etc.

Je supprime ici de la Lettre de l'inconnu plus que je n'en donne, mais ce qu'il en reste nous mènerait trop loin.

J'ai lu d'un bout à l'autre ses Aventures, et je les ai trouvées si instructives, et en même temps si intéressantes que j'ai résolu de les donner, quelque longues qu'elles soient [1] ; elles emploieront bien dix-huit à vingt de mes Feuilles, et je les regarde comme des Leçons de Morale d'autant plus insinuantes qu'elles auront l'air moins dogmatique, et qu'elles glisseront le précepte à la faveur du plaisir qu'on aura, je crois, à les lire. Cependant je pourrai de temps en temps en suspendre la suite pour une quinzaine, et traiter alternativement quelques-uns de mes sujets ordinaires ; voici maintenant par où commencent ces Aventures.

Je suis né dans les Gaules d'une famille assez médiocre, et de parents, qui, pour tout héritage, ne me laissèrent que des exemples de vertu à suivre. Mon père, par sa conduite, était parvenu à des emplois qu'il exerça avec beaucoup d'honneur, et qui avaient déjà rendu sa fortune assez brillante, quand une longue maladie qui le rendit très infirme l'obligea de les quitter dans un âge peu avancé.

À peine s'en fut-il défait, qu'une banqueroute subite lui enleva les deux tiers de ce qu'il avait acquis : il ne lui resta pour toute ressource qu'un bien de campagne d'un très médiocre revenu, où il alla vivre, ou plutôt languir, avec sa petite famille composée de ma mère, de ma sœur, qui avait dix-sept ans, et de moi qui en avais près de seize, et qui sortais de mes classes.

1. Cette déclaration transforme la nature du périodique : c'est un feuilleton qui est ici promis.

Ma mère, qui avait une extrême tendresse pour ses enfants et qui les voyait pauvres, soutint d'abord notre malheur avec moins de force que mon père. Toute vertueuse qu'elle était, son esprit parut entièrement succomber sous le coup qui venait de nous frapper : dès qu'elle fut à la campagne, la dure économie qu'il fallut y garder pour y vivre ; le retranchement total de mille petites délicatesses qu'elle nous avait laissés prendre, et dont elle nous voyait privés ; le chagrin de voir ses chers enfants devenus ses domestiques et changés, pour ainsi dire, en valets de campagne ; enfin je ne sais quelle tristesse muette et honteuse qu'elle voyait en nous, que la misère peint sur le visage des honnêtes gens qu'elle humilie, et qui fait plus de peine à voir aux personnes qui ont du sentiment, que la douleur la plus déclarée : tout cela jetait ma mère dans une affliction dont elle n'était pas la maîtresse. Elle ne pouvait nous regarder sans pleurer : mon père qui l'aimait, et à qui nous étions chers, s'enfuyait quelquefois à ses pleurs, et quelquefois ne pouvait à son tour s'empêcher de joindre ses larmes aux siennes.

Un jour que je revenais sur le soir de cueillir un peu de fruit que nous avions dans un petit verger, je surpris mon père et ma mère qui se parlaient auprès de notre maison, et je les écoutai à la faveur d'une haie qui me couvrait[1] : j'entendis que ma mère soupirait, et que mon père s'efforçait de calmer sa douleur.

Dans les premiers jours de notre infortune, lui disait-il, je n'ai point condamné l'excès de votre affliction : vous vous y êtes abandonnée, je ne vous ai rien dit ; il n'est pas étonnant que la raison plie d'abord sous de certains revers : les mouvements naturels doivent avoir leurs cours, mais on se retrouve après cela : on revient à soi-même, on s'apaise, et vous ne vous apaisez point. J'ai dévoré mes chagrins autant que j'ai pu, de peur d'augmenter les vôtres. Pour vous, vous

1. On aura reconnu dans cette situation un épisode du *Petit Poucet* : l'enfant qui surprend le secret de ses parents.

ne me ménagez point ; vous m'accablez ; vous me faites mourir, et vous ne vous en souciez pas. J'aime nos enfants autant que vous les aimez ; j'ai été aussi sensible que vous au malheur qui leur ôte ce que j'espérais leur laisser : d'ailleurs je suis infirme ; suivant toute apparence vous me survivrez, et vous resterez à plaindre, et vous aurez de la peine à vivre. Que croyez-vous qu'il se passe dans mon cœur, quand j'envisage ce que je vous dis là ? Depuis trente ans que je vis avec vous dans une si grande union, n'ai-je pas appris à m'intéresser à ce qui vous regarde ? N'avez-vous pas eu le temps de me devenir chère ? mes chagrins tels qu'ils sont ne me suffisent-ils pas ? Voulez-vous toujours en redoubler l'amertume ? mes forces diminuent tous les jours, la fin de ma vie n'est que trop persécutée, ne contribuez point à la rendre plus triste. Vous avez toujours eu de la religion, j'espérais que vous me consoleriez, que nous nous consolerions l'un et l'autre ; mais tout me manque à la fois : Dieu veut apparemment que je meure environné de trouble et de désolation. Il m'a ôté mes biens et ma santé, et vous m'ôtez la satisfaction de vous voir soumise à sa volonté. C'était là le seul bien qui pouvait me rester ; la seule paix que mon cœur pouvait encore goûter ; votre vertu me la promettait ; mais tout m'est refusé : il faut que l'affliction me suive jusqu'au tombeau, et que Dieu m'éprouve jusqu'au dernier moment de ma vie.

Je n'entendis après ces mots qu'un mélange confus de soupirs qui me glacèrent le cœur ; ensuite ils recommencèrent à se parler, mais très bas, et comme en se promenant, ce qui me fit perdre ce qu'ils disaient. J'allais donc me retirer quand mon père, haussant un peu plus la voix, m'arrêta.

Ne vous embarrassez point de nos enfants, dit-il, mon fils a des sentiments d'honneur, et sa sœur est née vertueuse : ne songeons qu'à cultiver ces heureuses dispositions ; depuis le malheur qui nous est arrivé, j'ai découvert en eux un caractère qui me charme. Ils vous ont vu pleurer du peu de fortune que nous leur laisserons ; ils m'en ont vu affligé moi-même. Vos pleurs et mes chagrins ne sont pas demeurés sans reconnaissance ; leur cœur y a répondu, et notre affliction pour eux a réchauffé leur tendresse pour nous : je l'ai remarqué dans mille petites choses ; et je vous avoue que cela me donne une grande idée d'eux. Mettons à profit cet attendrissement où notre amour les a mis pour nous : voici l'instant de leur donner des leçons ; jamais leur cœur n'y sera plus docile. Ils sont infortunés et attendris : il n'y a point de situation plus amie de la vertu, que celle où ils se trouvent.

VINGT-DEUXIÈME FEUILLE

8 novembre 1723

Voici la suite des Aventures de l'inconnu, et dorénavant je les continuerai sans préambule.

Mon père et ma mère, après s'être encore entretenus quelque temps, rentrèrent dans la maison ; je m'y retirais moi-même quand je rencontrai ma sœur qui venait d'un autre côté ; comme elle me vit fort triste, elle me demanda ce que j'avais. Hélas, ma sœur, lui répondis-je la larme à l'œil, si vous saviez la conversation que je viens d'entendre entre mon père et ma mère sur notre chapitre, vous seriez aussi affligée que moi ; je n'étais pas loin d'eux, ils ne me voyaient pas : ma mère est [c] toujours au désespoir de nous voir ruinés ; elle nous aime trop, nous serons la cause de sa mort ; mon père n'oublie rien pour la consoler, et je sens bien qu'il aurait besoin de consolation lui-même ; vous savez qu'il n'a point de santé, ma mère depuis quelque temps est toujours malade ; nous les perdrons peut-être tous deux, ma sœur, ils ne peuvent pas y résister, et où en serons-nous après ? que ferions-nous au monde s'ils n'y étaient plus ? de quel côté tourner? qui est-ce qui nous aimera autant qu'ils nous aiment ? est-ce que nous pourrions vivre sans les voir, nous qui n'avons plus qu'eux, nous qui n'aimons qu'eux ? aussi, ma sœur [d], je vous l'avoue, j'aimerais mieux mourir, que de nous voir abandonnés comme nous le serions.

Nous n'y sommes pas encore, me répondit-elle avec amitié (car nous étions très tendrement unis) ; ne vous mettez point des choses si funestes dans l'esprit, surtout mon frère n'allez point pleurer devant eux, prenez-y garde, vous les chagrineriez encore davantage ; tâchons au contraire de leur paraître gais, peut-être que cela diminuera l'affliction où ils sont ; puisqu'ils nous aiment tant, ils méritent bien que nous fassions pour eux tout ce que nous pourrons.

Mon père, qui au bruit que nous faisions s'était arrêté sur le pas de la porte, s'approcha doucement dans l'obscurité et entendit aisément tout ce que nous disions ; son cœur n'y put tenir, il vint à nous, pénétré de tendresse : ah, mes enfants, que vous êtes aimables, nous dit-il en nous serrant entre ses bras, et que vous méritez bien vous-mêmes toute l'inquiétude que vous m'avez donnée jusqu'ici [e] ! Venez, suivez-moi, ajouta-t-il en nous prenant par la main ; allons dire à votre mère ce que je sais de vous, venez lui payer ses larmes, je la connais : quel bonheur pour elle, quelle récompense de sa douleur, quelle mère eut jamais plus de grâce à rendre au Ciel !

Mon père continuait toujours à nous parler quand il entra avec nous dans une salle où était ma mère qui lisait ; quittez votre lecture, lui dit-il, je viens vous apprendre qu'il n'y a plus d'affliction ni pour vous ni pour moi. Embrassez vos enfants, jamais père ni mère n'en ont eu de plus dignes de leur tendresse, ne les plaignez plus, réjouissez-vous ; nous nous trompions, nous avions du chagrin pour eux, et il ne leur est point arrivé de vrai malheur ; rien ne leur manque, ma chère femme, ils ont de la vertu[f], je viens d'en être convaincu, je les écoutais sans qu'ils le sussent[g]. Votre fille disait tout à l'heure à son frère qui pleurait, que puisque nous les aimions tant, nous méritions bien qu'ils s'efforçassent d'adoucir nos inquiétudes ; que dites-vous de ces sentiments-là ? y a-t-il des richesses qui les vaillent ? nos enfants resteront-ils si malheureux ? serez-vous encore affligée ? le pourrez-vous ? n'obtiendront-ils rien ? pour moi, je me suis déjà acquitté envers eux, mon cœur est en paix, je suis content et j'ose leur répondre que vous le serez aussi ; car pour de tristesse, il n'en est plus question, je crois que ni vous ni moi n'en saurions plus avoir après cela ; mais ce n'est pas assez que de cesser d'être tristes, cela vaut davantage, nous devons nous croire heureux, nous devons l'être, comme nous le sommes effectivement d'avoir des enfants qui ont le cœur si bon.

Ma mère à ce discours versa encore des larmes, mais ce fut des larmes de joie : Oui, s'écria-t-elle, en nous caressant de caresses auxquelles mon père joignait encore les siennes ; oui, mon mari, vous avez eu raison de répondre pour moi, je suis contente[h].

Je ne savais où j'étais pendant que ma mère nous parlait ainsi ; le ravissement où je la voyais, ses caresses, celles de mon père, avaient mis mon cœur dans une situation qu'on ne peut exprimer, je me rappelle seulement que dans tout le cours de ma vie je n'ai jamais senti de mouvements dont mon âme ait été aussi tendrement pénétrée qu'elle le fut dans ce moment.

De ce jour-là finit notre tristesse commune, nous passâmes six mois dans toute la paix et toute la gaieté que peut donner un état où l'on ne désire plus rien. Je me promenais souvent avec mon père, et de tout ce qui s'offrait à nos yeux, il en prenait occasion de m'instruire ; je ne sais comment il faisait en m'instruisant, mais je regardais nos entretiens comme des heures de récréation pour moi ; je craignais de les voir finir ; il avait l'art de les rendre intéressants, j'aimais à sentir ce qu'il disait, ma jeunesse et ma vivacité, qui pouvaient me dégoûter de ce qui était sérieux et raisonnable, comme pour l'ordinaire elles en dégoûtent les jeunes gens, ne contribuaient avec lui qu'à me rendre plus attentif à tous ses discours : j'en valais mieux entre ses mains d'être jeune et vif, parce que je n'en avais que plus d'ardeur pour le plaisir ; et que ce plaisir, il avait su faire en sorte que je le misse à m'entretenir avec lui.

Un jour que nous nous promenions comme de coutume, nous vîmes passer un Seigneur extrêmement âgé, qui se promenait comme nous assez près de son château ; il avait l'air triste, abattu et rêvait profondément ; d'où vient donc que ce Seigneur est ici, dis-je, en le voyant, il me semble ne l'avoir jamais vu à la campagne ? C'est qu'il a eu ordre de se retirer de la Cour, me dit mon père ; eh, pourquoi cela ? repartis-je. Oh, pourquoi ? me dit-il, pour n'avoir pas eu l'adresse de se maintenir dans sa faveur, pour n'avoir pas eu une intrigue [1] supérieure à celle de ses ennemis, pour n'avoir pas perdu lui-même ceux qui l'ont perdu, car ordinairement voilà les crimes de ces fameux disgraciés ; mais mon père, vous m'étonnez, lui dis-je, les moyens de se maintenir dans sa faveur me paraissent bien étranges ; c'est donc un coupe-gorge que la Cour des Princes ; eh, comment d'honnêtes gens peuvent-ils s'accommoder de cette faveur ? Je n'en sais rien, reprit-il, tout ce que je puis dire, c'est que les ambitieux s'en accommodent ; sur ce pied-là, répondis-je, quand on dit d'un homme qu'il est ambitieux, on en dit bien du mal ; mais ne pourrait-on pas s'exempter de la nécessité de nuire aux autres ? il n'y aurait qu'à ne se point faire d'ennemis. Cela ne servirait de rien, dit mon père ; car dans ce pays-là les ennemis se font d'eux-mêmes. Avez-vous du crédit ? êtes-vous en place ? vous voilà brouillé sans rémission avec je ne sais combien de

1. Sens premier du mot *intrigue* : « pratique secrète qu'on emploie pour faire réussir une affaire » (*Acad.*).

gens à qui pourtant vous rendez service ; eh ! m'écriai-je, quel mal peut-on vouloir à un homme qui oblige ? on lui veut mal de ce qu'il est en état d'obliger, reprit-il, de ce qu'on a besoin d'être son ami, au lieu qu'on voudrait que ce fût lui qui eût besoin d'être le nôtre ; eh, de quelle manière faut-il donc se comporter avec des gens si méchants ? lui dis-je ; hélas, mon fils, me répondit-il, il faut être méchant soi-même ; encore est-il bien difficile de l'être avec succès, car il s'agit d'avoir une méchanceté habile qui perde finement vos ennemis, sans qu'ils voient comment vous vous y prenez ; souvent même est-il nécessaire que ceux que vous employez pour les perdre ne s'aperçoivent pas de votre dessein ; sais-tu bien qu'à la Cour c'est le chef-d'œuvre de l'esprit humain que cette méchanceté-là ? on dit de celui qui y parvient : voilà un habile homme, voilà une bonne tête ; il a culbuté ses ennemis ; il a su écarter tout ce qui lui faisait ombrage ; il faut avoir bien de l'esprit pour se tirer d'affaire comme il a fait ; mais mon père, lui répondis-je, parmi des personnes comme nous, quelqu'un qui ressemblerait à cet habile homme-là, nous dirions de lui que c'est un fourbe, un perfide, un homme sans conscience et sans honneur, un homme qui ne vaut rien ; bon, me dit mon père en riant, tu fais là une plaisante comparaison. Eh ! qu'est-ce que c'est que des gens comme nous ? il appartient bien à des hommes d'un état médiocre d'avoir le privilège d'être fourbes ou perfides avec gloire ; ne voilà-t-il pas de beaux intérêts que les nôtres, pour mériter qu'on honore du nom d'habileté les perfidies que nous emploierions pour avancer nos affaires, et pour ruiner celles de nos semblables ? Oh ! mon fils, ce n'est pas là l'esprit du monde ; tu vois les choses comme elles sont, toi ; tu as les yeux trop sains ; mais si un peu d'extravagance humaine s'emparait malheureusement de ton cerveau, égarait ta raison, et mitigeait[1] tes principes de vertu, tu penserais

1. Tempérait. *Mitiger des principes de vertu*, c'est admettre des principes moins purs, accepter des compromissions.

bien d'une autre manière ! sache, mon fils, que ce qu'on appelle noirceur de caractère, méchanceté fine, scélératesse de cœur, iniquité de toute espèce, porte toujours son nom naturel, et n'en change jamais pour des gens comme nous ; parmi nous un fourbe est un fourbe, un méchant est un méchant, à notre égard on explique les choses à la lettre, on les prend pour ce qu'elles sont ; nos postes sont si petits, nos intérêts de si peu de valeur que nous ne pouvons en imposer à personne : le moyen qu'on se trompât sur notre chapitre ? nous ne sommes revêtus de rien qui soit respectable pour les autres hommes, de rien qui étourdisse, qui subjugue leur imagination en notre faveur ; rien ne nous couvre, pour ainsi dire, nous sommes tout nus, ou nous n'avons que des haillons qui ne sont pas graciables [1], et qui font qu'on nous juge sans miséricorde, et comme nous le méritons ; de sorte que nous avons beau être faux avec souplesse, méchants avec toute l'industrie du monde, toute cette industrie, toute cette souplesse nous tourne à mal et ne fait qu'ajouter de nouveaux traits de laideur à notre indignité (comme cela est juste) ; en un mot, chez nous tout cela est misère d'esprit et de cœur, plus ou moins odieuse, suivant qu'elle est plus ou moins rusée.

Mais quand on est environné d'honneurs, qu'on est revêtu de dignités, de grands emplois, oh ! pour lors, mon enfant, les choses prennent une nouvelle face ; cela jette un fard sur cette misère dont je viens de parler, qui en corrige, qui en embellit même les difformités ; pour lors soyez méchant, et vous brillerez ; nuisez à vos rivaux, trouvez le secret de les accabler, ce ne sera là qu'un triomphe glorieux de votre habileté sur la leur ; soyez tout fraude et toute imposture, ce ne sera rien que politique, que manège [2]

1. Auxquels on ne peut faire grâce, c'est-à-dire qu'on ne peut pardonner ou supporter. Le terme n'étant attesté que dans son sens juridique (un *crime graciable* est un cas rémissible, selon Furetière), cet emploi imagé est blâmé par le *Dictionnaire néologique*.

2. *Manège* : « manières d'agir adroites et artificieuses » (*Acad.*).

admirable ; vous êtes dans l'élévation [1], et à cause de cela les hommes, qui sont vains et qui voudraient bien être où vous êtes, vous regardent avec autant d'égards qu'ils croiraient en mériter s'ils étaient à votre place ; en respectant vos honneurs, c'est l'objet de leurs désirs [i] qu'ils caressent ; leur vanité, faute de mieux, prend plaisir à considérer votre importance, celle des affaires que vous maniez, des relations que vous avez, et l'étendue d'esprit dont vous avez besoin, et la beauté du mystère ou des stratagèmes qui vous sont nécessaires dans toutes vos actions, quelles qu'elles soient ; fussent-elles indignes, n'importe, quelquefois même y gagnent-elle de l'être, elles en paraissent de plus grands coups, on a opinion qu'elles partent d'une nécessité grave et politique, et cela leur donne un air de majesté ; le succès qu'elles ont, le fracas qui s'ensuit, la ruine de celui-ci et de celui-là qu'elles apportent les convertit en faits illustres, en aventures notables, qu'on est charmé de savoir et qu'on est tout glorieux [j] de raconter ; ce que je te dis là n'est pas encore assez, car non seulement les actions de cette nature se sauvent du mépris qu'elles mériteraient, mais on semble les exiger de celui qui est en place, et s'il demeure oisif, on ne l'estime pas beaucoup, c'est un homme de peu de valeur, qui ne donne point de spectacle, et qui languit dans la carrière [2].

Voilà, mon enfant, pourquoi dans les grandes situations l'iniquité la plus déliée fait tant d'honneur, pendant qu'il est si honteux à des gens comme nous de n'être pas irréprochables dans la conduite de leur vie ; mais au bout du compte, qu'en dis-tu ? notre lot n'est-il pas incomparablement meilleur que celui de ces personnes-là ? leur grandeur a beau nous masquer leurs actions, ils ont beau n'être appelés qu'habiles quand ils sont méchants ; si c'est un bénéfice

1. Vous vous élevez (en obtenant des dignités, des charges à la cour).
2. Qui ne fait pas carrière assez vite pour mériter notre admiration, notre estime (la *carrière* au sens propre est le lieu fermé où l'on exerce les chevaux à la course).

pour eux, ils en paient bien les charges[1] ; tu ne saurais croire ce que c'est que leur vie, quand j'y songe, je ne comprends rien à eux, ni à la passion qu'ils ont pour le rang, pour le crédit, pour les honneurs, car cette passion-là suppose des cœurs orgueilleux, avides de gloire, furieux de vanité ; cependant ces gens si superbes et si vains ont la force de fléchir sous mille opprobres qu'il leur faut souvent essuyer ; le droit d'être fiers, et de primer sur les autres, ils ne l'acquièrent, ils ne le conservent, ils ne le cimentent qu'au moyen d'une infinité d'humiliations dont ils veulent bien avaler l'amertume ; quelle misérable espèce d'orgueil ! aussi se sent-il[2] presque toujours de la lâcheté qui le fait subsister ; aussi n'est-il bon qu'à donner la comédie aux gens raisonnables qui le voient.

J'écoutais avec attention mon père, pendant qu'il parlait ainsi, et je me souviens qu'en vérité, j'avais pitié de ceux dont il me dépeignait le sort ; je jetais de temps en temps les yeux sur ce Seigneur, dont j'ai parlé, et qui se promenait encore assez près de nous, et je le voyais toujours enseveli dans une rêverie mélancolique.

Il me paraît que tu t'intéresses au chagrin de celui que tu regardes, me dit mon père ; il est vrai, lui dis-je, il me semble qu'il souffre ; je le connais, reprit mon père, il a l'âme d'un honnête homme, il est né obligeant, et l'on a toujours dit du bien de lui ; je suis persuadé qu'il n'est tombé que faute

---

1. Le terme *bénéfice* est employé ici non pas au sens moderne de « gain », « revenu », déjà attesté à l'époque, mais au sens spécifique des bénéfices ecclésiastiques (voir ci-après, p. 267), qui rapportaient de solides revenus – ceux par exemple des terres d'une abbaye – mais étaient soumis à des *charges*, obligations onéreuses. D'où l'expression *Il faut prendre le bénéfice avec les charges* pour dire « qu'il faut se résoudre à essuyer les incommodités d'une chose, qui d'ailleurs est avantageuse » (*Acad.*). Cette locution proverbiale est également enregistrée par Furetière : « *Il faut prendre le bénéfice avec ses charges* : ce qui se dit tant au propre des charges d'un vrai bénéfice, qu'au figuré de toute autre chose qui a des avantages et des inconvénients » (*Fur.*).

2. Se ressent-il de, a-t-il conscience de.

d'avoir cette méchanceté ardente par qui[1] l'on vient à bout de se défendre de ses ennemis et de les perdre. Sur ce pied-là, répondis-je, il se consolera bientôt de sa chute ; un honnête homme ne saurait longtemps regretter un état incompatible avec sa bonté naturelle ; hélas, mon enfant, reprit-il, je suis sûr que ce Seigneur ne le regrette que trop, cet état où il n'est plus ; son cœur n'y a pas fait naufrage, il y est resté bon et généreux, mais l'habitude des honneurs peut lui avoir gâté l'esprit ; il regrette ce fracas dans lequel il vivait, ce mouvement que tant de monde se donnait pour aller à lui, il regrette ses flatteurs dont il se moquait, mais qui regardaient comme un bonheur de se le rendre favorable, il ne voit plus ces airs timides et rampants qui divertissaient sa vanité, il ne fait plus la destinée de personne ; ses amis n'ont plus tant d'intérêt à le ménager ; il soupire après cette place qu'il tenait dans l'esprit des autres, après ce respect craintif qu'il aimait à inspirer, quoiqu'il se plût à le dissiper par des procédés obligeants ; enfin, après mille fantômes pareils, sans lesquels il ne peut vivre, et qui sont devenus la nourriture nécessaire d'un esprit empoisonné d'ambition[k].

VINGT-TROISIÈME FEUILLE

8 janvier 1724

Quand j'ai commencé les aventures de l'inconnu, dont j'ai déjà donné deux Feuilles, j'ai dit que je les interromprais de temps en temps par d'autres choses. C'est un privilège que je me suis réservé, et je me suis imaginé que

1. Par laquelle.

l'usage que j'en ferais irait au profit des lecteurs. Parmi ces lecteurs, cependant il y en a qui diront peut-être (en supposant que les Aventures de l'inconnu leur aient plu) : pourquoi suspendre la suite d'une histoire et laisser refroidir l'intérêt que nous commencions à y prendre ? Que cela ne vous embarrasse pas, me disait l'autre jour un de mes amis, pourvu que l'histoire que vous interrompez soit bonne, intéressante ; ceux qui n'auront pas voulu la lire par Feuilles, à cause de cette interruption, la retrouveront tout entière dans le volume et la liront là tout à leur aise[1] ; mais satisfaites une partie de vos lecteurs, qu'une longue histoire donnée de suite ennuierait, et qui ne seront pas fâchés de vous voir quelquefois changer de sujet. Changeons donc, lui dis-je, aussi bien je sens que cela me divertira moi-même, car enfin[1], il faut que le jeu me plaise, il faut que je m'amuse, je n'écris que pour cela, et non pas précisément pour faire un livre ; il me vient des idées dans l'esprit ; elles me font plaisir ; je prends une plume et les couche sur le papier pour les considérer plus à mon aise, et voir un peu comment elles feront ; après cela quand je les trouve passables, je les donne aux autres, qui s'en amusent eux-mêmes, ou qui les critiquent ; et lequel que ce soit des deux, j'y gagne toujours, car si la critique est bonne, elle m'instruit ; elle m'apprend à mieux faire ; j'en pense une autre fois d'une manière qui me satisfait plus moi-même ; si au contraire elle est mauvaise, ou si je la crois telle franchement, je lève un peu les épaules sur ceux qui la font, je me moque un peu d'eux entre cuir et chair[2], et en pareil cas, rire de son prochain, c'est toujours quelque chose.

---

1. Soit que les lecteurs fassent relier à leurs frais la suite des Feuilles, soit, plus vraisemblablement, qu'ils achètent aux libraires le recueil annuel de douze feuilles (la présente Feuille parut ainsi dans le recueil de 1723).

2. En secret. « On dit figurément, Rire *entre cuir et chair*, Jurer *entre cuir et chair*, pour dire, Rire, jurer en soi-même, sans en faire rien paraître au-dehors » (*Fur.*).

Mais comme c'est une impertinence que de rire ainsi, et qu'il n'y a point d'homme qui soit digne de se moquer des erreurs d'un autre, qu'il ne lui est permis que de les remarquer ; ce sentiment moqueur ne me dure pas longtemps ; il ne fait que passer ; c'est un droit que je paie vite à l'infirmité humaine, et je deviens Philosophe quand l'homme en moi a eu son compte, c'est-à-dire que je me repens lorsque j'ai eu le plaisir de faillir, et voilà ce que c'est que notre sagesse.

Cela me fait songer à un enfant à qui l'on emporte sa poupée ; il crie d'abord, une gouvernante vient qui le console : allons mon fils, doucement ! fi ! qu'il est vilain de crier comme vous faites ! ah que vous êtes laid quand vous pleurez ! l'enfant s'apaise ; l'homme est de même, dérobez-lui le moindre petit plaisir de vanité qu'il attendait, c'est sa poupée, c'est son joujou qu'on lui emporte, et l'enfant de cinquante ou de soixante ans crie ; la réflexion, qui est alors sa gouvernante, vient et lui dit : eh ! pauvre innocent, vous n'y pensez pas, qu'est-ce que c'est que votre esprit, qu'est-ce que c'est que l'estime qu'on lui doit, quels sont ceux à qui vous la demandez ? créature faible et ridicule, vous êtes vain, et vous croyez être louable, et vous vous moquez de ceux qui ne vous louent pas ; il vous appartient bien de railler les autres ; j'abrège ici le sermon de la gouvernante, tout le monde peut l'achever, je reviens à la critique ; lors donc qu'elle n'est pas bonne, et que je me suis reproché de m'en être intérieurement moqué, je m'y prends d'une autre façon pour m'en divertir loyalement ; je l'écoute en Spectateur, et de cette manière j'ai mes coudées franches, j'en ris de tout mon cœur et sans scrupule, parce que ce n'est plus directement de celui qui critique que je ris alors ; c'est de notre esprit, de nos fantaisies, de nos extravagances, de nos délicatesses puériles, des petits profits que nous croyons faire en montrant des dégoûts ; enfin c'est des hommes en général que je ris, c'est de moi-même que je vois dans les autres.

Mais puisque je parle de critique, je ne saurais m'empêcher de dire une chose que je trouve en mon chemin ; qu'un homme qui a du jugement ou qui n'en a pas, critique les ouvrages de nos meilleurs Auteurs vivants, ou d'Auteurs médiocres, qu'il les trouve absolument mauvais, cela lui est permis ; il n'y a rien à lui dire, tant qu'il n'attaquera que les productions ; ceux qui les ont faites n'ont qu'à ne plus écrire, si la critique d'un homme qui remarque [1] bien, ou qui ne dit que des sottises, les scandalise. Mais que ce même homme, non content de critiquer bien ou mal un ouvrage, enveloppe insensiblement dans sa critique une satire contre l'Auteur, et jette un ridicule sur son caractère, il me semble que c'est ce qu'on ne devrait jamais lui passer, et que ce n'est pas assez ménager l'honnêteté publique que de donner passeport [2] à de pareilles choses ; quand j'étais jeune, j'aurais vécu poliment avec mon critique, mais à l'égard d'un satirique, oh ! il m'aurait déplu, et j'avais un honneur bouillant qui aurait eu besoin d'un tuteur pour être sage.

La réflexion que je fais là-dessus m'en fournit une autre. C'est un grand avantage que d'avoir beaucoup d'esprit, mais il ne faut pas tant l'envier à ceux qui l'ont ; ils n'en jouissent pas impunément, et ils le paient bien ce qu'il vaut.

J'entrai l'autre jour dans un de ces endroits où s'assemblent de fort honnêtes gens, la plupart amateurs de belles lettres, ou savants [3] ; je les connais presque tous ;

---

1. *Remarquer*, au sens propre, signifie « relever des passages d'un livre ». C'est par le terme *remarques* que La Bruyère désigne ses réflexions morales, en recourant aussi au verbe en emploi absolu à la dernière ligne de la Préface aux *Caractères* : « Ceux enfin qui font des maximes veulent être crus : je consens, au contraire, que l'on dise de moi que je n'ai pas quelquefois bien remarqué, pourvu que l'on remarque mieux. »

2. *Passeport* « se dit figurément des qualités, privilèges, ou caractères des personnes, qui les font passer ou recevoir en plusieurs lieux » (*Fur.*).

3. L'un des cafés de la Régence, tel le célèbre Procope.

ils sont dans le particulier de la plus aimable société du monde, raisonnables autant que spirituels ; se trouvent-ils ensemble, vous ne les reconnaissez plus ; ils sont à l'instant saisis de la fureur d'avoir plus d'esprit les uns que les autres.

Il part une question, l'un la décide hardiment, et sans appel ; un autre condamne tout net ce que le premier a dit ; un troisième s'élève qui les condamne tous deux : pendant qu'ils se disputent ensemble, un quatrième, par un ton qui se fait faire place, et qui vaut un coup de tonnerre, leur annonce sans cérémonie que tout ce qu'ils disent ne vaut rien ; un cinquième survient qui voudrait les apaiser, en leur faisant convenir amiablement[1] qu'il pense mieux qu'eux sur l'article ; un sixième crie, s'offre pour arbitre et n'est plus entendu, mais à force de clameurs il prend toujours acte de ses diligences, et de l'accommodement judicieux qu'il propose ; un autre pour se distinguer ne dit mot, il secoue seulement la tête en homme qui renferme en lui, qui possède l'unique solution qu'on peut donner à la chose. Il confie la supériorité de ses lumières à son voisin paisible, qui écoute respectueusement le charivari[2] spirituel qui se fait, et qui en même temps approuve l'idée de celui qui lui parle, sans savoir presque de quoi il s'agit ; quelques autres personnes, qui ne sont ordinairement là que comme les suivants[3] des principaux acteurs, se répandent en petits pelotons dans la salle, agitent à l'écart la question, et se régalent *incognito* du plaisir de la décider, loin du danger et de la réprimande, car ils n'oseraient approcher de la

1. « D'une manière honnête, douce et amie » (*Fur.*).

2. Tapage. Au sens premier, le *charivari* désigne le « bruit tumultueux de poêles, de poêlons, de chaudrons, etc., accompagné de cris et de huées que l'on fait la nuit devant la maison des femmes du petit peuple, veuves et âgées, qui se remarient » (*Acad.*).

3. Serviteurs formant une sorte d'escorte (voir *pelotons* dans la même phrase), mais le terme relève aussi du lexique théâtral : les suivants et suivantes qui accompagnent les « principaux acteurs ».

bataille, on les écraserait comme des Pygmées ; cependant la question qui a causé la dispute a disparu, il en a succédé vingt autres qui ont pris furtivement sa place, qu'on n'a point reconnues pour étrangères, et qu'on agite toutes à la fois ; enfin tant est procédé [1] qu'il ne reste plus rien sur le tapis, qu'une masse d'idées subtiles et bizarres, qui se croisent, qui ne signifient rien, et que l'emportement et l'orgueil de primer ont férocement entassées les unes sur les autres ; alors chacun des disputants ne sachant plus à quoi s'en prendre, entêté confusément d'un sentiment quelconque, qui n'est pas celui qu'il avait d'abord, car il l'a perdu dans le combat, celui-là, mais de quelque autre sentiment qu'il a raccroché par mutinerie [2], en entendant crier les autres, se retire avec une poitrine épuisée, qu'il a sacrifiée à la gloire de ses idées ; la pauvre poitrine, que sa condition est malheureuse ! Bref, que reste-t-il de la dispute ? rien que des leçons de brusquerie [3] (qui à la vérité ne sont pas perdues) et qu'un exemple bruyant de la misère de nos avantages.

Voilà l'histoire de ce que je vis dans l'endroit où j'étais entré. Un des principaux disputants laissa sortir tous les autres et vint se mettre auprès de moi ; là, il voulut me faire convenir que c'était lui qui avait dû [4] l'emporter sur les autres : il n'y a pas moyen, me dit-il, de vider une question avec des gens qui s'égosillent jusqu'à perdre haleine ; et notez qu'en me disant cela, il avait lui-même un enrouement qui faisait foi que Monsieur savait perdre haleine ; là-dessus, le voilà qui recommence à disserter avec moi, et qui me somme de lui rendre justice ; quand il eut bien argumenté : que vous en semble ? me dit-il. Que vous avez raison, lui répondis-je, à une chose près,

1. Emploi figuré du terme juridique : *procéder*, c'est agir en justice.
2. Par rébellion, par esprit de contradiction (*se mutiner* : s'irriter).
3. D'insulte.
4. Qui aurait dû. Le plus-que-parfait, dans la langue classique, a valeur de conditionnel passé.

c'est que j'ai vu naître le sujet de la dispute, et qu'il ne s'y agissait point du tout de cela ; parbleu, je ne me trompe point, s'écria-t-il ; voulez-vous, répondis-je, que je vous ramène la question ? elle était fort simple, et je vois bien que vous ne la savez plus.

À ces mots que je lâchai sans songer à mal, je vis le visage de mon Dissertateur, s'allumer d'un feu qui me fit peur ; apparemment qu'il regarda comme une insulte que j'eusse pensé qu'il avait perdu la question de vue : peut-être crut-il encore que je l'accusais de n'avoir pas l'esprit exact, ou peut-être s'imagina-t-il que j'entendais qu'il était un brouillon, un esprit court, que sais-je, moi, ce qu'il crut ? un bel esprit en pareil cas est si ombrageux, sa vanité lui donne des méfiances si subtiles ; il est si sensible au moindre soupçon qu'il a qu'on ne l'estime point assez, et ce soupçon, il le prend sur si peu de chose qu'il ne faut qu'un geste pour irriter sa superbe délicatesse.

Aussi à la seule inspection des yeux de celui qui me parlait, n'osai-je presque me remuer ; j'étais fort embarrassé ; de quoi me suis-je avisé, disais-je, en moi-même, de proférer la parole imprudente qui lui déplaît ? me voilà perdu, cet homme-là ne me lâchera point qu'il n'ait cru m'avoir démontré que sa capacité est prodigieuse ; non, voilà qui est fini, je ne sortirai point d'ici qu'il ne soit mis en repos [m] sur l'opinion que j'aurai de ses lumières ; il faudra qu'il pense que je l'admire, il va travailler à m'y forcer, et nous ne nous séparerons que quand il présumera que je me dirai à moi-même : cet homme-là est le meilleur esprit que je connaisse.

Tout ce que je dis me vint sur-le-champ dans la tête ; il était une heure sonnée, c'est l'heure à peu près où l'on dîne, j'étais à jeun, lui de même peut-être, mais il ne sentait plus cela ; il s'agissait de venger son esprit, cet intérêt-là était plus pressé que celui de son estomac, et je n'avais pas lieu d'espérer qu'il pût s'apercevoir qu'il avait appétit.

D'un autre côté, je n'avais point de poitrine à commettre avec la sienne[1] ; mais comment quitter cet homme ? quoi, lui dire que le cœur me manquait d'inanition, que le dîner m'attendait ? et lui dire cela, dans quelle conjoncture, au milieu d'un raisonnement qu'il allait faire, qu'il faisait déjà, et où il n'y allait pas moins pour lui, que de se purger auprès de moi du reproche de n'être pas le plus judicieux de tous les hommes, d'un raisonnement en vertu duquel il attendait réparation ; d'un raisonnement dont la justesse et la force devaient faire taire tous mes besoins ; non, je ne voyais point de moyens honnêtes de m'esquiver ; j'avais blessé mon homme dans son amour-propre, et le laisser là sans lui donner secours, c'était l'assassiner, lui ôter son honneur, c'était être barbare. D'ailleurs une autre réflexion m'embarrassait encore : s'il allait m'agacer[2], me disais-je en moi-même, s'il allait m'induire aussi à prendre le parti de mon esprit, que sait-on ce qui peut arriver ? il y a quarante ans que je fais le métier de Philosophe, et que je persécute mes faiblesses, mais je n'en suis pas plus sûr de moi ; l'état où je suis, c'est comme une santé de convalescent, il ne faut presque rien pour causer une rechute.

J'étais donc sur les épines, enfin je pris mon parti ; je filai doux avec cet honnête homme ; je lui montrai un visage ami ; je fis avec lui ce qu'on fait avec ces gros dogues, qui vous présentent d'abord les dents, mais qu'on apprivoise insensiblement en les caressant. Mon cher, lui dis-je donc d'un ton qui demandait grâce, quand j'ai dit que vous ne saviez plus quelle était la question dont il s'agissait dans la dispute, je n'ai prétendu parler que d'un pur oubli de votre part ; ce n'est point que vous ne l'ayez pas bien comprise, au contraire, j'ai remarqué que c'est

1. Je n'avais pas assez de souffle pour combattre son éloquence. « On dit qu'*Un orateur n'a point de poitrine*, pour dire, qu'il n'a presque pas de voix » (*Fur.*).

2. *Agacer* : « Picoter, exciter par quelques paroles » (*Acad.*).

vous qui l'avez le plus maintenue dans ce qu'elle était, qui l'avez le mieux renfermée dans ses bornes, et je vous avouerai même que vous êtes le seul de tous ces Messieurs-là qui ayez parlé sensément.

À ce discours emmiellé [n], son âme se calma, ses yeux redevinrent sereins ; je n'y vis plus cette ardeur sauvage dont ils s'étaient allumés, il y resta pourtant un peu de feu, mais ce feu n'était plus qu'une vanité contente qui brillait, et qui m'annonçait la paix.

Monsieur, me répondit-il, vous êtes bien obligeant ; il est vrai que j'ai cru tantôt mon sentiment raisonnable, cependant chacun a le sien ; ces messieurs ont plus d'esprit que moi, mais ils crient trop, ils veulent trop avoir raison ; d'ailleurs dans la dispute, il faut une certaine justesse, une finesse de vue qu'on trouve dans peu de gens : ce n'est pas assez que des idées, que de l'imagination, cela ne signifie rien, je n'en fais point de cas ; j'ai voulu ramener les esprits, comme vous avez vu, mais on ne me suivait pas, et je ne saurais faire tant de bruit. Vous en avez pourtant fait, lui repartis-je, et je n'aime point qu'un homme aussi judicieux que vous se pique du fade honneur de briller dans des contestations où le tintamarre étouffe tout ce que vous dites de bon ; cela n'est ni sage ni modeste. Voulez-vous que je vous dise ? je ne saurais ajuster tant de faiblesse avec tant d'esprit.

J'ai tort, me répondit-il d'un ton de bienveillance. Ce n'est pas que ce que je lui disais fût extrêmement flatteur d'un certain côté, mais la pauvre dupe n'y voyait goutte, et de faux éloges l'étourdissaient sur de vraies injures ; de sorte que se levant d'un air riant : Quelle heure est-il ? me dit-il ; à propos de l'heure, repartis-je, il est très tard ; on ne s'ennuie point avec vous, et je devrais avoir dîné. Là-dessus nous sortîmes, par la grâce de Dieu, et il me quitta en me serrant la main avec une reconnaissance que je ne méritais guère.

De mon côté, je me rendis chez un de mes amis qui m'avait invité. Après le repas, il me pria de l'accompagner chez un marchand qu'il me nomma, et chez qui seul se trouvait un drap de certaine couleur dont il voulait un habit : Venez m'aider à n'être point trompé, me dit-il, car ce marchand-là passe pour un homme un peu trop ardent à l'intérêt, et je ne me connais à rien[1]. Ma foi, lui dis-je, si vous n'avez que moi pour guide dans cette aventure, vous serez malmené ; je vous avertis que je suis aveugle-né sur ces matières-là, mais il me vient une idée ; suppléons à notre ignorance par quelque tour ingénieux. Allons, venez, je médite un coup qui va rendre votre marchand le plus accommodant et le plus consciencieux de tous les hommes. Donnez-moi votre bourse : et suivez-moi°, j'ai fait[2] un cours de magie qui m'a appris bien des secrets.

Nous partîmes, et nous voilà arrivés chez le marchand ; nous demandons ce qu'il nous faut ; deux ou trois garçons nous étalent plusieurs pièces du drap en question : à les en croire il n'y avait point de préférence à donner à aucune ; je m'étais attendu à ce verbiage : Messieurs, leur dis-je, où est le maître ? Je ne sais point choisir, il choisira pour moi. Là-dessus on va l'avertir ; il vient. Tenez, Monsieur, lui dis-je, en l'abordant d'un air franc et tranquille ; voilà ma bourse que je vous mets dans les mains. J'ai besoin pour un habit du plus beau drap d'une telle couleur ; vous êtes meilleur connaisseur que moi ; donnez-moi ce qu'il me faut ; faites couper le drap ; payez-vous vous-même : je reprends ensuite ma bourse, et sans autre cérémonie je fais emporter la marchandise, bien certain que vous en aurez agi en homme d'honneur avec moi. Asseyez-vous, Monsieur, me dit le

---

1. Je ne connais rien aux affaires (c'est-à-dire au marchandage, pratique alors générale, les prix n'étant jamais marqués).
2. J'ai suivi.

marchand d'un ton froid[1] : Allons vite, ajouta-t-il, apportez-moi le paquet que vous voyez là-haut ; il fut obéi. Moi, pendant ce temps-là, je regardais de côté et d'autre, et m'amusais à parler avec mon ami. On déploya le drap ; coupez ce qu'il en faut, dit-il à ses garçons ; cela fait, il prit une plume, calcula, ouvrit ma bourse, prit de l'argent ce qu'il en voulut, la referma, fit ployer et empaqueter mon drap, et me rendit ma bourse aussi froidement qu'il l'avait reçue.

Je ne lui demandai point ce qu'il avait pris : on a tout vu quand on a de la confiance, et je jouais mon rôle d'après nature ; lui, de son côté, ne me rendit point compte ; l'honneur est cavalier dans ses façons[2] et ne s'avise pas de formalités. Nous nous en allâmes ; il nous reconduisit jusqu'à sa porte, me remercia laconiquement, presque d'un air distrait ; je lui répondis dans le même goût, et nous courûmes au logis pour vérifier avec le tailleur la probité du marchand, qui se trouva non seulement sans reproche, mais même généreuse ; le tailleur en fut étonné.

Quand il fut parti, mon ami se mit à rire. Savez-vous bien que vous m'avez fait peur chez ce marchand ? me dit-il ; lui mettre une bourse entre les mains, lui dire de se payer lui-même ; prendre ce qu'il vous donne ; ne s'informer de rien ; ne regarder à rien : ma foi, la manière d'acheter est originale, mais je ne voudrais pas en tirer copie. Que pensiez-vous donc dans ce temps-là ?

Ne m'avez-vous pas dit, repartis-je, que ce marchand vendait extrêmement cher, et qu'il n'était pas scrupuleux ? eh bien, que vouliez-vous que nous fissions avec un homme de ce caractère-là ? ce n'était pas ce qu'il nous fallait. Voilà pourtant l'homme à qui nous avons eu affaire, me dit mon ami ; non pas, s'il vous plaît, répondis-je, ce n'est plus du tout le même homme ; j'ai changé

1. Avec le sérieux requis dans une situation où l'honneur est en jeu.
2. L'honneur ne fait pas de manières.

tout cela ; le marchand qui nous a vendu n'est pas celui qui vend ordinairement ; ce dernier est un homme avare et peu scrupuleux, et moi d'un coup de baguette j'ai endormi cet homme-là, ou plutôt ses vices, et lui ai glissé dans l'âme les vertus contraires ; ainsi l'homme qui reste est tout un autre homme.

Qu'appelez-vous un coup de baguette ? reprit mon ami en éclatant de rire ; oui, repris-je, je veux dire que je l'ai tout d'un coup tellement pénétré des honneurs que lui prodiguait ma confiance, je l'ai rendu si vain du portrait flatteur qu'elle lui faisait de lui-même, que la tête lui en a tourné d'orgueil et de reconnaissance, et dans la chaleur de ces mouvements-là, passionné comme il était du plaisir d'être pris pour un si galant homme, hélas, il s'est laissé mener comme j'ai voulu, voilà tout ce que c'est ; mais comme[p] le charme que j'avais jeté sur lui ne devait pas durer beaucoup, vous avez vu que j'ai été vite en besogne, de crainte que l'homme avare que j'avais assoupi ne se réveillât et ne criât au voleur. On fait de l'homme tout ce qu'on veut par le moyen de son orgueil ; il n'y a que manière de s'en servir.

VINGT-QUATRIÈME FEUILLE

22 juillet 1724

Je reprends enfin le *Spectateur* interrompu depuis quelques mois[1], et le reprends pour le continuer avec exactitude. Je l'avais quitté par une paresse assez naturelle aux personnes d'un âge aussi avancé que je le suis,

1. Après huit mois d'interruption, exactement.

et d'ailleurs, me disais-je, quand même ce que j'écrirais serait excellent, ce qui n'est pas, qu'en arriverait-il ? On dirait : celui qui nous donne le *Spectateur* écrit bien, et à mon âge, quand on a passé sa vie à examiner les hommes, à réfléchir sur eux et sur soi-même, et sur la valeur de nos talents, en vérité l'estime qu'on peut s'acquérir en une infinité de choses devient bien indifférente : on se dégoûte de tout, louange et blâme, tout est regardé du même œil ; on ne méprise rien si vous voulez, mais on ne se soucie de rien non plus, et l'on n'en est pas plus Philosophe pour cela, car cette indifférence où vous tombez, ne vient pas de ce que vous l'avez cherchée, elle vient de la nature des choses que vous avez examinées ; elles vous donnent pour elles une tiédeur que vous n'attendiez pas, vous leur sentez un vide que vous n'aviez point dessein d'y trouver, et ce vide que vous leur sentez, vous ne prenez pas même la peine de voir s'il y est réellement, et si vous avez raison de le sentir ou non, ce serait autant de fatigue inutile ; vous restez comme vous êtes sans plus de curiosité, sans blâmer ceux qui ne sont pas comme vous ; et voilà précisément l'état où je me trouve aujourd'hui.

Pourquoi donc est-ce que je reprends le *Spectateur* ? Par une raison fort simple : c'est qu'il y a mille moments dans la journée où je m'ennuie de ne rien faire, et l'autre jour en relisant les Aventures de l'inconnu que j'ai interrompues[q] dans mes dernières Feuilles, je pris du plaisir à donner en moi-même plus d'étendue qu'il n'a fait aux réflexions que je vis dans son histoire, et là-dessus je résolus de poursuivre cette histoire telle qu'elle est, et de passer mon temps à augmenter ses réflexions des miennes, sans rien changer aux faits de son récit.

Je l'ai déjà dit ailleurs, ces Aventures pourraient être utiles aux Lecteurs et les instruire ; je n'en attends pourtant pas un si grand bien, car je sais que presque tous les hommes ne lisent que pour s'amuser[1], et moi le plaisir de les amuser ne me tente plus ; ainsi j'en reviens toujours à dire que je ne cherche ici qu'à m'occuper moi-même.

Dans ma pénultième Feuille, j'en suis demeuré à l'entretien que l'inconnu et son père eurent ensemble sur le courtisan qu'ils rencontrèrent en se promenant à la campagne : voici ce qui suit ; c'est toujours cet inconnu qui parle.

La nuit qui s'approchait pendant que nous nous entretenions mon père et moi, nous fit reprendre le chemin de la maison.

En nous retirant, nous rencontrâmes un laboureur qui revenait de son travail, et qui chantait de toute sa force. Voici un homme qui a le cœur bien gai, dis-je à mon père. Il y a de bonnes raisons pour cela, me répondit-il ; c'est que la terre avait besoin de pluie, et qu'il a plu.

Je ne pus m'empêcher de rire du ton sérieux dont mon père me tint ce discours. Le courtisan disgracié qui se promenait tout à l'heure a vu pleuvoir aussi, repris-je, mais son esprit n'en a pas reçu de soulagement. Tu me fais là une belle comparaison, me dit-il, d'un laboureur à un courtisan : le temps qu'il fait est excellent pour la terre, eh bien, le courtisan, quel avantage en peut-il espérer ? que ses greniers en seront plus pleins de biens ; qu'il en aura plus abondamment de quoi vivre ; cela est vrai ; mais sa vanité, de quoi vivra-t-elle ? ses besoins sont pour le moins aussi pressants que s'ils étaient raisonnables, et la pluie ni le soleil ne peuvent rien pour eux, au lieu qu'ils peuvent tout pour les besoins de ce laboureur qui ne veut

1. Même constat chez La Bruyère, dans une addition à la Préface aux *Caractères* qui signale les « augmentations » d'une nouvelle édition : « personne presque depuis trente années ne lisant plus que pour lire, il fallait aux hommes, pour les amuser, de nouveaux chapitres et un nouveau titre ».

que vivre, et qui voit que son champ, dont il vit, en profitera davantage. Ainsi tu comprends bien qu'il a raison d'être gai, puisqu'il est presque sûr d'avoir ce qu'il souhaite. Ne le trouves-tu pas heureux d'être si borné dans ses désirs, qu'en dis-tu ? que les hommes soient bons ou méchants, qu'ils se trahissent à la Cour ou à la Ville, qu'un Ministre superbe les rebute ou les favorise, qu'ils courent après de grands emplois, qu'ils les manquent, ou qu'ils les perdent avec désespoir, tous leurs soucis, leurs différentes sortes d'intérêts, tout ce que l'orgueil et l'ambition peuvent leur donner de malins plaisirs, ou leur causer de honteuses peines ; tout ce fatras d'inquiétudes et de besoins surnuméraires[1] dont ils sont tourmentés, qui naissent de leur corruption irritée, qui leur gâtent le cœur, qui égarent leur esprit, et les plongent, pour des bagatelles, dans un abîme de fourberies et de scélératesses[2] les uns contre les autres ; tout cela n'est point de la connaissance du laboureur, c'est un état de trouble et de misère que sa condition lui épargne ; il pleut à propos, cela lui suffit, le voilà gai, mais gai comme un homme qui n'a eu que des désirs innocents, et qui les voit satisfaits ; sa gaieté ne suspend aucune autre inquiétude ; il n'a d'autre affaire que d'en jouir ; elle ne fait trêve à aucun intérêt[r] qu'il faille ménager le lendemain ; son âme se repose tout entière, et le bon homme se couche content, se lève de même, reprend son travail avec plaisir, et meurt enfin aussi tranquillement qu'il a vécu, car une vie passée dans le repos a cela d'heureux, qu'elle est douce pendant qu'on en jouit, et qu'on ne s'y trouve point attaché, quand on la quitte.

Les adieux d'un paysan sont bientôt faits lorsqu'il meurt ; son âme n'a pas contracté de grandes liaisons,

1. Superflus (ce sens n'est pas enregistré par les dictionnaires de l'époque, qui donnent seulement : « au-delà du nombre »).

2. Mot ironiquement signalé comme « nouveau et exquis » par le *Dictionnaire néologique.*

n'a pas souffert de ces secousses violentes qui laissent tant d'ardeur pour la vie. La mort ne la rappelle pas de bien loin quand il faut qu'elle parte ; elle ne tient presque à rien [1].

Nous arrivâmes à la maison en nous entretenant ainsi ; nous trouvâmes ma mère un peu indisposée. Le lendemain son indisposition augmenta, la fièvre la prit, et quelques jours après elle mourut.

Je passe la douleur que je ressentis à sa mort, et l'affliction où tomba mon père, qui ne put se consoler ; elle mourut en lui serrant la main, pendant que nous fondions en larmes aux pieds de son lit, ma sœur et moi.

Ce ne fut que pleurs et que gémissements dans notre maison pendant un mois ; aussi fîmes-nous une perte irréparable. Quelle union entre elle et mon père, que de tendresse elle avait pour ses enfants ! Je ne me souviens pas de l'avoir jamais regardée comme une personne qui avait de l'autorité sur moi ; je ne lui ai jamais obéi parce qu'elle était la maîtresse, et que je dépendais d'elle ; c'était l'amour que j'avais pour elle qui me soumettait toujours au sien. Quand elle me disait quelque chose, je connaissais sensiblement que c'était pour mon bien ; je voyais que c'était son cœur qui me parlait ; elle savait pénétrer le mien de cette vérité-là, et elle s'y prenait pour cela d'une manière qui était proportionnée à mon intelligence, et que son amour pour moi lui enseignait sans doute, car je la comprenais parfaitement, tout jeune que j'étais, et je recevais la leçon avec le trait de tendresse qui me la donnait [2] : de sorte que mon cœur était reconnaissant aussitôt qu'instruit, et que le plaisir que j'avais en lui obéissant, m'affectionnait bientôt à ses leçons mêmes.

---

1. On trouve les mêmes réflexions chez Montaigne déjà (*Essais*, III, 12).
2. L'expression métonymique est relevée dans le *Dictionnaire néologique*.

Si quelquefois je n'observais pas exactement ce qu'elle souhaitait de moi, je ne la voyais point irritée ; je n'essuyais aucun emportement, aucun reproche dur et menaçant, point de ces impatiences, de ces vivacités de tempérament qui entrent de moitié dans les corrections ordinaires, et qui les rendent pernicieuses par le mauvais exemple qu'elles y mêlent. Non, ma mère ne tombait pas dans ces fautes-là et ne me donnait pas de nouveaux défauts, en me reprenant de ceux que j'avais ; je ne lui voyais pas même un air sévère ; je ne la retrouvais pas moins accueillante ; elle était seulement plus triste ; elle me disait doucement que je l'affligeais, et me caressait même en me montrant son affliction ; c'était là mon châtiment, aussi je n'y tenais pas ; un jeune homme né avec un cœur un peu sensible ne saurait résister à de pareilles manières, non qu'il ne fût peut-être dangereux de s'en servir avec de certains caractères ; il y a des enfants qui ne sentent rien, qui n'ont point d'âme ; pour moi, je pleurais de tout mon cœur alors, et je lui promettais en l'embrassant de ne lui plus donner le moindre sujet de chagrin, et je tenais parole ; je me serais même fait un scrupule de la tromper quand je l'aurais pu ; ce mélange touchant de bontés et de plaintes, cette douleur attendrissante qu'elle me témoignait quand je faisais mal, me suivait partout ; c'était une scène que je ne pouvais me résoudre à voir recommencer ; son cœur, que je ne perdais jamais de vue, tenait le mien en respect, et je n'aurais pas goûté le plaisir de la voir contente de moi, si je m'étais dit intérieurement qu'elle ne devait pas l'être ; je me serais reproché son erreur : ces sortes de choses paraîtront peut-être des délicatesses qui demandent de l'esprit, non, avec tout l'esprit possible, souvent on ne les a point ; je le répète, il ne faut pour cela qu'un peu de sentiment, et qu'est-ce que ce sentiment ? c'est un instinct qui nous conduit et qui nous fait agir sans réflexion[1], en nous

1. Cette appréhension du sentiment préfigure la théorie de l'instinct selon Marianne : « Je pense, pour moi, qu'il n'y a que le sentiment qui

présentant quelque chose qui nous touche, qui n'est pas développé dans de certaines gens, et qui l'est dans d'autres ; ceux en qui cela se développe sont de bons cœurs qui disent bien ce qu'ils sentent ; ceux en qui cela ne se développe pas, le disent mal et n'en sont pas moins [1]. Cependant c'est toujours esprit de part et d'autre que cet instinct-là, seulement plus ou moins confus dans celui-ci que dans celui-là ; mais c'est une sorte d'esprit dont on peut manquer, quoiqu'on en ait beaucoup d'ailleurs, et qu'on peut avoir aussi sans être spirituel en d'autres matières ; et c'est là toute l'explication que j'en puis donner.

Quoi qu'il en soit, je rends compte de la manière dont je vivais avec ma mère ; la mort me la ravit dans le temps où j'avais le plus besoin d'elle. J'entrais dans un âge sujet à des égarements que je ne connaissais pas encore et où ce tendre égard que j'avais pour elle m'aurait été plus profitable que jamais.

Mon père à qui le Ciel l'avait unie (que j'aimais autant qu'elle, et dont le caractère ressemblait au sien), ne put survivre longtemps à sa perte ; sa santé qui était déjà très mauvaise, s'altéra encore davantage ; plusieurs infirmités l'attaquèrent à la fois ; il n'agissait plus, et bientôt il fut réduit à garder le lit ; il ne vécut qu'un an dans ce triste état, et il mourut entre mes bras, pendant que ma sœur était absente pour une affaire domestique.

Mon fils, me dit-il, un moment avant que d'expirer, vous avez perdu votre mère, vous allez me perdre, et je vous vois au désespoir, mais vous n'y serez pas toujours, le temps console de tout. Je vais répondre de mes actions à celui qui m'a donné la vie ; vous lui répondrez un jour

---

nous puisse donner des nouvelles un peu sûres de nous, et qu'il ne faut pas trop se fier à celles que notre esprit veut faire à sa guise, car je le crois un grand visionnaire » (*La Vie de Marianne*, 1re partie, éd. citée, p. 60).

1. Comprendre : n'en sont pas moins de bons cœurs.

des vôtres, songez-y ; au défaut des biens que je ne puis vous laisser, mon amour vous laisse cette pensée-là, ne la perdez point, vous y trouverez tous les conseils que je pourrais vous donner, et c'est elle qui doit désormais vous tenir lieu de père et de mère.

À peine eut-il achevé ce peu de mots qu'il tomba dans une faiblesse qui lui ôta la parole ; il prononça encore quelque chose de mal articulé, et où je compris qu'il demandait sa fille ; après quoi, ses yeux se fixèrent sur moi, et ne cessèrent de me regarder que lorsqu'il expira.

Je ne saurais peindre l'état où je me trouvai alors ; en le voyant mourir, je crus voir encore une fois mourir ma mère, il me semblait que je venais de les perdre tous deux dans le même moment.

Je ne savais plus où j'étais, je restai dans un accablement qui me rendait stupide, et ma sœur était déjà de retour, m'avait parlé, avait poussé des cris, que je n'étais pas encore revenu à moi-même.

Que nous étions à plaindre ! nous n'avions point de parents dans la Province ; des amis, nous n'en connaissions point : qui est-ce qui s'attache à d'honnêtes gens qui sont dans l'infortune ? il n'y a point d'objet plus disgracié parmi les hommes, plus abandonné d'eux que l'homme pauvre et vertueux tout ensemble ; tous les cœurs sont glacés pour lui ; il est comme un étranger dans la nature : un fripon indigent est peut-être plus méprisé, mais mieux servi, moins rebuté[s] ; du moins le mépris qu'on a pour lui est-il plus sans conséquence et de meilleure composition ; que dire à cela ? c'est que la qualité de fripon tranche[1] moins que la vertu avec le caractère des hommes en général ; il leur ressemble par là davantage, peut-être qu'il y gagne à n'être ni estimé ni

1. Contraste. Le mot ne s'appliquait dans ce sens qu'en peinture : *trancher*, c'est « passer d'une couleur vive à une autre couleur vive sans aucune nuance, ni adoucissement » (*Fur.*). L'emploi figuré est relevé par le *Dictionnaire néologique*.

estimable ; les hommes qui sont vains en traitent plus commodément avec lui ; il est rampant avec eux ; cela les flatte ; ils ont le plaisir de primer sur lui quand ils le servent, au lieu que l'homme vertueux est honteux et respectable, et cela les dégoûte, parce qu'ils n'oseraient l'humilier en le secourant ; il faudrait l'honorer malgré son indigence, et ils rougiraient de la comparaison qu'ils seraient obligés de faire avec lui. Voilà pourquoi mon père avait été si délaissé ; ainsi il n'y avait personne qui s'intéressât à nous quand nous restâmes seuls, ma sœur et moi.

Dans un si grand abandon, ma sœur parut montrer plus de courage que moi : au milieu de sa douleur, elle songea à prendre un parti, et à m'en faire prendre un à moi-même.

Il n'est pas question, me dit-elle un jour, que nous restions comme ensevelis dans notre affliction ; il s'agit de voir ce que nous deviendrons ; nous n'appartenons ici à personne ; nous n'avons point de bien, et le peu qui nous en reste, mille accidents peuvent nous l'ôter ; prévenons-les, mon frère ; vous entrez dans un âge où vous pouvez faire quelque chose, et ce ne sera pas ici que vous trouverez les occasions de vous avancer [1] ; ainsi il faut absolument nous séparer, votre intérêt le demande ; je dois de mon côté m'assurer un état fixe.

Eh bien ! lui dis-je, à quoi vous déterminez-vous donc, et que me conseillez-vous de faire ? Vendons ce que nous avons ici, me répondit-elle ; de l'argent que nous en tirerons, je n'en veux que ce qu'il en faudra pour me mettre dans un couvent ; voilà quel est mon parti à moi ; je n'en sache point de meilleur ni de plus sûr, et grâce au Ciel, il ne m'en coûte rien pour le prendre ; je ne sacrifie rien en quittant le monde : heureusement j'ai reçu une éducation qui m'a mis dans l'habitude de penser, et de penser raisonnablement. Une fille à mon âge, et sans bien dans

1. De faire carrière.

le monde, que peut-elle devenir ? de quel côté se tourner ? où est son asile ? À votre égard ce n'est pas de même ; il y a tant d'honnêtes ressources pour vous ; vous avez mille moyens de vous avancer, mon frère ; rendez-vous à Paris avec l'argent qui vous restera ; vous savez que nos parents y sont ; nous y en avons un dont mon père nous a souvent parlé, et qui y occupe un poste considérable ; il est vrai que jusqu'ici nous n'en avons pas tiré un grand secours, mais aussi mon père ne l'a-t-il pas mis à de fortes épreuves. Aujourd'hui le cas où vous êtes exige de droit qu'il vous aide ; il vous connaît, il vous a vu ici dans un voyage qu'il fit avant la chute [1] de mon père ; vous lui parûtes aimable ; il vous caressa beaucoup et fut charmé du progrès que vous faisiez dans vos études ; enfin il vous recevra sans doute avec quelque attendrissement ; votre situation le touchera, votre éducation ne le fera pas rougir, et il ne pourra s'empêcher de donner quelques soins à votre fortune, et j'espère qu'elle deviendra meilleure que vous ne pensez.

J'écoutai ma sœur sans prendre beaucoup de goût à ce qu'elle me disait ; j'insistai longtemps sur la peine que j'aurais à me séparer d'elle, car je l'aimais tendrement : cependant je me laissai conduire comme elle voulut, et nous cherchâmes dès lors à vendre notre petit bien de campagne.

Plusieurs personnes vinrent le voir et nous en offrirent bien moins qu'il ne valait. Parmi ceux qui voulurent l'acheter, vint un jeune homme qui avait une terre considérable assez près de notre maison ; je n'étais point au logis alors ; je m'en étais écarté en lisant, et il ne trouva que ma sœur ; elle n'était pas belle, mais il n'y avait peut-être pas de beau visage qui n'eût gagné à ressembler au sien. Le jeune financier [2] ne la vit pas impunément, il prit

1. Le malheur (la banqueroute).

2. Un releveur des finances ou *traitant*, qui a acheté du pouvoir royal le droit de lever les impôts (*ferme*), moyennant une confortable commission.

de l'amour et ne put s'empêcher de le faire paraître. Ma sœur qui était la modestie[1] même, feignit de ne rien entendre à tout ce qu'il mêlait de galant dans la conversation, et traita froidement avec lui ; ils ne convinrent cependant de rien au sujet de la maison ; ses offres étaient trop médiocres ; peut-être voulut-il se ménager de nouveaux prétextes de revenir, ce qu'il fit effectivement, mais comme en passant et au retour de chasse. Nous ne décidâmes encore rien avec lui, et ses visites continuèrent pendant trois semaines, sans qu'il parlât davantage de l'achat de notre bien ; il nous envoya même du gibier, voulut savoir notre situation, et parut s'y intéresser avec amitié pour moi, et avec beaucoup de tendresse pour ma sœur, qui de son côté ne trouvait pas ses visites importunes, à ce que je remarquai, et qui ne s'impatientait plus de voir que nous ne finissions notre affaire avec personne.

Un jour qu'ils s'étaient promenés assez longtemps ensemble, elle revint avec un air triste dont je ne lui demandai point la raison, et le lendemain matin il se présenta une Dame veuve qui nous offrit à peu près ce que nous voulions de notre bien ; ma sœur me conjura de conclure avec elle ; cela me surprit, mais le marché fut fait, et ma sœur m'engagea sur-le-champ à l'accompagner jusqu'à un couvent qui n'était qu'à demi-lieue de chez nous ; nous partîmes ; elle parla à la prieure, convint de ses faits[2] avec elle, lui donna de l'argent, et arrêta d'entrer au couvent deux jours après.

En nous en retournant, nous rencontrâmes le jeune financier ; à peine nous eut-il joint, que ma sœur m'arrêtant : Mon frère, me dit-elle, vous avez regardé Monsieur comme un homme généreux, et je le regardais comme un homme estimable qui avait de l'inclination pour moi : nous nous trompions tous deux ; Monsieur a de l'argent

1. Pudeur.
2. *Convenir de ses faits* signifie : « s'entendre d'avance sur ce qu'on fera » (*Littré*).

et du crédit, et il emploierait volontiers l'un en votre faveur, si je voulais bien m'accommoder de l'autre [1] ; c'est du moins ce qu'il m'a fait entendre, et vous approuverez, je pense, que je le remercie pour nous deux. Adieu, Monsieur, ajouta-t-elle, en se tournant de son côté ; toutes vos richesses ne valent pas le mépris que vous me donnez pour elles, et je dirais aussi pour vous, sans l'obligation que je vous ai de la disposition d'esprit où je me trouve [t].

Le jeune homme fut extrêmement touché de ce discours et lui demanda pardon presque la larme à l'œil ; Monsieur, lui dit-elle, je vous pardonne de bon cœur, mais je vais m'enfermer dans un couvent ; je ne veux plus que mon indigence m'expose à de nouveaux affronts ; l'essai que j'ai fait du cœur des hommes me suffit. Adieu, Monsieur, voilà votre chemin, et voici le nôtre.

VINGT-CINQUIÈME FEUILLE

31 août 1724 [u]

J'ai déjà averti que je continuerais à donner l'histoire de l'inconnu sans faire aucun préambule, ainsi j'entre d'abord en matière.

Ma sœur le quitta là-dessus, et je la suivis en examinant la contenance de ce jeune homme ; il me parut qu'il était extrêmement embarrassé, et en effet il devait l'être :

1. C'est-à-dire accepter l'argent qu'il me propose (pour faire de moi sa maîtresse). Ce thème de la prostitution et du refus qu'oppose la demoiselle aux offres de l'homme riche sera exploité dans *La Vie de Marianne*.

c'est un mauvais quart d'heure à passer pour un homme riche et vicieux que d'essuyer en pareil cas le dédain d'honnêtes gens, pauvres comme nous l'étions ; je crois qu'il se trouve bien petit devant eux, qu'il se sent bien lâche, et que leur indigence et leur vertu le rendent bien honteux de ses vices et de son opulence ; car enfin, il n'a rien à répliquer ; tout ce qu'il pourrait faire, ce serait d'être effronté, mais j'ai toujours remarqué que les gens qui n'ont point une certaine pudeur dans leurs mœurs, une sorte de générosité dans leurs sentiments, ne sauraient s'empêcher d'avoir honte devant les personnes vertueuses qui les méprisent.

Cela viendrait-il seulement de ce qu'on rougit toujours d'être méprisé, sans qu'il s'ensuive pour cela qu'on soit méprisable ? Je n'en sais rien, mais je pencherais à croire que le vice brutal a en lui-même quelque chose de laid, qui demande qu'on lui fasse grâce, quelque chose de contraire à la fierté de l'âme : fierté qui a fait que les hommes quelconques ont mis en honneur certains sentiments naturels, et qu'ils en ont proscrit d'autres comme humiliants pour eux, malgré le plaisir qu'ils en pouvaient tirer.

Ce que je dis là de la laideur du vice, bien des gens le combattront sans doute, et il me semble voir à peu près ce qu'ils pourraient dire, mais il serait trop long de donner à mon raisonnement toute son étendue, et en cas que je me trompe, j'aime mon erreur ; la morale y gagne plus que la métaphysique n'y perd, et il siéra bien à tous les honnêtes gens de se tromper comme moi.

Quoi qu'il en soit, nous nous éloignâmes de ce jeune homme, dont je ne parlai plus à ma sœur, qui assurément avait quelque penchant pour lui, et trois jours après, la vente de notre maison faite, nous nous en retournâmes au couvent qu'elle avait choisi, et où je la laissai pour m'en aller en même temps à Paris ; car la Dame à qui nous avions vendu notre maison devait y entrer le même jour, et j'avais pris toute mes mesures pour partir à l'instant que j'aurais quitté ma sœur.

Je la quittai donc ; nous nous embrassâmes à la porte du couvent ; de là elle se rendit au parloir où je la revis encore, et où je lui parlai bien moins que je ne pleurai.

Elle n'oublia rien pour me consoler de notre séparation, pour me la faire juger moins douloureuse, moins durable que je ne pensais ; elle-même s'efforçait de n'en paraître pas si touchée que moi ; elle espérait bien me revoir, disait-elle ; elle en était sûre ; elle ne pleurait pas comme moi, mais elle retenait ses larmes ; elle en répandait malgré elle, et je voyais que ma situation la pénétrait de tristesse ; elle me regarda souvent sans avoir la force de me rien dire.

Car enfin que devenais-je après l'avoir quittée ? quel était mon sort ? Moi qui sortais d'entre les mains d'un père qui m'avait conduit, sous les yeux de qui j'étais doucement accoutumé à vivre, sur qui je me reposais de ma sûreté, du soin de ma personne, et qui en tout ce qui me regardait avait pensé, délibéré pour moi ; qui, dans toutes les peines que je lui avais données, ne m'avait demandé, pour ma part, que d'être docile aux conseils que sa tendresse lui inspirait pour moi ; ce père n'était plus, et ma sœur qui depuis sa mort me semblait l'unique personne à qui la mienne fût encore quelque chose ; qui empêchait que je ne fusse absolument seul dans le monde, enfin dont la compagnie avait soulagé mon imagination étonnée de tous les malheurs qui nous étaient arrivés : j'allais aussi la perdre, cette chère sœur, et dans une heure il n'allait plus me rester que moi pour moi-même, et qu'est-ce que c'était que moi ?

Je succombais sous toutes ces idées-là ; je me croyais perdu ; je craignais tout sans savoir pourquoi, sans avoir d'objet fixe ; je me regardais comme un homme entouré de périls, et mon esprit était dans un étourdissement qui me faisait des monstres de tout ce que je voyais.

J'avais plus de cent lieues à traverser pour arriver à Paris ; ce n'est rien que cela pour un homme qui a quelque usage de la vie, mais quel voyage pour un homme de mon âge, qui n'avait jamais vu plus de six lieues d'étendue : que de mouvements à se donner ! et quel objet d'épouvante que tous ces mouvements pour qui ne connaît rien, et qui sort d'une éducation aussi paisible que l'avait été la mienne !

Mais il n'y avait plus moyen de reculer ; il fallait partir ; je répétai vingt fois les derniers adieux ; je finis enfin, et je me retirai. Comme ma sœur avait contraint sa douleur pendant notre entretien, quand je l'eus quittée j'entendis en sortant du parloir qu'elle s'était évanouie ; je me retournai et je la vis entre les bras d'une religieuse qui avait été présente, et qui appelait du secours. Je fus tenté de rentrer, sans autre dessein que celui de la voir encore et de m'arrêter là aussi longtemps que je le pourrais ; mais la crainte de n'avoir plus la force de partir après me retint : je me hâtai donc de me retirer, ou plutôt je m'arrachai de ce lieu, et je montai vite à cheval avec un serrement de cœur, qui, dans les circonstances où je me trouvais, est un des plus pénibles états que l'on puisse imaginer.

Me voilà donc en chemin, âgé de dix-huit ans, n'ayant pour tout bien qu'une somme d'argent assez médiocre ; quittant un pays où j'étais né, dont je n'étais jamais sorti, où je ne laissais personne qui pût se ressouvenir de moi qu'une sœur qui était morte pour le monde, et que, suivant toute apparence, je ne reverrais jamais.

D'un côté je voyais le couvent qui l'enfermait pour toujours ; de l'autre, dans la campagne, je voyais l'endroit où mon père et ma mère venaient d'être si récemment, et presque coup sur coup, enterrés tous deux.

Leur fils, autrefois l'objet de leurs soins et de leur complaisance, sans secours, maintenant sans expérience, et comme un enfant sans aveu[1], traversait en fugitif cette campagne qui ne lui offrait plus de retraite, et s'en allait servir de jouet à la fortune.

Je passais par des lieux où je m'étais promené avec mon père, et comme on se parle quelquefois : nous nous arrêtions souvent ici, me disais-je ; nous nous sommes souvent assis dans cet endroit ; je m'y ressouvenais même des discours qu'il m'avait tenus ; je croyais encore entendre sa voix ; mon fils, ce nom si tendre qu'il avait coutume de me donner, frappait encore mes oreilles, hélas, c'en était fait, personne ne devait plus m'appeler ainsi ; je n'étais plus sur la terre qu'un malheureux inconnu ; je n'avais plus que des ennemis dans le monde, car n'y tenir à qui que ce soit, c'est avoir à y combattre tous les hommes, c'est être de trop partout.

Cependant j'avançais ; ma douleur et ma tristesse s'augmentaient à mesure que je m'éloignais davantage ; je me retournais à tout moment ; je craignais d'avancer ; je ne pouvais renoncer à des objets[2] qui me tuaient, et je mourais de penser que bientôt je ne les verrais plus.

Enfin je m'éloignai tant que je les perdis de vue ; il se fit alors un changement en moi ; je n'avais été jusque-là que triste et attendri sur moi-même ; je n'avais songé à rien qu'à nourrir ma tristesse de tout ce qui pouvait me la rendre plus sensible : mais quand je me vis hors de la portée de ces objets qui m'étaient si chers, et que l'éloignement où je me trouvais eut rompu, pour ainsi dire, le commerce que mes yeux et mon cœur aimaient à avoir avec eux, je fus à l'instant saisi de je ne sais quel esprit de défiance et de courage qui me rappela tout entier pour moi-même, et me rendit l'objet unique de toutes mes attentions ; je regardai les périls que je croyais courir moins pour les craindre, comme j'avais fait auparavant,

1. Un vagabond, quelqu'un « qui n'a ni feu ni lieu » (*Acad.*).
2. Le terme *objet* désigne ici tout ce qui frappe la vue ou l'imagination.

que pour prendre garde à moi ; ma timidité me donna des forces, et je marchai armé d'une précaution soupçonneuse qui veillait à tout, et qui me tenait toujours en défense.

Comme je ne savais pas le chemin, je le demandais assez souvent aux personnes que je rencontrais, mais seulement à ceux qui n'avaient pas la mine d'abuser de mon ignorance ; et quand je voyais de certains visages, de certaines figures équivoques, j'aimais mieux m'égarer que de leur exposer mon embarras ; j'avais peur que cela ne les mît au fait de ma situation, et qu'ils ne devinassent que j'étais un jeune homme abandonné, qui voyageait sur la bonne foi du passant ; ce qui aurait pu les tenter de faire un mauvais coup. Je poursuivais donc, sans rien dire, et fournis ainsi ma première journée [1], sans d'autre inconvénient que celui d'avoir fait quelques lieues de plus qu'il ne fallait.

J'en devins un peu plus hardi le jour d'après, et j'arrivai dans un village qui n'avait qu'une hôtellerie où j'entrai.

Je n'y rencontrai de voyageur qu'un homme vêtu simplement, dont la physionomie me parut bonne ; il se chauffait dans la cuisine de l'auberge, en attendant qu'on lui eût préparé de quoi souper.

Il me fit honnêteté [2] et s'entretint avec moi. Nous sommes seuls, me dit-il, voulez-vous, Monsieur, que nous soupions ensemble ? J'y consentis, et comme il y avait deux lits dans la chambre qu'on lui avait donnée, l'hôtesse nous pria de vouloir bien y coucher tous deux, parce que ce jour-là, disait-elle, il lui venait pour l'ordinaire des équipages qu'il fallait loger ; là-dessus nous nous regardâmes un instant l'inconnu et moi, et comme nous vîmes que nous hésitions un peu tous deux, cela nous rassura, car hésiter alors, c'était mutuellement nous

1. J'accomplis ainsi mon premier jour de voyage.
2. Il me salua avec civilité.

faire sentir que nous étions d'honnêtes gens, ainsi nous répondîmes que nous le voulions bien.

On porta donc ma valise dans cette chambre, et nous allions y monter pour y souper, quand il entra dans la cour une chaise de poste escortée de quelques domestiques à cheval. De la chaise sortit un gros bénéficier[1] qui revenait, à ce qu'on nous dit, d'une abbaye considérable qu'il avait à dix lieues de ce village.

Toute l'auberge se mit en mouvement à son arrivée : hôtesse, servantes, valets d'écurie, tout alla rendre hommage au train[2] profane et environner la chaise comme pour remercier le maître de son nombreux équipage et des apprêts qu'exigeait sa friandise[3]. Pour lui, il descendit de sa chaise d'un air sûr, en homme qui ne tromperait pas les gens dans leur calcul, et qui satisferait aux respects intéressés qu'on lui rendait[4].

Nous montâmes ensuite à notre chambre pour souper. Nous fûmes très mal servis ; on nous avait comme oubliés ; nous n'eûmes rien qu'à force de cris, et chaque chose dont nous avions besoin ne nous fut apportée que l'une après l'autre.

Voilà comme cela va dans le monde ; tous les hommes, les uns envers les autres, ressemblent à notre hôtesse ; ils prodiguent tout à celui qui a beaucoup, négligent celui qui a peu, et refusent tout à qui n'a rien. Caractère de cœur maudit qui ne laisse aucune ressource honnête aux misérables, et qui déshérite les deux tiers des hommes, des biens que la nature a faits pour eux !

Cependant ces hommes, tels que vous les voyez, ont fait des lois contre leur iniquité ; des lois justes et saintes en

1. Ecclésiastique jouissant des revenus (ou *bénéfice*) d'une abbaye et qui n'est pas tenu à résidence : il s'y rend une fois l'an pour toucher son revenu.
2. Suite d'un haut personnage.
3. Des préparatifs que demandait sa gourmandise.
4. L'ecclésiastique laisse espérer de gros pourboires.

elles-mêmes : celui qui les viole est méchant ; il ne s'est point contenté d'avoir ou de trouver un nécessaire, qui, malgré la mauvaise disposition des choses, ne manque presque jamais ; il avait un libertinage[1] et des vices qu'il voulait satisfaire : l'homme est né pour le travail, il voulait être un fainéant ; en un mot, c'est un mauvais sujet, qui mérite d'être puni. Mais d'un autre côté, on serait tenté de dire que les hommes ne sont pas dignes de le voir punir ; qu'ils ne méritent pas les lois justes qui les protègent : ce méchant que l'on punit, ce sont eux le plus souvent qui lui ont appris à le devenir ; il se serait contenté de son nécessaire, de sa cabane, du revenu de son travail et de la médiocrité de ses plaisirs, s'il n'avait pas vu des hommes dont le luxe, les richesses, la mollesse et la fainéantise ont allumé son orgueil, son avarice et ses vices.

Mais passons ; ces réflexions-là demandent de la modération ; il y a des âmes gâtées qui abusent de tout, et je finirai par une réflexion que je crois raisonnable : j'interromps souvent mon histoire, mais je l'écris moins pour la donner que pour réfléchir.

Celui à qui son état et son opulence peuvent fournir tout à souhait, qui pour jouir de tout n'a qu'à le vouloir, que font[v] les lois à son égard ? dans quelle occasion peut-il en sentir le frein ? fût-il né sans vertu, en les violant, que gagnerait-il qu'il n'ait pas déjà ? Aime-t-il à faire bonne chère ? il la fait ; est-il glorieux ? on le respecte ; est-il ambitieux ? il a du rang et de grands emplois ; est-il vain et fastueux ? il a de grands équipages et une foule de valets ; est-il avare ? il a de grands revenus, qu'il les ménage ; est-il libertin ? il a de l'argent en quantité, qu'il se pourvoie[2].

Mais il n'est pas Prince ; il n'est pas le premier homme de l'État ; il est le maître ici, il voudrait aussi l'être là, et

1. Une tendance à mener une vie libre.

2. *Pourvoir* a ici un sens sexuel assez brutal : qu'il se fasse livrer (des filles).

cela ne se peut pas ; il n'a que dix lieues de terrain à lui, et il faut qu'il se passe à cela[1] ; les lois lui défendent d'en usurper dix autres sur son voisin ; il peut goûter de tous les plaisirs, cela est vrai, mais malheureusement il en a satiété ; une seule chose le ragoûterait, dont la privation le chagrine, c'est la fille ou la femme d'un homme à qui il n'y a pas moyen de les ôter, les lois le défendent encore ; quelle rigueur ! N'est-ce pas cela qu'il veut dire ? Je le plains beaucoup : pourquoi n'est-il pas roi d'un État ? C'est encore trop peu ; que n'est-il Souverain de toute la terre ? on lui donnerait tout ce qu'il souhaite[2]. Mais aussi, où a-t-il pris de pareilles envies ? elles ressemblent à ces fantaisies qui viennent dans la débauche ; elles sont si bizarres, qu'on aurait peine à les deviner ; c'est une démence de cœur et d'esprit que ces désirs-là ; et s'il fait un crime pour tâcher de les satisfaire, qu'on ne le punisse point comme coupable, il ne mérite pas cet honneur-là : qu'on le lie comme un insensé, comme un homme qui a le transport au cerveau, aussi n'est-ce pas de lui dont je parle, mais d'un homme opulent qui jouit de tous les avantages de son opulence, et qui les sent. Et je demande encore une fois : que font les lois à son égard ? rien que le mettre à couvert des entreprises criminelles de celui qui n'a rien, et à qui son sort fait envie ; le voilà sans difficulté dans une situation bien commode, et qui lui épargne bien des tentations qu'il aurait peut-être, s'il n'était pas si fort à son aise, et je l'en félicite. Il n'est pas

1. Il faut qu'il s'en contente.

2. Le passage préfigure le second *Discours* de Rousseau (éd. citée, p. 163) : « Ce qu'il y a de plus singulier, c'est que moins les besoins sont naturels et pressants, plus les passions augmentent, et, qui pis est, le pouvoir de les satisfaire ; de sorte qu'après de longues prospérités, après avoir englouti bien des trésors et désolé bien des hommes, mon héros [l'homme en société] finira par tout égorger jusqu'à ce qu'il soit l'unique maître de l'univers. Tel est en abrégé le tableau moral, sinon de la vie humaine, au moins des prétentions secrètes du cœur de tout homme civilisé. »

défendu d'être mieux que les autres ; la raison même dans beaucoup d'occasions veut que ceux qui sont utiles, qui ont de certaines lumières, de certains talents, jouissent d'une fortune un peu distinguée, et quand l'homme heureux n'aurait rien qui méritât ce privilège, il est un Être supérieur qui préside sur nous, et dont la sagesse permet sans doute cette inégale distribution que l'on voit dans les choses de la vie ; c'est même à cause qu'elle est inégale que les hommes ne se rebutent pas les uns des autres, qu'ils se rapprochent, se vont chercher, et s'entraident[1]. Ainsi, que les heureux de ce monde jouissent en paix de leur abondance, et du bénéfice des lois ; mais que leur pitié pour l'homme indigent, pour le misérable, aille au-devant de la peine qu'il pourrait sentir à observer ces lois, tout l'embarras en est de son côté : que leur humanité le console du sort qui lui est échu en partage ; qu'elle lui aide à parer les mouvements de sa cupidité toujours affamée, de sa corruption toujours pressante : ce qu'on leur dit là n'est-il pas raisonnable ? Cette inégale distribution de biens dont nous parlions tout à l'heure, lie nécessairement les hommes les uns aux autres, il est vrai, mais le commerce qu'elle forme entre eux n'est-il pas trop dur pour les uns, et trop doux pour les autres ? et de cette différence énorme qui se trouve aujourd'hui entre le sort du riche et celui du pauvre, Dieu, qui est juste autant que sage, n'en serait-il pas comptable à sa justice[2], s'il n'y avait pas quelque chose qui tînt la balance égale, si le bonheur du riche ne le chargeait pas aussi de plus d'obligations ?

Ainsi vous, dont ce riche ne soulage pas la misère, prenez patience, c'est là votre unique tâche à cet égard-là ;

---

1. Réflexions possiblement inspirées de La Bruyère qui justifie les inégalités de fortune dans le dernier chapitre des *Caractères*, « Des esprits forts » (voir notamment § 48 et 49).

2. Ne devrait-il pas rendre des comptes à sa propre justice.

vivez comme vous faites à la sueur de votre corps ; continuez, c'est Dieu qui vous éprouve ; mais vous, homme riche, vous payerez cette fatigue et ces langueurs où vous l'abandonnez ; il y résiste ; vous payerez la peine qu'il lui en coûte ; c'est à vos dépens qu'il prend patience ; c'est à vos dépens qu'il la perd ; vous répondez de ses murmures, et de l'iniquité où il se livre, et en périssant il vous condamne.

Revenons à mon histoire ; j'ai dit que nous fûmes très mal servis, parce qu'on ne songea qu'au bénéficier et à ses gens, mais ce ne fut pas là notre pire aventure ; il n'y avait qu'un instant que nous avions soupé, quand nous vîmes entrer deux domestiques du bénéficier avec une servante. Celui avec qui j'étais, surpris de cela, demanda à la servante ce qu'elle venait faire : mettre les valises de ces Messieurs ici, dit-elle ; il faut que vous ayez la bonté de leur céder la chambre, parce qu'ils y couchent toujours quand ils viennent : on tâchera de vous accommoder [1] ailleurs, quoique nous ayons bien du monde ; voilà mon lit, dit alors brutalement un de ces domestiques, et voilà le mien, dit son camarade.

Mon inconnu rougit là-dessus ; je le vis indigné, mais reprenant presque sur-le-champ un visage tranquille : mes enfants, leur dit-il, tout ce que vous faites là est inutile, nous ne sortirons point, car je ne pense pas que vous poussiez la hardiesse jusqu'à nous faire violence.

Ils répondirent impertinemment à cela, et parlèrent haut ; l'hôtesse monta au bruit, et leur maître vint demander ce que c'était ; ils dirent que nous ne voulions pas sortir de leur chambre : mes gens couchent toujours ici, dit leur maître à mon inconnu ; c'est un endroit à eux, l'hôtesse le sait, et il n'y a pas à contester là-dessus. Les chambres d'une hôtellerie n'appartiennent jamais qu'aux premiers venus, répondit froidement l'inconnu ; ainsi vos gens n'ont que faire ici ; Monsieur, faites-les retirer, qu'on

1. De vous loger tant bien que mal.

ne les voie point ; vous en serez plus respectable ; ou du moins ordonnez-leur d'être paisibles, afin qu'on vous les pardonne.

FIN
DU *SPECTATEUR FRANÇAIS*

Pièces détachées
écrites dans le goût
du Spectateur français

LETTRES DE M. M*** CONTENANT UNE AVENTURE [a]

J'ai reçu votre lettre, mon cher ami. L'aventure dont vous m'y faites le récit est particulière, et vous avez, dites-vous, de l'admiration pour une femme qui meurt de douleur, après avoir appris l'irréparable infidélité de son amant, un si prodigieux excès d'amour vous pénètre [b] de respect pour elle, et je n'en suis point surpris, car vous aimez. Cette tragique histoire fait un exemple du caractère d'amour que vous souhaiteriez pour vous à votre maîtresse ; mais cruel ! en le lui souhaitant [c], songez-vous aux conséquences ? je la garantis morte, si vous êtes exaucé, et morte peut-être dans huit jours : peut-être le hasard va-t-il vous présenter un visage aimable, dont la propriétaire armera toute la coquetterie contre vous. Vous aurez des yeux, un cœur et de l'amour-propre ; vous vous amuserez à regarder avec plaisir ; vous aimerez à plaire ; voilà votre maîtresse à son dernier soupir ; vous achèverez de vous gâter la nuit par de flatteuses et de reconnaissantes réflexions ; la voilà morte. Où est-il, le cœur de tout sexe dont la loyauté ne périsse dans les dangers dont je parle ? et que deviendraient les amants, si l'inconstance de l'un était un arrêt de mort contre l'autre ? les hommes et les femmes tomberaient autour de nous par pelotons ; on ne pourrait compter sur la vie de personne, et je conçois qu'il ne resterait plus sur terre que quelques gens, qui, par cas fortuit, se seraient mutuellement porté un coup fourré[1] d'inconstance. Juste Ciel ! que de trépas indiscrets et scandaleux ne verrait-on pas ? que de dévots reconnus pour hypocrites après leur mort ! eux, dont la bonne odeur[2] ne subsiste qu'à la faveur du secret qui dérobe leurs faiblesses[d]. Que de mères détrompées de l'innocence de leurs filles ! que de maris crédules, et qui ne pourraient plus l'être ! que de vieilles femmes ridiculisées, en cessant de vivre ! mais grâce à Dieu, nous n'avons rien à craindre de tout cela. La nature plus sage que vous, mon ami, ne donne pas à l'amour un si grand crédit sur les cœurs ; le pouvoir qu'elle lui laisse, va tout à l'avantage du genre humain, et loin d'être homicide, il n'est dangereux que par le contraire[3]. On pleure l'inconstance de son amant ou de sa maîtresse, on la soupire ; voilà le plus grand inconvénient d'un amour trahi ; encore ne voit-on passer par ces peines que ceux dont la nature a manqué le cœur[4] ; je veux dire que c'est un vice dans son ouvrage, que cet excès de sensibilité qu'elle y laisse. Sa règle générale est plus douce, et les amants abandonnés en sont quittes pour quelques chagrins que le moindre amusement écarte, et qui ne s'aperçoit que dans ceux qui ne veulent pas se gêner ; je ne sais même si le plus grand nombre n'en est pas quitte à moins : quoi qu'il en soit, pour payer votre petite histoire par une autre, je vais vous rapporter un exemple sur lequel[e]

---

1. « On appelle un *coup fourré*, un coup qu'on porte avec furie et sans se mettre en garde, qui en fait recevoir un autre en même temps » (*Fur.*).

2. La bonne réputation (même sens que dans l'expression *odeur de sainteté*).

3. Le refus de l'amour menacerait la perpétuation de l'espèce – tout comme l'exclusivité sexuelle. Voir *Le Cabinet du philosophe* (Feuille II), in *Journaux*, t. II, éd. citée : « Si l'amour se menait bien, on n'aurait qu'un amant, ou qu'une maîtresse en dix ans ; et il est de l'intérêt de la nature qu'on en ait vingt ou davantage. »

4. A mal formé le cœur (leur cœur est imparfait parce qu'il est trop sensible).

vous pouvez, presque à coup sûr, tirer l'horoscope de votre maîtresse, en cas que vous deveniez infidèle.

J'étais, il y a quelques jours, à la campagne, chez un de mes amis : nombre de Dames et de Cavaliers s'y étaient rassemblés. Il me prit fantaisie, un matin, d'aller me promener seul dans le bois de la maison : je m'enfonçais déjà dans les routes les plus obscures, quand la pluie me surprit ; pour l'éviter, je courus vers un cabinet que je vis assez près de moi. J'allais y entrer, quand j'entendis parler : je prêtai l'oreille ; c'étaient deux Dames de notre compagnie, qui s'y étaient apparemment réfugiées avant moi. L'une d'elles, un moment après, poussa quelques soupirs qui me donnèrent la curiosité d'en apprendre la cause. Je suis jeune : ces soupirs me présageaient de l'amour ; je crus qu'il serait bon de voir comment ces deux femmes en traiteraient à cœur ouvert : j'en pouvais tirer des conséquences générales, et m'instruire moi-même, en cas d'accident, du plus ou moins de sûreté qui se trouvait dans les petites façons [1] extérieures du sexe. Hélas ! ma chère, dit la Dame qui me semblait avoir soupiré, ne me reproche point ma mélancolie : ne sais-tu pas que Pyrame est absent, et que je ne le verrai de six mois ; ah ! répondit l'autre, en éclatant de rire ; gageons que ton cœur a pillé ce ton-là dans *Cléopâtre* [2]. Que tu es folle à contretemps [3], dit l'affligée, si tu étais à ma place, tu n'aurais pas le mot pour rire. Ne te fâche pas, ma bonne, répliqua l'autre ; je t'avoue que j'ai ri d'étonnement : tu ne dois voir ton amant de six mois ; tu te prépares, ce me

1. « Manières de faire, d'agir, de parler, de penser » (*Acad.*).

2. Roman de La Calprenède (1610-1663), comme il est dit plus loin. Paru en douze « gros volumes » entre 1642 et 1645, *Cléopâtre* est l'archétype du roman héroïque où prévaut une conception éthérée de l'amour marquée par les idéaux précieux. Voir le début de la Feuille suivante, où il est aussi question de *Cassandre* du même auteur (dix volumes, 1647-1658), et plus loin l'allusion à *Faramond*, dernier roman de La Calprenède.

3. Ce n'est pas le moment de plaisanter comme une folle.

semble, à gémir autant de temps ; il n'est pas jusqu'au son de ta voix que tu n'aies mis en deuil : cela m'a paru singulier. Je connais bien cette espèce d'amour languissant et tous ses devoirs, mais franchement je n'ai pas cru que ce fût celui dont le cœur se servît dans l'occasion. Je l'ai pris pour cet amour qu'on imprime, et dont on remplit de gros volumes de Roman : et tu te joues à mourir de fatigue, si tu veux imiter ces amantes que ce fou de La Calprenède a faites avec une plume et de l'encre. Il faut s'imaginer, ma chère, qu'un cœur romanesque fournit plus d'amour lui tout seul, que n'en fournirait tout Paris ensemble. Ne prends pas ce que je te dis pour un manque d'expérience : nous sommes seules. Au moment où je te parle, j'aime ; mon amant est absent, non pas absent comme le tien, qui n'est allé que chez son père ; il est à l'Armée ; le voilà bien en risque ; il pleurait en me quittant ; je pleurai de même, et les larmes m'en viennent encore aux yeux. Tout cela est à sa place [1] ; mais, ajouta-t-elle, en riant, je veux dire en mariant une folie plaisante avec ses pleurs ; je verse des larmes, et n'en suis pas plus triste ; bien au contraire, ma chère, je ne pleure que parce que je m'attendris ; mais mon attendrissement me fait plaisir, et les larmes qu'il amène, sont en vérité des larmes que je répands avec goût [2]. Je ne sais pas si tu comprends comment cela s'ajuste [3] ; je suis tendre autant qu'on peut l'être. Je tremble pour mon amant sans inquiétude ; je le désire ardemment sans impatience ; je gémis même sans être affligée, et tous ces mouvements ne me sont point à charge ; souvent je les réveille, de peur d'être oisive ; ils me suivent où je vais ; ils se mêlent à mes plaisirs ; ils ne les rendent que plus touchants ; c'est comme une provision toute faite de réflexions douces, qui ne m'en tiennent que plus disposée à la joie, quand j'en trouve. Je me dis

1. Tout cela est dans l'ordre des choses.
2. Avec plaisir.
3. Comment cela s'accorde ensemble.

à moi-même : je fais la passion d'un homme aimable ; cette idée me flatte, c'est une preuve de mérite ; je m'en estime avec plus de sûreté de conscience, et je ne suis pas fâchée de trouver alors sur mon chemin un hommage de petits soins : je m'en amuse sans scrupule ; ils me répètent ce que je vaux : je les encourage quelquefois par un coup d'œil, un geste, un souris, et je te jure enfin, que mon amant ne m'est jamais plus cher, que quand je me suis prouvé qu'il ne tient qu'à moi de lui donner des rivaux. À leur égard, je ne les aime point, ce me semble ; cependant ils me plaisent ; mon amour-propre a de l'inclination pour eux, mais je sens bien confusément qu'eux et mon cœur n'ont rien à démêler ensemble ; voilà tout ce que j'en puis dire, et voilà comme on aime, ma chère : crois-moi ; règle-toi là-dessus : et que deviendrais-tu donc, si ton amant venait à changer ? ah ! de quoi parles-tu là ? s'écria l'autre. Ah, mon Dieu, tout me frémit [1] ! Lui, changer : toi qui aimes si fort à ton aise, comment te sauverais-tu de la douleur la plus vive, et peut-être du désespoir, s'il t'arrivait ce que tu me fais craindre ? Eh, que me dis-tu, répondit l'autre, avec ta douleur la plus vive, et ton désespoir ? du dépit encore, passe ; du dépit, juste Ciel ! du dépit pour une perfidie ! dit l'autre Dame ; oh, je n'en sais pas davantage, reprit son amie ; et je n'ai jamais connu d'autre accident en pareil cas : je te parle bien naturellement, comme tu vois, mais je t'aime, et tu as besoin d'instruction.

Et je vais, pour te la donner plus ample, te faire un abrégé succinct de mes petites aventures.

À neuf ans on me mit dans un couvent, avec intention de m'engager à des vœux : j'avais une sœur aînée à qui mes parents destinaient leur héritage ; ils crurent devoir commencer de bonne heure à me soustraire du monde,

1. Tout me fait frémir (cette construction inhabituelle avec un complément d'attribution n'est pas répertoriée par les grammaires du temps).

afin que l'ignorance de ses plaisirs m'empêchât de les regretter, et que la victime, dans un âge plus avancé, ignorât du moins tout ce que lui dérobait son sacrifice[f] ; j'y restai trois ans avec tranquillité, et j'y reçus une éducation dévote, qui porta plus sur mes manières que sur mon cœur ; je veux dire, qui ne m'inspira pas de vocation, mais qui me donna l'air[g] d'en avoir une. Je promis tout autant qu'on voulut que je serais Religieuse, mais je le promis sans envie de le devenir, et sans dessein de ne pas l'être. Je vivais sans réflexion ; je m'occupais de mon propre feu[1] ; j'étais étourdie et badine ; je jouissais de ma première jeunesse, et je m'amusais de tout cela, sans en désirer davantage.

Il est vrai que ce cœur vide de goût pour la clôture[2], et qu'on n'avait pu tourner à l'amour de la Règle[3], quoiqu'il ne souhaitât rien encore, semblait deviner par son agitation folâtre qu'il était[4] d'agréables mouvements qui lui convenaient, et qu'il attendait que les mouvements lui vinssent[h] ; et l'accident que je vais te dire me débrouilla tout cela.

Une de nos petites pensionnaires tomba malade : sa mère, qui l'aimait beaucoup, ne voulut point la confier aux soins du monastère ; elle vint la chercher, et demanda à me voir, parce que mes parents l'en avaient priée. Je fus donc au parloir ; et j'y perdis sur-le-champ mon ignorance[i].

J'y vis un Cavalier ; c'était le fils de la Dame en question : nos yeux se rencontrèrent ; je sentis ce qu'ils se dirent, sans être étonnée de la nouveauté du goût que j'avais à voir ce jeune homme[j] ; et la conversation que mes yeux eurent avec les siens, n'eut de ma part aucun

1. De ma propre passion.
2. C'est le sens premier du mot *cloître*.
3. La règle monastique.
4. Qu'il existait.

air d'apprentissage. Si je péchai, ce fut par un excès d'éloquence, dont à présent je retranche un peu dans l'occasion ; je n'ai point appris à mieux dire que j'aime, j'ai seulement appris à le dire un peu moins.

La Dame, qui emmenait sa fille, me parla conformément aux instructions que mes parents lui avaient données ; me vanta les charmes du cloître, et mit sa main dans sa poche, pour chercher des lettres qu'elle devait me rendre de la part de ma mère. Heureusement elle les avait oubliées ; son fils s'offrit sur-le-champ de me les apporter, et avant qu'il eût parlé, j'avais déjà compris et souhaité ce qu'il devait dire. Je l'en remerciai par un regard, dont je vis bien qu'à son tour il avait senti la nécessité, puisque je lui trouvai déjà les yeux sur moi.

Enfin, ma chère, après quelques discours fatigants, sa mère sortit, avec promesse de renvoyer son fils me porter mes lettres ; et de mon côté, je m'en allai dans ma chambre donner du progrès à mes sentiments, les goûter à l'aise, et contempler l'image de mon vainqueur. Au retour de ma méditation, on ne me vit plus ni si badine ni si vive ; mais en revanche, j'étais négligente et distraite ; non que j'eusse perdu ma gaieté, mais elle se répandait moins au-dehors. Je jouissais d'un plaisir qui m'occupait tant qu'il arrêtait ma dissipation ; et pour vaquer à mes petites réflexions, j'oubliais tout le reste.

Cependant, le jeune homme revint ; il me demande ; une Religieuse me suit au parloir. Que je la haïssais là ! mais le hasard m'a toujours servi assez fidèlement : une Sœur converse vint pour parler à ma Religieuse, cela nous fit un moment de liberté, dont le Cavalier et moi profitâmes, parce que nous en étions tous deux également avides ; il me glissa adroitement, avec mes lettres, un billet qu'un serrement de main m'avertit être mystérieux ; ma main lui redit aussitôt que j'entendais la sienne. Je rougis pourtant de ce geste mis en réplique ; il le vit, et pour m'enhardir le petit fripon me baisa la main.

Ce qui est de plaisant [1], c'est qu'effectivement j'en devins moins honteuse ; mais mon importune compagne, la Religieuse, retourna la tête à l'instant le plus intéressant de notre action ; elle en surprit toute l'ardeur sur le visage du jeune homme, et tout le consentement sur le mien ; et la Nonne commença à rougir, où [2] j'achevais de le faire.

Monsieur, dit-elle au jeune homme, en me retirant de la grille, Madame votre mère ne vous a point donné cette commission. Il est vrai, Madame, répondit-il ; mais une si belle main, et mon âge me l'ont donnée ; et je n'ai pas cru que ce fût un mal que de les en croire. Pour moi, ma Mère, répondis-je, je n'ai pas eu le temps d'arrêter Monsieur. Allez-vous-en, Mademoiselle, me repartit-elle, Vêpres sonnent, vous ferez mieux de vous y rendre.

Je fis alors une révérence, où, à travers beaucoup de modestie, j'enveloppai je ne sais quel air content de mon amant, qu'il dut comprendre, et je me retirai plus curieuse qu'inquiète des suites de l'aventure ; et dans une impatience extrême de lire mon billet ; il me parut charmant, peut-être l'était-il ; je le gardai comme un trésor, où je puisais, dans mille moments du jour, une agréable vanité : je me regardais comme une personne importante ; je n'avais besoin que de le toucher pour m'estimer, et pour tressaillir de joie. On veilla dès lors mes actions de plus près ; mais au bout de quelque temps je me vis libre par la mort de ma sœur. On me vint reprendre au couvent : mon amant eut la liberté de me voir ; ma nouvelle situation me ravit au point que j'en étais comme étourdie : les moindres visites étaient pour moi des plaisirs sérieux ; un rien m'était beaucoup, ou quelque chose ; mon amour même augmenta à proportion ; la journée ne suffisait pas à sentir ma satisfaction.

Voilà quelle j'étais, quand les empressements de mon amant baissèrent, et quand enfin j'appris qu'il les portait

1. Ce qui est étonnant.
2. Au moment où.

ailleurs. Je te l'avoue, ma chère, le jour où l'on m'en confirma la nouvelle, je fus bien une bonne heure où il me sembla que tout était désert dans le monde, et que tout[1] m'avait abandonnée. Dans cette détresse, il me vint compagnie ; le monde à mes yeux se repeupla ; mon chagrin s'affaiblit ; je me crus moins délaissée ; deux jeunes gens me firent des mines[2] que je trouvai sincères ; je me sentis réconfortée, et je pris tant de courage dans cette soirée, que lorsque la compagnie sortit, je me félicitai de mes nouvelles conquêtes, sans me ressouvenir que trois heures avant, je regrettais la perte d'une... Cette Dame en était là de son discours, quand je fis par mégarde un petit bruit qui la fit taire. Remettons le reste ; dit-elle, à une autre fois, il te divertira. Je me sauvai là-dessus, avec dessein de guetter l'occasion de savoir la suite de l'histoire ; je l'ai sue ; et comme cette lettre est déjà très longue, ce que j'ai appris sera le sujet d'une autre. Bonjour.

---

*Suite de la Lettre de M. M****

Non, mon cher, je ne vous manquerai point de parole ; je vous ai promis la suite de l'histoire en question ; vous souhaitez que j'entre d'abord[3] en matière, et je commence.

Je vous ai dit qu'un petit bruit que je fis avait interrompu la Dame qui parlait, et qu'elle était sortie du cabinet avec sa tendre compagne, dans le dessein de continuer une autre fois son discours. Le lendemain je les épiai si

1. Tout le monde.
2. « On dit d'une femme qui veut plaire à quelqu'un, qu'elle lui *fait des mines* » (*Acad.*).
3. D'emblée, tout de suite.

bien toutes deux, que je les vis sur le soir se prendre sous le bras, et se retirer dans le cabinet, d'où j'avais tout entendu la veille ; je me glissai donc à ma place, et je crois être obligé de vous conter la nouvelle conversation qu'elles eurent ensemble, avant que la Dame qui avait commencé son histoire, la poursuivît.

Eh bien, ma chère, dit la Dame folâtre à son amie ! comment as-tu passé la nuit ? Mon Dieu ! répondit l'autre ! j'ai honte de te le dire. Ah j'entends, reprit l'amie ; je sais ta nuit par cœur ; je la lus hier en me couchant. Tu l'as lue ? tu rêves ! dit l'autre. Non, je te dis vrai, repartit-elle ; je lisais hier *Cassandre* ; l'Auteur suppose son amant absent[1], et j'en étais aux agitations qui tourmentaient son cœur pendant la nuit ; ainsi tu vois bien que je dois savoir l'histoire du tien ; car apparemment il n'a pas dérogé[2], et l'exercice de toutes ces nuits-là est uniforme. Tiens, je te dirais de la tienne le commencement, le milieu et la fin, par ordre alphabétique : gageons que c'est d'abord une réflexion cruelle qui produit un soupir douloureux, ou bien, si tu le veux, c'est le soupir qui précède la réflexion ; car les cœurs de ton espèce soupirent souvent d'avance, en attendant de savoir pourquoi.

Il en est d'eux là-dessus, comme de ces poètes qui font la rime avant que d'avoir trouvé la raison ; mais d'ordinaire, c'est la réflexion qui produit le soupir ; le soupir à son tour est le père d'une apostrophe à l'amant absent : cher Pyrame ! quand le Ciel permettra-t-il que je te revoie ? En voilà l'exorde[3] : après, on se parle à soi-même ; ô fille, ou femme infortunée ! etc. ; ensuite, il y a des pauses, je veux

---

1. Oroondate, amant de Cassandre, et modèle du parfait amant dans le roman de La Calprenède, est retenu par la guerre sur les bords de l'Euphrate.

2. Ton cœur ne s'est pas écarté des conventions de l'amour romanesque. Toute la fin de la tirade de la coquette parodie le style des romans héroïques.

3. « Première partie d'un discours oratoire, laquelle sert ordinairement à concilier la bienveillance et l'attention de l'auditeur » (*Acad.*).

dire qu'on se tait, qu'on parle, qu'on s'agite ; une famille de nouveaux soupirs naît encore de tout cela ; ils ont aussi pour enfants de nouvelles apostrophes à la nuit, au lit où l'on repose, à la chambre où l'on est ; car dans cet état le cœur fait inventaire de tout[1] ; dis-moi la vérité ; voilà la généalogie des actions de ta nuit ; voilà du moins comment l'original en est dans *Cassandre.* À la pointe du jour tu t'es endormie d'abattement, et je gage encore que ton sommeil était orageux, nuisible à l'estomac par la quantité des soupirs qui l'ont gonflé.

Après tant de railleries, répondit l'autre Dame en souriant (car sans la voir, je devinais qu'elle souriait par son ton), tu ne mérites pas que je te confie ce que j'ai senti cette nuit. Ah ! ma toute bonne, repartit l'autre, rends-moi compte, je t'en prie, si tu n'as pas été si tourmentée qu'à l'ordinaire, c'est une fortune[2] que tu me dois : je t'ai donné des remèdes qui t'ont soulagée ; parle.

As-tu observé, dit l'autre Dame, l'empressement que *Lisidor*[3] marquait hier au soir pour moi ; oui sans doute, dit sa compagne, et ma vanité commençait à souffrir un peu de voir tes appas préférés aux miens (car tu sais que voilà la règle entre nous autres femmes). Quand deux Cavaliers ont paru se disputer l'honneur de me plaire, leur hommage m'a raccommodée avec toi : je t'ai pardonné *Lisidor* en leur faveur ; je t'avoue qu'alors je t'ai perdue de vue, et que mon acquisition m'a fait oublier la tienne. Eh bien ! continue, qu'est-il arrivé de cet empressement ? Mais, dit l'autre, il est arrivé… j'ai de la peine à

1. Locution triviale dans ce registre élevé, empruntée à la langue des marchands ou des gens de justice.

2. Une chance.

3. *Lisidor* et *Alidor* (mentionné ci-après) sont des noms des comédies de Corneille, auxquelles les chassés-croisés amoureux évoqués ici semblent faire directement allusion ; Marivaux donne dans la suite tantôt un prénom tantôt l'autre au même personnage, non par distraction (l'édition de 1728 ne corrige pas) mais pour afficher une plaisante indifférence aux identités masculines.

te l'avouer. Que signifie cela ? répondit son amie ; Pyrame est-il sorti de ton esprit ? N'aimes-tu plus qu'*Alidor* ? Je te louerais de ce double impromptu [1], si tu n'avais que quatorze ans : je t'ai déjà dit qu'à cet âge mon cœur avait joué le même tour à sa première inclination ; mais à vingt-cinq ans, ma chère, ce n'est plus là qu'un tour d'enfant : change, sois volage, quand le cœur t'en dira ; à la bonne heure : mais tu n'as pas tant besoin de savoir changer de penchant, que tu as besoin de savoir changer ta façon d'en prendre. Tu aimais *Pyrame* ; il était absent ; tu t'étais ensevelie dans la douleur : voilà ce qu'on appelle l'amour pris de travers. *Alidor* le chasse subitement de ton cœur, c'est quelque chose ; et cela marque qu'on peut te conduire à mieux ; mais si tu recommences avec ce dernier un cours de tendresse pareil à celui que tu quittes ; si tu vas avec lui doubler [2] encore *Cassandre* ou *Cléopâtre*, plus de commerce [3] entre nous, je me retire ; aussi bien je m'imagine que tu as des devoirs solitaires, des réflexions à faire sur la honte de ton amour naissant : tu n'as qu'à dire et je te laisse, sur-le-champ, la liberté d'être honteuse à ton aise ; mais si tu veux être raisonnable, faire le profit de ton amour-propre et de ton cœur, aimer *Lisidor* parce qu'il te plaît, en te conservant *Pyrame*, parce qu'il t'aime : oh ! tu seras de ce monde ! je suis toute à toi, et je te continue mes conseils pour ta conversion.

En vérité, tu n'es qu'une étourdie, répondit alors l'autre Dame, tu ne m'as pas donné le temps de m'expliquer, et depuis que tu causes, tu n'as combattu que tes chimères, et point du tout mes idées : Et qu'importe, reprit l'autre ? J'y ai toujours gagné, puisque je suis

1. Métaphore empruntée au langage mondain : un *impromptu* est une pièce de poésie ou « un petit ouvrage fait sur-le-champ par la vivacité de l'esprit » (*Fur.*).
2. Répéter, rejouer.
3. Liaison.

femme, et que j'ai parlé longtemps ; mais quelle est donc ta pensée ? La voilà, repartit son amie ; c'est que, Dieu me pardonne, il me semblait, cette nuit, que j'aimais *Pyrame* sans douleur, tout absent qu'il est, et qu'*Alidor* me plaisait encore, sans que je l'aimasse. D'abord cela m'a fait peur à cause de ce pauvre garçon qui est éloigné de moi : je craignais de lui faire tort ; mais, autant qu'il m'en souvient, cela faisait dans mon cœur un mélange d'amour et de vanité, qui ressemblait assez à ce que tu m'en enseignes. J'ai perdu quelque temps à m'examiner, par scrupule pour l'absent ; mais j'ai vu qu'il n'entrait rien là-dedans contre ses intérêts : en effet le chagrin que j'avais, en l'aimant, ne lui rapportait rien. Oh ! si fait, si fait ; il lui rapportait, reprit son amie en souriant ; ce chagrin-là n'était qu'un dévouement de ton âme à une fidélité éternelle, et cela ne vaut rien : laisse-la hardiment mourir, cette fidélité ; il n'y a que les dupes qui en font leur objet ; je[k] suis très contente de toi ; à tes scrupules près, tu marches à pas de géant dans la bonne voie ; avance, et ferme les yeux.

Tu as beau dire, reprit l'autre, je me reproche encore quelque chose ; mais, si *Alidor* continue à m'en vouloir[1], j'espère que cela se passera. Bon ! dit son amie ; puisque tu vas jusqu'à l'espérer, cela vaut fait[2] ; jamais ces espérances-là ne trompent. As-tu vu ce matin *Alidor* ? Je le quitte il n'y a qu'un moment, dit-elle ; il est venu voir tantôt si j'étais levée. Tu l'étais sans doute, reprit sa compagne. Point du tout, repartit-elle ; comme je n'ai point fermé l'œil de toute la nuit, j'ai tâché de m'assoupir ce matin ; car tu sais qu'on est à faire peur, quand on n'a pas dormi. Comment, s'écria l'autre ; tu crains déjà de faire peur. Oh ! mon enfant, ton cœur a fait un coup de maître ; le mien ne sait rien de plus. N'importe, reprit la

1. *En vouloir* signifie ici « avoir quelque désir, quelque prétention sur une personne, sur une chose » (*Acad.*).

2. Cela ne manquera pas de se faire.

Convertie ; tu feras bien de m'achever ta vie, et cela me fortifiera. J'y consens, dit son amie ; aussi bien l'habitude d'aimer languissamment t'a laissé, je ne sais quelle bigoterie de langage, dont je veux te défaire. Cela me fortifiera, dis-tu. À t'entendre, on dirait d'une dévote, qui fait une action libertine. Tu ris, mais je veux mourir, si cela ne ressemble… À propos de ma vie, où en étais-je ? Aux conquêtes que tu fis un soir, lui dit l'autre Dame, et qui te firent oublier subitement l'inconstance de ton premier amant : nous y voilà, reprit l'autre.

Je fus le reste de la soirée dans une situation de cœur, qui, par intervalles, me fournissait des secousses de joie incroyables[1]. Les deux jeunes gens, qui s'étaient déclarés pour moi, me revenaient dans l'esprit avec leurs petites façons : à cela se joignait une apparition subite des plaisirs de coquetterie que me vaudrait leur amour. Quelle vue[1], ma chère, pour une fille, et pour une fille de mon âge ! aussi je n'y pouvais tenir, et je tressaillais entre cuir et chair, tout autant de fois que cela me passait dans l'esprit. Cela ne m'y passait cependant que d'une façon très confuse, parce que la présence de mon père et de ma mère me gênait ; j'en réservai donc l'examen, et j'en fis ma tâche pour la nuit.

Quand il fut l'heure de se coucher, je volai dans ma chambre pour me déshabiller et pour me voir[2] : oui, pour me voir, car j'étais pressée d'une nouvelle estime pour mon visage, et je brûlais d'envie de me prouver que j'avais raison. Tu penses bien que mon miroir ne me mit pas dans mon tort ; et je n'y fis point de mine qui ne me parût meurtrière ; et la contenance la moins façonnée[3] de mes charmes, pouvait, à mon goût, achever mes deux amants.

---

1. Quel tableau.

2. Voir la scène de la coquette au miroir, au terme de la première Feuille du *Spectateur français*, *supra*, p. 59-60.

3. Travaillée, étudiée.

Te ferai-je le détail de mes petites grimaces ? nous sommes toutes deux du même sexe, et je ne t'apprendrai rien de nouveau : tantôt c'est un mixte de langueur et d'indolence, dont on attendrit négligemment une physionomie ; c'est un air de vivacité dont on l'anime, d'usage et d'éducation dont on la distingue ; enfin ce sont des yeux qui jouent toutes sortes de mouvements ; qui se fâchent, qui se radoucissent, qui feignent de ne pas entendre ce qu'on voit bien qu'ils comprennent ; des yeux hypocrites, qui ajustent habilement une réponse tendre ; à qui cette réponse échappe, et qui la confirment par la confusion qu'ils ont de l'avoir faite.

Voilà en gros les aspects sous lesquels je m'admirai pendant un quart d'heure ; je me retouchai, cependant, sous quelques-uns, non que je ne fusse bien, mais pour être mieux ; après quoi je me couchai remplie de sécurité sur l'avenir ; mais je me couchai sans envie de dormir : j'avais trop bonne compagnie d'idées ; les deux jeunes gens, leurs tendres dispositions, ma gloire présente et future, la bonne opinion de moi-même, tout cela me suivit au lit.

Je me mis donc à rêver, et à faire mille projets de conduite : j'arrangeais les discours de mes amants et les miens[m] ; j'imaginais des incidents ; je troublais leur repos ; je les calmais ; j'inventais des caprices dont je me divertissais de les voir dépendre : et toute jeune que j'étais, je commençais à comprendre la valeur de nos inégalités d'humeur avec les hommes : je jugeais qu'elles nous variaient à leurs yeux, et nous exposaient sous différentes formes, dont l'inconstance les obstinait[1] à nous fixer dans la bonne ; mais qu'il ne fallait pas qu'ils pussent s'en assurer ; et qu'ainsi, leur temps se passait à nous chercher, et à ne nous trouver comme ils souhaitaient, qu'à la traverse[2].

---

1. Les poussait.
2. *À la traverse* se dit « de ce qui survient inopinément, et apporte quelque obstacle » (*Acad.*).

Voilà, ma chère, jusqu'où portaient alors mes lumières naturelles : enfin, mon enfant, le sommeil me prit au milieu de toutes ces idées, et je m'endormis sans m'en apercevoir.

Le jour vint ; je ne m'étais pas trompée ; nos deux jeunes gens étaient blessés [1]. À mon égard, j'étais saine et sauve, et je n'avais encore que ma vanité d'intriguée [2].

Mais l'amour est comme un mauvais air [3] que nous portent les amants qui nous approchent. Un des miens fut deux jours sans venir au logis ; mon cœur s'avisa naïvement de s'en apercevoir ; je ne m'amusai point à me le vouloir cacher ; c'eût été trop de peine, et je hais l'embarras qui ne mène à rien. Je pris la chose tout comme mon cœur me la donnait ; je vis qu'il y avait de l'amour, j'y acquiesçai.

Tu ne le croiras peut-être pas ; mais rien ne nuit tant à l'amour que de s'y rendre sans façon. Bien souvent il vit de la résistance qu'on lui fait, et ne devient plus qu'une bagatelle quand on le laisse en repos. Telle que tu me vois, je suis un peu Philosophe, moi. Tiens, j'ai trouvé que la raison nous rend nos plaisirs plus chers en les condamnant. Si l'on s'y arrache, on en souffre, et en souffrant, on croit se refuser à des délices ; le plus court [n] pour en perdre le goût, c'est de se les permettre, je dis, quand ils ne choquent pas absolument les mœurs que doit avoir une honnête femme du monde ; car je ne suis pas une libertine, au moins ; mais se pardonner quelque amour dans le cœur n'est pas un si grand crime ; et je t'avoue d'ailleurs que je n'espérerais rien de bon de la conduite à venir d'une femme qui combattrait un grand penchant dont elle se voit prévenue [4] [o] : si le penchant l'entraîne, gare qu'il n'en fasse ce qu'il veut ! car elle est bien fatiguée [5], et ne peut guère

1. Au sens figuré : leur cœur était atteint.
2. Seule ma vanité était engagée.
3. Se dit d'un air infecté (cf. *malaria* : « mauvais air », en italien).
4. Préoccupée (favorablement).
5. Lasse (métaphore équestre : on dit *fatiguer un cheval*).

ménager de conditions avec son vainqueur. Il n'est pas de gens plus extrêmes dans leurs excès, que ceux qui l'étaient dans leurs scrupules ; ils vont toujours plus loin que la tentation ne leur proposait ; elle n'a du moins qu'à se présenter pour être obéie.

Voilà un échantillon de ma Philosophie, et je te la donne pour excuser ma façon d'agir avec cet amour naissant dont je m'aperçus.

Celui de qui je le tenais vint le lendemain ; il entra dans le moment que je m'occupais à le souhaiter. Comme il me surprit, je n'eus pas le temps de m'empêcher d'être ingénue ; je désirai de le voir ; je le reçus en conformité ; en un mot, il connut qu'il me faisait plaisir ; il en devint plus aimable ; car en amour, pareille découverte donnera toujours de nouvelles grâces à l'homme d'esprit qui la fait [p].

Le nouvel agrément qu'il prit, ne m'échappa pas ; mon cœur n'en perdit rien ; il lui en tint compte, et je ne vis qu'avec plus de complaisance une passion qui s'augmentait des faveurs qu'on lui faisait.

Quelques visites qui vinrent alors abrégèrent le bon accueil qu'il recevait de moi, non que je lui eusse dit que je l'aimais : j'avais été plus modeste, sans être pourtant moins claire, et j'en avais glissé l'aveu sous des plaintes assez empressées de son absence.

On nous interrompit donc ; j'allai recevoir la compagnie qui venait, et avec laquelle il sortit trois heures après.

J'oubliais à te dire que son rival en était, de cette compagnie ; sa présence écarta, sans les renvoyer, les sentiments de préférence que j'avais pour le premier de ces deux [q] adorateurs. Risquer d'en perdre un, par trop de naïveté pour l'autre, c'était jouer trop gros jeu ; et je n'étais pas d'humeur à ruiner les plaisirs de ma vanité, en faveur de ceux de mon amour.

D'ailleurs, j'étais un peu fâchée que ce jeune homme préféré m'eût fait un larcin de mon secret, quand il m'avait surprise ; et comme il n'entrait pas dans mes petits maximes, que la certitude lui durât longtemps, je me déterminai, tout d'un coup, à le dérouter en fêtant son rival.

Trois ou quatre minauderies, tant en gestes qu'en paroles, corrigèrent le premier de sa sécurité, et firent germer l'espoir dans le cœur du second : de là, je vis naître des nuages sur le visage de l'un, et la sérénité sur le visage de l'autre.

La paix en souffrit ; le favorisé raillait le malheureux ; il abusait insolemment de sa fortune, et le malheureux répandait un esprit d'envie sur tout ce qu'il répondait, mais d'une envie douloureuse, plus humiliée que brusque.

Cela me toucha ; l'amour dans mon cœur plaida sa cause, et la gagna, mais si adroitement que j'avais déjà soulagé la douleur de ce pauvre garçon, quand je croyais en être encore à décider du parti que je devais prendre.

Voilà les surprises de l'amour[1], mais t'avouerai-je toutes mes folies ? Ce soir-là, je fis et défis plusieurs fois la même chose, tombant, tour à tour, d'un acte de pur amour dans un acte de vanité ; je ne crois pas qu'il y ait rien de si divertissant.

Cependant l'heure de se retirer vint, et mes deux amants sortirent plus piqués, et plus incertains que jamais de leur destinée. Quand je les vis partir, j'étais bien tentée de finir la scène à la satisfaction de mon amour ; il n'était question que d'un petit tour de gibecière[2], du moindre petit clin d'œil, fait en cachette et reçu de même. Je ne sais pas comment je m'en abstins, en voyant l'air mortifié de celui que j'aimais ; mais je regardai ailleurs par un esprit de ménage sur mes plaisirs[3]. Je me dis qu'il fallait en réserver pour le lendemain, et que si mon

1. La pièce intitulée *La Surprise de l'amour*, emblématique de toute l'œuvre de Marivaux, date de 1722 seulement.

2. Tour de passe-passe. « *Gibecière* : vieux mot qui signifiait autrefois une bourse large qu'on mettait au-devant du ventre : maintenant elle n'est en usage que parmi les charlatans, qui font plusieurs tours de passe-passe qu'on appelle *tours de gibecière* » (*Fur.*).

3. Pour économiser mes plaisirs.

amant partait consolé, je m'ôtais la douceur de jouir plus au long de son inquiétude, et de l'effet de mes bontés.

Je passai la nuit à merveille ; il y avait longtemps que je ne m'occupais plus à rêver éveillée ; j'avais pris de cet amusement-là jusqu'à satiété, et je n'y trouvais plus rien de piquant ; en effet il n'est bon qu'à des filles novices. Devine qui me rendit visite le lendemain ? L'amant du couvent, mon infidèle ! Devine encore ce qu'il m'arriva quand on me l'annonça ? t'y attendrais-tu ? Le cœur me battit.

Mais, mon enfant, je songe qu'il se fait tard, dit-elle, en s'interrompant ; on peut nous attendre pour dîner ; remettons le reste à tantôt.

Et vous, mon cher, vous voulez bien que je m'interrompe aussi, avec promesse de vous dire la suite, à condition que je l'apprendrai.

---

*Suite de la Lettre de M. M****[1]

Je vais enfin vous rapporter le dernier entretien des deux Dames en question. Je sors actuellement de ma niche, et elles du cabinet d'où je les ai toujours entendues : vous vous souvenez, sans doute, de la différence de leur caractère.

---

1. Paru dans le *Mercure* de février 1720, ce fragment était destiné à paraître dans la livraison précédente qui s'excusait sur le manque de place et la promettait toutefois pour le mois suivant. Promesse rappelée en février : « Les personnes qui lisent de mois en mois le *Mercure* attendent sans doute avec quelque sorte d'impatience la conclusion de l'aventure imaginée et dialoguée par M. de Marivaux. Nous nous engageâmes, le mois dernier, à la donner ; c'est à quoi nous satisfaisons volontiers, persuadés que l'on trouvera dans cette suite le même tour et la même délicatesse d'esprit que dans les morceaux précédents du même auteur. » Cette *Suite* se présente comme le dernier volet de la « lettre », qui restera pourtant inachevée au terme de deux autres livraisons.

L'une est une coquette badine, qui, quand un amant lui plaît, n'y sait d'autre façon que de l'aimer, que de l'oublier sans y tâcher, quand il l'oublie ; et quand il est absent, que de se divertir, en l'attendant, des cœurs étrangers qui lui venaient ; et d'employer, dans cet agréable exercice de coquetterie, le temps qu'une autre donnerait au désir impatient de revoir ce qu'elle aimerait.

C'est une femme dont le cœur, en amour, est fermé à toute impression fâcheuse, accessible à toute impression agréable autant de fois que le hasard le veut ; un cœur, enfin, qui tire parti de tout, qui devenu tendre pour un objet, ne renonce pas pour cela aux autres ; mais qui retient pour sa vanité ceux dont son penchant ne s'accommode pas, et qui [r] souvent même dans le même jour, se trouve sensible autant de fois qu'il est coquet.

La compagne de la Dame que je viens de peindre est d'un caractère tout opposé ; c'est une femme dont le cœur est plus sage et plus neuf, et qui paraît avoir toujours regardé l'amour comme un péril, dont elle avait honte de s'approcher ; mais le péril, apparemment, l'a poursuivie ; et comme on fuit avec paresse ce que l'on fuit à contrecœur, le péril l'a surprise ; elle aime.

Oh ! vous savez que plus une femme a craint l'amour, plus scrupuleusement le sert-elle, quand les forces lui ont manqué, et qu'elle ne peut plus s'en défendre ; c'est en aimant de tout son cœur qu'elle se délasse de la fatigue qu'elle a soufferte en combattant ; mais elle aime comme un autre remplit un devoir [1], je veux dire avec une exactitude de sentiments qui n'est jamais un défaut, et dont elle se fait, comme une obligation religieuse.

L'amant est-il absent pour un demi-jour ? il faut y rêver solitairement, fuir ou défier toute occasion qui oserait réjouir.

---

1. Comme quelqu'un d'autre (comme un autre cœur) remplirait un devoir.

Revoit-on cet amant ? il faut un épanchement modeste de tendresse ; mais cependant plus tendre que ne pourrait être une joie libertine : il faut soupçonner cet amant de n'avoir eu ni l'air ni le cœur assez mortifié, pendant sa courte absence, et perdre ses soupçons, après avoir eu le plaisir de sa justification ; lui jurer après, cent fois, qu'on l'aimera toujours ; car cette répétition de serments n'est que dans les paroles ; mais le sentiment en est toujours nouveau.

Enfin, il entre dans la tendresse d'une femme de ce caractère une infinité d'autres petites formalités, qui sont toutes de l'invention des cœurs qui étaient sages et timides, avant que d'être tendres.

Telle est donc la Dame à qui sa compagne a déjà raconté une partie de ses aventures : elles prirent ensemble le chemin du cabinet, et moi celui de mon bosquet.

Quel livre as-tu dans ta poche ? dit la coquette, en ouvrant la conversation. C'est *Pharamond*[1], répondit-elle : *Pharamond*, s'écria l'autre ! quoi ! pendant que je travaille à ta conversion, et qu'elle est plus d'à moitié achevée, tu lis encore des livres hérétiques. Donne-moi ce livre ; je te défends d'en lire de pareils, sous peine de ma colère ; donne, te dis-je : tu n'as pas encore la tête assez forte, pour soutenir l'air dangereux qu'on y respire.

Il me semble que si, répondit l'autre, et je t'assure que ce matin mon cœur a déjà critiqué dans les amants de *Pharamond*, des lenteurs, des timidités, des fiertés, qui autrefois étaient tout à fait de mon goût. J'ai trouvé que ces gens-là s'amusaient trop à respecter, à se fâcher, ou à se plaindre ; et que les meilleures occasions périssaient entre leurs mains : tu vois bien que de pareilles remarques ne me menacent pas de rechute.

Ta critique est judicieuse, reprit l'autre : effectivement, si toutes ces folies étaient d'usage, et si les amants

1. Le titre du dernier roman de La Calprenède (deux parties publiées en 1661, achevé à titre posthume par Vaumorière) s'écrit *Faramond.*

d'aujourd'hui se ballottaient[1] comme ceux-là, le mariage serait assez inutile ; car on ne serait d'accord qu'après quatre-vingts ans de martyre.

Abrège tes réflexions, dit sa compagne, pour m'achever ta vie ; je ne suis venue ici que pour l'entendre ; tes coquetteries m'ont d'abord fait peur ; mais à présent, la comédie m'en plaît.

Je te la donne aujourd'hui, reprit l'autre, mais j'espère que tu la joueras bientôt toi-même ; achevons mes aventures, puisque tu le veux : il ne m'en reste pas beaucoup ; mais je travaille tous les jours à les augmenter.

J'en étais, je pense, à mon amant de couvent, qui s'avisa de me rendre visite, quand je ne songeais plus à lui.

Le petit infidèle avait entendu parler de mes conquêtes. Le don de mon cœur, autrefois, lui avait paru plus agréable qu'important : il en avait aimé la tendresse ; mais il avait oublié de l'estimer ; et franchement, quelque aimé que soit un amant, quelque amour qu'il ait lui-même, s'il n'est glorieux d'avoir acquis le nôtre, c'est un amant manqué.

Ce n'est pas assez qu'il soit glorieux de nous paraître aimable ; il faut qu'il le soit de nous l'avoir paru plus que d'autres, qui aspirent à le paraître aussi bien que lui. Ses rivaux, en lui exagérant ce qu'il vaut, quand il en triomphe, l'avertissent de ce que nous valons nous-mêmes ; cette dernière leçon tient son amour en respect, et son orgueil en haleine : il a eu l'honneur de la préférence ; cela ne lui suffit pas ; il reste[2] que cette préférence lui soit continuée.

Il ne s'était rien passé de semblable avec mon inconstant, quand nous nous étions aimés ; mais on ne lui eût

1. Emploi figuré d'une expression empruntée au jeu de paume : « on dit *ballotter* quelqu'un, pour dire, le renvoyer de l'un à l'autre, sans vouloir rien conclure en sa faveur » (*Fur.*).

2. Il faut encore.

pas plus tôt dit que j'avais deux esclaves[1] à ma suite, et que mes appas étaient en haute réputation, qu'il jugea que c'était un beau coup à faire, s'il pouvait rattraper les droits qu'il avait eus sur mon cœur ; mais il avait eu ces droits sur un cœur brut, sur un cœur enfant.

Dans le couvent, j'avais regardé son amour comme un effet étonnant de mon mérite ; et le retour que j'avais eu pour lui n'était qu'une admiration de moi-même, qui m'échauffait, à quoi s'était jointe une curiosité puérile d'essayer mes yeux sur un homme, et de voir ce qu'il en arriverait ; de sorte que je n'aurais jamais[s] eu d'amour pour lui, sans l'envie que j'avais eue d'en avoir pour qui que ce fût, pour savoir ce que c'était[t] ; mes deux dernières conquêtes, et je ne sais combien de petits amours momentanés, qui naissaient autour de moi partout où j'étais, m'avaient guérie de ces enfances[2] ; je n'étais plus surprise d'être aimée, et je l'aurais été de ne l'être pas.

Ainsi mon infidèle était bien loin de son compte ; et comme tu vois, de pareilles dispositions ne lui faisaient pas beau jeu.

Cependant je t'ai dit que le cœur me battit quand on me l'annonça ; mais ce n'était qu'émotion d'orgueil ; encore cet orgueil ne le regardait-il pas. Il revient, me dis-je aussitôt ; sans doute c'est le bruit que je fais qui le ramène ; je ne me flatte pas quand je crois valoir mieux qu'une autre ; il court dans le monde une estime publique en ma faveur ; le repentir de mon infidèle en est la preuve.

Qu'en dis-tu ? pareille idée ne méritait-elle pas une émotion ? Le fripon entra donc ; peut-être crut-il que j'allais traiter froidement avec lui ; et que trop fière, pour lui rappeler son crime, je serais du moins assez malhabile pour être sérieuse.

1. Deux soupirants (métaphore galante usuelle).
2. Puérilités, naïvetés.

Mais, qu'il s'abusait, le pauvre garçon ! Ah ! vous voilà, mon cher enfant, lui écriai-je au milieu de sa révérence ? vous avez la conscience en peine, je gage, et vous craignez de mourir sans mon absolution. Allez, je suis bonne, et je vous la donne ; ma générosité va plus loin, je vous permets l'honneur de rentrer dans mes fers ; vous ne vous y ennuierez pas comme autrefois, et vous aurez bonne compagnie dans votre esclavage.

Ma saillie le déconcerta ; il se prisait assez pour ne s'y pas attendre, et rien n'est plus sot, en pareil cas, qu'un homme vain qui se trouve innocent, où il[1] se flattait d'être coupable.

Je vis son embarras ; une autre en aurait eu pitié ; mais pour moi je ne vaux rien dans ces occasions. Eh, quoi ! mon brave, lui dis-je, vous voilà bien étourdi de ne me pas trouver fâchée ; rendez-moi compte de vos petits sentiments de présomption.

À cette demande, il me répondit par un bégaiement ; je me mis à rire de toute ma force. À la fin je ne sais s'il ne serait pas mort de honte, ou plutôt de pure vanité confondue[2], s'il n'était entré du monde ; il se sauva pendant les compliments.

*Suite de la Lettre de M. M****

Quelqu'un, qui l'autre jour entra dans ma chambre, quand je vous écrivais, m'empêcha de continuer notre histoire : en voici la suite.

La Dame qui raconte ses aventures dit que l'amant, que lui avait ramené la réputation de ses charmes, s'était

1. Alors qu'il.
2. Humiliée.

sauvé de ses plaisanteries, à la faveur d'une visite qui survint.

Il s'éclipsa si adroitement, continua-t-elle, que je ne m'en aperçus pas : sa retraite me fit rire, et je n'y songeai plus. Une Dame de la compagnie proposa une partie de Comédie[1] ; on me demanda à ma mère, et nous y allâmes ; j'y retrouvai mon fugitif ; il était dans une loge voisine de la mienne, avec deux Dames, dont l'une me parut une brune fort aimable, sans être belle ; c'était un de ces visages de goût, dont les traits ont je ne sais quelle heureuse irrégularité ; et qui n'en valent que mieux de n'être pas beaux. J'ai toujours appelé ces physionomies-là d'agréables fantaisies de la nature, qui n'amusent jamais les yeux qu'aux dépens du cœur. Oui, ce sont de ces physionomies à part, qui ne ressemblent à rien ; on aime à les voir, sans s'aviser de les craindre ; on les regarde avec un plaisir de bonne foi, qui n'avertit pas de ce qu'il est. Il y a des visages d'ostentation, déclarés dangereux, quand on vient à les aimer ; on n'en a point été la dupe, on avait présagé l'aventure ; mais les physionomies dont je parle, ne font point de fracas ; rien n'est d'abord plus familier, leur charme agit sans faste, il ne prélude pas avec un cœur, et l'on est tout surpris de se trouver un amour dont on n'avait pas eu la moindre nouvelle.

Tu ne douterais pas des petites raisons que j'ai de caractériser ces friponnes de physionomies-là ; c'est que je connais leurs mauvais tours par expérience.

J'en ai rencontré une de cette espèce ; je croyais, quand elle me plaisait que c'était sans conséquence ; je le disais partout très innocemment ; celui qui la portait vint un beau matin prendre congé de moi pour un petit voyage qu'il allait faire. Jusque-là je ne l'avais cru que mon ami :

1. Proposa d'aller au théâtre (Comédie-Française ou Comédie-Italienne).

quand il partit, je le trouvai mon amant[1] ; mais il n'est pas temps d'en venir à lui.

L'aimable brune dont je t'ai parlé, me parut prendre quelque intérêt au jeune homme en question ; et le jeune homme fit tout ce qu'il put pour me faire remarquer cet intérêt.

L'intelligence de ces petites façons me vint sur-le-champ : *vous m'avez méprisé, vous voyez cependant que je vaux quelque chose,* voilà le langage muet qu'elles m'adressaient.

Là-dessus je pris, tout d'un coup, mon parti ; j'aurais été fâchée qu'il eût cru que je le comprenais ; encore plus fâchée qu'il eût vu que je refusais de le comprendre ; car en pareil cas, c'est être trop au fait[2], que de n'y vouloir pas être.

J'appelai donc à moi toute mon industrie[3], pour cacher l'attention que j'avais, et pour dérober que je la cachais.

Je pense que je me tirai d'affaire : tantôt je parlais aux personnes de ma loge ; je regardais de tous côtés indifféremment ; je me fis enfin de ces postures oisives, de ces regards dissipés, qui ne tombent sur rien, et qui tombent sur tout, et dont une curiosité vague ou le hasard dispose[u].

La nature n'est pas plus vraie que mon art dans ces occasions ; c'est un talent qui m'a souvent bien réjouie ; le petit bonhomme crut assurément avoir perdu ses peines ; j'en jugeai du moins par le ralentissement des soins qu'il se donnait pour être entendu de moi.

Pendant ce temps-là, je méditais de ma part un coup de coquette, dont je goûtais le plaisir par avance, car il ne me vint pas un moment dans l'esprit de douter du

1. Je me rendis compte que je l'aimais.
2. *Être au fait* : avoir compris.
3. Mon habileté.

succès, et voilà ma façon de penser : écoute donc quel était mon dessein.

J'avais trouvé la brune fort aimable, je m'étais aperçue qu'elle ne haïssait pas le jeune homme ; il pouvait l'aimer aussi lui, et quand il ne l'aurait pas aimée, l'honneur de plaire à la belle valait bien qu'on ne s'exposât pas légèrement à le perdre.

Oh bien ! ma chère, je voulais triompher de l'estime qu'apparemment il faisait de cet honneur, et lui faire abandonner sa maîtresse, sur la simple espérance de rattraper mon cœur. Je trouvai dans ce triomphe un ragoût infini ; je savais bien que j'étais aimable ; c'était une vérité prouvée ; mais il me sembla que je n'en avais que des preuves ordinaires. Je n'avais fait encore soupirer que des indifférents, ou de jeunes gens sans maîtresse, qui n'étaient ni amoureux ni aimés, et je ne voyais pas qu'il y eût un si grand mystère à cela. Mon idée me fit penser que je n'étais encore qu'une enchanteresse d'un ordre subalterne, puisqu'il me restait à faire une épreuve de mes charmes supérieure à tout ce que j'avais fait jusqu'ici. J'étais comptable [1] à ma vanité d'un amant qui brisât ses fers, pour s'engager dans les miens, ou qui préférât la poursuite de mon cœur à la gloire d'en conserver un tout acquis.

Je formais là des desseins meurtriers pour la brune en question, qu'on me dit être intime amie d'une de mes parentes ; mais je n'aurais pas fait grâce à ma sœur, si elle avait été à la place de la brune ; il s'agissait d'un plaisir de vanité coquette ; et quand il se présente un pareil gain à faire, parmi nous autres femmes, on en ignore encore le sacrifice ; et j'étais femme complète à cet égard ; ou pour mieux dire, j'avais là-dessus, pour ma part, l'avidité de quatre femmes ensemble.

1. Je devais rendre des comptes.

La brune m'en a toujours voulu depuis ; elle a tort cependant ; passe qu'elle me haït alors : encore ces ressentiments-là ne doivent-ils durer qu'un jour ? Pour moi, si jamais semblable aventure m'arrivait, je proteste aujourd'hui contre [1] la rancune qui me saisira, et dont la durée excédera le temps que je viens de te dire.

---

*Suite de la Lettre de M. M****

Tu te ressouviens bien, ajouta la Dame à sa compagne, en continuant son histoire, que j'avais déjà deux amants : j'en retenais un, parce que j'étais coquette ; mais le cœur me parlait pour l'autre ; et pour entretenir deux amants de cette espèce, il faut du manège [2].

Il est difficile de se conserver des plaisirs de vanité, qui nuisent à tout moment à ceux que le cœur veut prendre ; et d'ailleurs une coquette, en pareil cas, oublie souvent de l'être, ou du moins pour veiller à sa gloire, pour la trouver touchante, il faut qu'elle s'avise d'y penser ; mais elle pense à son amour, sans s'en aviser ; elle n'a besoin que de sentiment pour en goûter les douceurs ; et ce sentiment, elle ne le cherche pas : il est toujours tout trouvé.

C'est donc un grand embarras que d'avoir à garder deux conquêtes pareilles aux miennes ; et il fallait être bien hardie pour en méditer une troisième.

Mais, il faut te l'avouer, je ne suis point faite là-dessus comme les autres femmes ; ce n'est pas même à force d'esprit et de finesse que je me démêle de ces intrigues ; je ne réfléchis jamais ; je badine, et je sens : voilà tous

---

1. Déclaration en style juridique : « on dit *protester contre une résolution* pour dire, déclarer qu'on tient pour nul ce qui a été résolu, délibéré, et que l'on se pourvoira contre » (*Acad.*).
2. De l'adresse et de la ruse.

mes talents [1] ; c'est avec cela que je me suis toujours tirée d'affaire. Les mesures les plus délicates, les tours les plus subtils ne coûtent aucun effort de pensée ; j'ai là-dessus une adresse de tempérament ; j'agis par instinct, toujours à propos, et toujours me divertissant de tout, même de la violence que je me fais avec [v] mes amants, pour ne point donner l'avantage à celui que j'aime sur celui que je n'aime point.

Autant que j'en puis juger cependant, je crois que cette souplesse de cœur et d'esprit, cette audace à tenter plusieurs conquêtes, à vouloir me les conserver, malgré leur nombre, quand elles sont faites, cet art de surmonter alors les difficultés que je ne prévois jamais, et dont j'ai l'habileté de me tirer, sans tâcher d'être habile ; ce talent d'être impunément coquette, de faire soupirer mes amants sous le joug d'une coquetterie actuelle, dont aucun d'eux ne m'accuse, qu'ils ne devinent point ; je crois, dis-je, ne devoir ces avantages qu'à l'insatiable envie de sentir que je suis aimable, et qu'à un goût dominant pour tout ce qui m'en fait preuve.

Vois-tu, mon enfant ; si j'ai quatre amants, j'ai pour moi-même [w] un amour de la valeur de tout celui qu'ils ont pour moi. Oh ! il faut que tu saches que le plaisir de s'aimer si prodigieusement produit naturellement l'envie de s'aimer encore davantage ; et quand un nouvel amant m'acquiert ce droit, quand je me vois les délices de ses yeux, je ne puis t'exprimer ce que je deviens aux miens. Mes conquêtes présentes et passées s'offrent à moi ; je vois que j'ai su plaire indistinctement, et je conclus, en tressaillant d'orgueil et de joie, que j'aurais autant d'amants qu'il y a d'hommes, s'il était possible d'exercer mes yeux sur eux tous.

Et même alors, en concluant ce que je dis là, je vois en idée les regards que savent porter mes yeux ; je les

1. C'est, avec quelques années d'avance, la définition de nombre d'héroïnes des comédies de Marivaux.

admire ; j'en deviens amoureuse[1] ; le charme m'en émeut intérieurement ; je brûle de trouver quelqu'un qui les éprouve : et si, chemin faisant, il se présente un objet pour qui mon cœur se déclare, c'est une aventure agréable, un bénéfice dont je jouis par surérogation[2], qui dure autant qu'il peut, et qui n'interrompt nullement mes desseins de conquête.

Toutes ces parenthèses que je mêle au récit de ma vie, vont à ton instruction ; voilà pourquoi je me les permets volontiers. Jusqu'ici ton amour-propre n'était qu'un maladroit, qui prenait les intérêts à gauche[3] : je crois pourtant m'apercevoir qu'il est de bonne trempe, et qu'il ne tient qu'à lui de s'évertuer. Songe bien, ma fille, à méditer sur l'avidité du mien, et sur la préférence que je donne au plaisir d'être aimée, sur celui d'aimer moi-même : échauffe ton orgueil de l'idée de régner sur plusieurs cœurs, et tu sentiras que l'art de conserver ses conquêtes naît du désir bien ardent de les faire ; continuons à présent.

La comédie finit ; le jeune homme dont je t'ai parlé, la belle brune avec laquelle il était, et leur compagnie, se levèrent pour sortir de leur loge : personne de la mienne ne remuait encore, mais je me levai pour inviter les autres à en faire autant. J'avais envie de rencontrer mon fugitif en descendant l'escalier ; j'y réussis, il me salua d'une révérence que j'interprétai encore, car elle était parlante : c'était un défi qu'il faisait au pouvoir de mes charmes. Je fermai les yeux sur l'injure et je résolus, sur-le-champ, de tourner sa vanité même à mon avantage.

---

1. Marivaux suit ici Saint-Évremond : « Il n'y a rien de si naturel aux belles personnes que la complaisance qu'elles ont pour leur beauté : elles se plaisent avant qu'on leur puisse plaire ; elles sont les premières à se trouver aimables et à s'aimer » (*Œuvres*, cité par F. Deloffre et M. Gilot, in *JOD*, p. 576, n. 303).

2. « Ce qui est au-delà de ce qu'on est obligé de faire » (*Acad.*, 1694).

3. Prendre une chose *à gauche* veut dire « la prendre de travers, autrement qu'il ne faut » (*Acad.*).

Je sentis, je ne sais comment, qu'en pareil cas, le plus sûr moyen de triompher d'un fanfaron, c'était de feindre de le regretter. Le plaisir que vous lui faites, en flattant la bonne opinion qu'il a de lui, l'attire insensiblement à vous, pour l'amour de vous-même ; il se charge, sans y penser, d'une reconnaissance qui le conduit à l'amour ; d'abord il s'humanise par curiosité pour la joie que vous aurez de le voir revenir ; mais il paye enfin de tout son cœur, le plaisir superbe de voir agir le vôtre[x].

Monsieur, dis-je, au jeune homme, en m'approchant de lui avec un sérieux que la dupe prit pour un dépit ; il y a six mois que je vous prêtai les *Lettres portugaises*[1] : ce livre n'est point à moi ; on me le redemande, et je vous prie de me le renvoyer… J'irai vous le rendre moi-même, au hasard d'être encore raillé, me répondit-il, du ton d'un homme qui veut bien laisser entrevoir qu'il pourrait devenir traitable… Non, lui dis-je, un laquais suffit ; je ne vous raillerais pas, mais je ne vous renverrais pas plus content.

Je prononçai ces derniers mots en le quittant, sans le regarder, et avec un dédain, qui, sans doute, lui parut alors tenir la place d'un soupir.

Il ne me répondit point, mais je m'aperçus bien que sa vanité mordait à l'hameçon. Pour moi, qui l'avais abordé très froidement, je gardai toujours un maintien uniforme ; je remarquai qu'il jetait les yeux sur moi à la dérobée, et qu'il avalait, à longs traits, le plaisir dangereux[y] de me voir sérieuse ; ce qui, dans cette occasion, valait autant que me voir triste.

Nous remontâmes en carrosse, et j'attendis le lendemain, persuadée que le jeune homme ne pourrait porter plus loin l'envie de jouir, ou de ma douleur, ou de mes timides espérances.

---

1. Ce recueil, roman épistolaire aujourd'hui attribué à Guilleragues, était paru en 1669 et passait pour une correspondance authentique (voir aussi *Le Spectateur français*, Feuille II, p. 62, n. 2).

Je l'attendis donc, comme en embuscade, je veux dire que je lui fis une nouvelle friponnerie. Il vint effectivement, et me trouva dans un négligé, dont l'économie[1] était un chef-d'œuvre. J'avais laissé dans ma parure les marques d'une distraction que je n'avais pas eue ; et cela, sans préjudice des grâces que j'y avais ménagées, de façon, cependant, que ces grâces s'y trouvaient, sans qu'on pût m'accuser d'avoir pris la peine de les y mettre ; elles n'étaient là que parce que j'avais une figure[2], et qu'elles y tenaient : et je vis bien quand il entra, qu'il me croyait effectivement innocente.

Je le reçus avec un air d'indifférence, qui semblait gêner un moment de surprise agréable ; tout cela porta coup. Voici, Mademoiselle, le livre que vous m'avez prêté, me dit-il, et je viens vous demander excuse de l'avoir gardé si longtemps. Cela n'en vaut pas la peine, Monsieur, lui dis-je, et je pardonne aisément de pareilles fautes. Je serais au désespoir d'en avoir de plus grandes à me reprocher, repartit-il. Brisons là-dessus, répondis-je vivement, et avec une adresse qui paraissait exclure une explication qu'elle amenait : brisons là-dessus, je vous pardonne tout. Mais, Mademoiselle, me dit-il, charmé de voir que je lui pardonnais du ton dont on accuse ; de grâce, apprenez-moi mes crimes.

Changeons de discours, ou je vous quitte, lui répondis-je impatiemment, en me levant, et faisant quelques pas.

À ce transport[3], le petit orgueilleux, content et rassasié de gloire, me sut si bon gré du mérite que lui supposait ma colère, qu'il se jette à mes genoux transporté d'aise, et me prit une main que je ne voulus pas avoir la force de retirer d'entre les siennes ; car il fallait qu'à[z] mon

1. La disposition.
2. Ici, un corps.
3. Le transport (mouvement agité par une passion violente) est ici le dépit feint par la coquette.

emportement succédât une tendre indulgence. Ce sont deux sentiments, qu'en pareil cas, la nature a liés l'un à l'autre.

Il donnait mille baisers à ma main : les souffrir[1], c'était faire un doux aveu du plaisir que j'avais de le revoir tendre ; et dans cet aveu même, il entrait d'amoureuses plaintes de son inconstance passée.

Je ne sais si tu conçois comment mon action signifiait tout ce que je dis ; mais il est certain que peu de chose, en amour, contient souvent le sens de plusieurs pensées.

Mais, ma chère, le plus plaisant de l'histoire, c'est qu'au milieu de tout cela il m'arriva un accident que je n'avais pas mis en ligne de compte dans mon projet, c'est que je pris ma part au plaisir d'un raccommodement que je n'avais médité que par coquetterie ; je dis ma part en amour, ce n'était plus vanité, c'était tendresse ; apparemment que mon cœur voulut profiter aussi bien que le sien de l'occasion d'être bien aise ; le fripon me remit sur mon siège, et là, mon attendrissement redoublant le sien, il m'embrassait les genoux avec une ardeur prouvée par[aa] quelques larmes, qui me parurent différentes de celles qui viennent du don d'en savoir verser.

Dans cet état, oui ! s'écriait-il, Mademoiselle, j'ai fait mille crimes, puisque j'ai pu vous être inconstant, si c'est l'être, que de négliger un bien dont une étourderie de jeunesse, dont mon peu d'expérience me laissait ignorer le prix. D'autres objets[2] m'ont amusé quelque temps, je l'avoue, mais il y a plus de quatre mois que mon cœur expie sa faute, qu'il vous regrette, qu'il adore votre image, et je n'osais paraître. Je me trouvais trop indigne d'obtenir grâce ; et je le suis encore, je le serai toujours, malgré mon repentir. Oui ! ma chère maîtresse ; oui, punissez-moi, vengez-vous, en me permettant de vous voir ; plus je vous verrai, plus je pleurerai la perte de votre cœur.

---

1. Les permettre, les tolérer.
2. D'autres femmes (*objet* a le sens classique d'objet d'amour).

De temps en temps le fripon s'interrompait d'un baiser qu'il donnait à ma main, c'était malgré moi, mais je ne l'en empêchais pas. À te dire le vrai, je me sentais étourdie ; ses caresses, ses larmes, ses regrets me faisaient trembler de peur et de plaisir. L'occasion était vive, le jeune homme vif, moi vive aussi : levez-vous, lui dis-je, en baissant ma tête auprès de la sienne ; il me vola un baiser ; je m'en fâchai, sans pouvoir m'en mettre en colère : je craignis son désordre et le mien ; assoyez-vous, lui dis-je, d'une voix plus ferme que mon cœur ; je le veux, assoyez-vous.

Il se levait, quand j'entendis du bruit dans l'antichambre ; c'était celui de mes deux amants pour qui j'avais du penchant qui venait.

CARACTÈRES DES HABITANTS DE PARIS [1]

AVANT-PROPOS DU THÉOPHRASTE MODERNE [a 2]

Août 1717

La quantité de matières que je traite ici, leur variété, le mélange alternatif du sérieux et du gai dans les réflexions, pourront faire plaisir à ceux qui liront cet ouvrage. Je n'ai point prétendu établir d'ordre dans la distribution des sujets ; cela m'a paru fort indifférent. J'adresse cette Relation [3] à une Dame qui me l'avait demandée, et j'ai tâché de

---

1. Désignées dans l'édition originale sous le titre *Lettres sur les habitants de Paris*, ces éthopées furent nommées *Caractères des habitants de Paris* dans le tome II de l'édition collective de 1728 intitulé *Pièces détachées dans le goût du Spectateur français*. Le titre *Caractères des habitants de Paris* marque la filiation avec La Bruyère ; le terme *caractère* est d'ailleurs récurrent, et la composition par brefs alinéas, très différente de ce qu'elle est dans *Le Spectateur français*, souligne encore la parenté formelle avec les « remarques » du moraliste. (Voir Présentation, p. 32-33.)

2. Théophraste : philosophe grec (372-287 av. J.-C.), auteur d'un recueil de « caractères » dont La Bruyère s'est voulu le traducteur et le continuateur. Le surnom de « Théophraste moderne » était celui donné à La Bruyère, dont les premiers éditeurs de Marivaux ont cru bon de l'affubler, et contre lequel il proteste (voir la « Lettre écrite par M. de Marivaux à l'Auteur du *Mercure* », ci-après, p. 329).

3. « Le récit, la narration que l'on fait de ce qui s'est passé, de ce qu'on a vu ou entendu » (*Acad.*, 1694) : le terme convient à la corres-

ne rien oublier de tout ce qui peut instruire ou divertir un esprit juste et délicat, tel qu'est le sien. Je commence par lui parler des choses qui se passaient quand je fis cette relation. Je continue au hasard, et je finis quand il me plaît. Cet ouvrage, en un mot, est la production d'un esprit libertin [1], qui ne se refuse rien de ce qui peut l'amuser en chemin faisant. J'espère que le lecteur n'y perdra rien.

À MADAME***

Je vous tiens parole, Madame, ou plutôt je vous obéis ; car ce qu'un amant promet à ce qu'il aime vaut un devoir d'obéissance envers son maître.

Vous avez raison de vouloir être instruite des mœurs et du caractère des habitants de Paris, et de tout ce qui se pratique dans cet Abrégé du monde [2].

Paris est le centre des vertus et des vices ; c'est le lieu où les méchants développent leur iniquité ; l'endroit où se manifeste toute leur capacité de mal faire. La raison de cela, Madame, est qu'ils ont abondance d'occasions, et que l'exercice met en œuvre et perfectionne leurs mauvaises dispositions.

---

pondance comme au récit de voyage « imaginaire » à la façon de Dufresny.

1. Qui ne s'assujettit à aucune matière ni à aucune forme déterminée.

2. Voir Dufresny, *Amusements sérieux et comiques*, 3 : « Paris est un monde entier ; on y découvre chaque jour plus de pays nouveaux et de singularités surprenantes que dans tout le reste de la terre : on distingue dans les Parisiens seuls tant de nations, de mœurs, et de coutumes différentes, que les habitants mêmes en ignorent la moitié » (in *Moralistes du XVIIe siècle*, éd. citée, p. 1003).

Les vertus n'y règnent pas moins que les vices ; mais elles y règnent sans bruit et secrètement. Les justes y composent un parti ignoré de la foule des hommes. On y voit encore un troisième ordre de personnes ; ce sont d'honnêtes gens d'une probité morale qui n'a pour principe, ou qu'un heureux caractère qui les porte à vivre avec honneur, ou qu'un goût de sagesse philosophique qui les maintient dans un esprit de justice et d'union avec les hommes. Ce sont de ces gens, qui bornés à satisfaire leurs petits plaisirs, tâchent autant qu'ils peuvent, de ne troubler ceux de personne, de ces gens, en un mot, qui adoptent le frein des Lois, moins, si vous voulez, par respect pour elles que par ménagement pour le préjugé public.

Cette Secte, Madame, ne laisse pas que d'être un peu pyrrhonienne[1] ; car elle n'a de vertus que par convention ; mais vivre bien avec les hommes, et penser autrement qu'eux, est une chose qui paraît si belle, et si distinguée, que dans bien des endroits à Paris, vous ne passez pour homme d'esprit, qu'autant qu'on vous croit confirmé dans cette impiété philosophique.

Je m'étendrais là-dessus davantage, si je ne prévoyais que, dans la suite de cette Relation, l'occasion se présentera d'en parler encore : venons à d'autres matières.

CHAPITRE I

LE PEUPLE[a]

Il est difficile de définir la Populace de Paris, je vais pourtant tâcher de vous en donner quelque idée.

---

1. Est qualifiée de *pyrrhonienne* toute doctrine qui érige le doute en principe, par référence au philosophe grec Pyrrhon, chef de file de

Imaginez-vous un monstre remué par un certain instinct, et composé de toutes les bonnes et mauvaises qualités ensemble ; prenez la fureur et l'emportement, la folie, l'ingratitude, l'insolence, la trahison et la lâcheté ; ajustez tout cela, si vous le pouvez, avec la compassion tendre, la fidélité, la bonté, l'empressement obligeant, la reconnaissance et la bonne foi, la prudence même ; en un mot, formez votre monstre de toutes ces contrariétés ; voilà le Peuple, voilà son génie [1].

Pour en achever le portrait, il faut lui supposer encore une nécessité machinale, de passer en un instant du bon mouvement au mauvais ; détaillons à présent ce caractère.

Le Peuple est une portion d'hommes qu'une égalité de bassesse dans la condition réunit : ils se querellent, ils se battent, se tendent la main, se rendent service et se desservent tout à la fois : un moment [b] voit renaître et mourir leur amitié ; ils se raccommodent et se brouillent sans s'entendre. Le Peuple a des fougues [2] de soumission et de respect pour le grand Seigneur, et des saillies [3] de mépris et d'insolence contre lui : un denier [4] donné par-dessus son salaire vous en attire un dévouement sans réserve ; ce denier retranché vous en attire mille outrages ; quand il est bon, vous en auriez son sang : quand il est mauvais, il vous ôterait tout le vôtre ; sa malice lui fournit des moyens de nuire, que l'homme d'esprit n'imaginerait jamais. Tel est le pathétique de ses discours, qu'il laisse, parmi les plus honnêtes gens et les meilleurs esprits, une opinion de bien ou de mal, pour ou contre vous, qui ne manque pas de vous servir ou de vous nuire [c].

---

l'école sceptique, qui niait que l'on puisse rien connaître avec certitude. Pascal et Montaigne déjà employaient l'adjectif en ce sens dérivé.

1. Son caractère propre.
2. Des emportements.
3. Mouvements ou paroles impétueuses.
4. « Monnaie de cuivre valant la douzième partie d'un sou » (*Acad.*).

Le Peuple à Paris a tous les vices qu'il se reproche dans ses querelles.

Une chose m'a toujours surpris : deux femmes s'accusent de mauvaise vie [1], citent les lieux et les circonstances : les assistants croient tout ; la querelle finit et ne leur a fait aucun tort.

Les femmes entre elles, ne rougissent pas de l'opprobre dont elles se chargent ; leur motif de honte est d'avoir été vaincues en coups ou en injures.

Plus une femme a la voix vigoureuse, et plus celle avec qui elle se querelle a de tort.

Plus une querelle a de témoins, plus elle s'échauffe : ce n'est plus tant alors une vraie colère qui anime les combattantes, qu'une émulation d'invectives [2].

Personne ne caractérise plus éloquemment [3] que le Peuple.

On lui inspire aisément de la confiance ; mais quand il la perd, il déshonore.

Toute belle que vous êtes, Madame, si le hasard vous avait attiré le courroux d'une femme du Peuple, elle vous ferait rougir de vos propres charmes. L'union des gens mariés parmi le Peuple est la chose du monde la plus divertissante ; vous diriez, à les entendre se parler et se répondre, qu'ils ne peuvent se supporter et qu'ils souffrent de se voir.

Voici la réflexion que je fais là-dessus, Madame : un mot plus haut que l'autre brouille des époux honnêtes gens ; pourquoi cela ? c'est que leur commerce est ordinairement honnête : cette honnêteté [4] cesse-t-elle un moment ? l'union s'altère. Les gens mariés d'entre le Peuple se

---

1. Elles s'accusent d'avoir trompé leur mari.

2. La querelle entre Mme Dutour et le cocher de fiacre dans *La Vie de Marianne* (2e partie, éd. citée, p. 114-118) illustre bien cette puissance du verbe féminin chez une femme du peuple.

3. Personne ne peint le caractère avec plus d'éloquence.

4. Politesse, civilité.

parlent toujours comme s'ils s'allaient battre[d] ; cela les accoutume à une rudesse de manière qui ne fait pas grand effet, quand elle est sérieuse et qu'il y entre de la colère : une femme ne s'alarme pas de s'entendre dire un bon gros mot, elle y est faite en temps de paix comme en temps de guerre ; le mari de son côté n'est point surpris d'une réplique brutale, ses oreilles n'y trouvent rien d'étrange ; le coup de poing seulement avertit que la querelle est sérieuse ; et leur façon de se parler en est toujours si voisine, que ce coup de poing ne fait pas un grand dérangement.

Savez-vous bien, Madame, qu'à tout prendre, il y a plus de gain dans cette façon de se traiter que dans celle des honnêtes gens ?

Je compare l'union de ces derniers à une mer calme : les deux époux y voguent en paix ; vient-il un seul coup de vent ? il porte l'alarme dans la barque, et nos époux, accoutumés à une longue bonace[1], ne se remettent que longtemps après de leur frayeur.

La même comparaison me servira pour figurer l'union des gens du Peuple.

Cette mer pour eux est toujours agitée ; les vents et les éclairs y règnent sans interruption ; la barque va son train, sans s'en apercevoir : la tempête lui est familière, la foudre tombe quelquefois ; mais elle est une suite si naturelle de l'orage que la barque tâche de se réparer sans en avoir frémi. Manie de politesse à part, la mer agitée me paraît préférable à la mer[e] calme.

Je n'aurais jamais fait, si je ne voulais rien omettre dans le portrait du génie du Peuple inconstant par nature, vertueux ou vicieux par accident ; c'est un vrai Caméléon qui reçoit toutes les impressions des objets qui l'environnent.

Là-dessus, vous vous imaginez que le Peuple est méchant ; vous avez raison ; mais il n'a point une

1. Un long calme (Marivaux file la métaphore marine).

méchanceté de réflexion[f] ; c'est une méchanceté de hasard, qui lui vient de ce qu'il voit ou de ce qu'il entend, il devient méchant, comme il devient bon, sans le plus souvent être ni l'un ni l'autre.

Il exprimera, par exemple, des cris de malédiction contre les gens d'affaires[1] ; non pas qu'il ait conclu qu'ils le méritent, mais la voix publique les annonce haïssables : voilà le Peuple irrité contre eux.

On allait un jour faire mourir deux voleurs de grands chemins ; je vis une foule de Peuple qui les suivait ; je lui remarquai deux mouvements qui n'appartiennent, je pense, qu'à la populace de Paris.

Ce Peuple courait à ce triste spectacle avec une avidité curieuse, qui se joignait à un sentiment de compassion pour ces malheureux ; je vis même une femme qui, la larme à l'œil, courait tout autant qu'elle pouvait, pour ne rien perdre d'une exécution dont la pensée lui mouillait les yeux de pleurs[2].

Que pensez-vous de ces deux mouvements ? pour moi je ne les appellerai ni dureté ni pitié. Je regarde en cette occasion l'âme du Peuple comme une espèce de machine

---

1. Les traitants, également appelés publicains (collecteurs d'impôts), que dénonçait déjà La Bruyère au chapitre VI (« Des biens de fortune ») des *Caractères*.

2. Du Bos prend comme point de départ de ses *Réflexions critiques sur la poésie et la peinture* (1719) l'attrait qu'exercent les supplices sur les spectateurs. Lecteur passionné (mais discret) de Marivaux, Diderot semble s'inspirer directement de ce passage dans une page de *Jacques le Fataliste* : « Quel est, à votre avis, le motif qui attire la population aux exécutions publiques ? L'inhumanité ? Vous vous trompez : le peuple n'est point inhumain ; ce malheureux autour de l'échafaud duquel il s'attroupe, il l'arracherait des mains de la justice s'il le pouvait. Il va chercher en Grève une scène qu'il puisse raconter à son retour dans le faubourg [...]. Le peuple est avide de spectacle, et y court, parce qu'il est amusé quand il en jouit, et qu'il est encore amusé par le récit qu'il en fait quand il en est revenu. Le peuple est terrible dans sa fureur ; mais elle ne dure pas. Sa misère propre l'a rendu compatissant ; il détourne les yeux du spectacle d'horreur qu'il est allé chercher ; il s'attendrit, il s'en retourne en pleurant » (éd. B. Kaech-Toumarkine, GF-Flammarion, 1997, p. 202-203).

incapable de sentir et de penser par elle-même, et comme esclave de tous les objets qui la frappent[1].

Par ce système, je vois, clair comme le jour, la raison de ces deux mouvements contraires : on va faire mourir deux hommes ; l'appareil de leur mort est fort triste : voilà la machine frappée d'un mouvement assortissant[2] ; voilà le Peuple qui pleure ou qui se contriste.

L'exécution de ces hommes a quelque chose de singulier : voilà la machine devenue curieuse.

Je gagerais que le Peuple pourrait, en même temps, plaindre un homme destiné à la mort, avoir du plaisir en le voyant mourir, et lui donner mille malédictions.

Que dirons-nous encore de lui ? Il est de certains endroits à Paris, Madame, où le Peuple est en possession d'une liberté despotique dans le langage, et souvent dans les actions : il y règne souverainement ; il y parle de tout et n'y craint personne : achetez-vous quelque chose aux marchés publics[3], par exemple ; votre honneur, votre taille, votre visage y sont à la discrétion des marchandes : il faut opter, ou d'être dupe ou d'être maltraité, dans ces endroits qu'on pourrait appeler l'Empire des Amazones[4] : vous avez autant de Juges et de Parties[5] qu'il y a de femmes ; si la colère d'une d'entre elles vous déclare coupable, c'en est fait ; toutes les autres vous condamnent sans consultation

1. Le lexique est celui de la théorie des « animaux machines » chez Descartes, mais la métaphore mécaniste est courante chez les écrivains du XVIIe siècle (La Bruyère, Nicole), et même chez les plus critiques à l'égard du « système » cartésien (La Fontaine).

2. Qui l'assortit à la tristesse du spectacle.

3. Aux Halles, par exemple.

4. Une *amazone* désigne couramment une « femme de courage mâle et guerrier » ; Marivaux réactualise ici la signification originelle : « cette signification vient de ce que les Anciens ont écrit qu'il y avait autrefois en Asie un grand pays habité par des femmes toutes guerrières, appelées *Amazones*, à cause que dès leur enfance on leur brûlait une mamelle pour les rendre plus propres à tirer de l'arc » (*Acad.*).

5. Au sens juridique, la *partie* désigne « celui qui plaide contre quelqu'un, soit en demandant, soit en défendant » (*Acad.*).

et vous exécutent à la même heure : toute la liberté qu'on vous laisse, c'est de vous sauver ; et vous ressemblez, en ce cas, à ces soldats qui passent par les baguettes [1] en courant.

Je connais un de mes amis, homme d'esprit et de bon sens, qui me disait un jour, en parlant du génie du Peuple : le moyen le plus sûr de connaître ses défauts et ses vices [g] serait de familiariser [2] quelque temps avec lui, et de lui chercher querelle après. On a trouvé l'invention de se voir le visage par les miroirs : une querelle avec le Peuple serait la meilleure invention du monde, pour se voir l'esprit et le corps ensemble. Une aimable fille, entendant parler ainsi mon ami, nous dit, en badinant : Tous mes amants me disent belle ; ma glace et mon amour-propre m'en disent autant ; mais, pour en avoir le cœur net, quelque jour en carnaval [3] j'userai de l'invention dont vous parlez.

Qu'ajouterai-je encore sur le caractère du Peuple ?

Les dévots d'entre le Peuple [4] le sont infiniment dans la forme : la vraie piété est au-dessus de la portée de leur cœur et de leur esprit.

Une grosse voix dans un prédicateur les persuade [h] ; ils ne comprennent rien à ce qu'il dit, mais il crie beaucoup et les voilà pénétrés [5].

Ainsi, je ne conseillerais à personne de compter beaucoup sur la religion du plus dévot personnage d'entre le Peuple : de là vient aussi qu'il est aisé d'en corrompre le plus honnête homme ; car, pour l'engager au crime, il ne s'agit pas de gagner son esprit, on a bon marché de cette pièce [6] ; il faut seulement effacer une impression par une

---

1. Le châtiment militaire des baguettes fut institué sous Louis XIV : nu jusqu'à la ceinture, le condamné passait entre deux files de ses condisciples qui lui donnaient chacun un coup de baguette.
2. De se familiariser.
3. Durant le carnaval.
4. Au sein du peuple.
5. Touchés, persuadés.
6. Gagner son esprit ne coûte guère.

autre : celle du cérémonial de la religion qui l'a rendu pieux[i] par l'impression d'une offre qui le chatouille[1].

Vous m'avouerez qu'on peut faire tout ce qu'on veut d'un homme qu'il ne s'agit que de toucher sensiblement ; l'impression la plus fraîche est toujours la victorieuse.

Ne vous attendez pas, Madame, que j'épuise la matière là-dessus ; je n'en dirai plus qu'un mot.

Le Peuple dans les Provinces reconnaît autant de maîtres qu'il est de gens au-dessus de lui.

L'intérêt seul, ici, fait la vraie dépendance du Peuple. Le Cordonnier y va de pair avec[2] le Duc et le Marquis : si l'on ne veut pas qu'il manque de respect pour ces grands noms, il faut acheter son hommage. L'argent est le seul titre de grandeur qu'il révère : le Peuple est comme un gros mâtin ; le mâtin aboie après tout ce qui passe ; jetez-lui un morceau de pain, il vous caresse.

Ainsi, Madame, si vous venez jamais à Paris ; en cas que vous ayez affaire au Peuple, prenez avec lui des mesures qui mettent vos charmes à l'abri de la correction.

Après avoir peint assez naturellement le mois dernier le caractère du Peuple de Paris, on ne sera peut-être pas fâché que le Nouveau Théophraste essaye de donner quelques coups de crayon sur les mœurs bourgeoises. Si le premier chapitre a eu des approbateurs, pour les traits de vivacité et de génie qu'ils y ont remarqué, il faut espérer que le second n'en aura pas moins. Cette matière en promet beaucoup. Voyons si l'Auteur l'aura bien mise en œuvre[a].

---

1. On peut gloser ainsi : il faut effacer l'impression résultant des cérémonies du culte, qui l'ont rendu pieux (le dévot), en imprimant dans son esprit une autre idée qui lui plaît (ou qui le flatte). (Le texte porte par erreur « de la religion qui les a rendu pieux », ce qui rend la phrase encore plus obscure.)

2. Est à égalité avec.

CHAPITRE II

LE BOURGEOIS [1]

Septembre 1717

Le Bourgeois à Paris, Madame, est un animal mixte, qui tient du grand Seigneur et du Peuple.

Quand il a de la noblesse dans ses manières, il est presque toujours singe : quand il a de la petitesse, il est naturel ; ainsi il est noble par imitation, et Peuple par caractère.

Entre les Bourgeois, la cérémonie [2] est sans fin : je crois en savoir la raison, en suivant toujours mes principes.

Il règne parmi les gens de qualité une certaine politesse dégagée de toute fade affectation : cette politesse n'est autre chose qu'une façon d'agir naturelle, épurée de la grossièreté que pourrait avoir la nature.

Le Bourgeois voudrait bien imiter cette politesse ; mais malheureusement, son premier effort pour cela [b] le tire de l'air naturel, et tout ce qu'il fait est cérémonie [c].

Le Bourgeois dans ses ameublements, ses maisons et sa dépense, est souvent aussi magnifique que le sont les gens de qualité ; mais la manière dont il produit sa magnificence a toujours certain air subalterne qui le met au-dessous de ce qu'il possède ; y paraît-il indifférent ? on voit qu'il gêne [3] sa vanité ; en jouit-il avec faste ? il s'y prend avec petitesse.

Le Bourgeois est quelquefois fier avec les gens au-dessus de lui, mais c'est une fierté qu'il se donne, et non pas qu'il trouve en lui ; il fait comme ceux qui se haussent sur leurs talons pour paraître plus grands [d].

---

1. Le mot *bourgeois* désigne dans le contexte un roturier (aisé), par opposition aux gens de qualité comme au peuple.
2. Le terme signifie ici « une civilité importune et outrée » (*Acad.*).
3. Qu'il contraint.

Un Bourgeois qui s'en tient à sa condition, qui en sait les bornes et l'étendue, qui sauve[1] son caractère de la petitesse de celui du Peuple, qui s'abstient de tout amour de ressemblance avec l'homme de qualité, dont la conduite, en un mot, tient le juste milieu[e]; cet homme serait mon Sage[2].

Généralement parlant, à Paris, vous trouverez de la franchise et de l'amitié dans le Bourgeois ; mais il ne faut pas le tâter[3] sur la bourse[f] : une froideur subite et l'éloignement succéderont aux marques d'affection que vous en aurez reçues[g] ; le Bourgeois alors se fait, de vous fuir, un principe de sagesse et d'habileté ; il se croirait votre dupe s'il vous avait obligé.

Je connais un homme qui avait été longtemps en commerce d'amitié avec un Bourgeois. Il eut, un jour, un besoin pressant de quelque somme d'argent : il écrivit au Bourgeois et le pria de la lui prêter. Je me trouvais chez lui quand il reçut la lettre : il lui répondit qu'il lui était impossible de lui faire ce plaisir ; lorsque le Laquais fut parti : Monsieur... me demande de l'argent à emprunter, me dit-il : malpeste, qu'il est fin avec ses amitiés ! mais j'en sais autant que lui. Monsieur, répondis-je, il n'y a pas grande finesse à avoir besoin d'argent et à en demander à ses amis ; bon ! ses amis, reprit-il, il en a cinquante comme moi ; mais il n'aura garde de leur proposer la chose ; il sait bien qu'il n'y aurait rien à faire, et il m'a

1. Qui préserve.

2. Dufresny identifiait cet idéal à certains *officiers* (personnes pourvues d'un *office*, d'une charge publique) « sans bassesse et sans manège », qui « bornent leur ambition à bien servir leur maître, et vivent tranquille dans cette médiocrité d'état où l'on trouve ordinairement le vrai mérite. Dans cet état médiocre, que je mets entre le peuple et les grands seigneurs, on peut être poli sans fourberie, et franc sans grossièreté ; on peut n'avoir ni la bassesse du peuple ni la hauteur des Grands : en un mot, on peut être ce qu'on appelle un galant homme » (*Amusements sérieux et comiques*, n° 2, in *Moralistes du XVIIe siècle*, éd. citée, p. 1001).

3. Le sonder.

cru plus sot qu'un autre ; peut-être plus généreux, répondis-je ; il n'y a plus que les bêtes[1] qui le sont, me dit-il.

Parlons un peu des Dames bourgeoises ; car, vous avez, sans doute, plus envie de connaître les personnes de votre sexe que celles du nôtre.

Comme je n'ai d'ordre que le hasard dans cette Relation, je ne ferai point difficulté de vous dire ici ce que j'aurais pu vous dire ailleurs.

C'est qu'il y a différentes Bourgeoises[h] : le Commerce, par exemple, est un métier qui fait une espèce de Bourgeoisie : la Pratique[2] fait une autre espèce, et dans ces deux espèces-là il y a encore une différence du plus au moins.

Je suis tenté de vous dire que, pour l'ordinaire, les Bourgeoises marchandes sont de grosses personnes bien nourries : vous en trouvez de fort brusques, qui vous querellent presque au premier signe de difficulté que vous faites ; vous en trouvez d'affables[3], mais d'une affabilité vive et bruyante. Rien n'est épargné pour vous faire plaisir, on devine ce qui vous plaît, faites un geste de tête, toute la boutique est en mouvement : cet empressement d'actions est entremêlé, comme je vous l'ai dit, d'un torrent de douceurs et d'honnêtetés.

Un jour, un Provincial nouvellement débarqué dans Paris, entra dans la boutique d'une de ces Marchandes pour acheter quelque chose de considérable. D'abord, salut gracieux, étalage empressé ; la marchandise ne lui plaisait pas, il mâchait un refus de la prendre et n'osait le prononcer : la reconnaissance pour tant d'honnêtetés l'arrêtait ; plus il hésitait, plus la Marchande chargeait

---

1. Les gens stupides.
2. La *pratique* désigne la « connaissance de la procédure et [du] style des actes qui se font dans la poursuite des procès » (*Acad.*) : le terme nomme donc les « gens de justice » qui n'appartiennent pas à la noblesse de robe (clercs, huissiers et avocats, par exemple).
3. *Affable* : « qui reçoit et écoute avec bonté et douceur ceux qui ont affaire à lui » (*Acad.*).

son homme de nouveaux motifs de reconnaissance. De dépit de lui voir prendre tant de peine, et de n'avoir pas la force d'être ingrat, il se lève et tire sa bourse ; tenez, Madame, lui dit-il, votre marchandise ne me convient pas, et je n'ai nulle envie de la prendre ; vous m'avez accablé d'honnêtetés et j'en enrage ; je n'ai pas le front de sortir sans acheter ; voilà ma bourse, je vous laisse la liberté de me vendre ou de me renvoyer ; le dernier [1] m'obligera davantage. Ce discours ne démonta pas la Marchande : il crut, le pauvre homme, avoir trouvé le secret de se tirer d'affaire avec honneur ; ce que vous me dites, est trop obligeant, lui dit-elle, je n'ai pas le cœur moins bon que vous, Monsieur, et je ne puis répondre mieux à la bonté du vôtre qu'en vous vendant ma marchandise : j'en sais la valeur et vous seriez assurément trompé ailleurs ; je veux vous faire du bien malgré que vous en ayez [2]. Là-dessus, elle ouvrit la bourse, en prit ce qu'il lui fallait, fit couper la marchandise et la livra à notre Provincial, de qui cette action avait dissipé la honte ; mais il n'était plus temps d'être courageux.

Vous me direz là-dessus, que toute Marchande n'aurait point été capable de profiter de la bêtise de l'autre avec autant d'esprit ; mais, vous serez bien surprise, quand je vous dirai qu'elle en avait fort peu, quoiqu'il y eût bien de la finesse dans sa réplique.

Il y a à Paris [i], un certain esprit de pratique [3] parmi les Marchands : rien n'est plus adroit, plus souple, plus spirituel que leur façon d'offrir à qui vient acheter. Vous croyez que cette souplesse veut réellement de l'esprit, et qu'elle est mieux ou moins bien pratiquée par ceux ou celles qui ont plus ou moins d'esprit ? point du tout : cette souplesse, cet art de captiver la bienveillance,

1. Le second terme de l'alternative (c'est-à-dire « me renvoyer »).
2. Contre votre gré.
3. *Esprit de pratique* : façon de faire et de parler, « souplesse » d'esprit apte à séduire les clients.

d'embarrasser la reconnaissance, n'est qu'un métier qui s'apprend, comme celui de Tailleur ou de Cordonnier ; les plus spirituels n'y sont pas les plus parfaits : dans cet art, un Garçon de boutique épais et pesant d'intellect y sera le plus habile.

Il me vient une pensée assez plaisante sur le babil obligeant des Marchands dont j'ai parlé : je les compare aux Chirurgiens qui, avant que de vous percer la veine, passent longtemps la main sur votre bras pour l'endormir : les Marchandes, pour tirer l'argent de votre bourse, endorment aussi votre intérêt à force d'empressements et de discours ; et quand le bras est en état, je veux dire, quand elles ont tourné votre esprit à leur profit, le coup de lancette[1] vient ensuite, elles disposent de votre volonté, elles coupent, elles tranchent, elles vous arrachent votre argent, et vous ne vous sentez blessé que quand la saignée est faite.

La boutique de ces Marchandes est un vrai coupe-gorge pour les bonnes gens qui n'ont pas la force de dire non. Êtes-vous belle et jeune ? elles vous cajolent[2] sur vos appas en déployant leurs marchandises : ces compliments ne sont pas étrangers à la vente ; on dirait qu'ils font partie de la marchandise[3] même. Vous êtes cajolée[j], vous écoutez, vous leur en savez gré, vous vous prévenez pour elles[4], tout cela sans que vous vous en aperceviez. Êtes-vous vieux ou vieille ? elles ont des recettes de surprises pour tout âge. Êtes-vous jeune homme ? elles font

1. *Lancette* : « instrument de chirurgie, servant à ouvrir la veine, à percer un abcès » (*Acad.*).

2. Elles vous flattent.

3. De l'échange commercial. Situation illustrée par Montesquieu : « Toutes les boutiques sont tendues de fils invisibles, où se vont prendre les acheteurs : l'on en sort pourtant quelquefois à bon marché ; une jeune marchande cajole un homme une heure entière pour lui faire acheter un paquet de cure-dents » (*Lettres persanes*, Lettre LVIII).

4. Elles occupent votre esprit.

en sorte qu'un peu de galanterie vous amuse [1] ; pendant lequel temps la bourse se délie et l'argent est jeté sur la table, tout en badinant. Vous me demanderez peut-être, Madame, si la bonne foi règne dans la boutique des Marchands.

Si vous entendez par cette bonne foi une certaine exactitude de conscience sans détour, en un mot cette bonne foi prescrite à la rigueur [2] par la Loi, je vous répondrai franchement que je n'en sais rien ; en revanche, je vous dirai qu'il peut s'y trouver une bonne foi mitigée [3], qui dégagée de la sévérité du Précepte, s'accommode à l'avidité que les Marchands ont de gagner sans violer absolument la Religion. Le Marchand partage le différend en deux : la Religion veut une régularité absolue, l'avidité veut un gain hors de tout scrupule. On est Chrétien, mais on est Marchand : ce sont deux contraires, c'est le froid et le chaud, il faut vivre et se sauver [4]. Que fait-on ? on cherche un tempérament [5] : comme Chrétien, je m'abstiendrai d'un gain exorbitant ; comme Marchand, je le ferai raisonnable : le malheur est que ce n'est presque jamais le Chrétien, mais bien le Marchand, qui fixe ce raisonnable [k].

Ce discours sur le Commerce commence à m'ennuyer : changeons de sujet sans changer d'objet. Tous les plaisirs, tous les délices de la vie sont à Paris, tellement à portée de celui qui les peut prendre qu'il faut être d'un tempérament bien insensible pour ne point abuser de la possibilité de les goûter. Les riches Marchands ici ne s'en refusent guère. Il est surtout un agrément fort goûté du Bourgeois opulent, c'est, ne vous déplaise, Madame, l'agrément d'aimer une personne qui n'est point leur femme, mais qui les traite avec autant de bonté que leurs épouses mêmes.

1. Qu'un peu d'agrément vous distraie.
2. En toute rigueur, à la lettre.
3. Adoucie.
4. Il faut vivre (ici-bas, et si possible bien vivre) et faire son salut (dans l'au-delà).
5. Une voie moyenne.

À propos de ces femmes si bonnes, puisque j'en suis à elles : détaillons un peu les différents degrés de bonté que comprend le métier de femme obligeante.

Paris, Madame, est aujourd'hui rempli de femmes excessivement bonnes, dont la charité ne fait acception de personne[1] : cette sorte de femmes possède le degré de bonté le plus éminent. Il y en a d'autres d'une charité un peu inférieure[1], et que j'appellerai, pour quitter le langage figuré, des coquettes parfaites.

Ce sont de ces femmes qui n'affichent point, pour ainsi dire, l'excès de leur coquetterie, qui ne la promènent pas dans les rues ; mais qui, sans beaucoup de façon, la montrent tout entière à ceux à qui le hasard la fait deviner.

Il y en a d'une autre espèce encore, qui sont celles à qui les Bourgeois donnent volontiers le superflu de leur bien. Dans le métier de coquetterie, elles sont sans doute les plus honorables, et le défaut qui se trouve dans leur conduite est à présent, parmi la plupart des femmes, un si petit objet, que depuis le peuple jusqu'aux femmes de qualité, tout[2] s'en mêle et personne n'en rougit.

Je me trouvais un jour en compagnie, j'y vis une des plus belles personnes de la Ville ; je m'approchai d'elle dans le dessein de la féliciter de ses appas ; elle me reçut honnêtement, mais elle avait de grandes distractions[m] : j'aperçus dans un coin un homme de cinquante ans, et en rabat[3] ; il fronçait le sourcil, et jetait de notre côté de noirs regards, qui signifiaient méchante humeur.

Un de mes amis plus au fait que moi, des mœurs et de la conduite de ceux qui composaient la compagnie, vint me tirer par la manche, m'arracha[n] d'auprès de ma belle,

1. Ne donne la préférence à personne.
2. Tout le monde.
3. Le *rabat* ou *collet* est l'élément caractéristique du vêtement des gens de justice ou des professeurs, des doctes donc, toujours présentés comme des gens austères et sévères.

sous prétexte de me dire quelque chose : vous ne savez pas, me dit-il, que vous causez de l'inquiétude à deux personnes, à la Demoiselle à qui vous parliez, et à celui que vous voyez dans le coin, ajouta-t-il, en me montrant mon homme à rabat. Est-ce son mari, répondis-je ? Non ; c'est apparemment son père, repris-je ? ce n'est ni l'un ni l'autre, me dit-il, mais c'est un Ami, c'est un brutal dont elle a besoin. Mademoiselle de… n'a pas de bien, et elle est obligée d'avoir des ménagements pour cet homme-là qui lui fait plaisir.

J'entends, répondis-je : elle fait avec lui un troc de ce qu'elle a contre ce qui lui manque et qu'il possède ; mais comment n'a-t-elle pas honte de se montrer en si bonne compagnie, puisque l'on sait le secret de son petit ménage [o] ? Vous vous moquez, me dit-il : si une petite bagatelle déshonorait, il n'y aurait pas une femme ici qu'on ne dût fuir ; on vit à présent plus aisément dans le monde ; la rareté de l'argent a fait congédier bien des scrupules, les bonnes mœurs ne sont plus si farouches ; se conserver [p] un Amant utile est prudence. Une femme regarde même comme un bienfait l'amour qu'un homme riche veut bien prendre pour elle ; mais enfin, répondis-je, l'honneur ? Bon, l'honneur ! me dit-il en m'interrompant : le public ne se scandalise plus de ces bagatelles-là et ôtez le scandale, il n'y aura plus de cruelles [1] [q].

Je ne sais plus où j'en suis, je parlais des Bourgeoises, ou des Marchandes.

Disons encore un mot sur ces dernières.

Le Comptoir est une place d'une dangereuse conséquence pour un mari, quand sa femme est belle et qu'elle l'occupe ; les regards des curieux qui la contemplent

1. Épithète galante usuelle : « on dit familièrement et en style de galanterie, d'une femme qui n'écoute point ses amants, que *C'est une beauté cruelle.* Et quand elle est de facile composition, on dit qu'*Elle n'est pas cruelle* » (*Acad.*).

donnent aux siens une hardiesse, qui, des yeux, passe dans le discours, et du discours dans les actions.

Une femme qui s'accoutume à regarder ceux qui la regardent, répond aisément à ceux qui lui parlent.

Les Marchandes à Paris peuvent, au Comptoir, avoir impunément auprès d'elles un Soupirant ; mais je doute qu'elles l'aient impunément pour leur innocence [r].

S'il était possible que la coquetterie se perdît parmi les femmes, on la retrouverait chez les filles des Marchands [s] ; je ne crois pas qu'on soit obligé de l'y aller chercher ; les Bourgeoises de toute espèce en ont bonne provision [t].

La passion la plus dominante chez les Bourgeoises, c'est la vanité : elle est la tige de tous les autres menus défauts qu'elles contractent. Sans la vanité, elles n'aimeraient pas la bonne chère ; sans la vanité, elles ne seraient point avides de plaisirs.

La vue d'une Bourgeoise magnifique, quoique galante, va triompher de la vertu de cinquante de ses semblables qui la verront, et qui n'auront pas autant de parure qu'elle : la preuve la plus certaine qu'elles voudraient être à sa place, c'est le mépris qu'elles témoigneront pour elle.

Parmi les Bourgeoises, la médisance n'est qu'une expression de l'envie qu'elles auraient de la mériter.

Ce qui gâte l'esprit des Bourgeoises, c'est le faste continuel qui s'offre à leurs yeux : chaque équipage [u] que rencontre en chemin une femme à pied porte en son cerveau une impression de douleur et de plaisir ; de douleur, en se voyant à pied ; de plaisir, en se figurant celui qu'elle aurait si elle possédait une pareille voiture : le moyen que le cerveau d'une femme tienne à cela [1] ? [v]

---

1. Résiste devant cela.

Portrait de Climène [w]

ODE ANACRÉONTIQUE

Il faisait nuit quand, seul, de l'aimable Climène
Je voulus peindre un soir l'esprit et les appas.
Vains efforts, pour prix de ma peine,
Je l'admirais toujours et ne la peignais pas.
Apollon vint à moi ; ce Dieu, par sa présence,
Fit briller un éclat dans les lieux d'alentour
Plus beau que n'est l'éclat du jour :
Faible mortel, dit-il, connais [1] ton impuissance,
Le portrait de Climène est l'ouvrage des dieux.
Le soin de la tracer est un soin digne d'eux.
À ces mots, Apollon le commençait lui-même,
Quand l'Amour, à l'instant, parut et vint à nous :
Cet air si charmant et si doux,
Qui brille dans ses yeux auprès de ce qu'il aime,
Était banni par le courroux.
Cessez, dit-il, d'exciter ma colère,
Apollon, et quittez un dessein téméraire :
Le portrait de Climène est l'ouvrage des dieux,
Dites-vous ; mais je suis encore au-dessus d'eux ;
Et si de ce mortel l'entreprise fut vaine,
Quand vous voulez peindre Climène,
Sachez qu'il est autant de distance entre nous,
Qu'il en est d'un mortel à vous.
Ce discours n'a rien qui m'étonne,
Dit Apollon au dieu des cœurs ;
L'Amour est jeune, on lui pardonne
D'un peu de vanité les flatteuses douceurs.
J'aime à voir un débat que Climène a fait naître ;
Sans y penser, ici nous faisons son portrait
Et plus noble et plus grand que nous ne l'eussions fait.

1. Reconnais.

Oui, ce débat fera connaître
Combien nous l'estimons tous deux ;
Et le spectacle de deux dieux
Jaloux de peindre une mortelle
Est un éloge du modèle
Qui le met presque au-dessus d'eux.

De mon autorité privée, j'avais imposé le nom de Théophraste moderne *à l'écrivain anonyme des* Mœurs et caractères des habitants de Paris*, persuadé que les* Caractères *étaient assez vivement frappés pour mériter cette antonomase*[1]*. Mais le nouvel Auteur, ayant trouvé ce nom trop respectable, et peut-être trop à charge, pour un ouvrage né du caprice selon lui, et selon moi produit par une raison très épurée, il vient de me faire l'honneur de m'adresser la lettre suivante, dans laquelle, après m'avoir exposé avec délicatesse les raisons qui lui font renoncer à ce nom, il a la modestie de se contenter du sien.*

LETTRE ÉCRITE PAR M. DE MARIVAUX
À L'AUTEUR DU *MERCURE*[x]

Je vous suis obligé, Monsieur, d'avoir trouvé mes réflexions dignes d'avoir place dans un *Mercure* estimable par le choix des pièces dont vous le remplissez. Ce livre n'a pas toujours été le rendez-vous des bonnes

1. En recourant à l'antonomase qui institue un nom propre en nom commun (ici « un Théophraste »), le rédacteur du *Mercure* d'octobre 1717 – où parurent ces quelques lignes de présentation, ainsi que la lettre de Marivaux qui suit (ces deux éléments ne furent pas repris dans l'édition de 1728 : voir p. 368, n. x) – cherchait à inscrire l'auteur des *Caractères des habitants de Paris* dans une tradition, tout en manifestant un parti pris en faveur des Modernes. Rappelons que La Bruyère, pour sa part ferme partisan des Anciens, était désigné comme « le nouveau Théophraste » (voir ci-avant, p. 309, n. 2).

choses[1], mais on y peut mettre aujourd'hui ce qu'on a fait de meilleur, sûr de l'y trouver en bonne compagnie ; c'est une justice qu'on doit vous rendre.

Ce commencement de ma lettre ne vous présage point de querelle ; je vais cependant vous en faire une. Je pensais, au train que vous prenez, qu'on n'aurait jamais rien à vous reprocher. Voici, disais-je, un *Mercure* prudent et délicat ; il satisfera tout le monde : conclusion imprudente et trop hâtée. Un moment plus tard, vous ne teniez rien, car j'ouvris un de vos livres, où je me vis couché sous le nom du Théophraste moderne. Répondez, s'il vous plaît, Monsieur ; votre devise n'est-elle pas : *Qui fert mandata per auras*[2] ? Je l'explique ainsi, à votre égard : Celui qui va porter les nouvelles. Où avez-vous pris celle qui m'appelle le Théophraste moderne ? La nouvelle serait curieuse, si elle était véritable ; mais le Public, tout crédule qu'il est, n'en croira rien sur ma parole. Savez-vous bien, Monsieur, que, quand on aurait à présent

---

1. Allusion au temps du *Mercure galant* de Donneau de Visé et Thomas Corneille, raillé sous le nom d'« *Hermès galant* » par La Bruyère qui plaçait le périodique « immédiatement au-dessous de rien » : « Il y a autant d'invention à s'enrichir par un sot livre qu'il y a de sottise à l'acheter : c'est ignorer le goût du peuple que de ne pas hasarder quelquefois de grandes fadaises » (*Les Caractères*, chap. I, « Des ouvrages de l'esprit », § 46 ; voir aussi la Préface au *Discours de réception à l'Académie*). Le changement de titre date de la fin 1716, avec l'arrivée à la direction de l'abbé Buchet soucieux de donner au périodique une dimension moins frivole ; tous les articles donnés par Marivaux au *Mercure* datent de cette période de « renouveau ». La « compagnie » dont il est ensuite question rassemble surtout des Modernes amis de La Motte, comme l'abbé de Pons et l'abbé de Saint-Pierre.

2. La devise latine du périodique (« *Mandata per auras refert* ») est empruntée à Virgile. « Parle-lui et porte-lui mes paroles en t'élançant par les brises rapides » : c'est en ces termes que Jupiter dépêche Mercure auprès d'Énée pour qu'il quitte Didon (*Énéide*, IV, v. 225, éd. M. Rat, GF-Flammarion, 1965, p. 96). Le vers est sciemment déformé (preuve que Marivaux savait le latin) pour autoriser une traduction plaisante à la faveur d'un jeu de mots sur *mandata* (« nouvelles », mais aussi « paroles » au sens de « commandements »).

autant de génie que les hommes de cet ordre, on n'irait jamais jusqu'à gagner leur nom, ou la valeur de l'idée qu'on a d'eux. C'en est fait : ils ont moissonné, dans l'esprit des hommes, le plus beau de l'estime qu'il peut donner là-dessus, et l'on ne fait plus qu'y glaner[1]. Moi qui n'y prétends rien ; moi qui n'y peux rien prétendre ; moi dont tous les petits ouvrages sont nés du caprice ; moi qui, sans m'embarrasser des lecteurs qu'ils auraient, voulus me satisfaire en les faisant, et n'eus d'autre objet que moi-même, je me trouve chargé du poids d'un nom qui compromet, avec le Public, le peu que j'ai de forces.

Je suis, etc.

DE MARIVAUX.

CHAPITRE III

DES DAMES DE QUALITÉ

Octobre 1717

Varions les matières : laissons là les Bourgeois et leurs femmes, pour les reprendre en chemin faisant, et parlons un peu des Dames de qualité[a].

C'est là votre ordre, Madame ; heureux ceux, qui comme vous, savent en rendre la chimère respectable, et qui, par leur affabilité, restituent à l'ignoble[2] comme un équivalent de l'égalité naturelle qui est entre les hommes !

---

1. Tout en s'affichant comme partisan des Modernes, Marivaux démarque la célèbre ouverture de l'ouvrage de La Bruyère : « Tout est dit et l'on vient trop tard depuis plus de sept mille ans qu'il y a des hommes et qui pensent. Sur ce qui concerne les mœurs, le plus beau et le meilleur est enlevé ; l'on ne fait que *glaner* après les Anciens et les habiles d'entre les Modernes » (*Les Caractères*, chap. I, « Des ouvrages de l'esprit », § 1, nous soulignons).

2. Le rang ou la classe sociale de la destinataire des « lettres », elle-même aristocrate (« Dame de qualité »), opposée à « l'ignoble » entendu

J'ai dit chimère, et ce mot est sans conséquence, c'est le langage des Philosophes, et leurs idées ne gâtent personne sur le train établi des choses [b].

Pouvoir être impunément superbe [1], parce qu'on est d'une grande naissance ; sentir pourtant qu'il n'y a point là matière à orgueil, et se rendre modeste, non pour l'honneur de l'être, mais par sagesse ; cela est beau [c].

Être né sans noblesse, acquiescer de bonne grâce aux droits qu'on a donnés au Noble, sans envier son état, ni rougir du sien propre ; cela est plus beau que d'être noble, c'est une raison au-dessus de la Noblesse [d].

Ces deux caractères d'esprit que je viens de peindre sont peut-être sans exemple [e] ; mais en revanche nous avons des fourbes qu'on appelle sages ou Philosophes : ils n'ont point les vertus que je viens de dire ; mais ils ont de l'esprit, et beaucoup d'orgueil ; ils font avec ces deux pièces la même figure que s'ils étaient en effet ce qu'ils feignent d'être : ils trompent les sots ; et les clairvoyants sont en si petit nombre, qu'ils ne valent pas une exception.

Vous seriez surprise de voir ici, Madame, de quel air [f] certains hommes du plus haut rang abordent leurs inférieurs ; j'ai souvent regardé leur façon [2] de près.

Celui-ci vous caresse, vous tend la main, vous sourit, familiarise, pourvu qu'il ait des témoins ; car c'est un rôle de simplicité trop brillant pour le perdre dans l'obscurité. Notre homme n'est point simple, c'est un acteur qui veut être applaudi : il lui faut du spectacle ; tous les instants ne sont pas favorables ; il en vient un. L'Acteur vous trouve : vous devenez l'instrument et la victime de sa gloire ; vous

---

étymologiquement, sans nuance péjorative, c'est-à-dire à la foule de ceux qui ne sont pas nés nobles, mais en regard desquels elle ne se flatte pas d'un illusoire sentiment de supériorité (« chimère »). Marivaux joue ici allusivement avec la pensée de Pascal (*Trois Discours sur la condition des Grands*).

1. Orgueilleux ou arrogant (l'infinitif a ici valeur hypothétique : « Vous pourriez… et pourtant… »).

2. Leur manière d'agir et de penser.

restez caressé, marqué de honte, confirmé petit, insulté par l'estime que s'acquiert le perfide qui vous sacrifie, qui a joué [1] le public et qui s'est joué lui-même ; car il jouit de l'applaudissement, sans se douter que c'est un bien mal acquis [g].

Sur cela je fais une réflexion. De tous les hommes les plus sots, peut-être les plus misérables, ce sont les hommes orgueilleux ; mais l'homme qui pousse l'orgueil jusqu'à vouloir contrefaire le modeste, pour mériter l'estime qu'on donne à la modestie, cet homme-là, est un petit monstre [h].

Un jour je me trouvai dans un endroit où vint un de ces hauts Seigneurs dont nous avons parlé ; il se fit un écart dans la compagnie ; on lui prodigua les honnêtes déférences [2]. Messieurs, dit-il, avec un geste de main qui mélangeait artistement la hauteur et la simplicité, ou qui, pour mieux dire, était équivoque [i] de l'une et de l'autre [3], aussi flatteur pour lui qu'il le croyait flatteur pour nous ; Messieurs, point de cérémonie, je vis sans façon, et partout où je vais, c'est m'obliger que de n'en point faire.

Cela, bien interprété, signifiait : on doit des respects à mon rang, je le sais ; je suis charmé que vous ne l'ignoriez pas, mais je vous en fais grâce ; vous vous êtes mis en état [4] et cela me suffit.

À votre avis, Madame, ai-je mal fondu [5] ce compliment ? n'est-ce pas là le sens qu'il peut rendre ? Et l'inférieur n'est-il pas bien flatté d'une familiarité dont on ne l'honore qu'en se montrant satisfait des sentiments qu'il a de sa petitesse [6] ?

1. Dupé.
2. Une politesse respectueuse.
3. Était un mélange des deux.
4. Vous m'avez montré votre soumission.
5. *Fondre* : interpréter, résumer. Marivaux use d'un tour transitif inhabituel dans l'emploi figuré du verbe, où la forme réfléchie est plus courante (*se fondre* : « être transformé en », tour métaphorique issu de la fabrication des monnaies).
6. On comparera la scène avec celle offerte par *Le Spectateur français*, Feuille I, p. 55 *sq*.

Avec cela cependant, et d'autres vertus de la même force, l'homme de haute qualité gagne le titre de Philosophe : celui dont je vous parle nous fit un récit qui tendait à nous prouver sa modestie, mais qui charriait en même temps une Historiette de ses avantages [1]. Ce récit est de trois lignes, le voici.

Les Provinciaux sont fatigants, nous dit-il ; je ne pus l'autre jour me dispenser d'aller à une petite Ville dont je suis Seigneur ; j'appris que les habitants viendraient en Corps me complimenter à mon arrivée [2]. Le Gentilhomme de France le plus ennemi de ces fadaises-là, c'est moi : la vanité de mes Confrères là-dessus m'est insupportable. Pour me sauver, je dis à mes gens d'arrêter à deux lieues de la Ville, dans le dessein de n'y entrer qu'à dix heures du soir, et d'envoyer dire que je n'arriverais que le lendemain sur le soir. Mais [j] je m'assoupis pour mes péchés, dans le lieu où je m'étais arrêté, mes gens n'osèrent me réveiller, j'y passai la nuit, et par là, le lendemain je fus contraint d'essuyer une kyrielle de respects ridicules [k] : quelle corvée ! Je baissai mes glaces [3], et fis le malade [l].

Tout ce que j'ai dit jusqu'ici ne regarde que l'homme du haut rang ; le petit noble ne peut guère se donner ces airs mitigés de hauteur et de modestie ; la distance [m] d'un Bourgeois à lui n'est pas assez grande, pour qu'ils soient [n] à leur place. Dénué de ces Équipages magnifiques, de cet appareil [4] de Domestiques qui subjugue la vanité des

1. Le terme *Historiette* figure en capitales dans le texte du *Mercure* : il s'agit là d'un genre rangé parmi les rubriques habituelles du périodique, aux côtés des *Nouvelles littéraires*, des *Spectacles*, des *Énigmes*, etc. – L'emploi figuré du verbe *charrier*, lui, est propre à Marivaux, les dictionnaires du temps enregistrant le sens propre : « voiturer avec une charrette », et, par extension, le sens de « déplacer en roulant » : « les rivières charrient du sable » (*Acad.*, 1694).

2. Tel était l'usage pour les hauts personnages qui revenaient sur « leurs terres » après une longue absence, le « compliment » dont il est question relevant du genre très officiel de la harangue.

3. « Les *glaces* de carrosses sont des verres unis et transparents » (*Fur.*).

4. Cette pompe.

inférieurs à la faveur d'un sentiment de vanité même, il n'a pour toute ressource d'orgueil que le maigre titre de Noble ; et sa Philosophie, quand il se mêle d'en avoir, n'est guère au large[1] avec cela.

S'il contrefait le modeste, ce ne peut être qu'avec le Bourgeois, et sa modestie avec lui ne ferait pas fortune : le Bourgeois, à la vérité, l'en croira sur sa mine ; mais il ne l'en louera pas ; il le trouvera seulement dans l'ordre[2], et si le Bourgeois est plus riche, il croira pouvoir, en conscience, faire deux nombres égaux en valeur de sa roture et de ses richesses avec la naissance et la médiocrité des biens du Noble, tant pour tant, et le compte fait, sa fierté se tient en garde.

Il y a de l'erreur, dit intérieurement le Noble, qui se doute bien du calcul ; mais comment faire pour le prouver au Bourgeois ? Le voici, Madame.

Parmi les hommes, le préjugé de la Noblesse est violent ; le riche Bourgeois a beau s'étourdir là-dessus, il n'y a que façon de le prendre pour le rendre au joug[3].

Le Gentilhomme pour cela, emploie une familiarité franche°, raille la Noblesse, vante le bon Citoyen, lui fait honneur de sa roture, et le confirme dans le mépris qu'il a pour les avantages de la naissance. C'est là le hameçon qui rattrape le Bourgeois qui avait rompu ses filets[4].

Comme il s'était attendu à quelque résistance de la part du Noble, quand il avait arrêté son compte, il est charmé de sa docilité ; il en a de la reconnaissance, il estime, il admire enfin celui qui a bien voulu ne pas sentir qu'il était Gentilhomme : voilà le grand œuvre[5] du petit noble Philosophe,

1. À l'aise.
2. Il trouvera que son attitude est dans l'ordre des choses (normale).
3. Il suffit de savoir le prendre pour le remettre sous le joug du préjugé.
4. Si l'image est propre à Marivaux, le thème est classique, notamment chez La Rochefoucauld : « L'humilité n'est souvent qu'une feinte soumission, dont on se sert pour soumettre les autres ; c'est un artifice d'orgueil qui s'abaisse pour s'élever » (*Maximes*, 254).
5. Terme clé de l'alchimie : la découverte de la pierre philosophale.

dont l'amour-propre longtemps contraint, trouve enfin la récompense de la contrainte qu'il a soufferte[p].

Il me semble, Madame, que vous me demandez comment il en use avec l'Homme de qualité ; c'est une autre allure ; jeune, il brigue sa compagnie, son amitié, sa confidence ; quelquefois, par un autre tour d'imagination, il travaille d'esprit, de geste et de dépense, pour arriver à prendre un ton d'égal à égal, il s'enfle, fait comme la Grenouille, qui veut être aussi grosse que le Bœuf.

Si son bien et sa situation lui interdisent le commerce[1] des gens de qualité, que par hasard il ait à leur parler, il affiche sur son visage qu'il est Gentilhomme, et paraît à peu près dans le goût de ces aventuriers de Roman, casque en tête et lance au poing, et qui se vantent par la posture.

Tous ces caractères se peuvent trouver en Province, à l'air près de société moins aisé[2]. Parlons de choses plus nouvelles pour vous, Madame : par exemple, disons un mot des Femmes de qualité, cela vous réjouira.

Ôtez à la Campagnarde de qualité son masque qu'elle porte ; quand, montée sur sa haquenée[3], elle traverse d'un Château à l'autre ; ôtez-lui sa vanité crue sur les antiquités de sa famille[4], son ton bruyant, son estomac redressé[5] par intervalles de réflexions, l'embarras total de sa contenance, et sa marche à mouvement uniforme ; car tout cela compose l'économie de sa figure[6] ; ôtez-lui son fils le Marquis et le Chevalier, petits enfants qu'elle dresse devant vous à la révérence Villageoise, et qui par

1. La fréquentation.

2. Comprendre : « mis à part des manières sociales, moins spontanées et moins libres ».

3. Cheval ou jument qui va l'amble (c'est-à-dire l'allure qui est entre le pas et le trot).

4. Fondée sur la croyance en l'ancienneté de sa famille. Le verbe choisi par Marivaux fait image : la vanité croît comme une herbe folle.

5. L'*estomac* désigne ici la poitrine qui se soulève.

6. L'ordre de son aspect extérieur.

fatalité, sont toujours morveux quand ils arrivent, afin d'être mouchés du mouchoir de la mère ; passez-moi le portrait ; ôtez-lui, dis-je, toutes ces choses, il ne vous reste plus rien de curieux chez elle, si ce n'est la langueur ou le ton emphatique des compliments[q] qu'elle fait, quand elle est en ville.

Tout cela vu et entendu, le sujet est épuisé ; les femmes de qualité dans ce pays sont un spectacle bien plus varié : les définirai-je en général ? Le projet est hardi ; n'importe.

La femme de qualité a tous les défauts de la Bourgeoise ; mais pour ainsi dire, tirés au clair[1] par l'éducation et l'usage. Elle possède un goût de hardiesse si heureux[2] qu'elle jouit du bénéfice de l'effronterie, sans être effrontée. Peut-être ne doit-elle cet avantage[r] qu'à la nature de l'esprit des hommes, faciles à donner des droits plus amples à qui les étonne par de plus fortes impressions.

L'air de mépris le mieux entendu de la Femme de qualité pour la Bourgeoise, ce sont ses caresses et ses honnêtetés[3] ; et là-dessus, rien n'est plus poli que la Femme de qualité, dit la Bourgeoise ; l'innocente qui ne voit pas le stratagème, et qui ne sent pas que, par cette politesse, la voilà marquée au coin[4] de subordination.

Dans la Femme de qualité, l'habillement, la marche, le geste et le ton, tout est formé par les grâces ; mais ces grâces-là, la nature ne les a point faites[s] ; ce ne sont pas de ces grâces qui font partie nécessaire de la figure, que l'on a sans y penser, qui nous suivent partout, qui sont en nous, qui sont nous-mêmes : ce sont des grâces de

1. Filtrés. Emploi figuré, sans doute forgé sur l'expression *tirer du vin au clair*, c'est-à-dire « le transvaser après l'avoir laissé reposer » (*Littré*).

2. Si favorable.

3. Ses témoignages d'affection et ses marques de politesse.

4. Emploi imagé d'un terme de monnaie (le père de Marivaux était dans la profession) : *marquer au coin* « se dit d'un morceau de fer trempé et gravé, dont on se sert pour marquer de la monnaie, des médailles » (*Acad.*).

hasard, d'après coup, que la vanité des Parents a commencées, que l'exemple et le commerce aisé des autres Femmes ont avancées, et qu'une étude de vanité personnelle a finies.

Grâces ridicules aux gens[t] raisonnables, attirantes pour les jeunes gens, imposantes pour le Peuple, inimitables aux Bourgeoises, quoique toujours copiées par elles ; voisines du mal dont elles aplanissent les voies, et peut-être le chef-d'œuvre[u] de l'orgueil.

Et voilà, Madame, ce que l'on appelle air du monde.

On ne peut aisément exprimer ce que c'est que le commerce mutuel des Femmes de qualité. Sans aller même jusqu'au crime[1 v], tout est jeu pour elles, jusqu'à leur réputation ; et cette réputation[w] est un jeu pour ceux dont elles dépendent.

Parmi elles, attrape qui peut, tout passe[x], un bon mot tire tout le monde d'affaire ; elles sont les confidentes les unes des autres, se prêtent réciproquement secours dans l'occasion, se promettent le secret, que réciproquement elles violent aussi ; la médisance court, on la croise par une autre, et pendant que la demande et la repartie amusent le Public, elles restent, en bonnes amies, spectatrices des effets plaisants de leur perfidie.

Il y a l'espèce des Femmes tendres ; ce sont celles dont le cœur embrasse la profession du bel amour ; leur esprit fourmille d'idées délicates ; elles aiment en un mot plus par métier que par passion : un Amant infidèle met leur talent au jour ; sans lui on ne saurait pas qu'elles ont mille grâces attendrissantes dans une affliction de tendresse.

Il y a l'espèce des Femmes coquettes : celles-là font l'amour[2] indistinctement ; ce sont des Femmes à promenades, à rendez-vous imprudents ; ce sont des furieuses

1. Jusqu'à l'adultère.
2. Sont galantes.

d'éclat[1] ; elles ne languissent point, elles aiment hardiment, se plaignent de même ; c'est pour elles faveur du hasard, quand on trouve un de leurs billets d'intrigue[2] ; tout cela va au profit de leur gloire. Il y a les Femmes prudes ; ce sont celles qui s'entêtent, non de l'amour de l'ordre, mais de l'estime qu'on fait de ceux qui sont dans l'ordre[3]. Elles sont ordinairement âgées ; cabale d'autant plus dangereuse qu'elle est, du côté des plaisirs, dans une oisiveté dont elles enragent. Je vous les peindrai une autre fois, Madame, en achevant l'article des Femmes de qualité qui ne fait que commencer, et où je n'ai rien dit encore[y] des exceptions avantageuses.

Suite des *Caractères* de M. de M***

CHAPITRE IV

Mars 1718

Voici la suite des Caractères *de M. de Marivaux que nous avions été obligés d'interrompre pendant quelques mois, par certains contretemps qui sont nécessairement du ressort du* Mercure. *Si les morceaux du même Auteur insérés dans nos derniers journaux de 1717 lui ont concédé le suffrage des gens délicats, il me semble que celui-ci en sera du moins aussi favorablement reçu. On y sentira une manière neuve et fine de penser qui, rendue par des expressions de génie, présente aux yeux de l'esprit des Tableaux*

1. Elles ont un furieux goût pour le scandale.
2. Leurs billets galants.
3. De ceux qui respectent l'ordre et les convenances morales (dont Marivaux, à la suite des moralistes du siècle précédent, ne cesse de démontrer l'hypocrisie).

finis : mais c'est au Lecteur à l'apprécier selon sa juste valeur[a].

Dans mes dernières réflexions, Madame, je vous en promis de nouvelles sur les Femmes de Qualité. J'en vis l'autre jour deux ou trois qui m'en fournirent quelques-unes ; elles étaient ce qu'on appelle en négligé[1].

J'ai toujours regardé cet habit comme un honnête équivalent de la nudité même. Vous verrez dans un moment pourquoi je l'appelle équivalent : les Femmes ont un sentiment de coquetterie qui ne désempare jamais leur âme ; il est violent dans les occasions d'éclat, quelquefois tranquille dans les indifférentes, mais toujours présent, toujours sur le *qui-vive* : c'est en un mot le mouvement perpétuel de leur âme, c'est le feu sacré qui ne s'éteint jamais ; de sorte qu'une femme veut toujours plaire, sans le vouloir par une réflexion expresse. La nature a mis ce sentiment chez elle, à l'abri de la réflexion et de l'oubli[b] : une femme qui n'est plus coquette, c'est une femme qui a cessé d'être[2].

Mais revenons à ma thèse. J'ai nommé le négligé, l'équivalent de la nudité même. Pourquoi, Madame ? le voici.

Je vous ai dit que les Femmes étaient coquettes sans relâche. Or elles ne le sont jamais plus que quand elles veulent insinuer qu'elles ne le sont pas.

Le négligé, par exemple, est une abjuration simulée de coquetterie ; mais en même temps le chef-d'œuvre de l'envie de plaire.

---

1. *Négligé*, pris comme substantif, désigne « l'état où est une femme quand elle n'est point parée » (*Acad.*).

2. Voir les *Maximes* de La Rochefoucauld : « La coquetterie est le fond de l'humeur des femmes. Mais toutes ne la mettent pas en pratique, parce que la coquetterie de quelques-unes est retenue par la crainte ou par la raison » (*Maximes*, 241) ; et le chapitre III (« Des femmes ») des *Caractères* de La Bruyère.

L'habit magnifique donne de l'éclat à l'aimable Femme ; elle en devient plus curieuse à voir, mais non pas si touchante ; elle en est plus belle, et moins dangereuse ; et cet éclat étranger, qui saute aux yeux, étouffe l'impression des grâces naturelles, et divertit le spectateur de l'attention risquable [1] qu'il donnerait au reste.

Cette façon de se montrer est plus superbe que délicate : user d'ornements pour plaire, c'est s'appuyer de seconds [2], c'est combattre avec ruse ; et comme cela, la victoire n'est pas nette. Ai-je plu comme Femme ornée, ou comme Femme aimable ? Voilà la sourde question qu'en pareil cas se fait une Dame ; argument dicté par l'amour-propre qui se connaît en vrais avantages, et qui se juge à la rigueur [3] quand il prévoit n'y rien risquer.

Pour vider la question, on a recours au négligé ; c'est par lui qu'on fait une épreuve de ses charmes, qui finit les chicanes de l'amour-propre ; c'est par lui qu'on expose la vérité toute nue, et qu'on semble dire : me voilà telle que la nature m'a faite [c] ; voilà du moins une copie modeste de l'original. Mais à vous dire vrai, ce modeste est si superficiel, qu'il n'est presque de nulle fatigue pour [d] l'imagination des hommes. Mais, me direz-vous, les Femmes savent-elles ce libertinage d'imagination ? Je ne vous dirai pas si elles le savent ; mais, pour le peu qu'elles s'en doutent [4], le négligé durera longtemps.

Concluez sur tout ce que nous venons de dire, Madame, que cet habit a la simplicité, la propreté, le peu d'affectation des habits vraiment modestes ; mais qu'il n'en a pas la pudeur, qu'il porte, pour ainsi dire, le caractère de la peu chaste vanité qui l'inventa sans doute : quand je dis peu chaste, je n'entends pas des desseins

---

1. Où il y a des risques à courir.
2. *Seconds* « se dit figurément de ceux qui aident quelqu'un dans une affaire, dans un emploi » (*Acad.*), dans un duel, également.
3. Rigoureusement.
4. Pour peu qu'elles s'en doutent.

formellement mauvais ; mais de vifs sentiments de complaisance pour ses charmes ; sentiments de qui vient l'art de se vêtir [e] sans y rien perdre, et de mettre, sans blâme, ses appas dans leur plus dangereuse posture.

Revenons aux Dames que je vis. Une d'elles se retira, je m'en allais aussi : un Cavalier s'avança pour lui parler. Je m'attendis sur-le-champ à quelque phrase de manège [1], et je ne me trompai point. Laissez-moi, lui dit-elle, je me sauve, je suis faite comme une folle. Savez-vous, Madame, ce qu'une Femme de qualité pense confusément toutes les fois qu'elle prononce ce peu de mots ? Regardez-moi ; je ne suis point parée comme les Femmes doivent l'être ; mon bon air et les grâces de ma taille ne sont point équivoques ; tout naît de moi, c'est moi qui donne la forme à mon habit, et non mon habit qui me la donne ; je sais combien je suis aimable et touchante en cet état ; mais je dois paraître ne le pas savoir ; c'est une grâce de plus, que d'en avoir tant et de les ignorer. On les voit, on les sent, on croit qu'elles m'échappent, croyez-le de même, je me sauve, je suis faite comme une folle.

Voilà, Madame, ce que signifie le langage hypocrite dont nous parlons ; et le plaisant de cela, c'est que les Hommes n'en expliquent que le sens favorable ; et que leur jugement étourdi fait grâce du reste à la Comédienne, et glisse sur le ridicule qu'il contient. Il y a là-dessus bien des réflexions à faire, convenables au feu de mon âge, mais d'un vrai trop voisin de la licence : quelque agréable que soit ce champ [f] d'idées qu'elles ouvriraient à mon esprit, je vous les sacrifie [2], Madame.

Que vous dirai-je encore ? Les Femmes de qualité élevées dans les usages de la Cour, qui savent leurs droits et l'étendue de leur liberté, ne rougissent pas d'avoir un

1. Phrases adroites et artificieuses.
2. Je vous les passe (ces réflexions).

amant avoué ; ce serait rougir à la Bourgeoise. De quoi rougissent-elles donc ? c'est de ne pas avoir d'amant, ou de le perdre. J'aurais pu dire des amants ; ce pluriel, ailleurs déshonorant, fait ici cortège glorieux. Chaque Pays a sa guise : on sait à la Cour le prix de la vie, et l'on n'y admet nulle maxime qui ne tende à la faire sentir.

Nous avons dit qu'elles y rougissaient de n'avoir point d'amant : cela n'est pas difficile à comprendre, en les supposant coquettes. Une Femme qui vit sans être aimée, vit dans l'opprobre et dans la dernière des réputations ; la plus galante des Femmes de Cour a le pas sur elle dans l'esprit[g] des Hommes. Je ne sais même, à bien examiner l'esprit de Cour, si cette plus galante n'est pas dans mille moments la plus estimée. Ces moments[h] sont ceux où les Courtisans ne font point de réflexions raisonnables : il serait hardi de parier qu'ils en fissent quelquefois.

Il faut donc des amants, il faut même se les conserver. Ah ! c'en est trop, me répondrez-vous : ceci devient sérieux ; j'en conviens, Madame, et très sérieux ; surtout avec des amants de Cour, qui veulent bien essuyer des délais de bienséance, qui s'attendent bien à combattre des imitations de vertu, mais non pas la vertu même ; et qui savent à un jour près assigner la durée raisonnable de ces imitations ; qui soupirent enfin, non pour tâcher de vaincre, car, tâcher suppose des efforts pour un succès douteux ; mais parce que les soupirs sont un cérémonial qui doit précéder la récompense ; et qu'il est de l'ordre qu'une Femme paraisse récompenser, et non donner d'avance.

Comment donc conserver des amants de cette espèce ? comment ? comme on peut, par des espérances. Ah grands dieux ! Est-il permis d'en souffrir l'idée dans un Homme ? Une Femme a-t-elle besoin d'un plus grand oubli de vertu pour les remplir, que pour les donner ? C'est contester sur le temps, et non sur le crime.

Oh ! Madame, attendez : ces espérances qui vous choquent, ne sont pas si criminelles que vous le pensez : si nous parlions d'une Femme ordinaire, j'entends Femme de Ville ou de Province, vos conséquences seraient justes. Une éducation roturière, purgée de licence[1], et qui lui a appris à observer les vertus à la lettre, lui défend de souffrir un amant ; le souffre-t-elle ? elle a fait un premier pas dans la voie du crime ; lui permet-elle d'espérer ? elle en a fait mille ou bien les fera[i].

En effet, avant que d'en venir là, que de diminutions journalières dans la sagesse ! que d'inutiles travaux[2] de pudeur ! quelle succession de mouvements libertins n'a-t-il pas fallu pour aguerrir son âme, pour la familiariser avec l'idée du crime ? Elle donne des espérances, le crime est résolu ; elle l'envisage, elle s'y promet. Que ne s'y livre-t-elle ? ce n'est pas la pudeur qui l'en empêche, c'est le souvenir d'en avoir eu qui la retarde.

Voilà, Madame, l'Histoire du cœur ordinaire, qui donne des espérances ; vous vous imaginez qu'il en est de même du cœur d'une Femme de Cour ? mais il n'y a rien du tout de tout cela[j]. Quoiqu'elle soit mariée, elle peut avoir un soupirant ; il fait comme partie de son Équipage : quant aux espérances qu'elle lui donne, c'est un discours en l'air, un Proverbe, un Vaudeville de Cour[3] ; en fait de galanterie, elle ne sait pas ce qu'elle donne alors.

Mais, l'amant, qui en attend l'échéance, comme d'un bon Billet[4], presse, s'impatiente, fait ses diligences[5], menace d'infidélité ; et si quelqu'un alors se présente[k]

1. Exempte de toute infraction à la retenue et à la pudeur.

2. Fatigues.

3. Le vaudeville est généralement un air de la Cour repris par le peuple et par les acteurs du Théâtre de la Foire. Le proverbe est un divertissement mondain : « on joue aux *proverbes*, quand on fait quelque geste ou représentation qui désigne quelque proverbe » (*Fur.*).

4. Marivaux joue sur le double sens du mot *billet* : amoureux (billet galant) et commercial (« écrit ou promesse par laquelle on s'oblige de payer, ou de faire payer une certaine somme », *Acad.*). L'image, venue probablement des *Lettres galantes* de Fontenelle, sera développée dans *Le Cabinet du philosophe* (Feuille V, *Journaux*, t. II, éd. citée).

5. Se presse.

pour tenir sa place, en cas de désertion, je crois franchement qu'une Femme est en péril manifeste[1].

L'on voit encore une autre sorte de Femme de Cour. Il est, par exemple, des coquettes honoraires ; ce sont celles qui font leurs preuves d'agréments et de charmes, en laissant seulement aborder les amants ; et qui, résolues d'être sages, prennent de publiques attestations de la facilité qu'elles auraient à se mettre au rang des aimables folles.

Ce n'est pas là vertu parfaite ; mais que voulez-vous, Madame, la corruption est tellement sympathique avec le[2] cœur humain, qu'on ne peut l'en purger si bien qu'il n'y reste souvent ou la honte de n'oser paraître sage, ou du penchant à ne pas l'être. Là-dessus, ne pourrait-on pas dire que le vice est comme l'amant chéri de l'âme ? elle le regrette en y renonçant, et ne le hait jamais.

Il y a des Femmes de Qualité plus courageuses encore que ces dernières, et qui ne souffrent point d'adorateurs : on voudrait bien qu'elles fussent coquettes ; elles savent qu'on le voudrait bien, et le savent avec plaisir ; voilà leur coquetterie : il leur est doux d'être comptées comme des beautés inaccessibles ; il leur est doux, toutes séquestrées qu'elles sont de la foule, d'inquiéter les sens des spectateurs.

Je vous parlerais ici, Madame, des Femmes de qualité dévotes ; mais c'est une espèce trop marquée[3] : il vous suffit[1] de savoir en général, que la dévotion dont il s'agit les éloigne du monde, sans, le plus souvent, les approcher de Dieu.

Quand je vois ces saintes âmes, je ne puis m'empêcher de les comparer à ces soldats que leurs blessures envoient

1. Comprendre : si l'amant vient finalement à se retirer (s'il *déserte*) et qu'un autre se présente à sa place, la vertu de la femme n'y résistera pas.

2. Tellement unie au cœur.

3. Connue, reconnaissable.

aux Invalides[1]. Les blessures de nos Femmes, c'est l'âge et le déchet[2] de leurs charmes : adieu le monde, belle vocation ! Les habits, le maintien, le discours, les démarches, tout est pieux, le cœur même prend du goût pour la façon des actions pieuses ; il aime son métier ; le formulaire ambulant ou contemplatif lui en plaît ; on gémira sans douleur au pied des autels, on versera des pleurs, dont la source sera, non l'amour de Dieu, mais la vive et jalouse imitation de cet amour, je veux dire que l'âme entrera dans son sujet, ainsi qu'un Acteur tragique entre dans la passion qu'il représente.

Mais, sans m'en apercevoir, je traite une matière que je m'étais d'abord interdite. Peu s'en est fallu que je ne parlasse de ceux à qui ces Dames confient leur conscience, gens au profit de qui tourne la piété de nos Dévotes, pendant que Dieu n'en a que les honneurs[3].

Je ne sais ; mais l'inquiétude, ce scrupule[m] toujours renaissant, et ces visites fréquentes chez l'Homme de Dieu, sont une image bien ressemblante des mouvements d'un cœur tendre[n] ; ce pourrait être de l'amour qui n'a fait que changer de nom ; peut-être que l'âme s'y méprend elle-même, et qu'elle n'est jamais plus profane que quand elle paraît scrupuleuse[4].

---

1. L'hôpital créé par Louis XIV pour les officiers et soldats invalides.
2. La diminution.
3. La satire des « directeurs de conscience » est usuelle depuis Boileau et La Bruyère. Marivaux la prolongera dans *Le Spectateur français* (Feuille XIX), et le romancier y reviendra avec le personnage de Doucin, directeur des sœurs Haberd, dans *Le Paysan parvenu* éd. citée, p. 108-109.
4. Attachée à ses devoirs de dévote.

Suite des *Caractères* de M. de M***

CHAPITRE V

DES BEAUX ESPRITS [1]

Mai 1718

Vous voulez que je vous parle des beaux esprits de Paris, Madame, la matière est fine [2] ; et bien m'en prend d'avoir un zèle d'obéissance, qui m'étourdit sur les difficultés du sujet. J'oserai donc obéir ; mais observez, s'il vous plaît, Madame, qu'ici tout mon devoir est d'oser, et point de réussir ; à moins qu'il ne soit vrai, comme on dit, que l'amour donne de l'esprit : nous saurons bientôt ce qu'il en faut croire ; car je vais éprouver le proverbe, comme partie capable [3] s'il en fut jamais.

Paris fourmille de beaux esprits : il n'y en eut jamais tant ; mais il en est d'eux, à peu près comme d'une armée ; il y a peu d'Officiers Généraux, beaucoup d'Officiers Subalternes, un nombre infini de Soldats.

J'appelle Officiers Généraux les Auteurs qu'en fait d'Ouvrages de goût, le Public avoue pour excellents.

Après eux, viennent les grands médiocres dans le même genre de travail ; passez-moi ce nom plaisant que je leur donne, ou bien mettons-les à la tête des Officiers subalternes ; appelons-les les premiers de ceux-là [a].

Imaginez-vous, Madame, un espace entre l'excellent et le médiocre ; c'est celui qu'ils occupent. Leurs idées sont intermédiaires ; ce n'est pas que ce milieu qu'ils tiennent soit senti de tout le monde ; il n'appartient qu'au Lecteur

---

1. On appelle *beaux esprits* « ceux qui se distinguent du commun par la politesse de leurs discours ou de leurs ouvrages » (*Acad.*).
2. Délicate.
3. Possédant les capacités requises pour plaider (métaphore judiciaire).

excellent lui-même de les y voir ; et leur caractère d'esprit, généralement parlant, leur fait tour à tour trop de tort [b] et trop d'honneur : trop de tort parce que bien des gens, machinalement connaisseurs du Beau, ne se sentant pas assez frappés du ton de leurs idées, les confondent avec les médiocres : trop d'honneur, parce que bien des gens aussi, n'ayant qu'un goût peu sûr, peu décisif, les jugent excellents sur la foi du peu de plaisir [1] qu'ils prennent à la lecture de leurs Ouvrages.

Après eux sont les médiocres, comme les Officiers Subalternes [c] ; gens dont le talent est de fixer avec ordre sur du papier un certain genre d'idées raisonnables, mais communes, qui suffisent pour le commerce et la conduite des honnêtes gens entre eux, et par là si familières [2], qu'elles ne méritent pas d'être expressément offertes à la curiosité du Lecteur un peu délicat.

Disons un mot, en passant, des esprits du plus bas rang : ce sont des Auteurs au-dessous du médiocre ; gens si misérables, que c'est fortune à eux que [d] de [3] fixer même une idée commune dans son degré de force et de justesse.

Un si petit talent d'esprit ne vaut pas la peine [e] d'une plus grande analyse ; qu'il vous suffise de savoir, Madame, que ces Messieurs n'ont point de nom : qu'on ne connaît chacun d'eux ni par la chute ni par le succès particulier de leurs ouvrages ; fût-ce par la chute : ce serait toujours être connu par quelque chose. Un médiocre compose-t-il ? s'il tombe, du moins dit-on : un tel est tombé, comme on dit : un tel Officier a été tué ; mais à l'égard de ces derniers, on sait, en gros, que mille de leurs productions paraissent et ne valent rien ; c'est comme un bataillon qui se présente, et que le Mousquet

1. *Peu*, au sens positif de *petite quantité* ; comprendre donc : « de ce peu de plaisir ».
2. Si habituelles.
3. C'est une chance pour eux quand ils arrivent à.

fait tomber : qui est-ce qui s'avisera de demander le nom des Soldats morts ?

Il y a d'autres Auteurs encore, que nous mettrons si vous voulez au rang des beaux esprits : ce sont les Traducteurs ; ils savent les Langues savantes, ils ressuscitent [f] l'esprit des Anciens qui, disent-ils, vaut cent fois mieux que l'esprit des Modernes ; du moins faut-il avouer qu'ils le croient de bonne foi, puisque nous ne voyons pas qu'ils s'estiment assez pour penser par eux-mêmes. C'est agir conséquemment à leur principe.

Je vous aurais parlé plutôt d'une autre sorte d'Auteurs, si je n'avais jugé qu'ils tiendraient à injure de se voir au rang de ceux qu'on appelle beaux esprits : ce sont les Philosophes et les Géomètres. J'ai quelquefois pensé au peu de cas que ces Messieurs-là semblent faire des productions de sentiment et de goût ; aussi bien qu'à la distinction avantageuse que le public fait d'eux [g].

Le bel esprit, il est vrai, ne s'est pas fait de la Géométrie une science particulière [h] ; il n'est point Géomètre ouvrier, c'est un Architecte-né, qui, méditant un édifice, le voit s'élever à ses yeux dans toutes ses parties différentes ; il en imagine et en voit l'effet [i] total par un raisonnement imperceptible et comme sans progrès, lequel raisonnement pour [j] le Géomètre contiendrait la valeur de mille raisonnements qui se succéderaient avec lenteur [k]. Le bel esprit, en un mot, est doué d'une heureuse conformation d'organes, à qui il doit un sentiment fin et exact de toutes les choses qu'il voit ou qu'il imagine [l] ; il est entre ses organes et son esprit d'heureux accords qui lui forment une manière de penser, dont l'étendue, l'évidence et la chaleur ne font qu'un corps ; je ne dis pas qu'il ait chacune de ces qualités dans toute leur force [m] ; un si grand bien est au-dessus de l'Homme ; mais il en a ce qu'il en faut [n] pour voler à une sphère d'idées, dont non seulement les rapports, mais la simple vue passe le Géomètre [1].

---

1. Dépasse le Géomètre. (Voir les *Pensées sur le sublime*, in *Journaux*, t. II, éd. citée.)

À l'égard des Philosophes, la nature et ses principaux effets ne sont-ils pas le nœud gordien [1] pour eux ? nous sommes-nous à nous-mêmes moins énigmes qu'il y a quatre mille ans ? qu'a pu penser sur l'Homme un Philosophe, qu'un bel esprit excellent ne nous puisse dire, et plus ingénieusement, et par des préceptes plus accommodés à nos façons non réfléchies de connaître et de sentir ? à entendre fastueusement prononcer le nom de Philosophe, qui ne croirait que son esprit est d'un autre genre que celui du bel esprit [o] ? l'Homme, pour l'ordinaire, est cependant leur sujet commun, en quoi diffèrent-ils donc ? c'est que l'un traite ce sujet dans un Poème, dans une Ode ; l'autre le traite dans un corps de raisonnement qu'on appelle système. L'un glisse l'instruction à la faveur du sentiment ; c'est un maître caressant qui vous fait des leçons utiles, mais intéressantes ; l'autre est un Pédagogue qui vous régente durement, et dans un triste silence.

Pourquoi donc pense-t-on plus respectueusement du Philosophe que du bel esprit ? ne serait-ce pas que le Philosophe, ou bien l'Homme au système [2], nous proposant une connaissance [p] expresse de nous-mêmes, nous fait penser que nous sommes difficiles à comprendre, et par là [q] importants ; au lieu que le Philosophe qui fait un Poème ou une Ode [r] semble ne nous exposer à nos propres yeux que pour nous divertir : ce dessein-là ne nous fait pas tant d'honneur [3].

Pardon, Madame, si ceci m'a conduit un peu loin : ce que j'ai dit est une idée que j'avais depuis longtemps dans l'esprit, et qui a trouvé jour. Revenons à nos Auteurs. Je

1. « *Nœud Gordien*, est un proverbe grec [venu notamment de la *Vie d'Alexandre* par Plutarque], qui se dit d'un *nœud* qu'on ne saurait dénouer, et, figurément, d'une difficulté qu'on ne peut résoudre » (*Fur.*).

2. L'expression renvoie aux systèmes philosophiques imaginés par Descartes, Malebranche, Leibniz et d'autres, qui furent la cible de Condillac dans son *Traité des systèmes* (1748).

3. Voir les *Réflexions sur l'esprit humain, à l'occasion de Corneille et Racine*, in *Journaux*, t. II, éd. citée.

sais que vous aimez à raisonner ; je vais tâcher de vous servir à votre goût.

L'amour-propre est à peu près à l'esprit ce qu'est la forme à la matière. L'un suppose l'autre. Tout esprit a donc de l'amour-propre, comme toute portion de matière a sa forme : de même aussi que toute portion de matière est pliable à une forme plus ou moins fine et variée, suivant qu'elle est plus ou moins fine et délicate elle-même ; de même encore notre amour-propre est-il plus ou moins subtil, suivant que notre esprit a lui-même plus ou moins de finesse.

Ces principes établis, concluons que l'Auteur excellent est, de tous les Auteurs, celui dont l'amour-propre est[s] le plus subtil[1].

Tâchons d'en développer le jeu : tout Homme vraiment supérieur a sentiment de sa supériorité ; il a les yeux bons ; il voit incontestablement ce qu'il est ; or il se complaît à se voir, il s'estime ; voilà le début de son amour-propre ; il veut des témoins de ses avantages[2] : en voilà le progrès ; il veut des témoins sans faveur, naïfs, irréprochables, portant témoignage avec un étonnement qui les décèle inférieurs ; il veut mettre leur propre orgueil en défaut ; il est bon juge des moindres expressions de confusion qui échappent à cet orgueil ; il apprécie un geste, le silence même : voilà la finesse de l'amour-propre excellent. Mais observez, Madame, que cet amour-propre est à son dernier période[3], quand, avec l'art de ces appréciations dont j'ai parlé, il joint encore l'art de dérober ses inquiétudes superbes, et de jouir de ses découvertes, sans paraître y avoir tâché. Insinuer qu'il est bonnement,

1. Syllepse de sens : l'adjectif *subtil* a ici le double sens de *fin* et d'*adroit* (dans les deux cas : difficile à identifier).

2. Comme les jolies femmes…

3. À son plus haut point (métaphore empruntée à l'astronomie). *Période* est encore masculin au début du XVIIIe siècle.

innocemment supérieur, escamoter[1] à ceux qu'il surpasse jusqu'à la triste consolation de l'appeler vain ; voilà ce[t] *nec plus ultra* de l'orgueil d'Auteur.

Nous poursuivrons le reste une autre fois, Madame, il vous divertira[u].

Suite des *Caractères* de M. de M***

CHAPITRE VI

DES BEAUX ESPRITS

Juin 1718

Nous parlions l'autre jour de l'amour-propre de l'Auteur excellent ou supérieur ; et je vous dis là-dessus, Madame, que cet Auteur savait ses avantages ; qu'il se disait : je connais ma supériorité ; cela est doux ; mais il me revient encore un plaisir bien flatteur à prendre : c'est de voir les autres la connaître avec moi.

Ces autres, Madame, ce sont des hommes orgueilleux comme lui, qui composent ou qui ne composent pas ; mais, en un mot, qui ont de l'esprit, qui sont marqués dans le monde comme gens qui en ont beaucoup, qui s'en croient encore davantage, parce qu'ils supposent que le Monde[a] jaloux loue modiquement, et que, quand il va pour nous jusqu'à l'estime, c'est signe qu'il devrait aller plus loin : gens enfin qui font sentinelle sur tout ce qui paraît de beau, qui vont et viennent pour en arrêter les impressions, dans la crainte que ce beau ne leur nuise, et

1. Enlever habilement (le terme s'emploie habituellement pour les tours de passe-passe).

qu'en pensant indirectement à eux, on ne présumât pas qu'ils pussent en faire, ou dire autant, et même plus.

Voilà, Madame, quels sont ceux de qui l'Auteur supérieur veut un hommage.

Cet hommage, je vous ai dit ce que c'était : ce n'est le plus souvent, qu'un geste, un mot ; c'est le silence même de certaine espèce [1].

Il faut être bien fin pour expliquer de pareils signes, que la jalousie de ceux mêmes à qui ils échappent rend obscurs : ce sont comme des énigmes dont l'Homme supérieur a le talent de trouver le mot ; mais il se garde bien de laisser apercevoir qu'il l'a trouvé.

Non pas qu'il paraisse indifférent aux louanges formelles, qu'on veut bien lui donner ; l'air d'indifférence serait trop grossier, et qui veut trop prouver ne prouve rien.

Ce n'est pas là le parti qu'il prend ; cela ne serait digne que d'un maladroit, qui ne saurait pas qu'il est des occasions, où, pour faire mystère de toute sa vanité, il faut en montrer un peu ; parce qu'il ne serait pas naturel de n'en point avoir alors, et de ne pas ressembler à tous les autres hommes [b].

Bien loin donc d'être indifférent aux éloges, il les reçoit d'un air ingénu, et qui semble dire [c] : tenez, Messieurs, je n'y entends point de finesse ; franchement votre approbation me flatte ; j'ai du plaisir à vous voir estimer ce que j'ai fait ; vous récompensez mon travail.

Et voilà, Madame, ce qui s'appelle agir en habile homme. Voulez-vous savoir ce qui arrive de cela ?

Il a forcé les autres à l'admirer ; ils ont rougi de se trouver inférieurs : imaginez-vous une jolie femme qui n'a pu s'empêcher de convenir avec elle-même que ses appas le cèdent à ceux de sa compagne ; quelle mortification !

Eh bien, nos gens ont senti un chagrin de la même nature : mais de la façon dont s'y prend l'Homme supérieur, ils se trouvent soulagés.

---

1. Un silence d'un type particulier.

Ils ont pu comprendre qu'il n'a pas aperçu l'excès humiliant de leur admiration ; c'est autant de diminué sur la honte de l'avoir senti : ils n'en ont eu de témoins qu'eux-mêmes ; ce témoin-là n'est point incorruptible, on peut se sauver [1] avec lui ; à la fin, il se trouvera qu'il s'est trompé.

D'ailleurs, cet Homme supérieur aurait pu surprendre leur secret, il l'ignore ; il ne leur a pas fait tout le mal qu'il pouvait leur faire, ils l'en haïssent moins, ils le supportent volontiers ; à la fin même ils lui voudront du bien [d], parce que l'ignorance où il est de ce qu'il vaut les met plus à leur aise en le louant, et rend la louange sans conséquence, et de pair à pair : voici un homme, disent-ils, qui n'abusera point de l'estime que nous lui montrerons ; il l'a simplement espérée, et cela nous fait honneur : car espérer un bien, c'est l'estimer soi-même ; et n'en regardant pas l'acquisition comme infaillible, c'est nous dire : je souhaite de l'obtenir ; jugez si je le mérite. Nous voici donc juges et dispensateurs de ce bien qu'il attend ; c'est jouer un rôle avantageux, et plus noble que le sien même.

Après ces courtes réflexions, qui, dans l'esprit de nos admirateurs, s'arrangent en un instant, et non par reprises, comme ici : le croiriez-vous, Madame, l'affront s'oublie, leur dépit passe, l'art de l'Homme supérieur [e] a mis pour ainsi dire, un appareil [2] à tout ; il s'est justifié [f] parce qu'il a su raccommoder les autres avec eux-mêmes, en amusant leur vanité par de petits profits, qui lui font regarder son désavantage passé comme une fausse alarme [g].

Que conclure de la confiance de nos dupes, qui croient s'être effarouchés mal à propos ?

---

1. Se tirer d'embarras.
2. « Médicament, emplâtres qu'on applique sur une plaie » (*Acad.*, 1694) ; par suite : « soins nécessaires » ; ici : « précautions » (l'homme supérieur a paré à tout).

Que l'homme vraiment supérieur, est celui qui sait plier les autres à lui souffrir, à lui pardonner sa supériorité : tout homme supérieur qui révolte les autres n'est pas si supérieur que l'on pense ; je dis[1], quand même on lui passe en secret qu'il l'est : il lui manque au moins de voir qu'il intéresse la malice des autres à lui refuser nettement[2], pour le punir, ce qu'il veut emporter à force ouverte, et ce qu'il pourrait obtenir sans violence[h].

Car, quoique l'Auteur supérieur[i] dont je vous ai parlé, Madame, ait fait penser aux autres qu'il traite avec lui de pair à pair, cependant le dépit de se sentir inférieurs, les petites illusions dont ils ont eu besoin pour perdre ce sentiment d'infériorité, tant de mouvements, enfin, ont laissé chez eux des traces de ce sentiment même ; et l'Auteur revient si souvent à la charge, les réveille si souvent, ces traces, qu'elles se fortifient au point que, petit à petit, les illusions n'ont plus de prise.

Voilà ce qui arrive en faveur de l'homme supérieur, quand il sait se ménager.

Ses ouvrages peuvent impunément mortifier l'orgueil des autres, pourvu que, par sa conduite personnelle, il répare l'effet de ses ouvrages : il les gâte, en les appuyant de sa voix[3] ; qu'il se réjouisse de ce que les autres les trouvent bons, il doit alors des démonstrations de joie à ceux qui l'environnent, et qu'il irriterait s'il paraissait peu touché[j] de leur approbation : il les abaisse par[k] l'excès de ses talents ; qu'il les guérisse en ne s'en prévalant que de leur aveu ; ce sera tenir d'eux ses plaisirs. Par là, il calmera leur orgueil par cet orgueil même : s'ils ont été fâchés[l] de le sentir au-dessus d'eux, ils seront flattés de penser qu'il ne se croit louable que sur leur parole ; il

1. Comprendre : j'irai jusqu'à dire que.
2. Que la malignité (l'inclination à nuire) des autres a tout intérêt à lui refuser nettement ce qu'il veut à tout prix.
3. De son autorité.

gouvernera leur amour-propre, tandis qu'ils s'imagineront qu'ils gouvernent le sien.

Disons encore un mot de l'Homme supérieur [m] : si par hasard il se trouve dans le monde avec de grands médiocres, et qu'on vienne à parler d'ouvrages, quel parti croyez-vous que lui fera prendre sa vanité ? de mettre les siens sur le tapis ? Non, Madame, mais bien ceux des grands médiocres.

Dans le monde, on est fort persuadé que ces Messieurs ont de l'esprit ; mais, comme cet esprit est entre deux feux [n], ni excellent ni médiocre, la réputation qu'il leur produit est comme indécise ; on ne sait pas bien jusqu'à quel degré d'estime il faut les honorer : parler d'eux alors, leur donner occasion de briller, c'est donner sujet aux autres de les estimer plus hardiment, et de se déterminer du moins sur leur compte le plus favorablement qu'il sera possible ; c'est leur procurer une bonne fortune de passage.

Vous me demanderez pourquoi leur prêter ce secours, et se taire sur son chapitre ?

Tout doucement, Madame, car voici un des plus fins et des plus superbes procédés de l'amour-propre dans notre Auteur ; voyons ce qu'il pense.

Il s'agit d'ouvrages ; si je parle des miens, mes inférieurs parleront des leurs ; on me louera, on les louera de même, et me voilà compromis, car ils feront comparaison avec moi ; non, non, faisons garder le respect qui m'est dû : je suis déshonoré si l'on me loue, et l'éloge ici le plus digne de moi, c'est de n'en point recevoir. Qu'ils brillent au contraire ces inférieurs, et qu'ils brillent par moi-même ; le Géant a bonne grâce à louer la taille [o] des Hommes ; c'est montrer à l'œil [1] sa grandeur et leur petitesse ; à leur égard, ils ne remarqueront pas l'affront que leur fera [p] mon suffrage ; la remarque est au-dessus d'eux.

1. « On dit qu'*Une chose se voit à l'œil*, qu'*on en juge à l'œil*, pour dire, qu'il suffit de la regarder pour la connaître, pour en juger » (*Acad.*).

Voilà, Madame, ce que signifie le secours dont vous vous étonniez, et que notre Auteur prête aux grands médiocres.

Une autre fois, Madame, nous verrons le reste : je vous parlerai des Médiocres, ensuite des Traducteurs, ou des amateurs des Anciens : vous verrez les combats qu'ils ont livrés aux Modernes, et leurs malheurs ; préparez-vous, en attendant, à les regarder comme une famille ruinée, où tout le monde, jusqu'aux Domestiques, se plaint de la partie adverse, et des indifférents même au Procès[q].

VARIANTES

VARIANTES DU *SPECTATEUR FRANÇAIS*

Feuilles I à V

a. À cet Avertissement de la Feuille I et à celui qui précède la Feuille II dans l'une des premières éditions séparées (Paris, Cavelier et fils, 1722), l'édition de 1728 substitue cet « Avis de l'imprimeur au lecteur » : « J'ai lieu de croire que voici l'Édition la plus correcte du SPECTATEUR FRANÇAIS. Je l'ai imprimée avec tout le soin qui m'a été possible, et je n'y ai travaillé que sous les yeux de l'Auteur. Elle contient les vingt-cinq Feuilles qui le composent tout entier. On a joint à cela nombre d'extraits des *Mercure* [*Lettres contenant une aventure* et *Caractères des habitants de Paris*], sous le titre de *Pièces Détachées*, qui sont à peu près dans le goût du *Spectateur*, et qui, suivant ce que plusieurs Personnes m'ont assuré, firent beaucoup de plaisir dans le temps qu'elles parurent. J'ai vu même depuis rechercher les *Mercure* où elles étaient, ainsi j'espère qu'on ne sera pas fâché de les voir rassemblées dans un seul volume. On trouvera encore dans cette Édition, toutes les Feuilles qui ont paru sous le Titre de l'INDIGENT PHILOSOPHE, et qui sont aussi de l'Auteur du Spectateur : il est vrai qu'il ne les avouât pas quand elles parurent, tant parce qu'il ne voulait leur donner aucune suite, que parce qu'elles n'étaient qu'un essai de ce qu'on pouvait faire en écrivant au hasard, tout ce qui viendrait dans l'imagination. J'ai joint à tout cela une Comédie intitulée, L'ÎLE DE LA RAISON OU LES PETITS HOMMES, qui est encore du même Auteur : ce qu'il en dit lui-même dans une petite Préface qu'il met à la tête de cette Comédie, me dispense d'en parler. Indépendamment du sort qu'elle eut sur le Théâtre, on m'a assuré qu'elle méritait d'avoir place dans ce Recueil, et que la lecture en ferait plaisir aux Gens qui pensent. »

b. Le texte de l'édition originale de mai 1721 est perdu. Dans son compte rendu de juin-juillet 1721, le *Mercure* cite le passage et donne « que le hasard me fait naître ». Cette leçon manque dans toutes les éditions jusqu'à celle de 1761.
c. Les éditions postérieures à 1728 corrigent « simplement » en « seulement ».
d. Nous corrigeons « préférais » en « préférerais » d'après l'édition de 1752.
e. Avertissement offert par l'édition séparée de 1722.
f. 1722 : « aussi divertissants ».
g. 1722 : « la fatigue que se donnait leur esprit ».
h. 1722 : « la disputer au remords, à l'horreur d'elle-même, aux sentiments ».
i. 1722 : « met le procès ».
j. Dans l'édition de 1722 comme dans celle de 1728, et compte tenu de la graphie de l'époque qui confond le *-s* allongé et le *-f*, on peut hésiter sur la leçon : « d'un fou rire ».
k. « se » : leçon de l'édition de 1722.
l. 1722 : « il s'exagérait ».

Feuilles VI *à* X

a. 1722 : « quelques vivacités ».
b. 1722 : « une Feuille volatille » (pour *volatile*, terme appartenant au vocabulaire de la chimie).
c. 1722 : « : ho dame ! voilà ». (« Ho dame » est une expression trop familière pour être vraisemblablement imputée à un homme qui se donne pour grave et sérieux.)
d. 1722 : « froide, servie sans art ».
e. 1722 : « s'y trouveront ».
f. 1722 : « ne dérangeât ».
g. 1722 : « que cet Écrivain qui courait après l'esprit, n'était point naturel ».
h. 1722 : « que par le défaut d'esprit, et qui n'ont enthousiasmé pour eux nombre de personnes que par leur platitude ; et au surplus ».
i. 1722 : « tant qu'on pourra ; on ne vous le reprochera pas ; on sera toujours naturel, et je connais de rusés adorateurs, qui ».
j. Compte tenu de la graphie de l'époque, on peut hésiter avec la leçon : « sort pur » (du verbe *sortir*).
k. 1722 : « la figure ». (Le tour avait été épinglé dans le *Dictionnaire néologique.*)

l. 1722 : « que l'éducation qu'il faut donner à son esprit ». (Phrase dénoncée par le *Dictionnaire néologique*, le mot *éducation* étant alors nouveau.)
m. « Raisonnement » et « dissertation » sont au pluriel dans les éditions postérieures à 1728.
n. *Sic* dans toutes les éditions. On peut lire : « si défaillant en ce point, qu'il » ou « défaillant à ce point qu'il ».
o. 1722 : « avait servi à envelopper du beurre fort ; elle en portait encore les dépouilles infectes ».
p. 1722 : « je ne sais combien d'épiciers qui fournissent du beurre et du poivre chez quantité ».
q. Seule l'édition de 1728 donne : « dis-je à moi-même ».
r. 1722 : « s'est vue tromper, en vous convainquant ».

Feuilles XI *à* XV

a. L'expression « pour moi », introduite dans les éditions postérieures, manque dans les éditions de 1722 et 1728.
b. La graphie d'époque laisse hésiter avec la leçon « ferait ».
c. 1722 : « lui acheter une garniture ». (Comme la cornette, la garniture est une coiffe ; les deux termes sont donnés pour synonymes dans le *Dictionnaire* de Richelet.)
d. 1722 : « quinze mille francs ». (La correction signale la dévaluation consécutive à la fin du système de Law, dont Marivaux fut une victime.)
e. L'accord est fait seulement à partir de l'édition de 1752 (avant, on trouve « prodigué »).
f. Verbe au singulier dans les éditions de 1723 et 1728.
g. 1723. Le texte de 1728 porte « et qui ».
h. « Embarrassai-je » dans les éditions de 1723 et 1728.
i. Annonce imprimée au verso de la page de titre dans l'édition originale de 1723, et absente de l'édition de 1728.
j. 1723 : « gagne une réputation équivoque, il est vrai ; mais c'est une réputation ».
k. 1723 : « Fi ! »

Feuilles XVI *à* XX

a. « Propreté » est une leçon des éditions 1752 et suivantes (1723 et 1728 donnent « propriété »).

b. L'édition de 1752 et les suivantes donnent « mît » et « empêchât », au subjonctif.
c. 1723 : « reçoit son éducation ». (Le terme « éducation » ne s'employait encore que pour les enfants, et l'emploi avait été critiqué par le *Dictionnaire néologique.*)
d. Seule l'édition de 1728 porte « invité » sans accord du participe ; toutes les éditions à dater de 1728 impriment ensuite « il y a » : la leçon de 1723 nous a semblé ici préférable.
e. Les éditions du XVIIIe siècle donnent la forme « congédions » pour ce subjonctif.
f. 1723 : « déconcertés tous deux ».
g. 1752, 1754 et 1761 : « de ne pas sentir ». (La forme pronominale est inhabituelle dans cet emploi transitif du verbe *sentir.*)
h. « Contradictions » est une leçon de 1723 ; l'édition de 1728 donne « circonstances-là ».
i. Seule l'édition de 1723 porte « cet homme Arbitre ».
j. 1723 : « qui, pour ».
k. Nous rétablissons ici l'accord manquant dans le texte original, qui donne « avait eu » (lorsque le sujet suit le verbe conjugué avec l'auxiliaire *avoir*, la langue classique ne fait pas l'accord).
l. Leçon de 1752 ; les premières éditions portent : « je n'étais plus jeune, moi ».
m. À partir de l'édition de 1752 : « dix-huit ans ».
n. 1723 : « mon âme ».
o. 1723 : « je serais partagé d'un esprit bien infortuné ». (Marivaux corrige une expression censurée par le *Dictionnaire néologique.*)
p. 1723 : « conduite sensée dans un ordre ».

Feuilles XXI à XXV

a. 1723 : « nous ne sommes encore que le sujet ».
b. « Pensai-je » dans toutes les éditions.
c. 1723 : « ma mère était ».
d. 1723 : « qu'eux aussi ; ma sœur ».
e. L'édition de 1723 ajoutait : « jusqu'ici ; allez, je n'en ai plus, je ne suis plus en peine de vous ; non, avec un cœur comme le vôtre, on ne saurait jamais être à plaindre ; c'est le bien le plus véritable et le plus précieux que vous puissiez avoir ; le bien que vous avez perdu n'est qu'une bagatelle, si vous conservez toujours celui-là ; pour moi, mes enfants, je ne regrette plus ma fortune passée, je viens d'être amplement dédommagé de la perte que j'en ai faite ; si je l'avais toujours gardée, peut-être

que je n'aurais jamais eu le plaisir que vous venez de me donner, et ce plaisir-là n'a point de prix ; de la vie je n'en ai goûté de plus touchant, et grâce au Ciel, il sera durable ; il est à l'abri de tous les malheurs. Tout ce que j'ai souhaité de plus au monde, c'était que vous fussiez vertueux ; vous l'êtes, et mes souhaits sont accomplis ; voilà qui est fait, vous avez tout, mes enfants, et moi aussi ; venez ».

f. 1723 : « ma chère femme : ils ne seront point pauvres, ils ont un trésor que nous ne leur connaissions pas, ils ont de la vertu ».

g. L'édition de 1723 ajoutait : « Oui, ils ont un esprit raisonnable, un cœur généreux, reconnaissant ; ils nous aiment tendrement ; tout leur chagrin, c'est de nous en voir pour eux, ils ont peur de nous perdre, ils tremblent que leur affliction n'abrège nos jours, et pour en diminuer, ma chère, pour en exciter moins la compassion douloureuse que nous avons pour eux, ils ont résolu de nous paraître gais. »

h. L'édition de 1723 ajoutait : « Oui, mes enfants, je loue le Ciel, je me reconnais comblée de ses faveurs, que voudrais-je davantage ? ne sont-elles pas extrêmes ? je les préfère à tout, il n'y en a point de plus grandes, de plus dignes des désirs d'une véritable mère ; oui je suis charmée, béni soit l'instant où je vous mis au monde, puisque vous êtes nés pour me tenir lieu de tout ; voilà qui est fini, que les qualités de votre âme, que votre caractère, que votre tendresse fassent donc les délices de mon cœur ; vous voyez la joie que j'ai de voir ce que vous êtes, j'en aurais bien moins de vous voir opulents : c'est que rien n'entre en comparaison avec la vertu que vous avez, mes enfants ; estimez-la toujours autant que moi, n'oubliez jamais l'excès du plaisir qu'elle donne, souvenez-vous toujours qu'elle m'a entièrement consolée de tous les malheurs que nous avons éprouvés, et dont votre père, que j'étais au désespoir de faire souffrir par ma douleur, n'avait pu encore me consoler lui-même : mais tout cède au plaisir de vous voir de la vertu ; voyez l'effet qu'elle a produit sur moi, j'étais mourante de chagrin et je suis transportée de joie, jugez donc de quelle valeur elle est, cette vertu, et de la déplorable perte que vous feriez, si vous la perdiez. »

i. 1723 : « en respectant vos honneurs, ce sont leur amour ».

j. 1723 : « tout bouffi ».

k. 1723 : « empoisonné de crainte ».

l. 1724 : « car au bout du compte ».

m. 1724 : « qu'il n'ait mis son esprit en repos ».

n. 1724 : « miellé ». (Terme absent des dictionnaires de l'époque.)

o. 1724 : « Donnez-moi votre bourse, vous savez ce que vous y avez mis d'argent : suivez-moi ».

p. L'édition de 1724 comporte un fragment de phrase supplémentaire : « voilà tout ce que c'est ; on appelle cela travailler sur un homme de petit commissaire, mais comme ». (« *Travailler de petits commissaires*, se dit lorsque c'est chez le Président que les Conseillers s'assemblent pour travailler ; *Travailler de grands commissaires*, se dit lorsqu'un certain nombre de Conseillers avec le Président travaille extraordinairement dans le Palais même, à l'examen, à la discussion d'une affaire », *Acad.*)

q. L'accord n'est fait qu'à partir de l'édition de 1752.

r. 1724 : « aucun intérêt délicat ».

s. 1724 : « mieux servi, encore ne sais-je s'il est plus méprisé ».

t. L'édition de 1724 ajoutait : « où je me trouve pour vous, si mon cœur perdait sans regret l'estime qu'il faisait du vôtre ».

u. Feuille laissée en dehors du recueil de 1723 qui en comprenait déjà douze.

v. Compte tenu de la graphie de l'époque, on peut hésiter sur la leçon « que sont les lois » (de même au paragraphe suivant, où la syntaxe impose toutefois la première lecture).

VARIANTES DES *LETTRES DE M. M*** CONTENANT UNE AVENTURE*

a. En tête du tome II de l'édition de 1728 se lit cet « Avertissement de l'imprimeur » : « J'ai cru pouvoir joindre au *Spectateur français* différents morceaux du même Auteur, qui ont paru dans plusieurs *Mercure*, et qui alors, à ce qu'on dit, furent lus avec plaisir. Cependant comme l'Auteur était extrêmement jeune, quand il les a faits, je suis chargé de demander au Public de l'indulgence pour eux. » Ces *Lettres* précèdent donc dans le recueil les *Caractères des habitants de Paris*, qui leur sont pourtant antérieurs dans l'ordre de parution du *Mercure*.

b. *Mercure* : « pénétra ».

c. « en le lui souhaitant » est une addition de 1728.

d. *Mercure* : « ne subsiste que par le mystère de leurs faiblesses ».

e. *Mercure* : « sur qui ».

f. *Mercure* : « et que la victime, dans un âge plus avancé, ne connût pas du moins les difficultés de la suite de son sacrifice ».

g. *Mercure* : « mais qui m'en donna l'air ».

h. *Mercure* : « et qu'il attendait qu'une vocation inconnue se déclarerait en moi » (la fin de la phrase étant adaptée comme suit : « me la débrouilla »). 1752 : « que ces mouvements ».
i. *Mercure* : « au parloir ; j'y perdis mon ignorance, et mon cœur eut son compte ».
j. *Mercure* : « que j'avais à le voir ».
k. *Mercure* : « ce chagrin-là n'était qu'un dévouement de ton âme à une fidélité éternelle, et qui développerait ce chagrin y trouverait un furieux alliage d'amour ; et voilà justement la zizanie qui étouffait la joie : laisse-la hardiment mourir ; il n'y a que les dupes qui se chicanent là-dessus ; je ».
l. « incroyables » : addition de 1728 ; « intervalles » est au pluriel à partir de l'édition de 1752 seulement.
m. *Mercure* : « j'arrangeais les phrases futures de mon amant et les miennes ».
n. *Mercure* : « Si l'on s'abstient, on en souffre, et j'aimerais autant rien ; le plus court ».
o. *Mercure* : « dont elle serait prévenue ».
p. Le *Mercure* ajoutait : « , et généralement parlant, nos talents augmentent toujours à proportion qu'on nous estime ».
q. Leçon de 1752. Le *Mercure* portait : « le premier des deux » ; et 1728 : « le premier de deux ».
r. Le *Mercure* insérait ici un passage disparu de l'édition de 1728 : « et qui se dédommage de la difficulté de se donner à plus d'un amant à la fois par le plaisir de se faire espérer de plusieurs, qui quelquefois même surmonte la difficulté, et qui ».
s. *Mercure* : « que je n'aurais peut-être jamais ».
t. Les deux phrases suivantes, précédées de « Mais », formaient dans le *Mercure* un paragraphe à part entière.
u. Leçon du *Mercure*. L'édition de 1728 et les suivantes portent : « qui tombent sur tout, et dans une curiosité vague où le hasard dispose ».
v. *Mercure* : « que je me fais souvent avec ».
w. *Mercure* : « je sens pour moi-même » et, plus bas, « produit naturellement l'envie d'avoir droit de s'aimer encore davantage ».
x. *Mercure* : « revenir ; mais son cœur est enfin le prix dont sa propre vanité paie le piège que vous lui avez tendu ».
y. Leçon du *Mercure*. Les éditions postérieures impriment : « la douceur dangereuse ».
z. *Mercure* : « car il fallait alors qu'à ».
aa. *Mercure* : « une ardeur garantie par ».

VARIANTES DES *CARACTÈRES DES HABITANTS DE PARIS*

Avant-propos du Théophraste moderne

a. Le bref « Avant-propos du Théophraste moderne » sur lequel s'ouvrait l'article dans le *Mercure* d'août 1717 n'est pas repris dans l'édition collective de 1728 : nous le conservons toutefois à sa place, tout comme l'Avertissement en tête du chapitre II, également supprimé en 1728. Les variantes en regard de l'édition originale, parfois importantes, sont signalées dans les notes qui suivent.

Chapitre I

a. Ce titre manque dans 1717 comme dans 1728.
b. *Mercure* : « se rendent service et se desservent : un moment ».
c. *Mercure* : « une persuasion de bien ou de mal, qui vous nuit ou qui vous sert ».
d. *Mercure* : « s'ils allaient se battre ».
e. Le *Mercure* omet « préférable à la mer ».
f. Le *Mercure* insère : « c'est, pour ainsi dire, une méchanceté d'imitation sur ce que le public pense de ceux qui se sont donnés en spectacle ; ».
g. *Mercure* : « ses défauts et son ridicule ».
h. *Mercure* : « leur tient lieu d'intelligence ».
i. Le texte du *Mercure* répète le verbe en ajoutant ici « s'efface ».

Chapitre II

a. Ces mots d'introduction ne figurent que dans le *Mercure* de septembre 1717, où le fragment figure à la table sous le titre de « Chapitre II des Bourgeois de Paris par le Théophraste Moderne ». L'édition de 1728 enchaîne les deux fragments sans démarcation aucune.
b. *Mercure* : « malheureusement, le premier effort qu'il fait pour cela ».
c. Le texte du *Mercure* ajoute : « ; ainsi, dans l'exécution, il ressemble au Peuple qui se complimente beaucoup, et dans l'intention, il ressemble aux gens de qualité.

La façon mixte du Bourgeois est cent fois plus comique que l'uniforme grossièreté du Peuple ; de même que l'habit d'Arlequin est plus plaisant que celui de Scaramouche. »

d. *Mercure* : « mais il en est de cette fierté comme de ces ailes postiches dont la cire fond au soleil, et le Bourgeois ne paraît jamais plus Bourgeois que quand il veut sortir de sa sphère ». (Allusion à l'épisode d'Icare, venu des *Métamorphoses* d'Ovide.)

e. *Mercure* : « tient en un juste milieu ».

f. *Mercure* : « sur sa bourse ».

g. « reçues » est au pluriel seulement dans l'édition de 1752.

h. *Mercure* : « différentes Bourgeoisies ».

i. *Mercure* : « Il y a dans le Commerce à Paris ».

j. *Mercure* : « cajolé ».

k. Dans le *Mercure*, cette phrase (depuis « On est Chrétien ») constitue à elle seule un paragraphe.

l. *Mercure* : « d'une charité plus inférieure ».

m. *Mercure* : « mais elle avait des distractions qui me semblaient être de commande ».

n. *Mercure* : « par la manche, et m'arracha ».

o. *Mercure* ajoutait : « , et comment celles qui sont ici font-elles aussi peu de difficultés de la voir ? ».

p. *Mercure* : « la rareté de l'argent a diminué les scrupules de sagesse qui restaient parmi le sexe ; les femmes entre elles se font confidence de leurs intrigues, elle n'ont plus rien à se reprocher après : se conserver ».

q. Dans le *Mercure*, le paragraphe se termine différemment : « mais enfin, répondis-je, l'honneur ? Savez-vous bien ce que c'est que l'honneur dans la plupart des femmes : vous imaginez-vous que ce soit vertu de sentiment ? Non, c'est un respect pour l'opinion publique. Le public, à présent, n'est plus scandalisé des complaisances d'une femme pour un homme utile. Adieu l'honneur, les femmes seront tout aussi libertines qu'on voudra : ôtez le scandale, il n'y a aura plus de cruelles ».

r. Le texte du *Mercure* était plus catégorique : « mais elles ne l'ont pas impunément pour leur innocence ».

s. *Mercure* : « des Marchandes ».

t. 1717 ajoute ce paragraphe : « Par exemple, quelle conduite croyez-vous qu'observent souvent les moitiés des gens de Palais ? Leurs maris, accoutumés à chicaner, chicanent toujours sur les ajustements qu'elles demandent : en attendant que le procès se vide, on achète toujours les ajustements en question ;

mais avec quoi ? me direz-vous, voilà l'affaire, ne la comprenez-vous pas ? Aussi, de quoi s'avise un mari d'obliger sa femme à porter des ajustements qu'il ne paie point ! »

u. *Mercure* : « Chaque carrosse ».

v. *Mercure* : « Le moyen que le cerveau d'une femme soutienne tant d'impressions sans se déranger ? »

w. La seconde des *Lettres sur les habitants de Paris* est suivie dans le seul *Mercure* de 1717 de cette « ode anacréontique » de Marivaux, sans rapport avec le « caractère » des Bourgeoises entamé, et d'ailleurs abandonné dans la livraison suivante au profit du « caractère » des femmes de qualité.

x. Cette lettre insérée, avec pour la première fois la signature de Marivaux, dans le *Mercure* d'octobre 1717, et les quelques lignes de présentation, vraisemblablement dues à l'abbé Buchet, l'un des rédacteurs du périodique, ne sont pas reprises dans l'édition de 1728, qui enchaîne directement le « caractère » des Bourgeoises et celui des Dames de qualité, sans plus marquer les sauts de chapitre.

Chapitre III

a. *Mercure* : « pour les reprendre chemin faisant, et parlons un peu des Gens de qualité ».

b. Le texte du *Mercure* comporte à la suite de ce passage deux paragraphes supplémentaires :

« On pourrait dire là-dessus qu'il en est de la pure raison à peu près comme de ces Antiques : elle a ses curieux qui la prêchent par intérêt ou par vanité, jamais par goût.

Le Philosophe roturier tâche de l'accréditer chez les nobles ; il en voudrait faire ses dupes ; le noble Philosophe, quitte avec son amour-propre sur le chapitre de la naissance, se cherche par elle des admirateurs. »

c. Texte différent dans le *Mercure* : « Pouvoir être impunément superbe ; sentir que cela n'est pas juste, et se rendre modeste, non pour l'honneur de l'être, mais par sagesse, cela est beau. »

d. Texte plus audacieux dans le *Mercure* : « Être né sans Noblesse ; n'en point rougir intérieurement, prêcher des sentiments d'égalité, sans mépris et sans envie pour l'état du Noble, et par un paisible amour de la vérité, c'est avoir des lumières de raison parfaite. »

e. *Mercure* : « sont sans exemple ».

f. *Mercure* : « Madame, avec quelle facilité ».

g. Le texte du *Mercure* comportait un paragraphe supplémentaire : « Sans s'en douter, me direz-vous ? Oui, Madame ; ajustez cela comme vous le pourrez ; mais la Comédie ne finit pas autrement. »
h. La seconde phrase du paragraphe se lit ainsi dans 1717 : « Le superbe hypocrite est comme un monstre dans la nature ; elle semble ne lui avoir donné qu'un pur orgueil : il n'en fait pas un usage de bonne foi ; il soustrait ce vice aux yeux des autres ; il le travaille, il en masque la forme, l'unit par son raffinement à des dehors de modestie, et se fait enfin un caractère de vice que j'appelle monstrueux, par l'alliage raisonné du mauvais avec l'apparence du bon. » Puis vient cet autre paragraphe : « Le superbe qui va son train d'orgueil tout uniment fait sa charge et remplit sa vocation ; on sait à quoi s'en tenir avec lui. »
i. *Mercure* : « était un équivoque ».
j. *Mercure* : « de n'entrer qu'à dix heures du soir, et d'envoyer dire que je n'arriverais que le lendemain. Mais ».
k. *Mercure* : « je m'assoupis pour mes péchés ; on n'osa me réveiller, et le lendemain je fus contraint d'essuyer la kyrielle de respects ridicules ».
l. Paragraphe supplémentaire dans le *Mercure* : « Monsieur, lui dis-je, le sommeil a joué plus d'un mauvais tour à bien des gens ; il endormit l'autre jour un Juge au Palais, qui fut obligé d'opiner sur ce qu'il n'avait pas entendu ; cela est mortifiant ; mais, dans votre aventure à vous, il est bien modeste à vous de dire qu'il vous desservit, nous ne le pensons pas. »
m. *Mercure* : « se donner de ces airs mitigés ; la distance ».
n. *Mercure* : « pour qu'ils fussent ».
o. *Mercure* : « franche et sans mélange odieux ».
p. Dans le *Mercure*, le paragraphe se termine différemment : « dont l'amour-propre longtemps contraint, se fait enfin une récolte à vie de respect et de réputation ».
q. *Mercure* : « si ce n'est la longueur [*sic*] ou le ton pathétique des compliments ».
r. *Mercure* : « cette indulgence ».
s. *Mercure* : « tout est formé par les grâces ; mais la nature ne les a point faites ». (Le mot « grâces » n'est pas répété.)
t. *Mercure* : « aux yeux ».
u. *Mercure* : « et peut-être le terme »
v. Ce début de phrase est en italique dans le *Mercure*.
w. *Mercure* : « et, ce qui paraît incroyable, cette réputation ».
x. *Mercure* : « attrape qui peut, le dit qui veut, tout passe ».
y. *Mercure* : « et qui n'a rien dit encore ».

Chapitre IV

a. Comme les précédents, cet Avertissement du *Mercure* n'est pas repris dans l'édition de 1728, qui titre simplement cette livraison : « Suite des Caractères de M. de M*** ».
b. Le texte du *Mercure* porte « à l'abri de la distraction et de l'oubli », et ajoute : «, quand elles semblent vouloir insinuer ».
c. *Mercure* : « telle que m'a faite la nature ».
d. *Mercure* : « qu'il ne gêne en rien ».
e. *Mercure* : « l'art de pallier la vérité ».
f. *Mercure* : « le champ ».
g. *Mercure* : « dans l'estime ».
h. *Mercure* : « Les moments ».
i. « ou bien les fera » est une addition de 1728.
j. *Mercure* : « mais il n'y rien de tout cela » ; la feuille du *Mercure* comportait le signe parasite « 1e », reproduit par le typographe de l'édition de 1728 – preuve que Marivaux a préparé l'édition de 1728 à partir d'un exemplaire du *Mercure.*
k. *Mercure* : « et si quelqu'un alors ne vient heureusement se présenter ».
l. *Mercure* : « il vous suffira ».
m. *Mercure* : « mais l'inquiétude, le scrupule ».
n. *Mercure* : « du cœur tendre ».

Chapitre V

a. *Mercure* : « de travail, et que j'appellerai les premiers des Officiers Subalternes ».
b. *Mercure* : « tour à tour et trop de tort, ».
c. *Mercure* : « comme les moindres des Officiers Subalternes ».
d. « que » est une addition de 1728. (Peut-être pour tenir compte de l'avis de l'abbé Desfontaines qui, dans son *Dictionnaire néologique*, blâmait l'absence de *que* dans le syntagme *avant que de.*)
e. *Mercure* : « la dépense ».
f. *Mercure* : « et ressuscitent ».
g. Le texte du *Mercure* comportait deux paragraphes supplémentaires :
« Un Géomètre, disais-je, est un homme qui cherche pesamment et pas à pas les proportions que plusieurs lignes diversement tracées ont ensemble.

Si celui qui sait l'art de trouver ces proportions en demeure là ; s'il ne sent les applications délicates de ses principes ; s'il ne voit l'usage détourné qu'il en peut, et qu'on doit en faire en tout exercice d'esprit, il est en vérité peu de chose. »

(Ce thème est repris dans les *Réflexions sur l'esprit humain, à l'occasion de Corneille et Racine*, in Marivaux, *Journaux*, t. II, éd. citée.)

h. *Mercure* : « une science isolée ».
i. *Mercure* : « il en mesure l'effet ».
j. *Mercure* : « , qui pour ».
k. *Mercure* : « raisonnements lentement successifs ».
l. *Mercure* : « doué d'une avantageuse conformation d'organes, de laquelle résulte dans l'âme un sentiment arrangé des impressions qui la frappent ».
m. *Mercure* : « l'évidence, la chaleur font un corps ; c'est trois réduits en un ; je ne dis pas qu'il ait chacune de ces qualités dans la totalité de leur force ».
n. *Mercure* : « ce qu'il faut ».
o. *Mercure* : « que son étude est d'un autre genre que celle du bel esprit ».
p. *Mercure* : « ne serait-ce pas que le Philosophe au système, nous proposant une reconnaissance ».
q. *Mercure* : « et sans doute ».
r. *Mercure* : « au lieu que le Philosophe de l'Ode ou du Poème ».
s. *Mercure* : « dont l'amour-propre doit être ».
t. *Mercure* : « voilà le ».
u. Dans le *Mercure*, la dernière phrase est en italique (sauf « Madame »).

Chapitre VI

a. *Mercure* : « que le Public ».
b. Le texte du *Mercure* ajoutait : « etc. ».
c. *Mercure* : « , par lequel il semble dire ».
d. *Mercure* : « ils le supportent ; volontiers même lui veulent-ils du bien ».
e. *Mercure* : « l'art de l'Auteur ».
f. *Mercure* : « il sort justifié ».
g. Leçon fautive dans le *Mercure* : « qui leur font regarder leur désavantage passé comme une fausse alarme ».

h. *Mercure* : « sans bruit ».
i. « supérieur » est une addition de 1728.
j. *Mercure* : « s'il ne paraissait touché ».
k. La leçon du *Mercure* est peut-être plus satisfaisante ici : « il les a blessé[s] ».
l. *Mercure* : « ; ils ont été fâchés ».
m. *Mercure* : « de l'Auteur dont j'ai d'abord peint l'amour-propre ».
n. *Sic* dans toutes les éditions, peut-être pour « entre deux fers », qui se dit d'une monnaie qui offre un défaut d'alliage et ne « trébuche » pas.
o. *Mercure* : « la force ».
p. *Mercure* : « l'affront que leur fait ».
q. La promesse ne sera pas tenue ; le *Mercure* d'août 1718 imprime toutefois à la suite une « Lettre à une dame sur la perte d'un perroquet », mêlée de prose et de vers ; si le texte relève du genre de la consolation de la perte d'un animal de compagnie, traditionnelle depuis Catulle, l'introduction en prose, que ne reproduit pas l'édition de 1728, est adressée à la même destinataire que ces *Caractères des habitants de Paris*, et évoque la querelle des Anciens et des Modernes :
« Je vous ai promis, Madame, de vous donner l'histoire des combats des amateurs des Anciens contre les Modernes. Mais peut-être cela m'eût-il engagé dans un badinage que j'ai cru devoir épargner à ceux qu'il aurait touchés de plus près. Je ne suis point étonné de l'opiniâtre admiration que bien des gens ont pour les Anciens ; quand le hasard a voulu qu'on ait fait sa principale obligation du grec et du latin, il faut bien remplir la vocation qu'il nous a choisie, et devenir l'admirateur des idées dont il a tant coûté d'avoir l'intelligence. Je regarde l'étude de ces langues comme un noviciat très dur. Ceux de qui la docte ferveur les y soutient font profession : ils admirent tout. Après tout, nous nous vouons presque tous à quelque manie. Admirer aveuglément les Anciens en est une. Les mépriser en est une aussi. Tenons le milieu en tout.
J'avais dessein, ce mois-ci de vous parler d'un système sur l'éloquence, dont une personne d'excellent esprit est l'auteur [l'abbé de Pons, dans ses *Réflexions sur l'éloquence*, parues dans le *Mercure* de mai 1718, et dans son *Nouveau Système d'éducation, précédé d'un petit éclaircissement sur la définition de l'éloquence*, dans le *Mercure* de juillet 1718, dont Marivaux

s'inspirera dans *Le Cabinet du philosophe*]. Il m'a paru très heureusement imaginé : j'augurerais presque mal de celui qui ne s'y rendrait pas à la première lecture. Je lui pardonnerais de se rendre encore à la seconde. On y a répondu : Je ne vous dirai rien de la réponse ; j'y ai quelque part, et je vous la promets, Madame, au mois prochain [le *Mercure* ne fera jamais état d'une telle « réponse »]. En attendant, je vous envoie une lettre que j'écris à Madame de… sur la mort de son perroquet. »

TABLE DES MATIÈRES DE L'ÉDITION DE 1752[1]

LE SPECTATEUR FRANÇAIS

1. L'édition de 1752 reprend la table de 1728 pour les *Pièces détachées, Le Spectateur français* et *L'Indigent Philosophe.* Ne figurent ici que les tables des feuilles périodiques retenues dans le présent volume, classées dans l'ordre selon lequel elles y apparaissent. Le chiffre romain renvoie au numéro des feuilles, le chiffre arabe aux numéros des pages de ce volume.

LETTRES CONTENANT UNE AVENTURE

Caractères des habitants de Paris

LEXIQUE

ABRÉVIATIONS

SF : *Le Spectateur français*
CHP : *Caractères des habitants de Paris*
LA : *Lettres contenant une aventure*
Acad. : *Dictionnaire de l'Académie*, 4e éd., 1762.
Fur. : *Dictionnaire universel* d'Antoine Furetière, 1690.

*
* *

AGACER – *SF* : « Exciter par des regards, par des manières attrayantes » ou « picoter, exciter par quelques paroles » (*Acad.*).
AIMABLE – *SF* : digne d'amour, d'affection, d'intérêt.
AISÉ (UN AIR) – *SF* : un air dégagé.
AMANT – *SF, CHP, LA* : « Celui qui aime d'une passion violente et amoureuse » (*Fur.*). Nombreux synonymes en langage galant : adorateur, esclave, etc.
AMIABLEMENT – *SF* : « D'une manière honnête, douce et amie » (*Fur.*).
AMOUR (FAIRE L') – *SF, CHP* : faire la cour, courtiser.
AMUSER – *SF* : distraire d'un souci ou d'une passion, divertir.
ANTIQUAILLE – *SF* : « Terme de mépris, dont on se sert en parlant de certaines choses antiques de peu de valeur » (*Acad.*).
APPAREIL – *CHP* : « Apprêt, préparatif, attirail et pompe » (*Acad.*). Au sens médical : « Médicament, emplâtre qu'on applique sur une plaie » (*Acad.*).
ARMES (SOUS LES) – *SF* : « On dit qu'un homme, qu'une femme sont bien *sous les armes*, quand ils sont bien propres et bien parés pour faire des conquêtes amoureuses » (*Fur.*).
ART – *SF* : artifice.

ATTÉNUÉ – *SF* : un homme atténué est un homme affaibli par la maladie (ce terme est utilisé de préférence à *exténué*).

AVEU (SANS) – *SF* : un homme sans aveu est un vagabond, quelqu'un « qui n'a ni feu ni lieu » (*Acad.*).

BADIN – *SF* : « Folâtre, qui s'amuse à des bagatelles » (*Acad.*) ; un *trait badin* est un bon tour joué à quelqu'un.

BAGATELLE – *SF* : chose de peu de prix, frivole, de peu d'importance.

BALLOTTER – *LA* : au sens actif, *ballotter* c'est tirer au sort avec des ballottes, c'est-à-dire de petites balles ; *ballotter* quelqu'un, c'est se jouer de lui, le tenir en haleine, d'où faire attendre, lanterner. Le tour réfléchi qu'emploie Marivaux n'est pas attesté par les dictionnaires du temps.

BARBOUILLER – *SF* : salir, dénigrer.

BILLET – *CHP* : petite lettre ; mais les deux premiers exemples donnés par le *Dictionnaire de l'Académie* de 1694 sont *billet doux*, *billet galant*.

BOURGEOIS – *CHP* : « Se dit pour roturier, par opposition à gentilhomme » (*Acad.*).

BRAVERIE – *SF* : « Magnificence en habits » (*Acad.*) ; l'emploi au pluriel pour désigner une ambiance de fête publique semble propre à Marivaux.

BRUSQUERIE – *SF* : geste ou action incivile, qui contrevient aux lois de la galanterie ou de la simple politesse mondaine.

CAJOLER – *CHP* : « Flatter, louer, entretenir quelqu'un de choses qui lui plaisent et qui le touchent : *Je l'ai tant cajolé qu'il m'a accordé ce que je lui demandais* » (*Acad.*).

CARESSE – *SF* : « Démonstrations d'amitié ou de bienveillance qu'on fait à quelqu'un par un accueil gracieux, par quelque cajolerie » (*Fur.*). « Témoignage extérieur d'affection accompagné de quelque signe de joie » (*Acad.*).

CENTRE (ÊTRE DANS SON) – *SF* : « On dit figurément *Être dans son centre* pour dire, Être où l'on se plaît, où l'on aime à être » (*Acad.*).

CHICANE – *SF* : « Se prend figurément pour les subtilités captieuses dont on se sert dans les disputes de l'École [l'Université], et pour les contestations mal fondées que l'on fait, soit au jeu, soit en autre chose » (*Acad.*).

COLIFICHET – *SF* : « Bagatelle, petit ornement de peu de conséquence ou de mauvais goût » (*Acad.*).

COMMERCE – *SF* : *d'un commerce*, d'un abord (en société). *LA* : liaison. *CHP* : relations de société, fréquentations. *Commerce*

« se dit aussi de la correspondance, de l'intelligence qui est entre les particuliers, soit pour des affaires, soit pour des études, ou simplement pour entretenir l'amitié » (*Fur.*).

CONDITION – désigne la classe à laquelle appartient un individu par sa naissance ou sa profession. *SF* : une *condition honnête* est celle de l'aristocratie de province liée à l'exercice d'une « charge » publique.

CONFONDRE – *SF* : troubler, couvrir de honte, démasquer.

CONFONDU – *SF* : démasqué (en parlant d'un imposteur).

CONVENANCE – *SF* : conformité.

CONVERS – *LA* : « *Frère convers, sœur converse*, se disent d'un religieux ou d'une religieuse qui ne sont employés qu'aux œuvres serviles » (*Acad.*).

COQUET – *SF* : « Qui est galant, qui se pique de se faire aimer, et de plaire aux dames » (*Fur.*). « Un homme coquet est quelque chose de pire qu'un homme galant ; l'homme coquet et la femme galante vont assez de pair » (La Bruyère, *Les Caractères*, chap. III, « Des femmes », § 20).

COQUETTERIE : afféterie.

CORNETTE – *SF* : « Coiffes ou linges que les femmes mettent la nuit sur leurs têtes, et quand elles sont en déshabillé [en tenue d'intérieur] » (*Fur.*).

CORPS – *SF* : « Partie de certains habillements, qui est depuis le cou jusqu'à la ceinture. *Corps de robe* » (*Acad.*).

COUP FOURRÉ – *LA* : « Se dit dans l'escrime, quand chacun des deux hommes qui se battent donne un coup et en reçoit un autre en même temps » ; « on dit figurément et familièrement, *Porter un coup fourré*, pour dire, Rendre en secret un mauvais office à quelqu'un » (*Acad.*).

CRUELLE – *CHP* : « On dit familièrement et en style de galanterie d'une femme qui n'écoute point ses amants que *C'est une beauté cruelle.* Et quand elle est de facile composition, on dit qu'*Elle n'est pas cruelle* » (*Acad.*).

D'ABORD – *LA* : dès l'abord, d'emblée, tout de suite.

DÉCHET – *CHP* : « Diminution d'une chose, ou en elle-même, ou en sa valeur » (*Acad.*).

DÉDIRE (SE) – *SF* : se rétracter.

DÉLICATESSE – *SF* : susceptibilité.

DENIER – *CHP* : pièce de monnaie valant le douzième d'un sol (somme très faible).

DESTINER – *SF* : « Disposer quelque chose dans son esprit » (*Acad.*).

DÉVELOPPER – *SF* : « Ôter l'enveloppe de quelque chose ou déployer une chose enveloppée » (*Acad.*) ; le terme est fréquent dans le discours moral de l'âge classique (chez La Bruyère notamment), qui s'emploie à élucider ou à « démêler » les ressorts des conduites.

DÉVOT – *SF* : pieux, « attaché au service de Dieu » (*Acad.*).

D'OÙ VIENT – *SF* : pourquoi.

ÉCLATER – *SF* : « On dit qu'*Une personne éclate* pour dire qu'elle fait paraître son ressentiment » (*Acad.*).

EMBONPOINT – *SF* : bon état général du corps, « se dit des personnes pleines et un peu grasses » (*Acad.*) qui affichent leur aisance avec leur bonne santé.

ENFANCE – *LA*, *SF* : puérilité, naïveté.

ENTRE CUIR ET CHAIR – *LA*, *SF* : en secret.

ESPRIT – *SF* : « Facilité de l'imagination ou de la conception » ou encore du jugement (*Acad.*), mais le terme peut signifier simplement « ingénieux », en bonne comme en mauvaise part (en ce cas, il est synonyme d'« affecté », de « maniéré »). Une définition du terme est donnée par Marivaux dans les *Réflexions sur l'esprit humain* (*Journaux*, t. II, éd. citée). *SF*, *CHP* : on appelle *beaux esprits* « ceux qui se distinguent du commun par la politesse de leurs discours ou de leurs ouvrages » (*Acad.*).

ESTOMAC – *CHP* : « Se dit abusivement de la partie extérieure du corps, qu'on appelle autrement le *sein*, la *poitrine*, et qui est au-dessus de la ceinture » (*Fur.*).

ÉTONNER – *SF* : frapper de stupeur.

ÉTOURDI – *SF* : troublé. *LA* : hébété, « qui agit sans considérer ce qu'il fait » (*Acad.*).

ÊTRE AU FAIT – *LA* : avoir compris, ou être informé.

EXERCICE – *LA* : occupation, par allusion ironique aux « exercices spirituels ».

FAÇON – voir FAÇONNÉ.

FAÇONNÉ – *LA* : travaillé, étudié, qui a reçu une *façon*, produit de la main habile d'un artisan. Le terme renvoie aussi à la coquetterie, puisque *façon* « se prend aussi pour afféterie, minauderie » (*Fur.*).

FAÇONS – *LA*, *CHP* : « Manières de faire, d'agir, de parler, de penser » (*Acad.*).

FAMILIER – *CHP* : « Qui a habitude particulière avec quelqu'un » (*Acad.*) ; la familiarité est le comportement qu'autorise une longue fréquentation privée.

FIGURE – *SF* : désigne non pas le visage mais l'apparence extérieure.

FINESSE – *CHP* : délicatesse ; en mauvaise part, le terme peut signifier : subtilité, malignité.

FORTUNE – *LA* : chance, hasard.

FRACAS – *SF* : « Se dit figurément des choses qui font du bruit et de l'éclat » (*Fur.*).

FRÉMIR – *LA* : « Tout me frémit » est un tour propre à Marivaux.

GAIETÉS – *SF* : plaisanteries. Au pluriel, le sens le plus courant est celui de « paroles ou actions folâtres que disent ou que font les jeunes personnes » (*Acad.*). Au singulier, le terme peut s'employer pour qualifier le style d'un auteur « qui écrit d'une manière agréable et enjouée (*Il a de la gaieté dans son style*) » (*Acad.*).

GALANT – *SF* : *galant homme*, qui a de la probité et de la civilité ; pris absolument : à la mode, élégant, qui sait l'air de la Cour.

GALANTERIE – *CHP* : jeu de séduction. « Se dit de l'attache qu'on a à courtiser les dames. Il se prend en bonne et en mauvaise part » (*Fur.*).

GALON – *SF* : « Ruban assez épais et peu large, qui sert à border ou à orner les habits » (*Fur.*).

GAUCHE (À) – *LA* : prendre une chose *à gauche* veut dire « la prendre de travers, autrement qu'il ne faut » (*Acad.*).

GAULOIS – *SF* : « On dit d'un vieux mot, d'une vieille façon de parler, que *C'est du Gaulois* » (*Acad.*).

GÉNÉREUX – *SF* : noble.

GÉNÉROSITÉ – désigne à l'âge classique la grandeur d'âme, ou magnanimité.

GÉNIE – *CHP* : « L'inclination ou disposition naturelle, ou le talent particulier d'un chacun » (*Acad.*).

GIBECIÈRE – voir TOUR.

GLORIEUX – *SF, CHP, LA* : orgueilleux, vain.

GUIMPE – *SF* : « Morceau de toile dont les religieuses se servaient pour se couvrir le cou et la gorge » (*Acad.*).

HABILE – *SF* : « Capable, intelligent, adroit et savant » (*Acad.*).

HANTER – *SF* : fréquenter.

HEUREUX (ÊTRE) – *SF* : « Obtenir les dernières faveurs d'une femme » (*Littré*). Le sens sexuel n'est pas répertorié au XVIIIe siècle, mais il est couramment utilisé par les écrivains.

HONNÊTE – *CHP* : caractérisé par l'honnêteté (voir HONNÊTETÉ). L'adjectif peut avoir aussi un sens moral dans le syntagme *honnête homme* (*SF*) : homme d'honneur et de probité. « *Honnête homme*, outre la signification d'homme d'honneur, homme de probité, comprend encore toutes les qualités sociales et agréables qu'un homme peut avoir dans la vie civile » (*Acad.*).

HONNÊTETÉ – *CHP* : politesse, civilité et, plus généralement, ensemble des « qualités agréables qu'un homme peut avoir dans la vie civile » (*Acad.*), c'est-à-dire sociale : civilité, bienséance, courtoisie.

IMPROMPTU – *LA* : pièce de poésie ou « petit ouvrage fait sur-le-champ par la vivacité de l'esprit » (*Fur.*).

INDUSTRIE – *LA*, *SF* : habileté, « dextérité, adresse à faire quelque chose » (*Acad.*), savoir-faire.

INJURE – *SF* : outrage.

INTRIGUE – *CHP* : « Embarras d'affaires causé par de secrètes pratiques » (*Acad.*, 1694). Cette édition du *Dictionnaire* n'enregistre pas encore le sens de « commerce secret de galanterie ».

INTRIGUÉ – *LA* : embarrassé dans une intrigue.

INTRIGUER (S') – *SF* : « Se donner beaucoup de peine et de soin, mettre divers moyens en usage pour faire réussir une affaire » (*Acad.*).

LESTE – « Qui est fort proprement vêtu, qui est proprement et richement accommodé » (*Acad.*).

LIBERTIN – *SF*, *CHP* : « Qui aime trop sa liberté et l'indépendance, qui se dispense aisément de ses devoirs, qui hait toute sorte de sujétion et de contrainte » (*Acad.*). Marivaux emploie le terme pour qualifier le « caractère » de ses Spectateurs qui s'émancipent des règles de la composition. Le deuxième sens est plus rare dans les périodiques : « qui fait une espèce de profession de ne point s'assujettir aux lois de la religion, soit pour la croyance, soit pour la pratique » (*Acad.*) : Marivaux lui préfère en l'occurrence l'expression *esprit fort* qu'employait aussi La Bruyère.

LIBERTINAGE – Si le terme désigne un débauché ou « l'état d'une personne qui témoigne peu de respect pour les choses de la religion », il « s'emploie aussi quelquefois sans aucun rapport à la religion ni aux mœurs ; mais pour signifier une inconstance, une légèreté dans le caractère, qui fait qu'on ne s'assujettit à aucune règle, à aucune méthode » (*Acad.*). C'est le sens qui lui est donné dans l'expression inédite « libertinage de sentiments » (*SF*).

MACHINE – *SF* : « On donne le nom de machine en général à tout ce qui n'a de mouvement que par l'artifice des hommes, comme les scènes et les théâtres mobiles, les chars, les nues, les vaisseaux, et aussi ce qui sert aux hommes pour faire des choses qui sont au-dessus de leurs forces, comme les vols, les descentes, etc. » (*Fur.*).

MAIN (TENIR LA) – *SF* : brider. On dit au sens propre « lâcher, rendre la main à un cheval, pour dire, lui donner, lui lâcher la bride » (*Acad.*).

MALICE – *SF* : méchanceté, fourberie, noirceur. « Inclination à nuire, à mal faire » (*Acad.*).

MALIGNITÉ – *CHP* : méchanceté.

MALIN – *SF* : mal intentionné, « qui prend plaisir à faire ou à dire du mal » (*Acad.*).

MANÈGE – *LA*, *CHP* : au sens propre, exercice que l'on fait faire à un cheval ; au sens figuré, « manières d'agir adroites et artificieuses » (*Acad.*).

MARMOUSET – *SF* : « Petite figure grotesque. Se dit aussi par dérision d'un petit garçon » (*Acad.*).

MASSIF – *SF* : « On dit qu'un esprit est massif, quand il est pesant, grossier et stupide » (*Fur.*).

MÉDIOCRE – *SF* : « Qui est entre le grand et le petit, entre le bon et le mauvais » (*Acad.*), au sens étymologique (*mediocris*, de *medius*, « moyen »), sans nuance péjorative.

MIGNARD – *SF* : « Qui a une beauté délicate, qui a les traits doux et agréables » (*Fur.*).

MINE – en général, apparence extérieure. *SF* : *payer de mine*, faire bonne contenance. *LA* : *faire des mines*, séduire (« On dit d'une femme qui veut plaire à quelqu'un qu'*Elle lui fait des mines* », *Acad.*).

MINUTIE – *SF* : « Chose frivole, de peu de conséquence » (*Acad.*).

MISE (ÊTRE DE) – *SF* : au sens propre, qualité d'une monnaie qui a cours ; au sens figuré, en parlant d'une personne : être reçu favorablement.

MITIGER – *CHP*, *SF* : le *Dictionnaire de l'Académie* réfère le verbe aux « adoucissements qu'on apporte dans les ordres religieux à la pratique des règles qui sont trop sévères ». Marivaux l'emploie souvent au sens d'« adoucir », « rendre plus traitable », usage blâmé par le *Dictionnaire néologique* de Desfontaines.

MODESTIE – *SF* : pudeur.

MORTIFIER – *LA* : au sens propre, seule la viande de boucherie peut être mortifiée, *mortifier* signifiant « faire que la viande devienne plus tendre » (*Acad.*) ; dans un sens moral, le terme appartient au lexique religieux : « affliger son corps par des jeûnes, des austérités » (*Acad.*).

MOUVEMENT – « On dit d'un homme agissant et intriguant, que *C'est un homme qui se donne bien du mouvement.* Et l'on dit, qu'*Il s'est donné bien du mouvement pour une affaire, dans une affaire,* pour dire, qu'Il s'est fort intrigué pour la faire réussir » (*Acad.*). Le terme se dit aussi des « différentes impulsions, passions, ou affections de l'âme. *Mouvement volontaire. Mouvement involontaire. Mouvement impétueux. Les premiers mouvements. On n'est pas maître des premiers mouvements. Les mouvements de l'âme* » (*Acad.*).

NAÏVETÉ – *SF* : spontanéité, « grâce et simplicité naturelle avec laquelle une chose est exprimée, ou représentée selon la vérité et la vraisemblance » (*Acad.*).

NÉGLIGÉ – *CHP* : pris comme substantif, le terme désigne « l'état où est une femme quand elle n'est point parée » (*Acad.*).

NŒUD – *SF* : « On appelle figurément *nœud*, dans les pièces de théâtre, l'endroit de la pièce où la principale intrigue se forme, où les affaires commencent à s'embarrasser » (*Acad.*, 1694).

OBJET – *LA* : « En style de poésie et de galanterie, les amants appellent leurs maîtresses l'*objet de leurs désirs, l'objet de leurs soupirs, l'objet de leur flamme* » (*Acad.*).

OBSTINER – *LA* : le tour actif et transitif est attesté par le *Dictionnaire de l'Académie* (« rendre opiniâtre, être cause qu'on s'obstine »).

PAIN CUIT – *SF* : « On dit en parlant d'un homme qui a du bien tout acquis, qu'il a du pain cuit, qu'il n'a que faire de travailler pour en acquérir » (*Fur.*).

PARTICULIER – *LA* : « Singulier, extraordinaire, peu commun » (*Acad.*).

PARTIE – *CHP* : au sens juridique, le terme désigne « celui qui plaide contre quelqu'un, soit en demandant, soit en défendant » (*Acad.*).

PASSEPORT – *SF* : « Se dit figurément des qualités, privilèges ou caractères des personnes qui les font passer ou recevoir en plusieurs lieux » (*Fur.*).

PÉRIODE – *CHP* : « Pris au figuré, signifie : le plus haut point où une chose puisse arriver ; et alors il est masculin » (*Acad.*).

PHILOSOPHE – *SF* : *stricto sensu*, le *philosophe* est défini par les dictionnaires du temps comme « celui qui cherche à connaître les effets par leurs causes et par leurs principes », mais le terme peut désigner aussi celui qui « se met au-dessus des devoirs et des obligations de la vie civile », voire « de la vie chrétienne », auquel cas le terme dénonce les libertins et « esprits forts » (*Acad.*).

PIED – *SF* : *sur ce pied-là*, les choses étant ainsi ; dans ces conditions (« On dit *Sur ce pied-là*, pour dire, Les choses étant ainsi, puisque les choses sont en cet état, sont comme vous le dites », *Acad.*). Autre emploi métaphorique : « On dit qu'un homme est à la cour *sur le bon pied*, pour dire, en crédit, en fortune » (*Fur.*). *SF* : *se mettre sur le pied de*, prendre l'habitude de.

PIQUANT – *SF* : qui touche vivement.

PLAISANT – *SF* : divertissant ; « qui récrée, divertit, fait rire » (*Acad.*).

POLITESSE – *CHP* : « Une certaine manière de vivre, d'agir, de parler, civile, honnête et polie, acquise par l'usage du monde » (*Acad.*).

POSITIF – *SF* : qui existe réellement, qui peut faire l'objet d'un constat (par opposition à *arbitraire*).

PRATIQUE – *CHP* : « La chalandise [la clientèle] des marchands et des artisans » (*Fur.*). *Esprit de pratique* : souplesse d'esprit pour séduire les clients.

PRIMER – *SF* : terme emprunté au jeu de paume, « se prend figurément pour dire : devancer, surpasser, se distinguer, avoir de l'avantage sur les autres » (*Acad.*).

PROMPTITUDE – *SF* : « Brusquerie, mouvement de colère subit et passager » (*Acad.*).

PROPRETÉ – *SF* : avec propreté, en parlant d'un vêtement ou d'un logement ; commodément. « Netteté, qualité de ce qui est exempt de saleté et d'ordure. Il se dit aussi de la manière honnête, convenable et bienséante dans les habits, dans les meubles » (*Acad.*).

PRUDE – *CHP* : « Sage, réglé et circonspect dans ses mœurs, dans ses paroles, dans sa conduite » (*Acad.*).

QUARTIER – *SF* : *à quartier*, à part, à l'écart ; *demander quartier*, demander grâce.

RAGOÛT – *SF, LA* : « Se dit figurément de ce qui excite, qui irrite le désir » (*Acad.*).

RATER – *SF* : « Se dit d'une arme à feu qui manque à tirer, soit que l'amorce ne prenne point, soit que le coup ne parte pas. Il se dit quelquefois au figuré, en parlant d'un homme qui a manqué son coup, et qui n'a pas réussi à quelque chose qu'il avait entrepris » (*Acad.*).

REBUTER – *SF* : mettre au rebut, écarter, repousser.

REMETTRE – *SF* : renvoyer à plus tard.

RIGUEUR – *CHP* : *à la rigueur*, scrupuleusement, sans admettre d'exception, « dans la dernière exactitude, avec sévérité, sans faire aucune grâce » (*Acad.*).

RISQUABLE – *CHP* : où il y a des risques à courir. Mot peu usité d'après le lexicographe Féraud ; le *Dictionnaire* de Trévoux cite le seul *Spectateur* de Marivaux.

RUBRIQUE – *SF* : « ruse, détour, adresse, finesse » (*Acad.*).

RUDE – *SF* : sévère, austère, dur.

SAILLIE – *LA* : boutade, trait d'esprit. *CHP* : mouvements ou paroles impétueuses.

SALLE – *SF* : première pièce d'un appartement, généralement la plus grande, où l'on reçoit les visites et les relations d'affaires.

SATIRE – « Médisance, raillerie piquante » (*Fur.*).

SAUVER (SE) – *CHP* : faire son salut (dans l'au-delà), « rendre éternellement heureux dans le Ciel. *Il faut travailler à se sauver* » (*Acad.*). *Se sauver*, c'est aussi se tirer d'un péril ou se tirer d'embarras. *SF* : *Sauver* employé transitivement signifie *épargner*.

SCANDALE – *SF* : « Se dit du bruit, de l'éclat, de l'affront qu'on fait en public à quelqu'un » (*Fur.*).

SECONDS – *CHP* : « Se dit figurément de ceux qui aident quelqu'un dans une affaire, dans un emploi » (*Acad.*).

SECOUSSE – *SF* : élan ; « On dit qu'un homme *prend sa secousse* pour courir, pour sauter, c'est-à-dire qu'il s'y prépare par un grand effort et ébranlement de son corps » (*Fur.*).

SENSIBLE – *SF* : « Qui reçoit aisément l'impression que font les objets » (*Acad.*), qui se laisse toucher facilement par les événements ou les paroles d'autrui.

SERVITEUR – *SF* : « Le mot *serviteur* se dit proverbialement et ironiquement en cette phrase : *Je suis votre serviteur*, pour dire, Je ne suis pas de votre avis, je ne ferai pas ce que vous me proposez » (*Fur.*).

SIMPLE – *SF* : sans malice ni orgueil. En mauvaise part, le terme peut signifier : naïf, niais, facile à duper.

SOUFFRIR – *LA* : permettre, autoriser.

SOUPLESSE – *SF* : au sens figuré, « docilité, complaisance, soumission, flexibilité aux volontés d'autrui. On appelle figurément *tours de souplesse* des moyens subtils, adroits, cachés, artificieux, dont on se sert pour arriver à ses fins » (*Acad.*).

SOUTENIR (SE) – *SF* : « conserver sa santé, sa vigueur et sa fraîcheur plus longtemps que son âge ne semble le permettre » (*Acad.*).

SUCCÈS – *SF, LA, CHP* : issue, résultat (bon ou mauvais).
SUPERBE – *SF, CHP* : orgueilleux, arrogant.
SURPLUS (AU) – *SF* : au demeurant.
SURPRENDRE – *SF* : attaquer quelqu'un qui n'est pas sur ses gardes ; parfois : tromper, abuser, induire en erreur ; ou encore : obtenir frauduleusement, par artifice (au participe, le sens moderne d'*étonné* est rare dans la langue classique).
SYMPATHIQUE – *CHP* : au sens chimique de « vertu naturelle par laquelle deux corps agissent l'un sur l'autre, comme l'aimant sur le fer » (*Acad.*).
SYSTÈME – *CHP* : théorie philosophique.
TENIR (S'Y) – *SF* : « On dit, *Je m'y tiens*, pour dire, Je ne veux point changer » (*Fur.*).
TOUR – *SF* : « Trait d'habileté, ruse, finesse » (*Acad.*).
TOUR DE GIBECIÈRE – *LA, SF* : tour de passe-passe. La *gibecière* est un « sac en usage chez les escamoteurs et les charlatans » (*Fur.*).
TOUT À L'HEURE – *LA* : tout de suite.
TRANCHER – *SF* : contraster, « passer d'une couleur vive à une autre couleur vive sans aucune nuance, ni adoucissement » (*Fur.*).
TRANSPORT – *LA* : « Se dit figurément des passions violentes qui nous mettent en quelque sorte hors de nous-mêmes » (*Acad.*).
TRAVERSE (À LA) – *LA* : se dit « de ce qui survient inopinément, et apporte quelque obstacle » (*Acad.*) ; sens lié à l'emploi figuré du verbe *traverser* : entraver, faire obstacle, aller à l'encontre.
TRAVERSER – voir TRAVERSE (À LA).
VAIN – *SF* : « En morale, signifie glorieux, superbe, qui a bonne opinion de lui-même » (*Fur.*).
VEILLER – *LA* : « Prendre garde à ses déportements » (*Acad.*). « On dit aussi qu'il faut veiller sur les actions d'un jeune homme […] pour dire l'éclairer, l'espionner, prendre garde à ce qu'il fait » (*Acad.*).
VIENT (D'OÙ) – *SF* : pourquoi.
VISIONNAIRE – *SF* : « Qui est sujet à des visions, à des extravagances, à de mauvais raisonnements » (*Fur.*).
VOULOIR (EN) – *LA* : « Avoir quelque désir, quelque prétention sur une personne, sur une chose » (*Acad.*).
VRAI – *LA, SF* : pris comme substantif, le terme désigne la vérité.
ZÉLÉ – *SF* : qui témoigne de l'ardeur à servir quelqu'un (le terme, dont le sens premier est religieux, a la même racine latine que *jaloux*).

CHRONOLOGIE

	Repères historiques et culturels	Vie et œuvre de Marivaux
1661	Début du règne personnel de Louis XIV.	
1680	Création de la Comédie-Française (sept ans après la mort de Molière). Les Comédiens-Italiens s'installent à l'Hôtel de Bourgogne et sont autorisés à jouer en français (→ 1784).	
1688	La Bruyère, *Les Caractères* (→ 1696). Guerre de la Ligue d'Augsbourg (→ 1697).	Naissance (4 févr.) de Pierre Carlet de Chamblain, fils d'un fonctionnaire de l'administration de la marine (le pseudonyme de Marivaux sera adopté en 1716 pour la parution de *L'Iliade travestie*).
1689	Naissance de Montesquieu.	
1691	Racine, *Athalie* (tragédie religieuse, la dernière de l'auteur).	
1693	Famine dans tout le royaume.	
1694	Naissance de Voltaire.	
1697	Expulsion des Comédiens-Italiens sur ordre royal. Naissance de l'abbé Prévost.	
1699	Dufresny, *Les Amusements sérieux et comiques d'un Siamois.*	Nicolas Carlet achète l'office de contrôleur de la monnaie de Riom. Pierre entre au collège des Oratoriens.

1701	Guerre de Succession d'Espagne (→ 1714).	
1709	Lesage, *Turcaret* (comédie).	
1710	La Comédie-Française obtient un monopole sur le théâtre parlé (invention des pièces à écriteaux sur les théâtres de la Foire).	Inscription à la faculté de droit de Paris. Marivaux fréquente le salon de la marquise de Lambert, espace d'une « nouvelle préciosité », où il côtoie les « Modernes » (Fontenelle, Houdar de La Motte…).
1712	Naissance de Jean-Jacques Rousseau.	*Le Père prudent et équitable* (comédie en un acte et en vers, non représentée). Rédaction de *Pharsamon ou les Nouvelles Folies romanesques* (publié en 1737).
1713	Naissance de Diderot. Lesage écrit deux *Arlequin* pour le théâtre de la Foire. R. Challe, *Les Illustres Françaises* (roman).	*Les Effets surprenants de la sympathie* (→ 1714) ; *La Voiture embourbée* (romans).
1714	George Ier roi d'Angleterre. Houdar de La Motte lance la seconde « Querelle des Anciens et des Modernes » par sa traduction de l'*Iliade*.	*Le Bilboquet* (fantaisie allégorique). *Le Télémaque travesti* (publié en 1736).

	Repères historiques et culturels	Vie et œuvre de Marivaux
1715	Mort de Louis XIV. Régence de Philippe, duc d'Orléans. Lesage, première partie de l'*Histoire de Gil Blas de Santillane*, roman-mémoires (→ 1735).	
1716	Création de la Banque générale par le financier écossais Law. Arrivée à Paris du Nouveau Théâtre-Italien (dirigé par L. Riccoboni, dit « Lélio »).	*L'Iliade travestie* (parodie burlesque de l'*Iliade* de Houdar de La Motte).
1717		Mariage de Marivaux avec Colombe Bollogne. **Premiers articles dans le *Nouveau Mercure* : *Lettres sur les habitants de Paris* (→ 1718).**
1718	Voltaire triomphe au Théâtre-Français avec *Œdipe*.	Naissance de la fille de Marivaux, Colombe Prospère.
1719		**Publication dans le *Mercure* des *Pensées sur différents sujets*, en mars, et de la première des *Lettres contenant une aventure*, en novembre (→ 1720).** Mort du père de Marivaux, qui sollicite en vain le rachat de la charge paternelle.

1720	Effondrement du système de Law (banqueroute).	Ruine partielle de Marivaux. Représentation au Théâtre-Italien de *L'Amour et la vérité* (comédie en trois actes, en collaboration avec Saint-Jorry) et d'*Arlequin poli par l'amour* (comédie, publiée en 1723), vif succès. Représentation au Théâtre-Français d'*Annibal* (unique tragédie, publiée en 1727, trois représentations seulement).
1721	Montesquieu, *Lettres persanes.* R. Challe, *Journal d'un voyage aux Indes.* Mort de Watteau.	Se réinscrit à l'École de droit où il est reçu bachelier puis licencié. ***Le Spectateur français* (vingt-cinq feuilles, de juillet 1721 à octobre 1724).**
1722	Le cardinal Dubois est nommé Premier ministre. Voltaire, *La Ligue* (*La Henriade*).	*La Surprise de l'amour* (comédie, Théâtre-Italien).
1723	Mort de Dubois. Mort du Régent. Début du règne de Louis XV. Les comédiens-italiens deviennent « comédiens ordinaires du Roi ». Triomphe de Houdar de La Motte au Théâtre-Français avec *Inès de Castro.*	Succès de *La Double Inconstance* (comédie, Théâtre-Italien). **Suite du *Spectateur français*.** Mort de l'épouse de Marivaux.

	Repères historiques et culturels	Vie et œuvre de Marivaux
1724		*Le Prince travesti* et *La Fausse suivante* (comédies, Théâtre-Italien). *Le Dénouement imprévu* (comédie, Théâtre-Français). **Fin du *Spectateur français*.**
1725	Mariage de Louis XV avec Marie Leszczyńska. Montesquieu, *Le Temple de Gnide*.	*L'Île des esclaves* (vif succès) et *L'Héritier de village* (comédies, Théâtre-Italien).
1726	Début du ministère Fleury (→ 1743). Ouverture du salon de Mme de Tencin. Attaque de Desfontaines contre Marivaux dans son *Dictionnaire néologique*.	
1727		*La Seconde Surprise de l'amour* et *L'Île de la raison* (comédies, Théâtre-Français). Début de la rédaction de *La Vie de Marianne* (roman-mémoires). ***L'Indigent philosophe* (publication périodique, sept feuilles d'avril à juillet).** **Première édition collective du *Spectateur français*.**

1728		*Le Triomphe de Plutus* (allégorie satirique en un acte). **Nouvelle édition collective « revue et augmentée » du *Spectateur français*, en deux volumes.**
1729		*La Nouvelle Colonie* (comédie sifflée au Théâtre-Italien, dont on ne connaît que la version en un acte publiée en 1750).
1730		Marivaux fréquente le salon de Mme de Tencin et de Mme du Deffand. *Le Jeu de l'amour et du hasard* (comédie, Théâtre-Italien).
1731	Prévost, *Histoire du Chevalier des Grieux et de Manon Lescaut* (roman), supplément aux *Mémoires et aventures d'un homme de qualité* (1728).	Première partie de *La Vie de Marianne* (roman-mémoires continué jusqu'en 1742 mais laissé inachevé).
1732	Prévost, *Histoire de M. Cleveland* (roman, → 1739). Voltaire, *Zaïre* (tragédie). Crébillon fils, *Lettres de la marquise de M****. Naissance de Beaumarchais.	*Le Triomphe de l'amour* et *L'École des mères* (comédies, Théâtre-Italien). *Les Serments indiscrets* (comédie en cinq actes, Théâtre-Français).
1733	Guerre de Succession de Pologne (→ 1738). Mort de Mme de Lambert. Prévost lance son périodique *Le Pour et Contre* (→ 1740).	*L'Heureux Stratagème* (comédie, Théâtre-Italien).

	Repères historiques et culturels	Vie et œuvre de Marivaux
1734	Voltaire, *Lettres philosophiques.* Montesquieu, *Considérations sur les causes de la grandeur et de la décadence des Romains.* Crébillon fils, *Tanzaï et Néadarné* (conte libertin).	***Le Cabinet du philosophe* (publication périodique, onze feuilles de janvier à avril).** *La vie de Marianne* (deuxième partie). Premières parties du *Paysan parvenu* (roman-mémoires continué jusqu'en avril 1735 et laissé inachevé). *La Méprise* (comédie, Théâtre-Italien). *Le Petit-Maître corrigé* (comédie, Théâtre-Français).
1735	Rameau, *Les Indes galantes* (comédie-ballet). Nivelle de La Chaussée, *Le Préjugé à la mode* (comédie larmoyante). Prévost, *Le Doyen de Killerine* (→ 1740). Mouhy, *La Paysanne parvenue* (→ 1737).	*La Mère confidente* (comédie, Théâtre-Italien). *Le Paysan parvenu* (cinquième partie). *La Vie de Marianne* (troisième partie).
1736	Crébillon fils, *Les Égarements du cœur et de l'esprit* (roman). Voltaire, *Le Mondain* (poème qui fait scandale). Prévost donne un compte rendu favorable de *La Vie de Marianne* dans *Le Pour et Contre.*	*Le Legs* (comédie, Théâtre-Français). *La Vie de Marianne* (parties IV à VI).
1737	*Marianne*, opéra-comique de Panard et Favard, tiré du roman de Marivaux.	*Les Fausses Confidences* (comédie, Théâtre-Italien). *La Vie de Marianne* (septième partie).

1738		*La Joie imprévue* (comédie, Théâtre-Italien). *La Vie de Marianne* (huitième partie). **Édition collective du *Cabinet du philosophe*.**
1739		*Les Sincères* (comédie, Théâtre-Italien).
1740	Frédéric II roi de Prusse (→ 1786). Guerre de Succession d'Autriche (→ 1748). Ouverture du salon de Mme du Deffand. Prévost, *Histoire d'une Grecque moderne.*	Succès de *L'Épreuve* (comédie, Théâtre-Italien).
1741		*La Commère* (comédie tirée du *Paysan parvenu*, Théâtre-Italien). Marivaux écrit l'histoire de Tervire (fin de *La Vie de Marianne*).
1742	Crébillon fils, *Le Sopha* (conte libertin). Voltaire, *Le Fanatisme ou Mahomet* (interdit après trois représentations).	Élection de Marivaux à l'Académie française (contre Voltaire). Marivaux retouche une comédie que lui soumet J.-J. Rousseau, *Narcisse.* *La Vie de Marianne* (parties IX à XI).

	Repères historiques et culturels	Vie et œuvre de Marivaux
1743	Mort de Fleury. Gouvernement personnel de Louis XV.	
1744	Révolte des ouvriers de la soie à Lyon. Début de la guerre coloniale entre la France et l'Angleterre.	Échec de *La Dispute* (comédie, Théâtre-Français). **Lecture à l'Académie des *Réflexions sur le progrès de l'esprit humain* (texte inséré dans le *Mercure* de juin 1755) et des *Réflexions sur les différentes sortes de gloire* (texte perdu).**
1745	Mme de Pompadour favorite du roi (→ 1764). Bataille de Fontenoy (11 mai).	Sa fille Colombe Prospère entre au couvent (jusqu'à sa mort en 1788).
1746	Voltaire élu à l'Académie française. Condillac, *Essai sur l'origine des connaissances humaines.*	*Le Préjugé vaincu* (comédie, Théâtre-Français).
1748	Mort de Mme de Tencin : Mme Geoffrin prend la succession de son salon, que fréquente Marivaux. Montesquieu, *De l'esprit des lois.* *Thérèse philosophe* (anonyme). Traité d'Aix-la-Chapelle.	**Lecture à l'Académie de *Réflexions en forme de lettre sur l'esprit humain* (publiées en 1755 sous le titre *Le Miroir*).** Réédition du *Paysan parvenu.*

1749	Émeutes à Paris (→ 1750). Condillac, *Traité des systèmes.* Diderot emprisonné pour sa *Lettre sur les aveugles.*	**Lecture à l'Académie des *Réflexions sur l'esprit humain à l'occasion de Corneille et Racine* (texte inséré dans le *Mercure* en 1755 et 1757).**
1750	L'*Encyclopédie* de Diderot et d'Alembert (→ 1772).	*La Colonie*, version remaniée de *La Nouvelle Colonie* (1729).
1751		**Lecture à l'Académie des *Réflexions sur les Romains* (texte inséré dans le *Mercure* en octobre).**
1752	Querelle des Bouffons (entre les partisans de la musique française et ceux de la musique italienne). Première condamnation de l'*Encyclopédie.* Échec du *Narcisse* de Rousseau.	**Nouvelle édition du *Spectateur français* (autres éditions en 1754 et 1755).**
1754	Naissance du futur Louis XVI, qui sera Dauphin en 1765. Condillac, *Traité des sensations.*	*L'Éducation d'un prince* (dialogue politique, publié dans le *Mercure*).

	Repères historiques et culturels	Vie et œuvre de Marivaux
1755	Rousseau, *Discours sur l'origine et les fondements de l'inégalité parmi les hommes.*	*La Femme fidèle* (comédie, théâtre privé). ***Le Miroir* (dans le *Mercure*).**
1756	Voltaire, *Poème sur le désastre de Lisbonne.* Début de la guerre de Sept Ans (la France est aux côtés de la Russie et de l'Autriche, contre la Prusse et l'Angleterre).	
1757	Diderot, *Le Fils naturel* (drame bourgeois). Attentat de Damiens contre Louis XV.	*Les Acteurs de bonne foi* (comédie, non représentée). *Félicie* (« féerie mise en dialogues », dans le *Mercure*) et *L'Amante frivole* (comédie, Théâtre-Français, texte aujourd'hui perdu).
1758	Diderot, *Le Père de famille.* Rousseau, *Lettre à d'Alembert sur les spectacles.* D'Alembert abandonne la codirection de l'*Encyclopédie.*	Marivaux, malade, rédige son testament le 20 janvier.
1759	Voltaire, *Candide.*	
1761	Rousseau, *Julie ou La Nouvelle Héloïse* (roman épistolaire).	*La Provinciale* (dans le *Mercure*). **« Troisième édition » du *Spectateur français*.**

1762	Rousseau, *Émile ou De l'éducation* ; *Du contrat social*. Fusion de la Comédie-Italienne et de l'Opéra-Comique. Avènement de Catherine II de Russie. Début de l'affaire Calas (Voltaire).	Marivaux, malade, n'assiste plus aux séances de l'Académie.
1763	Fin de la guerre de Sept Ans : le traité de Paris liquide l'empire colonial français (perte de l'Inde et du Canada). Mort de l'abbé Prévost. Voltaire, *Traité sur la tolérance.*	Marivaux meurt d'une pleurésie à Paris (12 février). D'Alembert rédige un important éloge de Marivaux.
1764	Voltaire, *Dictionnaire philosophique portatif.*	
1765	Rousseau commence la rédaction de ses *Confessions.*	*Œuvres diverses de Marivaux*, éditées par l'abbé de La Porte (cinq volumes).
1774	Mort de Louis XV. Début du règne de Louis XVI.	
1775	Beaumarchais, *Le Barbier de Séville.*	
1778	Mort de Voltaire et de Rousseau.	
1781		*Œuvres complètes de Marivaux* (douze volumes).

BIBLIOGRAPHIE

I. ÉDITIONS DES PÉRIODIQUES DE MARIVAUX

Les publications et éditions originales des Feuilles et périodiques se trouvent signalées dans la Note sur l'édition et les notes de fin pour les variantes.

La seule édition moderne des *Journaux et œuvres diverses* est celle procurée par Frédéric Deloffre et Michel Gilot en 1969 et rééditée en 1988 pour Classiques Garnier/Bordas.

Le Spectateur français et les *Caractères des habitants de Paris* ont toutefois fait l'objet depuis lors d'éditions séparées : le premier par Y. Le Gars (Aix-en-Provence, Alinéa, « L'Intemporel », 1992), qui offre une simple réimpression de l'édition de P. Bonnefon, Bossard, 1921 ; les seconds par J. Bouron (sous le titre *Lettres sur les habitants de Paris*, Biarritz, Séguier Archimbaud, 2002), qui donne le texte original du *Nouveau Mercure* de 1717-1718 et non celui de 1728 retenu par Frédéric Deloffre et Michel Gilot dont il signale les variantes.

Pour les œuvres de jeunesse et les antiromans comme le *Pharsamon*, on se reportera à l'édition établie par Frédéric Deloffre et Michel Gilot pour la « Bibliothèque de la Pléiade » (Gallimard, 1972).

II. DOCUMENTS ET RÉCEPTION

On trouvera dans l'édition Deloffre et Gilot des *Journaux et œuvres diverses* (éd. citée, p. 683-733) une anthologie d'une cinquantaine de jugements relatifs aux périodiques de Marivaux (1721-1755).

FRÉRON, *Le Spectateur ou le Socrate moderne, et le Spectateur français* (1755), présenté par A. Julia, in *Études sur les Journaux de Marivaux*, sous la direction de N. Cronk et F. Moureau, Oxford,

Voltaire Foundation, « Vif », 2001, p. 161-168 [comparaison entre le périodique anglais et celui de Marivaux].
D'ALEMBERT, *Éloge de Marivaux*, 1785 ; éditions modernes : Marivaux, *Théâtre complet*, éd. F. Deloffre, Livre de poche, « Pochothèque », 2000, p. 2074-2124 ; Marivaux, *Théâtre complet*, éd. J. Scherer et B. Dort, Le Seuil, « L'Intégrale », 1964, p. 17-38.

III. RÉÉDITIONS DE PÉRIODIQUES CONTEMPORAINS

ADDISON J. et STEELE R., *The Tatler* [1709-1711], éd. D.F. Bond, Oxford, Oxford University Press, 1987, 3 vol.
ADDISON J. et STEELE R., *The Spectator* [1712-1713, 1714], éd. D.F. Bond, Oxford, Oxford University Press, 1987 [1965], 5 vol. ; trad. fr. dans les éditions du XVIIIe siècle (La Haye ou Paris) sous le titre : *Le Spectateur ou le Socrate moderne.* Une édition partielle de la version française de 1714-1726 collationnée avec les éditions ultérieures a été récemment procurée par A. Bony (Pau, Publications de l'université de Pau, 2004) sous le titre : J. Addisson, *Essais de critique et d'esthétique.*
PRÉVOST, *Le Pour et Contre (n°s 1-60)*, éd. S. Larkin, Oxford, SVEC, vol. 309-310, 1993 [réédition des quatre premiers tomes, années 1733-1734 ; les tables et index du périodique sont donnés dans J. Sgard, *Le Pour et Contre de Prévost*, Nizet, s.d. (1969) ; bibliographie sur « Prévost journaliste » dans É. Leborgne, *Prévost d'Exiles*, Rome-Paris, Memini/CNRS Éditions, 1996, p. 176 *sq.*].
VAN EFFEN, *Le Misanthrope*, éd. J.L. Schorr, Oxford, SVEC, vol. 248, 1986.

IV. ÉTUDES SUR LE « JOURNALISME » AU SIÈCLE DES LUMIÈRES

Collectifs et usuels

Dictionnaire de la presse (1600-1789), sous la direction de J. Sgard, Paris, Universitas ; Oxford, Voltaire Foundation, 1991, t. I : *Dictionnaire des journalistes* ; t. II : *Dictionnaire des Journaux.*
HATIN E., *Bibliographie historique et critique de la presse périodique française*, Anthropos, « Textes et documents retrouvés », 1965.

Le Journalisme d'Ancien Régime, Lyon, Presses universitaires de Lyon, « Publication du Centre d'études du XVIIIe siècle », 1982 [voir notamment les articles de A. Bony et de M. Gilot, R. Granderoute, D. Koszul et J. Sgard référencés ci-dessous].

Journalisme et fiction au XVIIIe siècle, éd. M. Cook et A. Jourdan, *French Studies of the Eighteenth and Nineteenth Centuries I*, Berne, Peter Lang, European Academic Publishers, 1999 [voir notamment les articles de D.J. Culpin et L.-L. Sheu référencés ci-dessous, § VI].

Journaux et journalistes. Hommage à Jean Sgard, Grenoble, Publications de l'université Stendhal, 1995.

Orages. Littérature et culture 1760-1830, n° 7, mai 2008 : *Poétiques journalistiques*, textes réunis par M.-È. Thérenty.

SGARD J., *Bibliographie de la presse classique (1600-1789)*, Genève, Slatkine, 1984.

SGARD J. (dir.), *Histoire de France à travers les Journaux du temps passé*, À l'enseigne de l'arbre verdoyant, 1986 [voir notamment chap. II, « Lumières et lueurs du XVIIIe siècle (1715-1789) », p. 46 *sq*.].

Ouvrages

BONY A., ADDISON J., STEELE R., *The Spectator et l'essai périodique*, Didier Érudition, CNED, 1999.

BOTS H. et SGARD J. (éds), *La Diffusion et la lecture des journaux de langue française sous l'Ancien Régime*, Actes du colloque international de Nimègue (3-5 juin 1987), Amsterdam et Maarsen, APA-Holland University Press, 1988 [voir notamment les articles de U. Janssens-Knorsch et O.S. Lankhorst].

COUPERUS M. (éd.), *L'Étude des périodiques anciens*, Actes du colloque d'Utrecht (1971), Nizet, 1973.

DURANTON C., LABROSSE C. et RÉTAT P. (éds), *Les Gazettes européennes de langue française (XVIIe-XVIIIe siècles)*, Table ronde internationale de Saint-Étienne (21-23 mai 1992), Publications de l'université de Saint-Étienne, 1993 [voir notamment l'article de P. Benhamou].

LABROSSE C. et RÉTAT P., *L'Instrument périodique. La Fonction de la presse au XVIIIe siècle*, Lyon, Presses universitaires de Lyon, 1985.

LAMOINE G. (éd.), *Lectures d'une œuvre : The Spectator, Addison and Steele*, Éditions du Temps, 1999.

MATTAUCH H., *Die Literarische Kritik der frühen Französischen Zeitschriften (1665-1748)*, Munich, Max Hueber, 1968.

PETIT N., *L'Éphémère, l'occasionnel et le non-livre (XVe-XVIIIe siècles)*, Klincksieck, 1997.
REYNAUD D. et THOMAS C., *La Suite à l'ordinaire prochain. La Représentation du monde dans les gazettes*, Lyon, Presses universitaires de Lyon, 1999.

Articles

BONY A., « L'élaboration de l'auteur supposé dans l'essai périodique : Swift, Defoe, Steele et Addison », in *Le Journalisme d'Ancien Régime*, éd. citée, p. 333-350.
BONY A., « Portrait du spectateur en "Socrate moderne" », in A. Cointre et A. Rivara (éds), *La Traduction romanesque au XVIIIe siècle*, Arras, Presses de l'université d'Artois, 2003, p. 141-164.
BONY A., « Introduction à l'esthétique addisonienne », en préface à J. Addison, *Essais de critique et d'esthétique*, éd. citée, p. 19-48 [avec une bibliographie sur le périodique anglais].
BOTEIN S., CENSER J. et RIVO H., « The periodical press in eighteenth century english and french society : a cross-cultural approach », *Comparative Studies in Society and History*, 23, 1981, p. 464-490.
EHRARD J. et ROGER J. et « Deux périodiques français du XVIIIe siècle : *Le Journal des savants* et les *Mémoires de Trévoux* », in *Livre et société dans la France du XVIIIe siècle*, t. II, Paris-La Haye, Mouton, 1970, p. 33-59.
GILOT M., « "Savants" et "caféistes" sous la Régence. Les implications historiques d'un combat littéraire », *Beiträge zur Romanischen Philologie*, XVI-1, 1977, p. 27-32.
SGARD J., « Journale und Journalisten in Zeitalter der Aufklärung », in *Sozialgeschichte der Aufklärung in Frankreich*, Munich-Vienne, Oldenburg, 1981, t. II, p. 3-33.
SGARD J., « L'avènement du journalisme », *Aufklärung Heute*, Innsbruck, Amoe, 1983, p. 57-65.
SGARD J., « La multiplication des périodiques », in *Histoire de l'édition française*, t. II : *Le Livre triomphant*, sous la direction de R. Chartier, H.-J. Martin et D. Roche, Fayard, 1985, p. 198-205.
WAQUET F., « De la lettre érudite au périodique savant : les faux-semblants d'une mutation intellectuelle », *Dix-Septième Siècle*, 1983, p. 347-359.

V. Sur l'œuvre de Marivaux

Se trouvent ici réunies les études d'ensemble sur l'œuvre de Marivaux qui offrent au moins une section utile pour l'étude des textes périodiques, à l'exclusion donc des travaux consacrés à son seul théâtre.

Collectifs

L'Esprit créateur, I-4, Minneapolis, hiver 1961, numéro special : *Marivaux* [les principaux articles relatifs aux journaux se trouvent détaillés ci-dessous, § V et VI].

Marivaux d'hier. Marivaux d'aujourd'hui, éd. H. Coulet, J. Ehard et F. Rubellin, CNRS Éditions, 1991.

Marivaux et les Lumières, t. I : *L'Éthique d'un romancier* ; t. II : *L'Homme de théâtre et son temps*, Aix-en-Provence, Publications de l'université de Provence, 1996.

Marivaux subversif ?, sous la direction de F. Salaün, Desjonquères, « L'esprit des Lettres », 2003 [section III sur les journaux, sept articles détaillés ci-dessous, § VI].

Pensée de Marivaux, études réunies par F. Salaün, Amsterdam-New York, Rodopi, 2002.

Vérités à la Marivaux, sous la direction de R. Joly, livraison de la revue *Études littéraires*, 24-1, 1992.

Ouvrages

Arland M., *Marivaux*, Gallimard, « NRF – Les Essais XL », 1950 [p. 195-264 sur les *Essais*].

Coulet H. et Gilot M., *Marivaux. Un humanisme expérimental*, Larousse, « Thèmes et textes », 1973.

Coulet H., *Marivaux romancier*, Armand Colin, 1975 [chap. IV et VII].

Culpin D.J., *Marivaux and Reason. A Study in Early Enlightenment*, Francfort-Berne-Paris, Peter Lang, 1993 [nombreux renvois aux journaux dans les quatre chapitres : « Metaphysics », « Morality », « Religion », « Politics »].

Deloffre F., *Une préciosité nouvelle. Marivaux et le marivaudage. Étude de langue et de style*, Les Belles Lettres, 1955 ; 3e éd. Genève, Slatkine, 1993.

Gilot M., *L'Esthétique de Marivaux*, Sedes, 1998 [voir notamment chap. VI : « Sens des "feuilles volantes" »].

MANDER J., *Circles of Learning : Narratology and the Eighteenth Century French Novel*, Oxford, SVEC, vol. 366, 1999 [chap. IV] ; trad. fr. in *Études sur les Journaux de Marivaux*, éd. citée, p. 95-120.

SERMAIN J.-P., *Le Singe de Don Quichotte. Marivaux, Cervantès et le roman postcritique*, Oxford, SVEC, vol. 368, 1999 [chap. I].

Articles et sections d'ouvrages

COULET H., « De l'usage du langage selon Marivaux », in *Marivaux subversif ?*, éd. citée, p. 19-33.

COULET H., « Marivaux et Malebranche », *Cahiers de l'Association internationale des études françaises*, 23, 1975, p. 140-160.

CULPIN D.J., « The political theory of Marivaux », *Modern Language Review*, 81, 1986, p. 592-599.

CULPIN D.J., « La morale mondaine de Marivaux », in *Marivaux et les Lumières*, éd. citée, p. 183-190.

DAGEN J., « Marivaux et l'histoire de l'esprit », in *Approches des Lumières, Mélanges offerts à Jean Fabre*, Klincksieck, 1974, p. 95-108.

DAGEN J., « Marivaux : un vrai faux auteur ? », in *Marivaux subversif ?*, éd. citée, p. 46-58.

EHRARD J., « Montesquieu et Marivaux : deux mondes parallèles », in *Marivaux et les Lumières*, t. II : *L'Homme de théâtre et son temps*, éd. citée, p. 217-230.

EHRARD J., « Marivaux ou les chemins de la liberté », in J. Ehrard et R. Pomeau, *Littérature française*, t. V : *De Fénelon à Voltaire*, Artaud, 1984 ; rééd. GF-Flammarion, 1997 [p. 285-291 sur les journaux].

FABRE J., « Marivaux », in *Histoire des littératures*, Gallimard, « Bibliothèque de la Pléiade », t. III, 1959, p. 677-695 ; voir également *Dictionnaire des lettres françaises, XVIII*e *siècle*, sous la direction de Mgr Grente, Fayard, 1960 ; rééd. Le Livre de Poche, « La Pochothèque », 1995.

GILOT M., « Marivaux à la croisée des chemins : 1719-1723 », *Studi francesi*, 47-48, mai-déc. 1972, p. 262-270.

HAAC O.A., « Humour through paradox », *L'Esprit créateur*, I-4, hiver 1961, p. 196-202.

HAAC O.A., « Rousseau and Marivaux : action and interaction », *Studies on Voltaire and the Eighteenth Century*, 124, 1974, p. 221-230.

HAAC O.A., « Un humanisme moral : Marivaux », in *Marivaux et les Lumières*, éd. citée, 1996, p. 191-199 [comparaison du théâtre et des journaux].

JACOEBÉE W., « Marivaux et ses philosophes », *Revue d'histoire littéraire de la France*, 1989-1, p. 71-78.

JAUBERT A., « De *bagatelles* en marivaudage. Le poids des mots-plumes », in S. Mellet et M. Vuillaume (éds), *Mots chiffrés et déchiffrés. Mélanges offerts à É. Brunet*, Honoré Champion, 1998, p. 125-138.

JOLY R., « De la séduction. Pour les beaux esprits contre les philosophes », in *Marivaux et les Lumières*, éd. citée, p. 201-207.

KOCH P., « On Marivaux's expression "se donner de l'esprit" », *Romanic Review*, LVI, 1965, p. 22-29.

MEINER C., *Les Mutations de la clarté. Exemple, induction et schématismes dans l'œuvre de Marivaux*, Honoré Champion, 2007 [p. 177-250 sur *Le Spectateur français*].

MICHEL P., « Montaigne-Marivaux », *Bulletin de la Société des amis de Montaigne*, 3e série, n° 23-24, 1962, p. 1-9.

POULET G., *Études sur le temps humain*, t. II : *La Distance intérieure*, Plon, 1952, p. 1-34.

ROUSSET J., *Forme et signification*, « Marivaux et la structure du double registre », José Corti, 1963, p. 45-64.

ROUSSET J., « Comment insérer le présent dans le récit. L'exemple de Marivaux », *Littérature*, 5, 1972, p. 3-10.

ROY C., *Lire Marivaux*, Paris-Neuchâtel, *Les Cahiers du Rhône*, avril 1947 [sur les journaux, p. 98-108].

SERMAIN J.-P., « Le discours libertin vu par Marivaux : une dénaturation du signe », in *Éros philosophe*, Honoré Champion, 1984, p. 137-147.

SERMAIN J.-P., « Le code du bon goût (1725-1750) », in *Histoire de la rhétorique dans l'Europe moderne*, sous la direction de M. Fumaroli, chap. XVIII, PUF, 1999, p. 879-943.

SERMAIN J.-P., « "La disposition est l'homme même". Marivaux, Buffon et l'éloquence du for intérieur au XVIIIe siècle », in C. Dornier (éd.), *Éloquence et vérité intérieure*, Honoré Champion, 2002, p. 131-140.

SGARD J., « Trois "philosophes" de 1734. Marivaux, Prévost et Voltaire », in *Vérités à la Marivaux*, éd. citée, p. 31-38.

SPINK J.S., « Marivaux, the "mechanism of the passions" and the "metaphysic of sentiment" », *Modern Language Review*, 73, 1978, p. 278-290.

STEWART P., *Le Masque et la parole. Le langage de l'amour au XVIIIe siècle*, José Corti, 1973 [p. 23-141 sur les journaux].

VI. Études sur les périodiques de Marivaux

Collectif

Études sur les Journaux de Marivaux, sous la direction de N. Cronk et F. Moureau, Oxford, Voltaire Foundation, « Vif », 2001 [les articles sont détaillés dans la rubrique suivante.]

Ouvrages

Bonhôte N., *Marivaux ou les Machines de l'opéra. Études de sociologie de la littérature*, Lausanne, L'Âge d'homme, 1974.

Desvignes L., *Marivaux et l'Angleterre*, Klincksieck, 1970.

Gallouët C., *Marivaux, journaux et fictions*, Orléans, Paradigme, 2001.

Gilot M., *Les Journaux de Marivaux. Itinéraire moral et accomplissement esthétique*, Honoré Champion, 1974, 2 vol.

Jacoebée P.W., *La Persuasion de la charité. Thèmes, formes et structures dans les Journaux et œuvres diverses de Marivaux*, Amsterdam-Atlanta, Rodopi, 1976.

Levrier A., *Les Journaux de Marivaux et le monde des « spectateurs »*, Presses universitaires de Paris-Sorbonne, 2007.

Sermain J.-P. et Wioquet C., *Journaux de Marivaux*, Neuilly-sur-Seine, Atlande, 2001.

Verhoeff H., *Marivaux ou le Dialogue avec la femme. Une psycholecture de ses comédies et de ses journaux*, Orléans, Paradigme, 1994 [p. 95-140 sur *Le Spectateur français* ; p. 141-167 sur *L'Indigent philosophe* ; p. 169 *sq.* sur *Le Cabinet du philosophe*].

Articles

Abramovici J.-C., « D'un sourire libertin », in J. Berchtold (éd.), *Espaces, objets du roman au XVIIIe siècle*, Hommage à Henri Lafon, Presses de la Sorbonne Nouvelle, 2009, p. 181-189.

Acke D., « La notion de caractère dans les *Journaux* », in *Marivaux subversif ?*, éd. citée, p. 209-219.

Altenhoffer N., « Das Labyrinth der Zeichen. Sprache und Psychologie bei Marivaux », in B. Kortländer et G. Scheffel (éds), *Marivaux. Anatomie des Menschlichen Herzens*, Düsseldorf, Droste, 1990, p. 61-73.

Ansalone M.R., « *L'Indigent* de Marivaux : le "jeu" des apparences et la société de l'argent », in *Marivaux d'hier. Marivaux d'aujourd'hui*, éd. citée, p. 53-63 [comparaison avec le début de *La Vie de Marianne*].

BÉNAC K., « Vérité de soi et folie romanesque : *L'Indigent philosophe*, enfant du baroque ? », in R. Démoris et H. Lafon (éds), *Folies romanesques au siècle des Lumières*, Desjonquères, 1998, p. 227-236.

BÉNAC K., « Marivaux disciple de Pascal ? Les "deux ordres" du divertissement dans *L'Indigent philosophe* », *Littératures*, 45, 2001, p. 151-167.

BENHARRECH S., « Du "caractère" dans *Le Spectateur français* de Marivaux », in *Marivaux subversif ?*, éd. citée, p. 220-232.

BENNINGTON G.P., « Les machines de l'opéra. Le jeu du signe dans *Le Spectateur français* de Marivaux », *French Studies*, XXXVI, 2, avril 1982, p. 154-170.

BENREKASSA G., « Marivaux et le style philosophique dans ses *Journaux* », in *Marivaux et les Lumières*, éd. citée, 1996, p. 103-113.

BESSIRE F., « "Je ne sais pas faire de lettres qui méritent d'être imprimées" : la lettre dans *Le Spectateur français* et *Le Cabinet du philosophe* », in *Études sur les Journaux de Marivaux*, éd. citée, p. 131-139.

BONNACORSO G., « Le dialogue de Marivaux avec ses lecteurs », *Cahiers de l'Association internationale des études françaises*, 25, mai 1973, p. 208-223.

BONNEVILLE D., « Glanures du *Mercure* II : Marivaux », *Studies on Voltaire and the Eighteenth Century*, 98, 1972, p. 166-168.

BORDAS É., « À propos de quelques occurrences de subordination inverse chez Marivaux. Fait de langue ou trait de style ? », *L'Information grammaticale*, janvier 2002, n° 92, p. 31-35.

BOURON J., « Les chimères de Paris », postface à son édition des *Lettres sur les habitants de Paris*, Séguier, 2002, p. 75-88.

CAMBOU P., « Écriture fragmentaire, style conversationnel et morale pratique dans les *Journaux* de Marivaux », *Méthode !*, 1, 2001, p. 111-117.

CAVE C., « Journaux et théâtre : les chemins de l'éducation », *Revue Marivaux*, 3, 1992, p. 69-96.

CHADBOURNE R., « Discovering Marivaux the essayist or how many writers are there in Marivaux », in *Vérités à la Marivaux*, éd. citée, p. 135-144.

COTONI M.-H., « Usage du distinguo et art du dédoublement dans *Le Cabinet du philosophe* », in *Études sur les Journaux de Marivaux*, éd. citée, p. 75-93.

COTONI M.-H., « Dialogue et didactique dans les périodiques de Marivaux : la place du journaliste », *Loxias*, 4, *Identités génériques : le dialogue*, sous la direction de O. Gannier (document en ligne : http ://revel.unice.fr/loxias/document.html ?id=33).

CREECH J., « Marivaux in the classical episteme, or "Suis-je chez moi, Marie ?" », *L'Esprit créateur*, XXV-3, automne 1985, p. 30-41.

CRONK N., « "Écoutez, mon lecteur futur" : la narration romanesque et le rôle du lecteur dans *L'Indigent philosophe* », in *Études sur les Journaux de Marivaux*, éd. citée, p. 121-130

CULPIN D.J., « Marivaux and the *conte merveilleux* », *Romance Studies*, 15, 1989, p. 99-107.

CULPIN D.J., « Journalisme et fiction dans *Le Spectateur français* de Marivaux », in *Journalisme et fiction au XVIIIe siècle*, éd. citée, p. 113-121.

CULPIN D.J., « *Le Spectateur français* et la littérature morale des années 1720 », in *Marivaux subversif ?*, éd. citée, p. 233-247.

DÉDÉYAN C., « Marivaux à l'école d'Addison et de Steele », *Annales de l'université de Paris*, 25-1, 1955, p. 5-17.

DELOFFRE F., « Premières idées de Marivaux sur l'art du roman », *L'Esprit créateur*, I-4, hiver 1961, p. 178-183.

DELOFFRE F., « Les repentirs de Marivaux », in *Études sur les Journaux de Marivaux*, éd. citée, p. 145-159.

DELOFFRE F., « Aspects méconnus de l'œuvre de Marivaux », *Revue des sciences humaines*, 1954, p. 97-115 [sur les *Réflexions sur l'esprit humain à l'occasion de Corneille et Racine*].

DELOFFRE F., « Marivaux. Les femmes de qualité », *Stylistique et poétique françaises*, Sedes, 1970, p. 111-124 [sur les *Caractères des habitants de Paris*].

DELON M., « La femme au miroir », *Europe*, 881, nov.-déc. 1996, p. 79-86.

DÉMORIS R., *Le Roman à la première personne*, Armand Colin, 1975, p. 332-338 ; rééd. Droz, « Titre courant », 2002.

DENEYS-TUNNEY A., « Les *Journaux* de Marivaux et la critique du langage », in *Marivaux et les Lumières*, éd. citée, 1996, p. 89-101.

DENEYS-TUNNEY A., « La théorie du corps-vérité dans les *Journaux* de Marivaux », in *Écritures du corps. De Descartes à Laclos*, PUF, 1992, p. 109-113.

DERVAUX S., « De la théâtralité hors théâtre chez Marivaux : l'exemple de *L'Indigent philosophe* », *Revue Marivaux*, 4, 1994, p. 19-35.

DERVAUX S., « Figures du riche et du pauvre dans *L'Indigent philosophe* de Marivaux », in J. Berchtold et M. Porret (éds), *Être riche au siècle de Voltaire*, Genève, Droz, 1996, p. 331-347.

DÉTRIE C., « Du spectateur à l'énonciateur. "Voici", "voilà", "voir" dans *Le Spectateur français* », *L'Information grammaticale*, 91, 2001, p. 29-33.

DIDIER B., « Fragment et inachèvement dans les *Journaux* de Marivaux », *Méthode !*, 1, 2001, p. 119-124.

ESCOLA M., « Morale et fiction. De La Bruyère à Marivaux », in J. Dagen et Ph. Roger (éds), *Un siècle de deux cents ans ? Les XVIIe et XVIIIe siècles : continuités et discontinuités*, Desjonquères, « L'esprit des Lettres », 2004, p. 198-218 [sur la Feuille XII du *Spectateur français*].

ESCOLA M., « "Une singularité d'esprit et conséquemment de style" : de Montaigne à La Bruyère et de Pascal à Marivaux », *Littératures*, 137, mars 2005, p. 93-107 [sur la Feuille VI du *Cabinet du philosophe*].

ESCOLA M., « L'atelier du roman : les *Journaux* de Marivaux ou la fiction à l'essai », in J. Herman (éd.), *L'assiette des fictions. L'autoréflexivité dans le romanesque, de l'Astrée au Manuscrit trouvé à Saragosse*, Louvain, Peeters, 2010.

FERNANDEZ M., « De l'information à l'argumentation. Deux pôles de l'"ambiguïté" du discours marivaudien », in F.-C. Gaudard (éd.), *L'Esprit et les lettres. Mélanges offerts à Georges Mailhos*, Toulouse, Presses universitaires du Mirail, 1999, p. 153-164.

FRANCE P., « Society, journalism, and the essay. Two *Spectators* », in *Continuum*, 3 : *Problems from the Renaissance to the Early Enlightenment*, New York, AMS Press, 1991 ; trad. fr. in *Études sur les Journaux de Marivaux*, éd. citée, p. 47-73.

GALLOUËT C., « L'invitation au voyage ou la dynamique du double registre dans les journaux de Marivaux », in *Transactions of the Eight International Congress on the Enlightenment* (Bristol, 1991), Oxford, SVEC, vol. 304, 1992, p. 1203-1206 ; repris in *Études sur les Journaux de Marivaux*, éd. citée, p. 141-144.

GALLOUËT C., « Le voyage abymé : textes et contextes dans *Le Nouveau Monde* de Marivaux », *Eighteenth-Century Fiction*, V-1, oct. 1992, p. 55-67.

GALLOUËT C., « Aux marges du texte : la femme dans *Le Spectateur français* de Marivaux », *Revue Marivaux*, 4, déc. 1994, p. 5-17.

GALLOUËT C., « Marivaux *parisiensis* », in *L'Individu et la ville dans la littérature française des Lumières*, Travaux du Groupe d'études du XVIIIe siècle, vol. 8, Strasbourg, Presses universitaires de Strasbourg, 1996, p. 125-136.

GALLOUËT C., « Ruses de femmes, coquetterie d'auteur : ruses textuelles dans la fiction marivaudienne », in E. Grodek (éd.), *Écritures de la ruse*, Amsterdam-Atlanta, Rodopi, 2000, p. 227-239.

GAVARINI F., « Marivaux e la poste del cuore », *Paragone/Letteratura*, 252, févr. 1971 [sur les *Lettres contenant une aventure*].

GÉRAUD V., « Trois scénographies singulières : les *Journaux* de Marivaux, les *Rêveries* de Rousseau et les *Mémoires contre Goëzman* de Beaumarchais », in R. Amossy et D. Maingueneau (éds), *Analyse du discours dans les études littéraire*, Toulouse, Presses universitaires du Mirail, 2003, p. 267-277.

GILOT M., GRANDEROUTE R., KOSZUL D. et SGARD J. (« collectif de Grenoble »), « Le journaliste masqué. Personnages et formes personnelles », in *Le Journalisme d'Ancien Régime*, éd. citée, p. 285-312.

GILOT M., « Deux miroirs insolites : *La Chute* et *L'Indigent philosophe* », *Bulletin de la faculté des lettres de Grenoble*, oct.-déc. 1967, p. 25-31.

GILOT M., « Un esprit et une forme : le lancement des "feuilles" du *Spectateur* », Minard, *Cahiers de textologie*, 3, 1991, p. 35-49.

GILOT M., *Études sur les Journaux de Marivaux*, « Introduction », éd. citée, p. 1-23.

GOOD K., « Truth and signification in Marivaux's *Monde vrai* », *Eighteenth-Century Studies*, 19, printemps 1986, p. 355-372.

GREENE E.J.H., « Marivaux's philosophical bum », *L'Esprit créateur*, I-4, hiver 1961, p. 190-195.

GRENON A.-F., « La formulation de la loi morale dans *Le Spectateur français* de Marivaux », *Revue d'histoire littéraire de la France*, 2001, 4 (juillet-août), p. 1163-1180.

GREVLUND M., « Le dialogue avec le lecteur dans *L'Indigent philosophe* », in *Marivaux et les Lumières*, éd. citée, p. 125-128.

GROSPERRIN J.-Ph., « Le "tour" des mouvements dans les *Journaux* de Marivaux », *Littératures*, 45, 2001, p. 105-131.

GUILHEMBET J., « *Le Paysan parvenu* au carrefour des genres », *Revue Marivaux*, 6, 1997, p. 23-41 [parallèle avec *Le Cabinet du philosophe*].

HARTMANN P., « Subversion esthétique et critique sociale dans *Le Spectateur français* », in *Marivaux subversif ?*, éd. citée, p. 248-259.

HOFFMANN P., « Marivaux féministe », *Travaux de linguistique et de littérature*, Strasbourg, Presses universitaires de Strasbourg, XV-2, 1977, p. 91-100.

LAHOUATY G., « Du "Spectateur" au "Philosophe". Figures du narrateur dans les *Journaux* de M. », *Méthode !*, 1, 2001, p. 189-194.

LIÈVRE É., « "Ceci n'est pas un journal". Marivaux et les écrits périodiques », in *Marivaux subversif ?*, éd. citée, p. 184-196.

LIÈVRE É., « Poétiques de la variété et de la variation dans les *Journaux* de Marivaux. L'exemple de la vertu dans les Feuilles IX à XI du *Spectateur français* », *Méthode !*, 1, 2001, p. 139-147.

MALL L., « Le statut ambigu du discours religieux dans les *Journaux* de Marivaux », in *Marivaux subversif ?*, éd. citée, p. 197-208.

MANDER J., « L'écriture personnelle dans les *Journaux* », in *Études sur les Journaux de Marivaux*, éd. citée, p. 95-120.

MARTIN C., « *Microlectures.* Sujets mineurs et finesse de perception dans les *Journaux* de Marivaux », *Littératures*, 45, 2001, p. 133-149.

MASON H., « Women in Marivaux. Journalist to dramatist », in *Women and Society in Eighteenth-Century France. Essays in Honour of J.S. Spink*, Londres, Athlone Press, 1979, p. 42-54.

MASS E., « Marivaux et les *Lettres persanes* », in *Marivaux et les Lumières*, t. II : *L'Homme de théâtre et son temps*, éd. citée, p. 209-216.

MATUCCI M., « Dalle *Lettres au Mercure* al *Cabinet du philosophe* », in *L'Opera narrativa di Marivaux*, Naples, Pironti e figli, 1962, p. 97-174.

MATUCCI M., « De la vanité à la coquetterie », in *Marivaux d'hier. Marivaux d'aujourd'hui*, éd. citée, p. 65-72 [centré sur les *Lettres contenant une aventure*].

MATUCCI M., « Les *Journaux* de Marivaux », in *Marivaux d'hier. Marivaux d'aujourd'hui*, éd. citée, p. 199-206 [comparaison des journaux et des romans].

MATUCCI M., « De l'*Arlequin sauvage* à *L'Indigent philosophe* », in R. Lathuillère (éd.), *Mélanges Deloffre*, Sedes, 1990, p. 381-392.

MIETHING C., « Marivaux's Poetik. Anmerkungen zu *L'Indigent philosophe* », in B. Kortländer et G. Scheffel (éds), *Marivaux. Anatomie des Menschlichen Herzens*, Düsseldorf, Droste, 1990, p. 27-38.

MINARD J., « Marivaux, sa découverte du monde vrai », *Philologica Pragensia*, 3, 1963.

MONTIER J.-P., « Marivaux journaliste : événement, point de vue et opinion publique », 2006 (document en ligne : http :// pierre.campion2.free.fr/montier_marivaux.htm) [sur *Le Spectateur français* surtout].

MORTIER R., « Quand le journaliste Marivaux parlait d'amour », *Bulletin de l'Académie royale de langue et de littérature française*, Bruxelles, LXXIV-5, 1995, p. 105-114.

MOUREAU F., « Journaux moraux et journalistes au début du XVIIIe siècle : Marivaux et le libertinage rocaille », in *Études sur les Journaux de Marivaux*, éd. citée, p. 25-45.

NANINI C., « Vertu et fonction maternelle dans les *Journaux* », *Revue Marivaux*, 5, 1995, p. 105-114.

NANINI C., « La destinataire des *Lettres sur les habitants de Paris* », in *Marivaux et les Lumières*, éd. citée, 1996, p. 117-124.

NIDERST A., « Marivaux et La Motte », in *Marivaux et les Lumières*, éd. citée, p. 187-194.

RIVARA A., « Indépendance formelle et de pensée dans les articles du *Mercure* », in *Marivaux subversif ?*, éd. citée, p. 167-183.

RIVARA A., « *L'Indigent philosophe* est-il un nouveau *Discours de la méthode* ? », *Méthode !*, 1, p. 149-164.

RIZZONI N., « Marivaux, Pannard et *Le Chemin de fortune* », *Revue d'histoire littéraire de la France*, 98, mars-avril 1998, p. 215-229 [sur *Le Cabinet du philosophe*].

RODIN PUCCI S., « The spectator surfaces : tableau and tabloïd in Marivaux's *Spectateur français* », *Yale French Studies*, 92, 1997, p. 149-170.

ROELENS M., « Utopie, allégorie, roman dans *Le Monde vrai* de Marivaux », *Revue des sciences humaines*, 155, 1974-3, p. 411-423.

ROGERS W.S., « Marivaux, the mirror and the mask », *L'Esprit créateur*, I-4, hiver 1961, p. 167-177.

SALAÜN F., « "Je cherche un homme". Marivaux apôtre du sens commun », in *Pensée de Marivaux*, éd. citée, p. 87-102.

SERMAIN J.-P., « La mort du journaliste dans les *Journaux* de Marivaux », in A. Rivara *et al.* (éd.), *L'Œuvre inachevée*, Lyon, Publications de l'université Jean-Moulin, CEDIC, 15, 1999, p. 113-119.

SERMAIN J.-P., « Amour et solitude dans les journaux de Marivaux », *Revue Marivaux*, document électronique : http://www.revuemarivaux.org/numeroselectroniques/electro1/sermain.php.

SERMAIN J.-P., « Désir d'écriture et amour de soi dans les journaux de Marivaux », *Littératures*, 45, 2001, p. 95-104.

SERMAIN J.-P., « La morale de la sensibilité dans *Le Spectateur français*. Une invention méconnue de Marivaux », *Méthode !*, 1, 2001, p. 165-173.

SHEU L.-L., « Écriture et lecture sous la Régence d'après *Le Spectateur français* », *Études sur le XVIII*e *siècle*, XXVI : *Topographie du plaisir sous la Régence*, 1996, p. 119-130.

SHEU L.-L., « Réalisme et imaginaire dans les *Lettres sur les habitants de Paris* de Marivaux », in *Journalisme et fiction au XVIII*e *siècle*, éd. citée, p. 123-136.

STACKELBERG J. VON, « Marivaux novateur », in *Studi in onore di I. Siciliano*, vol. 2, Florence, Olschki, 1966.

STURZER F., « Exclusion and coquetterie. First person narrative in Marivaux's *L'Indigent philosophe* », *French Review*, LV-4, mars 1982, p. 154-170.

SWIDERSKI M.-L., « La pensée sociale de Marivaux », *Revue de l'université d'Ottawa*, juill.-sept. 1971, p. 345-370.

TRAPNELL W., « Lettres imaginaires de Steele et de Marivaux », *Travaux de littérature*, vol. 4, 1991, p. 139-160.

TRAPNELL W., « Identité et sympathie chez Marivaux », in *Marivaux d'hier. Marivaux d'aujourd'hui*, éd. citée, p. 107-120.

UNDANK J., « Philosophe sans domicile fixe », in D. Hollier (éd.), *De la littérature française*, Bordas, 1993, p. 405-411.

VAN DEN ABBEELE G., « La vérité en négligé : le "Nouveau Monde" de Marivaux », *French Studies*, juillet 1986, p. 287-403.

VOUILLOUX B., « De la prose serpentine. À propos du *Spectateur français* de Marivaux », *Studies on Voltaire and the Eighteenth Century*, 2004-7, p. 187-217.

TABLE

JOURNAUX I

LE SPECTATEUR FRANÇAIS

Pièces détachées écrites dans le goût du *Spectateur français*

LETTRES DE M. M*** CONTENANT UNE AVENTURE

CARACTÈRES DES HABITANTS DE PARIS

Composition et mise en pages

NORD COMPO
multimédia

N° d'édition : L.01EHPN000238.N001
Dépôt légal : Janvier 2010
Imprimé en Espagne par Novoprint (Barcelone)